前言

党的十九届五中全会明确提出“十四五”时期新时代教育改革发展的目标是建设高质量教育体系。2021年4月召开的全国高教处长会议上，教育部高等教育司强调，高等教育高质量的根本与核心是人才培养质量，专业、课程、教材和技术是新时代高校教育教学的“新基建”。高质量教育体系建设的核心要义是顺应新科技革命和产业变革的大趋势。变革意味着创新，而创新驱动实质上是人才驱动，高校作为人才培养的主阵地，如何有效整合各方资源，将创新创业教育与人才培养有机结合，打造多元化创新创业型人才供给教育机制，形成校企双向发力、双向整合的育人模式，促进高校教育成果与产业转型升级相协调，是目前高等教育研究的重要课题和实践领域的改革任务。国务院办公厅在《关于深化产教融合的若干意见》中指出，深化产教融合，促进教育链、人才链与产业链、创新链有机衔接，是当前推进人力资源供给侧结构性改革的迫切要求，对新形势下全面提高教育质量、扩大就业创业、推进经济转型升级、培育经济发展新动能具有重要意义。

目前，高校普遍面临的一个最为关键的问题和难点是现有的教学模式、培养目标滞后于产业发展的动态变化，而且高校培养的创新创业人才无法适应区域产业经济转型升级步伐，这对高校人才培养提出了更高的要求。本教材以此为切入点，围绕人才链、知识链、教育链、创新链等创新创业教育过程中的育人关键点深入展开。在人才链、知识链、教育链、创新链中，教育链是基础，教育链的优化直接影响到人才链的供给、知识链的形成以及创新链的生成。因此，如何构建“链式”深度融合长效机制，完善创新成果转化制度，健全容错机制，充分发挥人才链、知识链、教育链、创新链各自作用，同时推动链式有机协同、动态耦合，系统循环演进，以全面提高教育教学水平、提升人才培养质量、促进社会经济提质增效是立足中国特色社会主义进入新时代的新节点，回应新需求，促进文科融合化、时代性、中国化、国际化，引领人文社科新发展，服务人的现代化的新课题。

加强高校大学生定向化培养，优化人才结构，不仅是企业的现实诉求，也是优化高校教育结构、提升办学质量、增强企业和高校竞争力的路径选择，具有理论意义和现实意义。一方面，通过课程学习能够促使大学生更具创意、更有自信，而且有助于大学生在日常学习中树立优秀管理者思想意识，这对教学质量的提高、专业课程的持续改革以及专业人才创新创业培养具有一定的理论意义；另一方面，作为具有网络基因的新生代，大学生对技术网络的依赖要求他们以开放心态看待互联网，要勇于创新、敢于创业。对于高校而言，如何立足社会的发展需求，培养社会服务人才，显得尤为重要。在“双创”战略背景下，大学生是与市场结合最为密切的人才，因此有必要从“链式”融合角度探讨如何全面提升人才综合创新能力和创新思维，使学生打破传统、提出新观念，增强实践能力，主动走向市场，这对企业、社会、行业发展具有重要的现实意义。

本教材主要以“链式”互通为视角深化高校教育改革，进一步推进专创融合，把大学校园建设成为一个创新创业教育的“鲜活的实验室”，形成良好“链式”循环。因此，本教材适用于高等院校职业规划类教学课程，也可以作为大学生提升自身就业能力和水平的参阅资料。

本教材是多年从事大学生创新创业教育教学和实践指导的高校工作者以及具有创业实践经验的“创业者”共同编写的，是集体合作的成果。具体分工如下：大连海洋大学海洋法律与人文学院张文锋老师、大连海洋大学经济管理学院谷方杰老师和大连海洋大学招生就业处负责人刘磊老师担任本教材主编，张文锋老师负责第一章、第二章、第六章的撰写，谷方杰老师负责第三章、第四章、第七章的撰写，刘磊老师负责第八章、第九章、第十章的撰写；大连海洋大学海洋法律与人文学院杜鹏老师担任副主编，负责第五章的撰写。经本教材全体编委反复讨论修改，最终由谷方杰老师统筹定稿。教材共分为十章：第一章为创新创业概述，第二章为人才链——自我定位，第三章为知识链——强化理论，第四章为教育链——创新培养，第五章为创新链——自主创业，第六章为创业风险与防范，第七章为创业政策与法律规范，第八章为企业内创业，第九章为社会创业，第十章为国际创业。

本教材是国家社科基金重大项目“建设面向东北亚开放合作高地与推进新时代东北振兴研究”（批准号：20&ZD098）的阶段性研究成果，得到了基金的大力支持。在编写过程中，借鉴、参考了国内外大量创业指导与创业教育研究方面的文献资料和相关书籍，并参考了一些专家教授的理论和观点，书中引用的案例与材料部分来自期刊、网络，在此谨向所有参考资料的作者表示最诚挚的感谢！

由于编者专业知识水平有限，加之时间仓促，书中难免存在纰漏或不足之处，敬请见谅，并恳请读者批评指正，以便我们进一步修改和完善。

编　者

2022年3月

目录

第一章 创新创业概述

第一节 人类创新创业简史

人类社会发展的历史，从某种意义上讲就是一部不断创新创业的历史。如果说科技是第一生产力，生产力是社会发展的决定性力量，那么创新创业就是科技发展的动力源泉，是元生产力。人类文明离不开创新创业活动。创新创业活动推动社会进步，是人类赖以生存和发展的基础。

一、人类创新创业历史溯源

1978年，英国出版的《发明的故事》一书详尽介绍了古今中外近380种人类创新创业与发明创造成果的历史由来。其中，数得上人类“第一发明”的当推弓箭。这是因为人类早期生产方式是以采集为主、狩猎为辅，先民们依靠群体力量进行狩猎活动以维持生存。为不受野兽伤害，又能有效猎获野兽，人类早期就发明了弓箭等远距离杀伤武器。弓箭等猎具的发明和推广应用极大地提高了生产效率，使猎物有所剩余，养起来成为家畜，推动人类社会由采集为主、狩猎为辅转入畜牧时代。从此母系社会开始瓦解，进入父系社会。

弓箭的广泛使用使人们产生利用弓弦绕钻杆打孔的想法，从而发明钻具。利用钻具与被钻物的摩擦生热进行取火，这就是“钻木取火”技术。人工取火技术的掌握不仅可以用以熟食、照明、取暖和驱避野兽等，使人类寿命得以延长，生存质量得到提高，给人类带来生活文明，而且在火烧黏土的制陶过程中随着高温技术的掌握，更是可以用火熔炼金属，制造金属农具，给人类带来生产文明。随着以金属农具为代表的整套农业技术的推广应用，人类社会由畜牧时代进入农业社会。钻木取火技术的发明可以被认为是人类历史上第一次技术革命。

二、农业文明——人类创新创业史上的第一乐章

在古代社会，我国以农业文明为代表的创新创业实践与发明创造活动，使我国封建社会自公元前3世纪的秦、汉时期起，直到唐、宋、元各代经久不衰，我国经济社会发展在很长的时间里雄居世界之首。在我国形成了与西方不同、独具一格的政治、经济、文化传统和科学技术体系，成为四大文明古国中唯一保持完整文化传

统的国家。

在西方处于落后的中世纪“黑暗时代”时，我国正处于唐宋盛世（公元7—12世纪）。我国古代伟大的四大发明中除造纸术外，其余三大发明都是在这一时期成熟和推广应用起来的，形成我国历史上科学文化与经济繁荣前所未有的壮观景象。英国科技史专家李约瑟博士在《中国科学技术史》巨著中说：“中国古代的发明和发现往往是超过同时代的欧洲，特别是15世纪以前更是如此，这可以毫不费力地加以证明。”“在公元3—13世纪，中国保持一个让西方人望尘莫及的科学知识水平。”

中国的四大发明传入欧洲，对欧洲近代社会的到来起到临产催生的作用。指南针促进欧洲航海事业和探险事业的发展，火药成为消除欧洲各地封建割据的有力武器，火药和指南针构成帝国主义海上称霸的“一炮一舰”，造纸术和印刷术则对欧洲科学文化的普及、提高起到永久性的巨大推动作用。正如马克思所描述的那样：“火药、指南针、印刷术——这是预告资产阶级社会到来的三大发明。火药把骑士阶层炸得粉碎，指南针打开了世界市场并建立了殖民地，而印刷术则变成新教的工具，总的来说变成科学复兴的手段，变成对精神发展创造必要前提的最强大的杠杆。”马克思的这段描述深刻揭示了我国古代四大发明给欧洲历史进程所带来的巨大影响。

三、工业文明——人类创新创业史上的第二乐章

在我国明末至清朝道光年间、清朝咸丰至光绪年间以及清朝宣统至民国年间，世界生产力的发展先后经历以瓦特蒸汽机为代表的机械技术革命、以煤化学和合成染料为代表的化工技术革命以及以电气化为代表的电力技术革命等三次高潮，世界科学技术和生产力发展的中心相继由英国、德国转移到美国。

瓦特并非蒸汽机技术的原创者。在瓦特之前，D.巴本（1647—1714）、T.纽可门（1663—1729）就已制造出蒸汽机原型。当时的蒸汽机主要用于矿井提水，效能很低。由于瓦特本人在格拉斯哥大学承担纽可门蒸汽机的修理工作，他运用所在大学教授布莱克（1728—1799）发现的“潜热”现象，即气体与液体转换可大量吸收、放出热而温度不变的原理，将蒸汽机中的冷凝器拿到汽缸外面，从而使蒸汽机的效能大大得到提高。此后瓦特经历九年时间，先后解决加工工艺、资金和与工具机的连接技术等难题，于1800年才实现了蒸汽机的工业化生产。蒸汽机作为动力机械与任何工具机连接都可使用，所有的大机器，包括火车和轮船都因蒸汽机的带动而飞速运转，整个世界的面貌也由此大为改观，这就是人类历史上第一次产业革命，也是人类进入工业社会后经历的第一次生产力发展高潮。

在1830年英国产业革命达到高峰时，德国还只是一个落后的农业国。直至1871年才得到统一的德国，其工业化进程比英国几乎晚了一个半世纪。但德国不甘落后，外派大批学者留学英国，学成回国后从事科学研究与教育工作。1830年

后在德国涌现出一大批科学家，如世界著名数学家雅各比（1801—1874）、高斯（1777—1855）和著名物理学家欧姆（1787—1854）等，他们开创了德国科学繁荣的历史新时期。尤其是利用由李比希（1803—1873）等建立的煤化学科学成就，德国迅速发展合成染料工业，由此带动纺织工业（合成纤维）、制药工业（阿司匹林等）、油漆工业和合成橡胶等整个合成化学工业的发展。德国著名化学公司如赫希斯特和拜尔公司的产品源源不断地流向世界各国，使很多天然制品被化学制品取代，人类进入“化学合成”时代。德国化学工业的兴旺发达，进一步带动酸碱和造纸等许多工业的发展。德国仅用40多年的时间就完成了英国100多年的事业，实现了工业化。

就在英国发动产业革命时，大批英国失业工人来到美国。1848 —1849年欧洲革命失败后，又有大批法国人、德国人、奥地利人以及意大利人和俄罗斯人移居美国，这成为美国引进技术、发展工业和扫除南方封建奴隶势力的突击力量。1850年后，美国结束了完全照搬欧洲技术的历史，走上工业技术创新之路。继1866年西门子发明电机之后，1876年贝尔（1847—1922）发明了电话，1879年爱迪生发明了电灯，这三大发明照亮了人类实现电气化的道路。如果说英国、德国的第一次技术革命或产业革命还只是解决生产文明问题，那么美国的第二次技术革命或产业革命就不只是解决钢铁、化工和电力技术等生产文明问题，而且史无前例地发展了汽车、无线电和航空工业技术等生活文明。以元部件的标准化、系列化生产和管理大师泰勒开创的现代管理科学的发展为标志，大规模生产方式使美国工业化发展进入人类历史新阶段。由此，尽管美国在1860年以前还处于殖民地经济的落后状态，但到1890年已跃居世界第一经济大国，1900年人均收入超过欧洲，成为世界经济一霸。

四、信息社会知识经济、创意经济的发展与创业革命

到20世纪中叶，以原子能（1945年美国原子弹爆炸）、电子计算机（1946年计算机发明）、航天技术、网络技术的应用（信息时代）为代表的信息技术（包括信息管理和信息工程）的发展，引起社会生产的重大变化，从而又导致了第三次工业革命。其特点在于：科学技术转化为直接生产力的速度加快，科学和技术密切结合、相互促进，科学技术各个领域间相互渗透，高度分化又高度综合。所有这些，极大地推动了社会生产力的发展，促进了社会经济结构和社会生活结构的变化，推动了国际经济格局的调整。当今社会信息技术广泛应用，科技飞速发展，知识更新速度日益加快，新产品、新技术、新工艺层出不穷，人类正步入信息社会。

1993年，彼得·德鲁克在《后资本主义社会》一书中提出，经济社会的发展在经历了农业社会和工业社会两个阶段以后，进入了以知识社会为特征的后资本主义社会。1996年，经济合作与发展组织（OECD）在年度报告中明确提出了“以知识为基础的经济”，按照经济合作与发展组织的定义，知识经济是以现代科学技术

为核心，建立在信息、知识的生产、存储、使用（消费）上的经济，是一种以现代科技产业为主要产业支柱，以智力资源为主要依据的可持续发展的新型经济。它表明人类经济发展将比以往任何时候都更加依赖于知识的生产和应用。

在知识经济社会，知识与信息在经济社会商品价值创造中所起的作用越来越大，很多知识与信息成为独立存在的商品。知识经济是依靠知识发展，实现财富增长的经济类型，而知识经济的发展，取决于智力资源的占有，因此，智力资源的开发和人才的培养是知识经济的命脉。以知识为主宰的知识经济时代，知识成为衡量企业财富的标准，成为企业的战略资产，作为知识创新者、承载者、所有者的知识型员工，因其代表着企业拥有的知识、技能，成为企业的核心竞争力，成为决定企业市场价值的重要因素。企业如何有效整合、创新和发展知识，如何有效利用和管理知识资源成为企业经营成败的关键。

在以知识为基础的知识经济社会，智力资源成为一个国家、一个企业取得竞争优势的核心资源，专利法、商标法、著作权法等知识产权法成为知识经济健康发展的保障，受法律保护的知识产品形成产业化发展——创意产业。创意产业是基于知识产权，通过对知识产权的开发来创造潜在财富和就业机会的产业。随着社会的发展，创意产业涵盖的面越来越宽泛。创意产业体现新经济的创新性、高附加值性、强融合性、渗透性、辐射性和持久盈利性特点，日益呈现出融入服务业、制造业甚至包括初级制造业等其他产业的趋势。

1998年，英国创意产业专责小组首先提出创意产业（creative industry）定义——“源于个人创造力与技能及才华、通过知识产权的生成和取用，具有创造财富并增加就业潜力的产业”，并根据该定义，界定了休闲游戏软件、电视与广播、出版、表演艺术、音乐、电影与录音带、时尚设计、工艺、广告、建筑、时装设计、软件、古董等13个行业为创意产业。经济学家霍金斯将创意产业界定为：其产品都在知识产权法的保护范围内的经济部门。各国创意产业快速发展，我国近年来很多地区如上海、广州等相继建设起创意园区，创意产业成为知识经济社会最具活力的产业之一。2007年，中国创意产业年度大奖颁奖典礼上发布了《2007中国创意产业发展报告——企业篇》，首次在全国发布2007年创意企业的基本情况，指出国内创意企业发展迅速，产业规模不断壮大，销售收入大幅度攀升。2006年被称为中国“创意经济元年”，在2006年之前的三年间，中国创意企业销售额的大幅度增加，给创意产业的繁荣创造了必要的市场环境，提供了雄厚的物质基础条件。在此期间，国家关于文化创意产业的政策也开始出台。我国创意产业迎来了大发展的黄金时代。

随着经济社会的快速发展，商品经济的日益发达，我国经济由卖方市场转向买方市场，消费者由被动消费转向主动消费，消费日趋个性化、多元化，创新创业成为经济发展的重要引擎，导致新产品和新行业的不断涌现，特别是创意产业的发展，高科技中小企业呈现强劲的发展势头。闻名遐迩的微软公司、雅虎公司的创业者比尔·盖茨、杨致远等成功的创业历程，使当代大学生特别是掌握了现代科学技术、富有创新精神和冒险精神的大学生面对就业的竞争压力和成功的机遇，担负起创业的历史使命。

高科技中小企业的发展源于一个个新企业的诞生，源于整个社会创业活动的开展。1994年，联合国大会一致通过一项决议，支持并鼓励所有经济发达国家和起飞国家把创业作为一项国策。自20世纪70年代，一场轰轰烈烈的创业革命从美国兴起以来，现已扩展到了整个世界，目前我们进入一个崭新的创业时代。改革创新在美国创业浪潮中得到最大的发挥，带动着美国乃至世界重大的发明和新技术的产生。创业成为美国经济的发动机，创新犹如此发动机的气缸，创业者不断创新，追求卓越，创造出大量的新产品、新技术、新工艺和新服务，并通过创建的公司将这些创新成果推广并应用于市场中，获取可观利润。据统计，第二次世界大战以来美国一半的创新是由小型创业公司完成的，它们的研究和开发比大型公司更显得生机勃勃。

历史上，企业家精神从来没有像现在这么生机勃勃，创业激发企业的创新和发展，产生出越来越多的全新的企业和行业，创造出巨大的财富，改变着人们的生活方式和财富观念，引领社会进入了经济全球化的新时代。

建设创新型国家的核心是增强自主创新能力，关键在人才。高等学校应该以知识创新为己任，更加有效地开展创业教育，构建创新创业体系，大力扶持那些掌握创新知识的大学生进行创业，为建设创新型国家提供支持和保障。

第二节　创新与创新能力

一、创新

（一）创新的含义

创新是指以现有的思维模式提出有别于常规或常人思路的见解为导向，利用现有的知识和物质，在特定的环境中，本着理想化需要或为满足社会需求，而改进或创造新的事物（包括产品、方法、元素、路径、环境），并能获得一定有益效果的行为。

创新是以新思维、新发明和新描述为特征的一种概念化过程。其起源于拉丁语，有三层含义：第一，更新；第二，创造新的东西；第三，改变。创新是人类特有的认识能力和实践能力，是人类主观能动性的高级表现，是推动民族进步和社会发展的不竭动力。一个民族要想走在时代前列，就一刻也不能没有创新思维，一刻也不能停止各种创新。创新在经济、技术、社会学以及建筑学等领域的研究中举足轻重。口语上，经常用“创新”一词表示改革的结果。既然改革被视为经济发展的主要推动力，促进创新的因素也被视为至关重要。

“创新”，在《辞海》中解释为“创者，始造之也”“新，初次出现，新鲜”。创新，即做出前所未有的新鲜事情，改旧更新之意。“创新”在英文中为“innovation”，其意思是发明（invent）、创造（create）或者是革新（innovate）行为，中英文含义相近。

熊彼特认为：发明只停留在发现阶段，而创新与应用相联系。彼得·德鲁克认为：创新是赋予资源以新的创造财富能力的行为。任何使现有资源的财富创造潜力发生改变的行为，都可以称为创新。还有的学者认为：“创新是形成创造性思想并将其转换为有用的产品、服务或作业方法的过程，即富有创新能力的组织能够不断地将创造性思想转变为某种有用的结果。”

一次性的、没有做过的事（项目），其特点就是富有挑战性，需要创造性。可以说，项目是创新的载体，是实现创新的必由之路。

（二）创新类型

1.开拓式创新

开拓式创新是最有价值也是最有难度的一种创新，这种创新所创造的事物是历史上不曾出现过的，是全新的，并且对于历史进程具有深远的影响，它往往伴随着天才人物的灵光乍现，带有一定的偶然性。比如牛顿开创经典物理学，爱因斯坦开创相对论，哥伦布发现新大陆，莱特兄弟发明飞机，乔布斯发明iPhone，制药公司发明新药，等等。

案例赏析

电商成功创业的案例

随着经济和互联网技术的快速发展，我国电商创业的规模随之不断扩大，各式各样的特色产品成为各地电商创业的首选。

案例一　　在校大学生创业做跨境电商，年收入十多万元

从对电子商务的懵懂无知到做校园跨境电商先行者，他将电子产品和汽车配件出售到美国、俄罗斯、欧洲等四十多个国家和地区，年收入10余万元。近日，武昌理工学院商学院电子商务1301班的刘欢被学院评为“每月一星”的创业之星。他的创业经历，让老师和同学们纷纷称赞。

1.高考失利走向社会学经验，发现不足重返校园学知识

刘欢出生于1992年，湖北黄冈人，2011年，他高考失利，考上一个不满意的大学，就产生了放弃学业、外出闯荡一番的念头。在几经思考之后，他毅然选择了离开校园，去社会闯荡，准备在公司上班积累经验和资金后，再开始自己的创业路。

当时，国内的电子商务已逐渐兴起，刘欢在京东旗下的拍拍网工作了一年，在工作中他发现自己很多专业的东西都不会，依旧需要通过学习来提升自己。刘欢谈道：“在拍拍网工作的一年中由于缺乏专业知识吃了很多苦头，即使每天加班还是

赶不上别人的进度。那段时间让我觉得很累并且也意识到没有专业知识是很难有发展的空间的，所以我有了返回学校继续学习的念头。”

做出决定的刘欢又重返了学校，复读了一年，最终考上了武昌理工学院。进入大学的他目标明确，选择了自己想要发展的方向，2013年9月，他走进武昌理工学院，成为该校电子商务专业的学生。

2. 学以致用选择创业，做校园跨境电商先行者

进入大学后的刘欢在自己的专业课上学到了很多专业知识，在学校组织的有关电子商务专业的讲座和研讨会中，得到了很多新的感悟和体会。大一下学期，刘欢在学校举行的电子商务孵化基地的创业项目中产生了再次创业的冲动。他说：“我要学以致用，在创业中将理论运用到实践。”

2013年，国内电子商务已经很热门，涌现出各种各样的网店。而在拍拍网工作了一年的刘欢，发现国内电子商务存在很多弊病，就决定做跨境电商，将国内的商品出售到国外。当时，跨境电商在国内不为大多数人所知，学校也还没有开设跨境电商这门学科，也没有比较专业的人士可以指引他，刘欢不知道自己会不会成功，怀着试一试的心态，用自己工作一年的积蓄作为资金，开启了他的跨境电商创业之路。

创业之路并没有那么顺利，在开始创业的几个月里，一笔业务也没有的状况让刘欢受到了很大的打击，但是他并没有放弃，依旧坚持了下来。出现了问题就需要去解决问题，而当时他只有一个人，没有人可以给他意见，也没有人告诉他该怎么做。他说道：“在创业初期的那段时间，实际上我是比较迷茫的，没有人可以指导我，只能通过自己的摸索去一步步尝试。”

刘欢一个人从产品质量、物流质量、服务质量等方面一个一个去思考为什么没有销量，最终他发现物流服务对于跨境电商是很重要的。刘欢说：“由于是将商品邮寄到国外，所以物流的速度不能太慢。如果物流速度慢了就没有竞争力了。”意识到问题后的刘欢在与物流公司的协商中一步步解决了物流问题，而他的创业之路在开始半年后终于迎来了第一笔订单。随着第一笔订单的开始，他的创业之路也越来越顺利。在2015年一年中，他的销售量达到了35万元，取得了30%的净利润。

3. 产品通过网络售往四十多个国家和地区，年收入10余万元

现在已经大三的刘欢，创业之路已逐步走上了正轨，而他又增加了两个帮手，成为他继续创业路上的合伙人。现在他的工作目标比之前更稳定一些，主要将电子产品和汽车配件出售到国外，出口范围正在一步步扩大，包括美国、俄罗斯、欧洲等四十多个国家和地区，年收入已达到十多万元，而这个数字正在逐渐增长。如今，他早已可以自己支付学费和生活费，并且还能时常往家里寄钱贴补家用。刘欢说：“我准备买车，并将创业项目入驻汉口北，希望以后可以将这个项目做得更大。”

在创业上获得成功的刘欢还有着另外一个身份就是在校学生，虽然创业花费了

他很多的时间，但是对于学业他也从来没有松懈过。在学校他一直都是认认真真学习专业课的知识，没有因为自己的创业时间而耽误了学校的课业。他的素质导师秦静老师评价道：“他为人低调沉稳，对自己的创业道路规划也很明确。尽管自己需要花费大量精力在创业这块，但平常基本上很少缺课。即使有事情也会及时请假报备，严格遵守学校的管理制度。”

回想自己的创业之路，刘欢感触最深的就是需要坚持。他认为无论什么事情，只要坚持下去就会取得成效，正是他的坚持让他取得了创业的初步成功。“我希望有了创业念头的学弟学妹们都坚持下去，对于在学校的创业大赛、创新比赛中产生的一些好的想法，比赛后也应该继续下去，而不是在比赛获奖后就把它们放在一边。要相信自己，坚持就会有收获。”刘欢对学弟学妹们建议道。

案例二　　“80后”陕西小伙，用一颗猕猴桃走上电商创业路

吃过冰激凌不稀奇，可你吃过“冰淇梨”吗？

最近，陕西省宝鸡市眉县齐镇党家寨村的一名“80后”小伙，10天时间在淘宝和微信上卖了10 000箱“冰淇梨”。这种梨学名为“红啤梨”，艺名为“冰淇梨”，表皮虽为酒红色，但外观和个头大小与普通新疆库尔勒香梨并无多大区别。唯一特别的地方在于它被陕西小伙李怡鹏赋予了全新吃法——“吃软不吃硬”，别的梨要咬着吃，而“冰淇梨”却能像椰子一样插着吸管直接喝。

这种不走寻常路的梨子吃法，是怎么让这个年轻小伙想出来的呢？这些，还需要从他本人的创业经历谈起。

1. 一颗猕猴桃，引发小伙国企辞职返乡

李怡鹏，生于1988年，2012年从西安科技大学毕业后，来到深圳一家国企工作。他从最普通的基层职员做起，由于业绩表现出色，不到一年半的时间，就被公司外派到山西做了大区经理。

2014年8月份，由于家里的猕猴桃成熟需要人手进行采摘，孝顺的李怡鹏特地向公司请了年假回家帮父母忙。然而，家里的猕猴桃采摘好了，怎么卖出去却成了摆在一家人面前的大难题。

“眉县被称为‘中国猕猴桃之乡’，世界猕猴桃的原产地。”眉县当地人李怡鹏介绍，眉县有35万亩耕地，其中30万亩耕地种的都是猕猴桃树。“别看眉县猕猴桃的品质丝毫不输新西兰的猕猴桃，不过，每到桃子的‘大年’，外地客商就会向果农压价，果贱伤农现象不时发生。”

2014年，正赶上当地猕猴桃的“大年”，在大城市工作多年的李怡鹏深切感受到通过电商渠道销售农产品的切实可行。因此，在当年猕猴桃的销售季，他通过微信朋友圈售卖自家产的猕猴桃，不到两天，就卖了4000斤红心猕猴桃，纯利润有2万元。

“因为在国企工作时我本身做的就是销售工作，在深圳时也和熟悉的朋友学习过一些电商运营方面的知识，因此，第一次通过电商途径售卖猕猴桃，取得了小小成功。”

这次成功也增强了李怡鹏返乡创业的决心。多年离家在外，只能在逢年过节才能回家看望家中父母，家乡这么多好的农产品没法以合理的价格卖出去，这一切，促使李怡鹏在2014年辞职，放弃年薪十多万元的国企高薪稳定工作，毅然回乡创业。

在当年的9月份，他与朋友合伙在淘宝上开了两家店，依托眉县当地发展猕猴桃产业的优势，销售本地产的猕猴桃、樱桃、油桃等水果以及核桃、土鸡蛋、蜂蜜等本地农产品。在每年当地水果销售的旺季，一天平均可以接到4 000～5 000个单子，客户多为北京、上海、广州等地区的消费者。

从深圳辞职回家后，为了帮助家乡果农更好地销售当地主打水果猕猴桃，提前解决猕猴桃的销售难题，李怡鹏和合伙人一起通过市场考察，打出了认领猕猴桃树的概念。

“我看过很多新农人通过电商渠道提前预售水果，就想着那能不能也预售猕猴桃树，让想感受果子生长过程的消费者通过认领猕猴桃树，满足自己的感官需求？”创意想好后，他的这条认领一棵猕猴桃树的微店信息在不到一个月的时间转发量过千，十多棵徐香猕猴桃树被来自北京、上海、广州等地的顾客认领。一位北京顾客一次认领了3棵5年树龄的猕猴桃树。

李怡鹏介绍，猕猴桃树2月发芽，3月长叶，4月开花，5月人工疏果，6到7月结果，8月渐次成熟。他在当年的3月份发布了认购信息，共有3种树龄的猕猴桃树投放到了市场，且每种树龄的价格不一样——3年生猕猴桃树300元/棵，5年生猕猴桃树450元/棵，7年生猕猴桃树550元/棵。按照5年生猕猴桃树稳定结果40斤计算，每斤猕猴桃价格在11元左右，比市场上均价9元的猕猴桃贵2元。每位认领顾客都要签订协议，提前预付500元到1 000元不等的认领金，被认领的果树经过双方确认后挂牌。

“我想通过这样的方式提高农产品附加值。”在李怡鹏看来，和普通农民相比，新农人的适时出现赋予了农产品新的机遇，“我们擅长做的就是充分挖掘初级农产品更高的价值，用情感赋予它附加值。”

在果树开花、结果、成熟的过程中，销售方会每周通过微信的方式，把认领果树的剪枝、浇水、除虫等图片和视频发送给顾客，顾客通过网络可以随时了解果树的长势。认领了3棵果树的北京顾客在反馈评价中说：“虽然我不能亲手种植，但看着猕猴桃从种到收的过程却是有意义的。”

2.吃软不吃硬，这颗梨子有点“萌”

预售猕猴桃树活动的成功使这个年轻的“80后”小伙成为眉县当地远近闻名的“电商达人”，这也给他在电商市场上推广“冰淇梨”埋下了伏笔。

李怡鹏的一位朋友贺元伟辞职回到家乡陕西渭南澄城县创业。6月份，正是当地特色水果红啤梨的成熟季节。红啤梨原产于美国，表皮青红色，外形十分乖巧可爱，类似葫芦形，虽然有一定的硬度，但汁多味甜，口感细腻。近些年，通过国内果农的引进，红啤梨主要在河南灵宝、陕西渭南等地种植。

然而，由于产品小众，普通果农不懂如何向市场进行营销推广，“今年红啤梨成熟后，由于整体种植面积过大，而来这边收购梨子的客商少，有不少果农都准备把自家的梨树砍掉。”贺元伟感到非常可惜。

7月初，贺元伟联系上老友李怡鹏，希望他能够通过新兴的电商渠道帮忙销售家乡特产红啤梨，李怡鹏欣然应允。在贺元伟的牵线下，李怡鹏与澄城县当地十多户果农签订合同，以高于市场均价每斤3块钱的价格收购果农种植的红啤梨。

在红啤梨的挑选上，李怡鹏坚持果子必须是6厘米的果径，且果皮表面有疤痕、不光滑的果子都要剔除掉。“不过，果农给到的梨子不一定都能完全符合我们的标准。”因此，李怡鹏坚持，在梨子入库冷藏前，聘请人员进行二次分拣。

由于红啤梨在刚采摘后果肉紧实、质地较硬，如果直接发货运送，会影响消费者的品尝体验。因此，在7月3日从渭南当地装了三车红啤梨并进行二次分拣完毕后，李怡鹏先将梨子入冷库冷藏7天，以便让红啤梨得到充分糖化，使质地变得更软。

而在梨子入库冷藏的7天时间中，李怡鹏也没有闲着，他找到曾和他有过良好合作经验的一家电商公司的品牌策划专员，针对红啤梨的外观、口感、特性进行了一系列包装策划。

“红啤梨在果实较硬的时候口感不能达到最佳，不过在冷藏一段时间后，果实会酥软，且汁水多。”针对红啤梨的这一特性，李怡鹏想到了一个“大胆”的吃法尝试——既然椰子可以插着吸管喝，那红啤梨为什么就不能也如此呢？

说做就做，在试验过后，李怡鹏觉得和平常的吃梨方法不同，吸食的吃法可以让消费者最大限度地享受到梨子的自然清甜。“这种吃法不同以往，为了使消费者对我们的产品形成记忆点，在产品的纸盒外包装上，我们打出了‘吃软不吃硬’的字样。”李怡鹏介绍，他还在产品纸盒内部放了一张卡通图案的说明书，在上面详细向消费者讲解红啤梨的吃法——梨子要捏软了以后插着吸管直接吸食。

红啤梨怎么吃的问题解决了，不过产品在市面上推广，有一个好名字也是成功的一大关键。“我当时想着就叫冰激凌梨，不过，一时口误，说成了冰淇梨。”然而，这个“口误”却得到了整个策划团队的一致肯定。“他们觉得这个名字比生硬的红啤梨更可爱，又突出了梨子甜软、汁多的特点。”后来，策划团队还设计了产品的卡通形象，一个有着两颗大板牙、戴着墨镜、咧嘴大笑的“萌萌的”冰淇梨。

一切准备就绪后，7天过后，每箱12颗、售价48元的10 000箱冰淇梨通过李怡鹏的淘宝店和微店销往全国各地。

3.做农产品上行，不忘反哺乡亲

别看李怡鹏现在的农特产品电商事业做得风生水起，平均每年网店的销售额能过千万元，不过，他介绍，在2014年下半年刚刚回乡创业的初期，眉县当地的电商氛围还不是十分浓厚。

“当时包括我父母在内的一帮人都觉得我特别想不开。”让李父李母想不明白的是，学历不差、在大城市有光鲜体面高薪工作的儿子，为什么非要憋着一股劲，像他们一样扛起锄头做了农民。

“我总觉得每天朝九晚五的生活很枯燥，”对于李怡鹏来说，他渴求通过自己的奋斗闯出一片事业，“在大城市工作的经历，让我深刻感受到农村和城市之间存在的差距。”李怡鹏举例，在2014年的时候，眉县当地的快递要想寄到江浙沪，每斤的邮费高达20～30元。当地农民很少有通过电商途径售卖农特产品的想法，“不仅线上做不起来，就连普通的在网上买东西，大家都觉得不靠谱。”

这一切催生了李怡鹏想创办一个公益性质电商培训班的想法。2014年，他注册了宝鸡德信电子商务运营有限公司（以下简称德信），在平常网店不忙的时候就会组织眉县当地有想法从事电子商务的人员进行免费培训。从基础的开店、装修、单量破零着手，两年多时间，已免费培训1 000多人次，经过培训后的学员开店率目前已达20%。

53岁的老段虽然接触电脑时间不长，但从他口中却能听到“金钻”“聚划算”等电商“专有名词”。在德信经过一段时间的培训后，老段专营眉县当地青皮核桃、猕猴桃等农特产品的网店开张。如今，老段的网店已经有了“三颗星”。

像老段一样的学员其实还有很多，对于李怡鹏来说，虽然公益性质的培训没让他赚到眼前的小钱，而且有的时候还得搭上自己的时间精力去授课，但是，他觉得，这一切对于他来说都是很值得的。

在李怡鹏看来，一个完整电商生态的形成对于当地的电商产业经济推动作用巨大，但这并不是一蹴而就的，需要有个培育的过程。“现在我觉得自己的有些网店运营思路不是很清晰，怕给学员们讲错，从今年开始，我聘请了杭州的电商培训讲师不定期来眉县当地讲课。”

返乡创业的近三年时间来，他亲眼见证了眉县电商产业的从无到有。“从去年开始，我们每斤快递费就降到了5元。”李怡鹏很欣喜地看到农村淘宝等电商平台在眉县当地的落地，也能从父母的微笑中感知到他们对自己态度的转变与支持。

“现在，就连70多岁的老大妈都知道网上的东西很便宜。眉县越来越多的果农也开始在电商渠道上销售水果和农特产品。”李怡鹏说，他深知做农产品上行这条路的艰辛。虽然时至今日，他的网店体量还没有达到他的预期，不过，当说到未来时，小伙子的眼中依然充满了信心：“一步步脚踏实地走，总能走到目的地。”

资料来源：佚名．电商成功创业的案例［EB/OL］．［2022-05-01］．https：//wenku.baidu.com/view/bebcef1577a20029bd64783e0912a21615797f54.html？fr=income2-wk_app_search_ctr-search.

2.升级式创新

开拓式创新固然重要，但我们也听说过“起了个大早、赶了个晚集”这句话，我们也看到很多开拓者没有赚到钱、模仿者赚了个盆满钵满的例子。比如说福特并不是汽车的发明者，但福特靠T型车成为当年的美国首富；比尔·盖茨虽然不是图形化操作系统的发明者（图形化最早的发明者是施乐公司，最早的商用者是苹果），但他的Windows几乎统治了个人电脑。升级式创新其实非常重要，因为早期产品往往是比较粗糙的，而且往往是价格昂贵的，升级式创新起到了完善产品、降低门槛的作用，因此升级式创新者同样值得尊敬。

3.差异化创新

大概10年前，定位理论开始风靡于营销界，颇有营销就等于定位、定位就等于营销的感觉。其实，定位理论所适合的，只是差异化创新这个领域。差异化的例子估计大家随便就可以举出来一大堆，比如说专门给老人使用的手机，专门定位于办公的ThinkPad笔记本，专门用来越野的吉普车……差异化创新应该是最常见的一种创新模式，它是由消费者驱动的创新模式。

4.组合式创新

要理解什么是组合式创新，想想瑞士军刀就明白了。当我们给一个拖拉机装上一门大炮的时候，我们就得到了一辆坦克。当我们给手机装上摄像头的时候，我们就有了“扫一扫”的可能性。当我们给眼镜装上小电脑，它就成了Google glass。当我们给牙刷装上发动机，它就成了电动牙刷。组合式创新同样是一种常见的创新模式，它依赖的不是技术进步，而是对于新需求的敏锐洞察。

5.移植式创新

所谓移植式创新，就是把在A领域所使用的技术或模式，移植到看似没有关联的B领域，从而创造出新的产品或模式。例如，吉列在剃须刀领域发明了“刀架刀片”的模式，把重复购买率低的刀架以极低的利润出售，提高市场占有率，然后再通过出售重复购买率很高的刀片来赚钱。亚马逊的Kindle在策略上和吉列简直如出一辙，亚马逊以极低的利润率出售Kindle，基本上没有在硬件上赚到多少钱，但是Kindle的普及带动了电子书的销售，总体来看亚马逊还是赚钱的。在电子书项目上，亚马逊没有学习纸质书的商业模式，反而学习了剃须刀的商业模式，这就是移植式创新。移植式创新依赖的是对于商业模式本质的理解。

6.精神式创新

在大部分发展到成熟阶段的行业当中，不要说开拓式创新、升级式创新的机会没有了，就连差异化创新的机会也没有什么空间，这时候可能你仅仅能够依赖的就是精神式创新了，你只能通过取得人们在情感、文化、价值观层面的共鸣来实现创新。如果你的消费者消费你的产品是因为可以通过你的产品向外界传递出自己的价值主张，比如说通过开牧马人来标榜自己很男子汉、通过穿无印良品来标榜自己很小资、通过去西藏旅行来标榜自己很文艺，那么你就成功了。不过精神式创新是一道窄门，因为真正具有价值观输出能力的企业并不多。

（三）创新的特征

创新是社会进步的动力，是事业兴旺的阶梯。

人类有别于其他生物的特性之一是懂得创新。换言之，创新是人类特有的活动。创新是在意识支配下进行的创造性活动，在人类社会之外，其他动植物只是进化、演化，而不是创新。对于人类而言：

创新是有规律的实践活动。它以扎实的专业知识为基础，以艰苦卓绝的精神劳动为途径，以敏锐的观察力、丰富的想象力、深刻的洞察力为导向，反映符合事物发展要求的基本规律，是一种有规律的实践活动。

创新是突破性的实践活动。它不是一般的重复劳动，更不是对原有内容的简单修补，而必须是突破性的发展、根本性的变革、综合性的创造。创新是继承中的升华，继承是创新的必要前提。

创新具有以下几个方面的特征：

1.目的性

任何创新活动都有一定的目的，这个特性贯彻于创新过程的始终。

2.变革性

创新是对已有事物的改革和革新，是一种深刻的变革。

3.新颖性

创新是对现有的不合理事物的扬弃，革除过时的内容，确立新事物。

4.超前性

创新以求新为灵魂，具有超前性。这种超前是从实际出发、实事求是的超前。

5.价值性

创新有明显、具体的价值，对经济社会具有一定的效益。

（四）创新的基本要素

日常生活是创新和创业的主要场所，也是体现创造力精神最多但又最被忽视的舞台。弗洛伊德曾说过，健康的生活有两个显著的标志：爱和工作能力。创新犹如焖烧东西，焖烧时必须加入三种基本调料才会烧出美味的佳肴，创新也必须具备三个基本要素。

1.在特定的领域具有专长和本领

这正如蔬菜或肉制品是焖烧时必不可少的部分。这些专长反映了你是否精通这个领域，如你是否可以谱写一首优美的曲子，是否可以熟练使用计算机的表格程序，或者你能否出色地完成一项科学实验。周杰伦在出唱片前被迫用一个月时间写了几十首歌，为了节约时间和成本，天天吃泡面。曾任微软中国区总裁的唐骏在公司的第一份工作是做基层程序员，每天第一个上班，最后一个下班，没有这些持续非凡的付出无以达到专业的水平。

2.创新思维技巧

这好比在焖烧过程中放入调味品和香料，使原料更美味可口，这些调料使味道独一无二，渗透至焖烧的食物，使其与众不同。这些创新思维的技巧包括充分发挥想象力，持之以恒地解决问题以及对于工作的高标准。创新思维也可以指转换思考问题的能力，将新奇的事物变为自己所熟悉的，将熟悉的变为奇异的。许多这样的技巧是建立在独立思考问题之上的，即你甘愿去承担某些风险并且具有尝试新事物的勇气。

3.要有内在的热情

最终焖烧出一锅美味佳肴的元素便是热情，心理学中把它称为内在的动机，那种纯粹为了自身的愉悦而焕发的激情，绝不仅仅是为了奖品或补偿。这种动机的反面便是人们的外在动机，你并非自身想去做某件事，而是由于你应该这样做，你为了某种回报，或是为了愉悦某人，又或是为了获得一次晋升的机会。不少年轻人在求学过程会把获取文凭作为最大的学习动机，这自然是缺乏内在的热情。

一位诺贝尔物理学奖获得者曾被问过具备创造力和不具备创造力的科学家的最大区别是什么。他回答，那关键看他们的工作过程是否到处洋溢着“爱”。从某种程度而言，强大的热情可以弥补先天的不足。李书福在造第一辆汽车时并没有得到社会的认可，反而换来更多嘲讽与不解，这么多赚钱的事不做非得去做明摆着不赚钱的事情，但他自始至终保持着一颗对自有汽车产业的热爱之心，最终赢得全社会的敬佩。热情就好比锅下的团团火焰，它使一切沸腾起来，将各种元素融化后重塑成美味无比的佳肴。

二、创新能力

（一）创新能力的含义

创新能力是人才的核心能力。所谓创新能力，是指为了达到某一目标，综合运用所掌握的知识，通过分析解决问题，获得新颖、独创的，具有社会价值的精神和物质财富的能力。创新能力是个体的一种创造力，它从来就不是孤立地存在于个体的心理活动中，而是与每个人都具有的人格特征紧密相连的。古今中外科学发展史的实践证明，优秀的人格特征是创造力充分发挥的必备心理品质。一般来说，对科技发展和人类进步有突出贡献的科学家都具有优秀的人格特征，其中坚定的事业心、强烈的责任感、勇于探索、敢于创新的精神尤为重要。

纵观近十年的研究成果，虽然国内学者对创新能力的理解各不相同，但他们对创新能力内涵的阐述基本上可以划分为三种观点：第一种观点以张宝臣、李燕、张鹏等为代表，认为创新能力是个体运用一切已知信息，包括已有的知识和经验等，产生某种独特、新颖、有社会或个人价值的产品的能力。它包括创新意识、创新思维和创新技能等三部分，核心是创新思维。第二种观点以安江英、田慧云等为代表，认为创新能力表现为两个相互关联的部分，一部分是对已有知识的获取、改组和运用；另一部分是对新思想、新技术、新产品的研究与发明。第三种观点从创新能力应具备的知识结构着手，以宋彬、庄寿强、彭宗祥、殷石龙等为代表，认为创新能力应具备的知识结构包括基础知识、专业知识、工具性知识或方法论知识以及综合性知识四类。上述三种观点，尽管表述方法有所不同，但基本上能将创新能力的内涵解释清楚。

（二）创新能力的来源

当今世界已进入创新的时代。创造性思维方式是培养创新能力，进行开创性事业的起点。一般来说，常规思维是纵向、线性、收敛和刚性的思维方式，而创新思维是多向、发散性的，思维方式是辩证的。在中国古代，诸子百家中的兵家（孙子与孙膑）与纵横家（鬼谷子）就很重视谋略思维。关于谋略的产生，人们通常认为，中、下略是常规思维的结果，上略是创造性思维的结果。因此，要以中略和下略作为设谋的起点。常规思维为正，创造性思维为奇，设谋要经历参正变奇和参奇再变的过程。只有具备了创造性思维，才有可能进行开创性的工作。

根据马克思主义认识论的基本原理，创新能力的来源是社会实践。

但具体来说，创新能力的来源是：意外的机遇，新知识的产生，现实生活中的不协调现象，工作任务的需要，人文情况的变化，知觉和观念的变化等。

（三）创新能力的意义

创新能力是民族进步的灵魂、经济竞争的核心；当今社会的竞争，与其说是人才的竞争，不如说是人的创造力的竞争。

如果这个世界没有创新能力，便不会有今日人类的文明，可能还同猩猩它们一起过着钻木取火的原始生活，如果爱因斯坦、爱迪生等人没有创新能力，他们何以取得巨大的成就与收获，如果一个人不具备创新能力，可以说是庸才；如果一个民族没有了创新人才，那么便是一个落后的民族。

在科学技术飞速发展的今天，创新意识和创新能力越来越成为一个国家国际竞争力和国际地位的最重要的决定因素。改革开放以来，我国创新能力有了很大提高，少数科学研究和技术创新在世界上也占有一席之地。但无可置疑的现实是，我国创新能力和国际先进水平的差距较大。根据2021年的有关分析数据，中国在49个主要国家中，科技创新综合能力处于第28位，也就是中等偏下的水平。中国科协创新战略研究院最近在长沙发布的《中国科技人力资源发展研究报告（2020）》（以下简称《报告》）显示，截至2020年底，我国科技人力资源总量超过1.1亿人，居世界首位；而且结构不断优化，年轻化特点和趋势明显。这是中国进入创新型国家行列的、任何国家无法比拟的最宝贵的资源。有资料分析表明，中国学生应试能力强，但动手能力特别是创新能力较差，与美国等西方发达国家学生比存在明显的差距。

随着现代科学技术的发展，文明的真正财富，将越来越表现为人的创造性。知识激增，需要新一代学会学习；科技革命，需要新一代革新创造；振兴中华，需要新一代开拓前进。培养青少年的创新能力，是未来社会生产的特点所决定的。培养青少年的创新能力，对于我国具有更重大的意义，我国要到2050年左右赶上或超过世界发达国家，成为具有高度物质文明和精神文明的社会主义现代化强国，这个宏伟的计划需要这一事业的继承者，必须具有创新精神。

（四）创新能力的影响因素

1.企业文化

企业文化是企业内部影响企业创新与变革的重要因素。企业文化是将企业凝聚起来的“胶水”，这种凝聚效应全面体现于企业的各个方面，任何为了提高企业创新能力的举措必然应该有相应的企业文化转型计划。

最有助于创新的企业文化应该是这样：更加外向型而非封闭型的文化；更加灵活、适应变化的文化而非一味求稳的文化；扁平化而非等级化管理的文化。企业文化中还应强调持续学习和不断适应。在支持和鼓励创新中，企业文化如想起到关键作用，就必须着力将文化的作用和影响渗透至企业战略的各个层面，如员工、政策、企业行为、激励机制、企业的语言和系统架构等。

全球著名的管理咨询公司合益咨询公司通过抽样调查，发现了全球领先的创新型企业具备10个特征，这10个特征分别是：愿景、气氛、有天赋的员工、训练有素的经理、培养的环境、耐心、对失败的包容、对研发的投资以及利于创新的良好的组织结构、流程和系统。这些特征往往意味着在这些企业里，人们希望能够做到最好，目标和期望界定得很明确，人们被给予适当的授权，以及新的创意易于被接受。最能促进创新的企业文化往往强调团队协作、以客户为中心、公平对待员工、采取主动等理念。

2.领导风格

一个企业的领导者在推动创新方面起着至关重要的作用，而其中领导者的风格又直接决定企业创新能力的高低。因为领导风格往往塑造了企业的组织文化和气氛。那些卓有成效的领导者往往会提供创新的方向，建立有利于创新的组织文化和气氛，鼓励个人的高度主动性，推行有效的多功能团队的协作和融合，以确保最佳操作在公司中的推广和充分运用。

领导风格可以分为6种类型，分别是强制型、权威型、亲和型、民主型、领跑型和辅导型。Hay集团总裁莫瑞（Murray Dalziel）博士认为，最具创新能力的企业的领导风格通常为权威型、亲和型和辅导型这三种类型。这三种类型的领导风格往往能够提供明晰的愿景与方向、培养团队的和谐以及关注个人的长期发展，因此更有利于企业的创新。

莫瑞博士认为：“一线经理很容易通过改变自己来实现结果的改变，但企业的高级经理则需要通过改变领导风格来改变团队的氛围，从而影响团队里的成员。”

3.员工的学习能力

不断学习和充电的员工构成了企业中创新能力的根基。企业必须有一个持续进行的培训项目来鼓励员工，告诉他们拥有创新思维对整个企业的发展前途至关重要，在这个持续进行的培训项目中，还必须应用各种工具，这些工具必须既能够促进分化又能够促进和谐。这里的分化是指要让不同意见无所保留地表达出来，好的理念能够形成头脑风暴；而和谐是指团队应有效协作来执行创新理念。在已经形成的技能训练项目中应考虑加入更宽泛层次的内容，让这些技能能够使员工注重直觉、形象思维和彼此之间的默契。

4.创新的评价机制

在企业现有的绩效考核过程中，应该将创新纳入评价体系。如果将创新纳入个人和企业的绩效评估体系，就应该有相应的激励机制和奖励体系。而创新是否成功，往往要经过数年的考验才能被衡量。因此，短期和长期的评估体系应同时具备，同时到位。

5.员工的主动性与合作精神

员工要迅速采取行动，富有主人翁精神，并且员工之间具有良好的团队合作精神和进行充分沟通。典型例子是飞利浦公司，公司有两条产品线，分别是心脏复苏机和家庭医疗保健产品。以前，这两条产品线针对的客户一个是医院，一个是家庭，并没有什么重合之处，后来这两个产品线的负责人经常在一起开会研究，对产品进行创新，从而使得心脏复苏机也开始走进许多家庭，并实现了两条产品线的整合效应。

第三节　创业与创业精神

一、创业

（一）创业的内涵

创业有广义与狭义之分。广义的创业是指所有具有开拓性和创新性特征的、能够增进经济价值或社会价值的活动；狭义的创业是指创办企业，指能够创造劳动岗位、增加社会财富的活动。

《辞海》中“创业”的定义为：“创业，创立基业。”“创业”即指开拓、创新的业绩，与“守成”相对应。关于“业”字，《现代汉语词典》解释有学业、业务、工作、专业、就业、转业、事业、财产、家业等。由此看来，“业”字的内涵极为丰富。

杰夫里·提蒙斯（Jeffiry A. Timmons）所著的创业教育领域的经典教科书《创业创造》（New Venture Creation）中对“创业”下的定义是：创业是一种思考、推理和行为方式，它为机会所驱动，需要在方法上全盘考虑并拥有和谐的领导能力。创业必须贡献出时间，付出努力，承担相应的财务的、精神的和社会的风险，并获得金钱的回报、个人的满足和独立自主。可见，创业是一种劳动方式，是一种需要创业者组织、运用服务、技术、器物作业的思考、推理、判断的行为。创业就是发现和捕获机会并由此创造出价值的过程。我们这里所说的创业，通常是指以新的企业为载体，以正当地获得更多利益为目标的活动，有时也指开创个人政治、学术等事业的创业。

从性质上看，可以是学业、专业、业务，也可以是家业、产业，甚至是工作、事业；从类别上看，有各行各业、各种职务和岗位，有所谓的“三百六十行”。

从范围上看，有个人的小业、家业，社会的产业、企业，以及国家和社会的各项事业。

从过程上看，“业”有草创阶段、发展阶段、成熟阶段和保持阶段等。因此，“创业”的内涵极为丰富，有性质不同、类别不同、范围不同、过程阶段不同等方面的区别和差异。

创业的世界不是十分清晰、整齐、有序和线性的，不具有明确的一贯性和可预测性，创业有风险，有资金风险、竞争风险、团队分化风险、人力资源流失风险。对于年轻的大学生而言，如果连续几个月入不敷出或者因为其他原因导致项目的现金流中断，都会给创业者带来极大的挑战。如果创业者选择的行业是一个竞争非常激烈的领域，那么在创业之初极有可能受到同行的强烈排挤。创业企业在诞生或成长过程中的力量来源于创业团队，一个好汉三个帮，一个优秀的创业团队能够使企业迅速地走上正式轨道，但往往因经营理念不同而分道扬镳。现实中这样的例子不胜枚举，就像苹果公司的乔布斯，当初做梦都没想到自己会被别人从白手起家创立的公司开除出董事会。如果创业者没有足够的素质和耐力能够赢得起这场马拉松式的创业艰辛之路，铁打的营盘，流水的兵，最后往往企业会成为散兵游勇的夏令营。在“一次性、没有做过”的创业特征面前，我们需要把握创业中出现的机遇。

（二）创业的基本特征

1.普遍性

创业是长期并普遍存在的社会现象，只是人们不知道他们在从事创业活动。无论是在古代中国还是在西方，创业以“创立基业或事业”“企业家行为”等概念或形式存在于经济社会发展过程中。人们通过对创业行为一些典型特征的认识，形成了对创业活动的基本认识。

2.特殊性

创业活动是一种特殊的商业活动，其特殊性体现在两个方面：

（1）一般企业的经营活动主要依靠组织的力量来完成，而创业活动较强地依赖创业者及其团队的个人能力，特别是初期的创业活动，这一特点更为明显，其中创业者对创业活动甚至具有决定性的作用。

（2）创业活动是创业者在资源高度约束的情况下开展的商业活动，大多数创业者都经历了“白手起家”的过程，在创业过程中，创业者拥有的资源或能够组织的资源总是有限的。在此约束下，创业者总是寻找不需要大量资源投入的创业项目，或者积极寻求资源获取渠道和整合手段的创新，探索创造性整合资源的新机制，为成功创业提供保障。

3.不确定性

按照经济学家弗兰克·奈特（Frank Knight）的说法，不确定性表示人们根本无法完全预知将来会发生什么事情，它是全新的、唯一的、过去从来没有出现过的。这包含三层意思：将来事件、不可预知的将来事件和由于前所未有因此无法预知的将来事件。创业活动的不确定性表现在许多方面。首先是结果的不确定性。已有研究指出，创业环境的不确定性、创业行为的不确定性和创业期望的不确定性，是创业结果不确定性的主要影响因素。环境不确定性包含两层含义：环境本身的不确定性和人们感知到的环境不确定性。创业行为的不确定性是指创业活动中的利益相关者，在复杂多变的环境影响下，具有复杂多变的行为选择方式，很难确定他人和自己的下一步行为。创业期望的不确定性是指不同的人和同一个人在不同时间，会以不同的方式评价同一事物，从而产生不同的效用期望。期望的不确定性进一步强化了创业活动的不确定性。

4.风险性

创业是一种高风险的活动，主要存在以下几种风险：

（1）机会风险。创业者选择创业也就放弃了自己原先所从事的职业。一个人只能做一件事，选择创业就丧失了其他的选择，这就是所谓的机会成本风险。

（2）技术风险。技术风险是指在技术研发过程中，因技术因素导致创业失败的可能性。其包括技术上成功的不确定性、技术前景的不确定性、技术效果的不确定性、技术寿命的不确定性等。

（3）市场风险。市场风险是指市场主体从事经济活动所面临的盈利或亏损的可能性和不确定性。其表现为市场需求的不确定性、市场接受时间的不确定性、市场价格的不确定性、市场战略风险等。

（4）资金风险。资金风险是指因资金不能适时供应，导致创业失败的可能性。

（5）管理风险。管理风险主要由以下几个方面决定：管理者的素质、决策风险以及组织风险等。

（6）环境风险。环境风险是指一项高技术产品创新活动由于所处政策变化以及意外灾害发生而导致创新失败的可能性。因此，对高技术产品创新进行分析和预测，可以把环境风险降到最低。

（三）创业项目的选择

（1）选择个人有兴趣或擅长或者从事的人员少的项目；

（2）选择市场消耗比较频繁或购买频率比较高的项目；

（3）选择投资成本较低的项目；

（4）选择风险较小的项目；

（5）选择客户认知度较高的项目；

（6）可先选择网络创业（免费开店）后进入实体创业项目，如国内ITM模式的创始品牌索妃雅（SOFIA），该品牌即将线上电子商务和传统实体店面经营相结合，同步经营；

（7）选择民生行业进行创业，如弹棉花创业；

（8）选择教育行业进行创业，如编码教学；

（9）选择加盟项目，比如3A环保漆这种环保涂料项目；

（10）选择新兴的蓝海项目，比如像移动互联网、游戏、文化创意、环保领域的项目；

（11）选择可以在家里创业的项目；

（12）选择商业机遇，没有在市场上出现的商机，或者是在你的生活范围内没有大幅度覆盖的商业。

（四）创业的方法及注意事项

1.创业方法

关于创业有一个小秘密，那就是：创业是件很痛苦的事儿，并且会让创业者不得安宁。越是伟大的创业想法越是会带来挥之不去的痛苦，让创业者彻夜难眠。只有在创业思路逐渐明朗成型后，痛苦可能才会稍微减轻一点。但是创业者所要承受的困扰，付出的汗水甚至流下的泪水却不会就此结束。在痛苦的创业过程中，创业者应该了解以下几点内容，可以让创业之路轻松一些：

（1）借鉴与窃取

先不要急于反对，听我把话讲完，不是所有伟大的创业理念都是原创的。推特（Twitter）可以说是微博的一种，但在推特成立之前，很早就已经有人在脸书（Facebook）上这样做了，而且比这更早些，人们在图片上加上说明文字，可以看作是当时的推文。问答网站Quora是一种新形式的论坛。百事可乐是另一种的可口可乐。温迪快餐（Wendy's）是新版本的麦当劳。iPod就是新款的MP3播放器。明白我的意思了吧？如果你的创业想法、服务或产品并非完全独创，这并非什么大问题，你的经营方式才是重点。

（2）目标明确

很多年轻的创业者可能有10个不错的创业想法，但是创业者应该只关注其中一个。创业者不要像杰克·凯鲁亚克（Jack Kerouac，美国“垮掉的一代”的代表人物）的作品风格一样随意，并且不要轻易将注意力从一个目标转向另一个目标。

（3）地理位置

地理位置不仅仅只对房地产重要。如果创业者希望目标客户能够很快了解公司的存在，那么公司的地理位置就要选择在与客户群相关的区域内。如果一位美国的创业者经营的是一家户外用品公司，那么将公司设立在田纳西州就是自然而然的事。如果创业者希望能够在行业中与大企业抗衡，那么就将公司设在这些大企业还无暇顾及的某个小城内。

（4）数字

如果创业者正准备花几周的时间撰写一份商业计划书，那么这实在没有必要。商业计划更应该是一份数据翔实的表格，而不是一份由文字堆砌的文稿。计算出相关的经营数据，远比陈述你将如何利用社交媒体重要得多，所有诸如此类的内容都会随时间的推移而发生变化。所以，应当将注意力放在数据上。

（5）一步到位

不要想着走捷径。例如，不能因为工资低，就聘用没有经验的平面设计师。当他们提交的平面设计一团糟时，你还得找人将工作重新做一遍，而因此为一份工作付双份的钱，就更别提因此而浪费掉的时间了。

（6）销售额

销售额不等于现金流。在资金有限的情况下，资金流才是公司生存的必要条件。

（7）创造价值

初创公司所聘用的员工不仅要符合工作岗位的能力要求，还要能够为公司创造附加值。最关键的创业初期，有能力的创业者是不会在用人方面总考虑节约问题的。

（8）生活规划

创业者应当将个人财务和公司财务划分开来管理。在开始创业前，要先保证你的个人生活不会出现问题，否则你很难取得成功。创业者可以通过贷款解决公司运营资金的需求。创业是为了生活得更好，而生活不是为了更好地创业。

（9）进退

最后，创业者要设定好退出策略，可以选择转让、出售公司或者独立经营。创业者也一定要知道何时该进，何时该退。

金钱未必就能让你生活幸福，但是出于某些原因，每个人又都希望自己能够通过努力做个有钱的人。创业可能会让你整晚失眠，暂时感到非常痛苦，但是一旦公司业务发展有所起色，生活会因此变得更加幸福和成功。

有很多创业者在创业道路上往往会遇到各种各样的问题。然而，要做一名合格的创业者，就必须学会去面对这些问题，学会怎么解决这些问题，还有学会积累解决问题的经验，这样才会使事业有条不紊地发展下去。当下越来越多的年轻人选择了创业，其中包括在读生、毕业生以及已经工作的人。但是，实际上创业成功的概率太低，究竟创业道路上所谓的障碍在哪里呢？下面《老板》杂志就来为大家介绍一下进行投资创业需注意的几个问题：

① 创业毅力的问题。众所周知，发展靠实力，创业靠毅力。有很多创业者之所以会失败，其中最主要的原因就是毅力不足。当然，造成毅力不足的因素是多方面的。一个创业者素质不高，对风险估计不足，没有足够的市场知识，是一个重要因素，缺少支持和理解，缺少理念，又是另一个因素。浮躁，短视，看重眼前利益，也是一个因素。

② 虽然个人独资企业的相关政策已经出台，对于创业者来说无疑是个福音，但是相对于有限公司而言，这种企业形式还是没有被目前国内的经济市场所真正认可。同时，调查数据显示，所谓的一分钱当老板的个人独资企业在不同的地区，设立的难度也有所不同。有的地区的市场监管部门不是很欢迎此政策，其主要原因是难以控制且税收少。

③ 对于多数创业者来说，资本可能是最大的难题。风险投资有多少创业者敢去考虑，即使创业者敢考虑，那资本在哪里？银行贷款？虽然有的银行出台了个人投资贷款，但是，能够申请到的人少之又少，没有资产没有不动产，想要进行银行贷款是难之又难。当然如果有专利、有技术那就另当别论了。

创业者在创业当中应该注意以上三个问题，要随时迎接创业道路上的挑战，敢于去解决面临的创业问题，在创业的过程当中必须头脑清醒，认清形势，一旦决定，追求到底，这才是一种明智的创业心态，一旦缺乏耐心，没有毅力，那么将会与成功失之交臂。

2.注意事项

（1）积极利用现有资源

不少在职人员都选择了与工作密切相关的领域创业，工作中积累的经验和资源是最大的创业财富，要善于利用这些资源，以便近水楼台先得月。对能帮自己生存的项目，要优先进行考虑。不要在只能改善形象或者带来更大方便的项目上乱花费用。

切不可误用资源，在职老板不能将个人生意与单位生意混淆，更不能吃里爬外，唯利是图，否则不仅要冒道德上的风险，而且很可能会受到法律的制裁。在自己的地盘，时间、金钱才能任由自己使用。但是，如果乱搞一气，自己的生意就会逆转而下。

（2）慎重选择合作伙伴

有些上班族有投资资金或有一定的业务渠道，但苦于分身无术，因此会选择合作经营的创业方式。如果自己需要合伙人的钱来开办或维持企业，或者这个合伙人帮助自己设计了这个企业的构思，或者他有自己需要的技巧，或者自己需要他为自己鸣鼓吹号，那么就请他加入自己的公司。这虽能让兼职老板轻松上阵，但要慎重选择合作伙伴，在请帮手和自己亲自处理上，要有一个平衡点。首先要志同道合，其次要互相信任。不要聘用那些适合工作，却与自己合不来的人员，也不要聘用那些没有心理准备而对新办企业有压力的人。

此外，和合作伙伴之间的责、权、利一定要分清楚，最好形成书面文字，有合作双方和见证人的签字，以免起纠纷时空口无凭。

（3）细致准备必不可少

创业是一项庞大的工程，涉及融资、选项、选址、营销等诸多方面，因此在创业前，一定要进行细致的准备。

通过各种渠道增强这方面的基础知识；根据自己的实际情况选择合适的创业项目，为创业开一个好头；撰写一份详细的商业策划书，包括市场机会评估、赢利模式分析、开业危机应对等，并摸清市场情况，知己知彼，打有准备之仗。

不要对未经试验的创意随手扔在一边。如果用这种创意来做生意，也得留心其中可能的陷阱。自问一下：自己是否得花大力气来宣传自己的产品或者服务？自己具有足够的财务资源、技能、人手和业务关系吗？如果找错潜在销售客户，是否有必要在那些决策能力欠缺的人身上浪费时间？

（4）尽量用足相关政策

政府部门有很多鼓励创业的政策，是对大学生创业的鼓励和支持，创业时一定要注意“用足”这些政策，如免税优惠、在某地注册企业可享受比其他地区更优惠的税率等。这些政策可大大减少创业初期的成本，使创业风险大为降低。

（5）经商之道，以计为首

所有商业经营活动，如果从表面上来看，好像是一种仅仅同物质打交道的经营活动，但是，透过现象看本质，在今天的“食脑时代”里，商业经营活动实质上已经变成了是一种人与人之间的智力角逐，是一场“斗智斗勇”的“智力游戏”，是人与人之间的谋略大比试。因此，正如古代军事家所说的“用兵之道，以计为首”一样，经商之道也应该以计为首。面对空前惨烈的市场竞争，想要找准自己的立足点和切入点、站稳脚跟、生存下来、谋取利益、发展壮大，那么，就必须首先考虑如何运用自己的商业智慧制定全面系统的、可执行的、可操作的和切实有效的经营策略和实施方案，以便确保每战必捷，战无不胜。

（6）决策问题

决策失误时，不要对失误过于敏感，自己的失误会带来直接后果，如发错货可能致使一个客户立刻与自己断绝关系。作为企业家，冒风险时，要谨而慎之。如果出现失误，不要过于敏感，接受事实，从中吸取教训。

（7）不要被胜利冲昏头脑

自己第一步的成功全靠自己的创意好、时机合适、运气不错和良好的业务关系。不过，这一切随时都可能离自己而去。因此，不要太过自信，投入过量的资金，使自己陷入泥沼之中。

案例赏析

案例一　筑巢引得“凤凰”来

“一人富了不叫富，全村人富了才是富。”看到村民们热情高涨，陈伟向村民们提出成立专业合作社，将村里的土鸡、绿壳蛋做大做强。此话一出，得到村民的一致认可，纷纷推荐他作为合作社负责人。

2012年，陈伟注册的留诚养殖专业合作社很快得到批复。合作社成立后，他为村民提供鸡苗、技术指导，并免费为村民接通自来水，而村民则自己提供场地，白塔村173户村民加入合作社后，规模逐渐扩大，长宁等地很多农户都加入到了陈伟的养殖队伍中。

不久，陈伟发现蛋生意的收入更可观。于是，他加大推广绿壳鸡蛋力度，如今，成都、重庆等地都有买家订购他的鸡和蛋。

通过几年的发展，合作社的土鸡、绿壳蛋引起了外界的关注，一时间前来调研、参观学习的农业专家、省市相关领导纷至沓来。一批科技项目落地白塔村，种鸡场、孵化场、育雏区、化验室、技术培训室在这里拔地而起，为合作社注入强大的科技力量。

资料来源：佚名. 农村的个人创业故事［EB/OL］.［2022-05-01］. https：//www.diyifanwen.com/tool/gushidaquan/1324038.html.

案例二　　格力董明珠的创业成功经历案例

今天要讲述的这位职场成功人士，是一位人称“铁娘子”的女性经济风云人物。她是格力集团董事长、格力电器董事长兼总裁，“世界十大最具影响力的华人女企业家”“全球商界女强人50强、全球100位最佳CEO”——董明珠。在2013年12月12日央视举行的第十四届CCTV中国经济年度人物颁奖晚会上，董明珠荣获2013中国经济年度人物奖。

提起董明珠，竞争对手们是这样形容她的：“董姐走过的路都长不出草来。”可见这位铁娘子的厉害之处。而格力内部的员工这样评价自己的女上司：“说话铿锵有力，做事雷厉风行，即便不化妆，她也比实际年龄看起来年轻许多。”媒体们则说：“这个女子，虽然36岁前的人生平淡无奇，但36岁后的她，却用自己的坚韧和执著走出了一条别人无法复制的路。”

为什么说董明珠的创业故事很励志，因为很少有人像她这样，36岁再从基层业务员做起，而15年时间，她用自己超乎普通女性的能力，升任格力集团CEO。

1. 大器晚成不失天分

董明珠跟那个年代的很多人一样，出身也平平，1954年，她出生于江苏南京一个普通人家，1975年参加工作，当时在南京一家化工研究所做行政管理工作。36岁以前，她的生活也是平淡无奇，没有人会想到，36岁以后的董明珠，却用自己的坚韧和执著创造了让人无不佩服的职场传奇。

1990年，董明珠毅然辞去工作，南下打工。当时已经36岁的她，到了格力公司，要从一名基层业务员做起。不知营销为何物的董明珠却凭借坚毅和死缠烂打，40天追讨回前任留下的42万元债款，令当时的总经理朱江洪刮目相看，成为营销界茶余饭后的经典励志故事。这位女强人的创业传奇就是从这里开始。靠着勤奋和诚恳，董明珠不断创造着格力公司的销售神话，她的个人销售额曾经飙升至3 650万元。

2.雷厉风行的女上司

1995年，董明珠成为格力的销售经理，下属们是这样看当时的这位女上司：一个从不按牌理出牌的人，她的“牌理”只有一个：自己的原则，自己认为对的。

董明珠上任后面对的第一个问题是在隆冬时分积压了19 000套空调。对此，大家通常的做法是每台降价300元卖出了事。董明珠说：“不行，正常产品降价有损形象。”她出人意料的做法是把积压空调分摊给每个经销商。销售员没想到新官上任的三把火会烧到自己身上，而且烧个没完。

生活细节上，这位铁娘子还做了这样一个规定：“上班时间不许吃东西，一经发现，第一次罚五十，第二次罚一百，第三次走人。”当所有人以为这也就说说而已的时候，一天，董明珠走进办公室，发现8名员工正在吃东西，仅过了10秒钟，下班铃就响了。董明珠毫不客气，每人收了50元。大家目瞪口呆。董明珠说，只要违犯原则，再小的事，都是大事，都要管到底。

一天，有一个年销售额达1.5亿元的大经销商，来格力厂要求特殊待遇，语气中透着不容商量的傲慢。董明珠非但没有理他，反而狠狠反击：把他开除出格力经销网。所有人都在为这位女上司捏一把汗，一个位子还没有坐稳的销售经理，一天之内，竟毫不犹豫地扔掉1.5亿元的年销售额。董明珠的回答很简单：只要违犯原则，天王老子也给我下马。

女强人的铁腕让经销商们不得不服软。许多空调厂往往纵容大销售商，允许他们跨地区经营，这样本地小经销商根本竞争不过，也把市场搞乱了。董明珠这样一做，小经销商可以把规模搞大，也就有了奔头。

3.铁腕解决欠款问题

拖欠货款是中国零售批发行业普遍存在的现象，这让很多经销商头疼，不信邪的董明珠一年里就把全部问题解决了。她的做法很简单，也很霸道：凡拖欠货款的经销商一律停止发货，补足款后，先交钱再提货。

不过这说起来容易，做起来难，她这下捅了马蜂窝，大大小小的经销商纷纷向格力老总朱江洪告状，有的甚至宣称：“有她没我。”董明珠没有服软，针锋相对地说：“那就有我没他。”朱江洪劝董明珠：“是不是可以补完款，先发货再收钱？”董明珠微微一笑说：“好啊。”结果款一到账，货却把住不发。董明珠说：“要货？先拿钱来。”董明珠振振有词：“就算别人全这样，我格力也偏偏不。”即使100次撞墙头破血流，董明珠也要撞101次。欠款这堵破墙一定要倒。

董明珠的强硬带来的效果是：1997年、1998年格力没有1分钱的应收账款，也没有1分钱三角债。此后，大家都相信董姐，不划款，你拿不到一件货；只要划款过去，从不拖欠货的。董姐办事，服气，放心！

4.职场女人的励志奋斗精神

年轻的时候董明珠每天只睡5个钟头，据说现在董明珠也往往是在睡眠或打盹时想问题，一有什么想法，半夜一两点，董明珠会跳起来，拿起本子就记下来，甚至半夜打电话给老总。正是她的这种奋斗精神，许多营销绝招就是这样诞生的。

1995年，董明珠发明了“淡季返利”，即依据经销商淡季投入资金数量，给予相应利益返还。这样把“钱-货”关系变成“钱-利”关系，既解决了制造商淡季生产资金短缺问题，又缓解了旺季供货压力。1995年格力淡季回款比上年增加3.4倍，达11亿元，为1996年与春兰总决战做好了市场准备。

1995年，格力发明“年终返利”，将7 000万元利润还给经销商。

1996年，空调淡季，格力靠淡季返利拿回了15亿元回款。在淡季价格战中，各个品牌只得纷纷降价，甚至零售价低于批发价，批发价低于出厂价，大伤元气。董明珠规定格力1分钱也不能降。到了8月31日，格力却宣布拿出1亿元利润的2%按销售额比例补贴给每个经销商。这样在空调业最困难的1996年，格力销售额增长17%，第一次超过春兰。

格力不仅把缩小营销队伍省下的钱补给了经销商，1997年还拿出2.5亿元返还经销商。

董明珠认为：只有经销格力赚钱，才能长治久安。她不仅将紧俏空调品种平均分配，避免大经销商垄断货源，扰乱市场，还推出了空调机身份证，使每台空调在营销部备案。

一般来说，空调9月份到第二年3月份是淡季，4月份到8月份是旺季，淡旺季有不同的价格，淡季比旺季价格低。一般厂家都挖空心思想把旺季从4月份提前到3月份，以获得更大利润。

1998年，董明珠却突发奇想，在朱总支持下宣布把淡季延长一个月，4月份继续实行3月份淡季价。格力到手的钱不要。等其他厂家回过神来，众多大经销商已纷纷划款给格力抢买格力产品，有厂家长叹：“董明珠也真狠——这么多年，我们从没想到过这一招。”

就这样，15年的时间里，董明珠从一名基层业务员成长为格力的总经理，从2005年至今，她一直担任着格力的副董事长、总裁职务。自从董明珠出任总经理后，她和董事长朱江洪创造了我国商界独一无二的奇迹。在她的领导下，格力电器从1995年至2005年，连续11年空调产销量、销售收入、市场占有率均居全国首位。2003年以后，销售额每年均以30%的速度增长，净利润保持15%以上的增幅！

资料来源：佚名．格力董明珠的创业成功经历案例［EB/OL］．［2022-05-15］．https：//wenku. baidu. com/view/2152bbd553d380eb6294dd88d0d233d4b04e3f51. html? fr=income3-wk_app_search_ctr-search.

二、创业精神

“在我的家乡孟菲斯以及全国各地，我看到年轻人接受教育、成家立业、照顾老人、帮助弱者。我还看到他们利用他们的创业精神开办公司和公益机构，并且推动了新经济。”来自田纳西州的美国参议员小哈罗德·福特在2000年民主党全国大会的演讲上说。

创业精神是以创新、变革为核心的个性品质，也是推动社会经济变革、促进社会经济发展的重要力量，它既体现在创业者个体创业实践情境中所表现出来的独特的市场判断能力、与众不同的行为方式，以及敢于冒险、勇于担当、百折不挠的意志品质等方面，也体现在一个国家企业的技术创新、经营模式创新、管理制度创新、产业创新等方面。它既对个体的人生追求和事业发展具有重要影响，也对企业的发展、民族的兴旺和国家的繁荣具有重要影响，是提高国民经济综合实力，实现跨越式发展的紧迫要求，也是确保中国在国际竞争中保持持续的现代竞争力的战略选择。

（一）创业精神的含义

创业精神最早出现于18世纪，这里创业精神是对创业过程中的重要行为特征的高度概括，主要表现为勇于创新、勇担风险、团结合作、坚持不懈等。创业精神的基本内涵，从哲学层面看，是人们对创业行为在思想上、观念上的理性认识；从心理学层面看，是人们在创业过程中体现的创业个性和创业意志的心理基础；从行为学层面看，是人们在创业行为中所表现的创业作风、创业品质的行为模式。

创业精神是创业者各种素质的综合体现，它集冒险精神、风险意识、效益观念和科学精神为一体，体现创业者具有开创性的思想、观念和个性以及积极进取、不畏失败和敢于担当等优秀品质。创业精神让创业者发现别人注意不到的趋势和变化，看到崭新的市场前景，让创业者在新事物、新环境、新技术、新需求、新动向面前具有较强的吸纳力和转化力，让创业者不断寻找机会、不断创新、不断推出新产品和新的经营方式。创业精神是指在创业者的主观世界中，那些具有开创性的思想、观念、个性、意志、作风和品质等。创业精神的定义是某个人或者某个群体通过有组织的努力，以创新的和独特的方式追求机会、创造价值和谋求增长，是着重于一种创新活动的行为过程，主要含义为创新，也就是创业者通过创新的手段，将资源更有效地利用，为市场创造出新的价值。国内外学者对创业精神从心理学的角度进行了深入的研究，对创业精神的理解可概括为：

第一，如果个体表现出创新、承担风险和主动进取的行为，那么他就具有创业精神；

第二，创业精神是为了开发机会而集中独特系列资源创造新价值的过程；

第三，创业精神也是创业家在个性方面所具有的独特特征，如机会捕捉能力、高成就动机、内在控制源等。

创业精神一般可区分为个体的创业精神及组织的创业精神。所谓个体的创业精神，指的是以个人力量，在个人愿景引导下，从事创新活动，并进而创造一个新企业；而组织的创业精神则指在存在的一个组织内部，以群体力量追求共同愿景，从事组织创新活动，进而创造组织的新面貌。

创业精神包括两方面的含义：第一方面是精神层面，代表一种“以创新为基础的做事与思考方式”；第二方面是实质层面，体现“发掘机会，组织资源建立新公司，进而提供市场新的价值”。因此，创业精神即是促成新企业形成、发展和成长的原动力。

创新是创业精神的灵魂，是新产品、新技术、新市场的表现；创业精神具有冒险的天性表现，古今中外的创业者往往是在市场环境和条件不明晰的情况下摸索前行，甘冒风险和承担可能的失败，勇于前行；前进的征程中，一个好汉三个帮，创业精神的体现又对团队合作提出了要求，合作精神在企业员工中的渗透，碰撞出更多的智慧火花；另外，执着追求为创业精神突破创业的艰辛和曲折提供了可能，这都是创业精神本质中难以割舍的重要因素。

（二）创业精神的特征

熊彼特将创业精神看作“破坏性的创造”，德鲁克认为创业者是主动寻求变化、对变化做出反应并将变化视为机会的人。纵观各派观点，创业精神有以下共同特征：

1.高度的综合性

创业精神是由多种精神特质综合作用而成的。诸如创新精神、拼搏精神、进取精神、合作精神等都是形成创业精神的特质精神。

2.三维整体性

无论是创业精神的产生、形成和内化，还是创业精神的外显、展现和外化，都是由哲学层次的创业思想和创业观念，心理学层次的创业个性和创业意志，行为学层次的创业作风和创业品质三个层面所构成的整体，缺少其中任何一个层面，都无法构成创业精神。

3.超越历史的先进性

创业精神的最终体现就是开创前无古人的事业，创业精神本身必然具有超越历史的先进性，想前人之不敢想、做前人之不敢做。

4.鲜明的时代特征

不同时代的人们面对着不同的物质生活和精神生活条件，创业精神的物质基础和精神营养也就各不相同，创业精神的具体内涵也就不同。

案例赏析

从大学生村干部变“羊倌”

出生于1989年的刘俊彦，看起来还满脸稚气。刘俊彦从一所师范学院毕业，学习汉语言文学专业的他，可以留校考研，也可以拥有一份清闲和稳定的工作，但他决定放弃城里的生活，趁着年轻闯一闯。抱着这个朴素的想法，刘俊彦通过考试，成为浑江区板石镇上甸子村主任助理，工作一年后，当选为党支部副书记。

在和农民交往的过程中，刘俊彦看到一些人的生活很不容易，他一直想帮助农民做点什么。经过全面考察，他萌发了养羊的想法。

刘俊彦代表省大学生村干部赴北京参加创业培训。这次培训给了他很大的启发，回来之后，他更加坚定了养羊的决心，并把养殖场地选在了该镇大石人村。

这里土地肥沃，可以促进养殖基地的发展和规模的扩大。水质资源条件好，养殖区靠山，有利于牛羊良性发展，而且紧邻国道，为运输提供了方便，等到养殖场规模扩大后，可以带领农民跟着一起做。

刚开始，父母不太同意他养羊，担心他吃不了这份辛苦。他对父母说："既然我选择做大学生村干部，选择了农村生活，就给我机会，让我试试吧。"刘俊彦在东三家子村租了一套废弃的厂房和可临时居住的房子。刘俊彦决定将废弃的厂房建设成羊舍。由于没有钱用人，刘俊彦既当力工又当木工，每天从早忙到晚。两个多月后，占地面积3 000多平方米的标准化羊舍在他的努力下完成了。

资料来源：佚名. 农村的个人创业故事［EB/OL］.［2022-05-02］. https：//www.diyifanwen.com/tool/gushidaquan/1324038.html.

（三）大学生创业精神的重要性

1.21世纪社会发展的需要

我国正处在一个伟大的变革时代，随着社会主义经济市场化和经济全球化的进一步推进，人们的生产生活方式、社会关系、价值观念以及文明形态都在发生着深刻的变化，社会对人才的需求也已发生变化。创业作为经济发展的原动力，是繁荣经济的有效途径之一。通过创业可以扩大就业，加速技术创新和科研成果转化，进而创造更多的社会财富，推动社会经济发展，实现发展经济与扩大就业的良性互动。大学生的创业精神作为一种积极的思想观念和精神状态，对社会的发展具有十分重要的推动作用。

2.创新型人才培养的需要

创新是创业精神的核心内容之一，美国著名管理学家德克鲁认为："创业就是要标新立异，打破已有的秩序，按照新的要求重新组织。"因为"理论、价值以及所有人类的思维和双手创造出来的东西都会老化、僵死"，我们需要的是一个创业的社会，在这个社会中，创新和创业精神是正常、稳定和持续的。创新和创业精神也必须成为维持我们组织、经济和社会之生存所不可或缺的活动。创业精神的核心，归根到底是由创业活动的开拓性所决定的。由于创业是一种创造性的活动，它本身就是对现实的超越，就是一种创新。因此，创业就意味着创新，创新就意味着突破，创业精神的培养过程就是培育创新型的人才的过程。

3.大学生挖掘自身潜力，发挥出更大作用的保证

具有创业精神的大学生，必然具有较强的环境适应能力，在人与环境的互动过程中，能够以前瞻性的思维与眼光做出预测与判断，并及时调整自己的人生目标和行动方案，以保持与变化着的环境的协调统一，而不是消极被动地等待和忍耐。特别是在知识技术不断更新、职业岗位不断转换、人际关系不断变化的情况下，人们始终处在一个陌生的社会环境中，这就尤其需要具备良好的自我调适能力，而具备创业精神，才能做到与时俱进，充分地发挥出自身的潜能，事业更加成功。

（四）我国大学生创业精神培养途径

国际21世纪教育委员会在《教育：财富蕴藏其中》的报告中认为："教育应该促进每个人的全面发展，即身心、智力、敏感性、审美意识、个人责任感、精神价值等方面的发展，使青年学生通过大学教育能够形成独立自主、富有批判精神的思想意识，以及培养自己的判断能力，以便由他自己确定在人生的各种不同的情况下他认为该做的事。"

1.建立优秀的校园文化，孕育创业精神

校园文化是学生成长的外部环境。它对学生具有陶冶功能、凝聚功能、激励功能、导向功能。良好的校园文化能够塑造学生的优秀品质。西方校园文化如个人自由发展、独立精神、竞争和机会均等、开拓精神、创造性和超前性等都极大地促进了创业教育的开展。应想方设法将创业精神有机地融入学科活动、科技活动等活动中，以培养创业意识。在各类小发明、小制作、小创造活动及各种劳动中，要结合着进行创业精神的培养，逐步在学生中孕育出创业精神来。

2.培育创业人格，形成健康向上的创业精神

美国斯坦福大学教授推孟在30年中追踪研究了800人的成长过程，结果发现，他们中成就最大的20%与成就最小的20%的最明显的差异就是个性方面的不同。高成就者具有谨慎、自信、不屈不挠、进取心、坚持性、不自卑等心理特征。这说明个性特征对个体的创业来说是非常重要的，尤其是"独立性""坚持性""敢为性""克制性"等。所以，人格教育对创业精神与创业能力的培养是相辅相成的。依据大学生的心理特点，有针对性地讲授心理健康知识，开展辅导或咨询活动，帮助大学生树立心理健康意识，优化心理素质，增强心理调适能力和社会生活的适应能力，有效消除心理困惑，自觉培养坚韧不拔的意志品质和艰苦奋斗的精神，提高承受和应对挫折的能力。

3.坚持知识、能力、素质的辩证统一，科学地培养创业精神

要培养具有独立创业者精神的新型人才，必须坚持知识、能力、素质的辩证统一。知识是能力和素质的载体，包括科学文化知识、专业基础与专业知识、相邻学科知识。可以通过开设相关的创业课程来增加学生的创业知识。

能力是在掌握了一定知识基础上经过培养和实践锻炼而形成的，丰富的知识可以促进能力的增强，强大的能力可以促进知识的获取，能力主要包括获取知识的能力、运用知识的能力、创新能力。

素质是指人在先天生理基础上，受后天环境教育影响，通过个体自身的认识和社会实践，养成的比较稳定的身心发展的基本品质，高的素质可以使知识和能力更好地发挥作用，促进知识和能力进一步扩展和增强。

4.突出创新能力的培养，提升创业精神

必须突出对学生创新能力的培养，才能适应21世纪经济社会发展对人才的需要。要尊重学生的个性发展，爱护和培养学生的好奇心、求知欲，为学生的禀赋和

潜能的充分开发创造一种宽松的环境。要让学生感受、理解知识产生和发展的过程，培养学生的科学精神和创新思维。

5.通过实践强化学生的创业精神

创立、创建和完善学生实践活动的外部环境，鼓励学生利用课余时间参加一定的社会实践活动，增强学生对社会的了解并进而加强对社会的适应能力。如开展创业比赛活动、与企业联合开展学生的实习活动等。

创业精神的培养既取决于客观条件的许可，更依赖于学生主观的努力。高校应营造有利于人才脱颖而出的氛围，创造各种条件，积极培养学生的创业精神，加上学生们自身的重视，就能培养出社会所需要的具有创新精神的各种类型的人才。

三、创业精神与人生发展

（一）创业精神的要素

国内学者马浩在对现有研究进行综合分析和整理的基础上，对创业精神的要素及含义进行了系统归纳，形成“4P”框架，其内容如下所述；

1.远见卓识（perspective）：企业家的心智模式

创业精神是一种远见卓识，是一种一致、连续地看待世界的方法，是一种特殊的心智模式，此种模式对机会和资源赋予不同的价值，鼓励创新、创造，鼓励改变游观规则、独树一帜，有助于改变现状、发现新方法：怎样做能不同于现有做法而更有效率、更有效益？

挑战传统智慧是许多成功企业家的共性。联邦快递的弗雷德·史密斯论证了应用调配中心进行航空隔夜快递相比传统点对点快递更具有效率。泰德·特纳建立并成功运营了美国有线电视新闻网（CNN），提供24小时的全球直播新闻报道，与传统的在黄金时间之外报道新闻无法吸引观众而无利可图截然相反。正如乔治·萧伯纳的名言：理性人使自己适应世界；非理性人固执于使世界适应自己。因此，所有的进步都取决于非理性人。这就是企业家心智模式的本质。这一独特的远见卓识正是企业家区别于大众群体的关键特质。

2.敢为人先（pioneer）：勇于创新的积极态度

企业家是先驱者，无论是从零开始建立商业帝国还是在已有企业领域内进行冒险，他们都是创造和创新矢志不渝的拥护者。他们喜欢在自己的领域中有所作为，有计划冒险，只有企业家才能“挽起袖子”，把机会变成金钱，积极打造、改变未来。百事和苹果电脑前任经理约翰·斯库利认为：“预测未来最好的方法就是创造新的。”企业家们对此的本能反应是：我们可以与众不同。

敢为人先精神包含激情和执着两个关键要素。对机会的利用可以使对高成就感有强烈激情的人脱颖而出，激情可以创造石破天惊的成就，真正的企业家会让自己充满激情，追逐自己的梦想。吉米·科赫自愿放弃在麦肯锡咨询公司体面的工作和25万美元的年薪，追逐自己真正的热情：支持家庭酿造工艺，生产上好的啤酒。

借此建立的创业公司波士顿啤酒旗舰品牌Sam Adams大获成功，受到啤酒鉴赏家和啤酒爱好者广泛的青睐。

执着对于创业不只是良好的品质，更是必要的素质。许多企业家尝试过，但只有少数成功。他们对梦想有坚定的信念，有强大的承受失败的能力，能冷静面对来自内外的各种压力。企业家们对此的想法是：永不放弃。他们一旦有了一个好主意，就一生致力于此。沃尔特·迪士尼的箴言如此简洁而具有洞察力：一次失败，对普通人，是一种打击，而对企业家，是一座桥梁。

3.执行力（practice）：行动才是关键

行动胜于语言，创业的远见卓识最好反映在企业家的行为上。无论是建立新企业还是内部创新，最终创业的行为和活动才是关键。作为一种商业活动，创业以强烈的行为导向为特征。创业的内容是做些事情、创造些东西和让事情发生，企业家对此的直觉反应是：去做吧！山姆·沃尔顿无论在何处旅游都会参观竞争者的店铺，以此来学习完善自己的生意。比尔·盖茨从哈佛大学退学，是为了亲身参与竞争，而不是在学术环境内隔岸观火。

4.绩效（performance）：结果导向

企业家受结果驱动，他们关心发现和利用有利可图的机会。他们立志利用他们的前景打造未来，实现个人对社会的影响，通过子孙保护他们的财产。从亨利·福特到山姆·沃尔顿，从托马斯·爱迪生到比尔·盖茨，企业家通过他们的创业行动改变世人的生活、工作、学习和娱乐的方式，他们对此自然的反应是：我用自己的方式做事。

（二）创业精神对个人生涯发展的影响

创业精神在一个人的后天成长中逐步形成，这对其未来的学习、思考和实践产生重要影响，无论是日常工作，还是未来的创业准备和实践，都将在个人生涯发展的态度、高度和速度上产生巨大影响。

1.创业精神决定个人生涯发展的态度

社会因素影响个人生涯发展，在面临各种职业发展机遇时，创业精神作为一种思想观念、个性、心理特征和行为模式的综合体，必然会对其职业生涯发展态度产生重要影响。创业精神思想观念的开放性，使其成为事业上的领跑者；拼搏进取精神能使人树立积极生活态度，在顺境中居安思危、不懈进取，在逆境中不消沉萎靡，排除万难，重新找到生涯发展方向。在相同的个人禀性和社会条件下，有创业精神的人因为具有更积极的人生态度，更有可能发现和把握机会，取得事业上的成功。

2.创业精神决定个人生涯发展的高度

创业精神是一个人核心素质的集中体现，不仅决定一个人在机遇面前的选择，而且决定了一个人的生涯目标和事业追求。具有创业精神的人，无论是创办自己的企业，还是选择就业，具备目光远大、心胸宽广的特点，不仅会拥有更大成就，同时在个人修养和品位上，都会达到人生的更高境界。随着国家政治昌明和经济飞速发展，社会结构调整，各方利益均衡势必为创业者提供更多的创业机会和成长沃土，此情此景下，创业精神会促使个人理想与社会发展匹配，提升个人职业生涯发展的新高度。

3.创业精神决定个人生涯发展的速度

创业精神是一种主动创造精神，积极主动、优质高效承担并做好本职工作，即使是平凡岗位亦有不凡表现，强烈的成就动机，促使其将本职工作作为未来事业发展的起点，把握好每一次面临的机遇，做好每一项工作，锻炼技能，拓宽人脉，培养“求真务实”的实干能力，勇于靠自己的实践探索，走好改革这条路，稳扎稳打、高速推进个人职业发展。

（三）创业精神对社会发展的作用

创业活动频繁，象征国家的经济繁荣。创业在经济发展中的作用不只是增加国民经济产出和收入，还起着在企业和社会领域发动和组织变革的作用，使参与产出的各方参与者均获得更多的财富。作为一国经济发展和社会发展的推动力，创业精神作为内在动力机制，能够激发人们进行创业实践的欲望，敢于投身创业实践活动，支配人们对创业实践活动的态度和行为，影响创业态度、行为的方向及强度。

经济理论有这样的观点：创新不仅在为市场开发新产品、新服务领域，而且在刺激创建新企业的投资兴趣方面起着重要作用。新的投资行为对增长均衡中的需求方和供给方的刺激作用，扩大了创业资本带来的供给方经济的新增长能力，同时，相应的新消费又推动了需求方的新的消费能力。

创业精神会影响个人成就的取得，成功创建私人企业；帮助企业重新焕发创业精神，创造高速成长，增强竞争力；协助国家实施创业驱动战略，实现人民幸福、社会和谐、国家富强的昌盛局面。同时，创业精神有利于我国加快转变经济发展方式，促进经济持续健康发展。具体而言，创业精神的现实作用体现在下述三方面：

1.创业精神是解决就业问题的有效措施

经济学家认为，创业精神是刺激经济增长和创造就业机会的必要因素，有利于创业环境和氛围的形成，这是解决就业问题最有效的措施之一。各国的实践证明，成功的小企业担负着创造就业机会、增加收入和减少贫困的主要责任。我国普通高校逐年递增的毕业生，农村大量的年轻剩余劳动力以及国有企业下岗工人、分流机关人员都面临就业安置的问题，鼓励和扶持创业者创业，特别是受过创业教育影响的大学毕业生的创业，利用其“一拖三”效应（1位大学生创业，解决另外3人就业问题），成为解决中国就业问题的根本性措施。

2.创业精神推动经济发展

创业精神推动国家和地区的经济发展。创业精神不但催生许多新企业和创业者，还能促成许多新行业的诞生，更好地利用社会资源，高速高效能发展，解决改革开放以来“高能耗、低产出”传统行业带来的社会、生态问题，提供“节能、环保”产品，维护生态平衡，促进社会经济的可持续发展，实现企业的永续经营，这一切都需要拥有具备创业精神的现代企业家。

3.创业精神促进科技成果转化

促进科技成果产生，促进科技成果高效转化为现实生产力，是实现“科技是第一生产力”的现实基础，创业精神则是实现理念的根本性措施。新创企业（特别是中小企业）具备创新效率高、商品转化效率高的特点，同时，中小企业可以在短时间内进入市场，调整战略，灵活应对市场的竞争变化，赢得企业间竞争。

知识链接

思科商业行为守则

思科公司的文化要求组织中每一级的所有员工，都要承诺对商业惯例负责。此外，他们的业务战略包括他们对企业员工所做的细致工作，其中有对全球社团经营管理的改善，壮大员工队伍和在企业内部建立信任。

思科公司建立在（并且至今仍致力于）以公开的沟通、增强能力、信任和完整性为原则的文化之上，这些价值观念仍在引导着他们的业务决策。思科公司通过工作场所的道德规范、慈善倡议、社区和社会倡议以及员工的素质来表现这些价值观念。

资料来源：佚名．2018年商业行为守则——Cisco［EB/OL］.［2022-05-02］. https：//www.docin.com/p-2214147195.html.

（四）培养创业精神

领袖企业家的才能，对新创企业至关重要，因为其他精英愿意加入该团队是基于这些企业家的丰富经验和奉献精神，以及他们的人格魅力。创业精神的培养需要从培养创业者的创新能力、创业人格和强化创业实践等方面去着手。创新是创业精神的核心，创业教育要鼓励学生具备初心，保持儿童先天的好奇心和质疑能力，激发求知欲，凡事敢于挑战，多问为什么，不唯书、不唯人，突破窠臼，培养科学精神，训练创新思维，提高创新能力。人格塑造与创业精神是相辅相成的共生体，创业者应该有独立的健康心理意识、积极心理素质，增强适应能力，培养坚韧不拔和艰苦奋斗的意志品质和精神。此外，课余时间的第二课堂、创业模拟实践和社会公益活动，对增强创业者的社会适应和增进社会认知与了解都是有益的强化创业实践的方法和途径。

知识链接

IBM 管理的原则

路易·郭士纳（Louis Gerstner）在1993年1月加入IBM公司，将该公司带回到它的发源产业并获得成功。在他上任的头几个月里，郭士纳为公司创造了一套原则，其中包括：

1. 市场是我们的一切行动的原动力。

IBM必须将关注点放在为客户服务上，并在这一过程中击败自己的竞争对手。一个公司的成功首先就来自成功的客户服务领域，而不是其他任何地方。

2. 我们是一家科技公司，一家追求高品质的科技公司。

科技将一直是我们的最大优势所在。我们所需要做的最重要的事情，就是努力将知识转化为产品，以便满足客户的所有需要。

3. 我们最重要的成功标准，就是客户满意和实现股东价值。

华尔街分析家都问过我这样一个问题，即衡量未来的IBM是否获得成功的标准是什么——营业利润、营业收入增长？还是其他？而我知道的最好的衡量公司成功的标准，则是提供股东价值。而且，如果一个公司不能让自己的客户满意，那么它就不会是一个在财务或者其他任何方面获得成功的公司。

4. 我们是一家具有创新精神的公司，我们要尽量减少官僚习气，并永远关注生产力。

最具有创业精神的公司，都会通过扩展老业务和开拓新业务，接受创新、敢于承担风险和追求成长。

5. 绝不要忽视我们的战略性远景规划。

要想获得事业的成功，就必须有方向感和使命感。因为方向感和使命感可以让你在做任何事情的时候，都知道什么是最适合你的以及哪些是最重要的。

6. 我们的思想和行动要有一种紧迫感。

我喜欢把这称为“建设性的不耐烦”。我们都长于调查、研究、开会和讨论。但是，在这个时代的这个行业中，速度往往比洞见更有用。并不是说不应该制定规划或者战略，而是说，这些规则和战略会延误我们现在立即就采取行动的战略时机。

7. 杰出的和有献身精神的员工将无所不能，特别是当他们团结在一起作为一个团队开展工作时更是如此。

终结官僚制和窝里斗的最好方法，就是让所有的人都知道：我们所珍视的和将给予奖励的，是团结合作精神，特别是将关注点放在为客户提供价值的团队合作精神。

8. 我们将关注所有员工的需要以及我们的业务得以开展的所有的社区的需要。

资料来源：张军智．砺石商业评论：重温郭士纳让IBM起死回生的46条商业思考［EB/OL］.［2022-05-02］. https://baijiahao.baidu.com/s?id=1704042933487120553&wfr=spider&for=pc.

创业故事

Uber创始人：从失败中走向成功

《商业周刊》采访了私家车打车服务提供商Uber创始人、首席执行官卡拉尼克

(Travis Kalanick)，尽管他与一般的硅谷创业家不同，不是T恤加牛仔裤，而是一身合身的正式西装，但这位非典型的创业家，却很可能是引领下一波科技创新的灵魂人物。

用Uber打车很简单，只需在手机上打开专用的App程序，就可以看到地图上各辆空车，然后点击按键叫车，屏幕上立刻就会秀出司机照片、名字与联系电话。当车抵达时，由于信用卡数据早已在App上登录，因此用户上下车无须支付现金，就跟搭乘私家车一样方便。

然而，想用创新方式让消费者像绅士、贵妇一样，背后却必须顶得住来自主管机关的管制以及地方出租车业者的威胁，这也是卡拉尼克被其他创始人推荐为CEO的原因。“知道我背景的人，就知道打官司对我就像回家般熟悉。”他说。

1. 创业曾破产

卡拉尼克出生于洛杉矶，小学六年级就会编写程序，是个典型的硅谷小孩。1998年，他大四时，从加州大学洛杉矶分校计算机工程系辍学，与同学合作创办了Scour网站，让网友交换音乐、影片。可想而知，与美国Napster等音乐交换网站一样，他创立的首家公司遭到了30多家大型电影、音乐公司的侵权指控，要求赔偿2 500亿美元损失。最后，他与同学被迫卖掉公司，偿付赔偿并宣告破产。

关闭Scour网站的挫折，未能打垮卡拉尼克。打过难缠官司的人，绝大多数从此做事变得保守，但卡拉尼克不同，他反而变得更加强悍。“我属于比较少数的那群人”，他说，经过这次教训后反而让他深信，新创事业总会颠覆惯性规则，法律上站得住脚，就无须屈服。

2. 31岁成千万富翁

2001年他再接再厉，与朋友合作创立了Red Swoosh公司，采用类似的技术为内容提供商降低网络流量负担。在此期间，他曾付不起房租，多次赔到一文不名，直到公司渐渐有所起色。2007年，卡拉尼克以1 700万美元卖掉Red Swoosh，那年他31岁，成为了千万富翁。Uber是他与两名友人在2010年于美国旧金山推出的服务，他们与租车公司签订合约，以iPhone作为计费跳表器，让高级出租轿车能在空闲时提供出租车服务。Uber上线四个月后，他就知道这个点子成功了，因为公司收到了旧金山市政府发出的勒令停止营业公文。由于Uber服务跳出了传统范畴，模糊了高级租车与平价出租车之间的界限，费率未经审查，车辆没有漆成规定颜色，并挑战了主管机关的审查制度，从而引发了传统出租车公司的群起抗议。

在与律师讨论后，卡拉尼克不但不搭理公文，甚至还号召网友签署请愿书，发动以电子邮件向市长信箱反馈的活动，最后这纸公文不了了之，Uber的黑头车照样在旧金山满街跑。但当Uber服务进入其他城市时，又在纽约、华盛顿以及加拿大温哥华遇到了类似的阻碍。目前，Uber正发起对休斯敦市政府的请愿活动。“市政府只是在保护当地没有竞争力的出租车业者。”卡拉尼克说。

他的强悍与耐心得到了回报。尽管Uber从未透露过营收，但《华尔街日报》旗下科技网站AllThingsD估计该公司今年营收将达到1.25亿美元。卡拉克尼对此不愿证实，但他得意地强调：外界估计的只是Uber抽取的佣金，而不是搭车总金额。而Uber今年7月份举办的冰淇淋车到家服务，一天就卖出去了数万支冰淇淋，成功展现了跨行业服务。“未来只要是用交通工具传送的业务，我们都会尝试。”他毫不掩饰公司扩张的野心。

资料来源：佚名．Uber创始人：从失败中走向成功［EB/OL］．［2022-07-02］．https：//it.sohu.com/20130801/n383089368.shtml.

第四节　创新与创业的关系

一、创新与创业的内在联系

在熊彼特的创新理论中，创新是经济学的一个重要概念，而领导和发起创新的创新者是企业家，企业家实行对生产要素新的组合，组织和推动经济发展，因此，创业者是创新活动的倡导者和实现者。正是创业者的创新活动促使科学技术转化为生产力，推动了产业结构的升级，也推动了经济活动和生活方式的变革，实现了经济社会的发展。因此，创业者是创新活动乃至经济发展的灵魂，建立一支高素质的创业人才队伍是创新时代的第一要义。

经济学创新理论研究认为：人们之所以要进行这些方面的创新，是出于经济原因，即强烈的利润动机和潜在的利润前景的驱使，利益推动创新，创新刺激投资，创新是产业结构调整的原动力，也是成功创业，特别是科技型创业的基础。

从创新的时效性看，企业创新特别是在科技成果推向市场的过程中，一般总是从产品创新、技术创新开始的。因为一种新的市场需求总是表现为产品需求，因而，在创新初期，企业的创新活动主要是产品创新。一旦产品被市场接受，随之而来的是企业将把注意力集中在过程创新上，其目的是降低生产成本，改进生产工艺，提高生产率。当产品创新和过程创新进行到一定程度时，企业的创新注意力会逐渐转移到市场营销创新上，目的是提高产品的市场占有率，在这些创新重点的不同时序上，还会伴随着必要的管理创新和组织创新。可见，利用科技成果进行创业的过程是一个不断创新的过程。

机会型创业是衡量一个国家创业活跃程度和创业水平的重要指标，机会型创业对产业升级、扩大就业、拓展市场、增加税收等具有重要意义。无疑，人数众多的受过高等教育并具有较高综合素质的大学生应是机会型创业的主力军。大学生在就业与创业的选择中，可以充分发挥自身优势，利用资源和环境条件，捕捉、识别、筛选并抓住市场机会，作为事业的选择，从事创业活动。特别是大学生可凭借自身的知识优势，依靠自己拥有的技术成果如专利技术、保密技术或新的服务，依托学校资源，选择最佳的创业时期和创业地点，适时创办科技型企业。其实，科技型企业创办一开始就表现为技术创新，由创新的时序规律也不难看出，成功的创业还必然包括经营创新和管理创新，不创新就会被淘汰，创新是新产品、新行业层出不穷的根本原因。从科技型企业创办可以看出，创新是创业的基础和前提条件。

二、创新与创业的区别

语言学定义可以帮助我们理解两者的区别。《辞源》中“创”的主要含义就是“破坏”，同时也有“开始”和“创立”之意。按照《现代汉语词典》的解释，创新是指抛开旧的、创造新的，也可简要概括为破旧立新的过程。创新是“新的生产函数的建立”，即“企业家实行对生产要素的新的组合”。创业，在《辞海》中的定义是“创立基业”，因此就可以被解释为“事业心、开拓精神教育”或是“企业家精神教育”。为了进一步对创新（innovation）与创业（entrepreneurship）的关系有一个更为清晰的认识，有学者在2004年4—5月份对研究创新与创业的相关专家做了网上访谈，10多位专家给予了热情的解答，下面是一些专家的回答结果，见表1-1。

表1-1 **国际知名创新创业研究专家的反馈意见**

序号	专家	创新与创业的区别
1	Won Gasse	创新是带给市场上新的东西，而创业是对市场需求的一种响应，不管新颖与否
2	Andrew Zacharakis	创新是发展一项新产品或新生产的过程，这一新产品或新生产过程或许有也或许没有商业潜力；而创业是利用这些创新获得商业潜力
3	Kirchhoff Bruce	创新——发明的商业化；发明——一项新的创意或是创意的组合；商业化——发明制造成品或服务，这一产品或服务在公开市场上能够购买到，使得卖者获得一定利润。创业——使得一项发明商业化，并且创建一个独立企业的行为。创业者不需要提供这种努力的资金，但承担这种商业化成功的大部分风险
4	Lowell W. Busenitz	创业通常是指基于创新主义的新企业创建活动。创新通常指一个大型组织内部的基于研发活动的行为。一些作者如Teece也区分了发明与创新的不同，发明是一项基础性的新概念创造，而创新则使一项已存在的产品更好
5	Lars Kolvereid	创业更多指的是新创建企业的行为。假如你想着一个更宽些的定义，可以定义为个体或团体识别和开发风险机会的过程。创新则是给组织、产业或地区等介绍了新的东西，创新一般发生于已有组织、产业或是地区中，分析的单位通常是组织、产业或是地区层面

续表

序号	专家	创新与创业的区别
6	Friedenike Welter	Shene（2000）等总结了创业及其特点。创新能够被任何个人、组织实施，特别代表了变革和动态性。几个研究创业的学者同时也考察了创新领域，因为它们有交叉，许多创业者也从事创新实践。另外，Bhide（2000）的研究显示出许多快速成长型的新创建企业实际上并非创新的
7	Monica Diochon	对于此问题有大量的争论，没有定论。两者的关系是创新体现的是"结果"（一项新的或改进的产品、过程或服务），而创业是"工具或手段"，它是通过创业而获得创新的过程
8	Cheri Stahl	创新包含新技术的导入，而创业导致新财富的创造
9	Anders Lundstrom	创新主要是对产品或服务而言，而创业主要是对个体而言
10	David Cock	就像在一般创业课本中看到的，创新仅仅是创业者所具有特征的一个属性，还有如风险承担等，创新只是创业行为的一种
11	Michacl D. Meeks	熊彼特（1934）认为创业（entrepreneurship）主要指创新（innovation），伊斯雷尔·柯兹纳（1971）认为创业主要指对市场机会的洞察力与认知（alertness and recognition），奈特（1921）认为创业主要指的是关于风险承担。因此，对创业的本质有许多甚至是相互冲突的观点

创业与创新虽然都具有开创新东西之意，但两者内涵有着明显区别。创业可能涉及创新，或者也并不涉及；创新可能涉及创业，或者也并不涉及。人们对创新概念的理解最主要是从经济与技术相结合的角度，探讨技术创新在经济发展过程中的作用。创业是一个新的非生命市场参与者的创造过程（新商业的诞生）。创业强调的是，如"企业从何而来""人们为什么创建新的商业""商业是如何被创造的"等，而创新是对现有生产力、科学技术、生产资料、生产工具及劳动力和生产关系的突破性思维和革新等。

第五节　创新创业的现实意义

一、自主创业的时代背景

（一）社会环境对自主创业的鼓励与支持

1.经济发展提供了创业大舞台

首先，随着我国经济的发展和改革的逐步深入，以及经济结构战略性调整的不断推进，产业结构的调整已加快了步伐。这意味着行业中原有的投资主体退出，个别行业将萎缩或消退，而新的投资者会出现，新兴行业将迅速崛起。新兴行业的出现和投资主体的多元化将推动一大批创业者的产生与成长。比如第三产业的发展使得各种中介服务、社区服务、文化服务、科技服务、家政服务等一大批新的职业需求发展，而这些都非常适合大学生创业。

2.知识经济时代提供更多的创业机遇

知识经济时代社会财富被新的知识创新阶层所掌控，一些新的就业方式和财富增长方式也将出现。大学生作为我国高素质群体，知识经济时代的到来为其提供更多的创业机会。在知识经济时代，大学生往往通过科技创新取得突破性成果，进而独立或与他人合作创办公司，在为自己创造就业机会的同时，也为社会、为他人创造更多的就业机会。

3.融资环境不断改善

对于创业者来说，要实现自己的创业梦想，融资是相当关键的一步。大学毕业生自身经济实力薄弱，因而通过一般的商业贷款获得资金是相当困难的。但是，我国银行已普遍开展创业贷款业务，大学生创业者所创办的企业规模普遍较小，可以通过这种贷款获得数万元的资金，实现自己的创业梦。同时，近年来，风险投资在我国如雨后春笋般兴起。由于风险投资能够解决中小企业发展的融资问题，因而它成为推动当前大学生创业的关键因素之一。

4.良好的政策法规环境

创业者能够顺利创业，离不开良好的法律政策环境，特别是允许个人创办、经营企业的相关政策法规。改革开放以来，我国逐步建立起以公有制为主体，多种经济共同发展的经济体系。非公有制经过三四十年的发展，在就业结构中已经占有非常重要的地位。在新时期，国家为自主创业、开办私人企业提供了一个良好的政策法规环境。《中华人民共和国公司法》《中华人民共和国个人独资企业法》《中华人民共和国合伙企业法》《中华人民共和国就业促进法》等法律和一系列对大学生创业的优惠政策已经出台并生效，公司、个人独资企业和合伙企业等三种最常见的企业形式的地位已经得到确立，大学生创办企业的门槛已经大大降低。这为大学生创业提供了最基本的法律保障，营造了宽松的政策环境。

5.良好的社会文化心理条件

社会的文化心理状况同样影响创业行为。改革开放40多年来，随着我国经济发展和社会进步，人们的创新意识和能力得到彰显，人们的生活方式、工作方式、挣钱方式、自我实现方式发生了深刻的变化，由此，人们对就业方式的认识也发生了改变。大学生到外资企业、民营企业或根据自己的兴趣爱好自谋职业的方式逐渐被社会认可、接受，大学生自主创业也得到了广泛的理解。

（二）大学毕业生对自主创业的内在渴求

大学生的价值取向，反映了大学生以什么样的态度去对待社会价值和自我价值，并做出什么选择和追求。随着市场经济的不断发展，个人利益的合理性与合法性得到了承认和肯定，大学生群体价值观体系的建构，已经不是以某种价值观为核心的单一主导价值观为特征，而是以多元价值观为基础的兼容性价值体系。21世纪的大学生立志成才，渴望成功，大学生逐步认识到，要取得成功必须选择适合自己的成功目标。为此，大学生有着多种不同的设计和选择，自主创业这种方式也成了选择目标之一。

1.“身份意识”淡化，效益观念增强

今天的大学生不愿在择业上受到太多的束缚，不希望成为被动的“工作机器”，一些工作弹性大、自由支配度高、经济收入高的职业逐渐受到青睐，工作的稳定性不再是追求的唯一目标。在选择上，大学生不再迷信大单位、“铁饭碗”，择业领域放宽。以往“政府机关、事业单位、国有大型企业”这些热门单位不再是唯一选择，进入高收入的非国有企业或自主创业也成了大学生就业的一种方式。自主创业的观念已被当代大学生基本接受，许多在校大学生正逐渐树立起自主创业意识，不断适应社会发展需求。

2.注重个人兴趣，择业意识明显

大多数毕业生根据自己的兴趣到社会中锻炼自己、培养能力。当前大学毕业生就业已经从被动等待就业的方式，向主动多元化就业方式转变。可以看出，随着时代和社会的进步，新一代大学生的个体意识逐渐加强，更加注重自我价值的实现和关注生存条件与职业发展空间。在择业观上既重视经济待遇，又重视兴趣爱好，并以此设计前途发展。

（三）未来的呼唤

当今社会，是充满竞争的社会。加入WTO后，中国经济逐渐与世界融为一体，外资进入中国，中国走向世界。因此，未来的竞争，是世界范围的竞争，并将更趋激烈。激烈竞争的核心因素，是人的素质、能力方面的竞争，而人的素质、能力是需要经过实践锻炼才能培养出来的。但是，反观当代大学生，多是独生子女，中国的传统教育观念及相应的育人方式，使得独生子女始终在一种过度保护的状态下生活，许多应该由孩子做的事情，都被家长或社会包办代替了，这些学生直到大学毕业对现实生活还比较陌生。

西方发达国家非常重视培养学生的动手能力，他们从小学到大学都有非常多的时间来接触社会、深入生活，学生从学校走向社会时就已经练就了独当一面的能力。发达国家的大学生毕业后，自主创业也是一种就业的常态，与到公司找工作或考取公务员等就业选择，在人们心中没有什么区别。

单就应对未来挑战、增加生活阅历、锻炼实践能力来说，毕业生从事自主创业是一条很好的自我成才途径。作为自主创业者，要融资，要生产，要组建团队，要推销产品，要从事很多性质不相同的工作；要与经营伙伴打交道，要与服务对象打交道，要与市场监管、税务等部门打交道，要与社会各个层面的人打交道。与单纯在一家单位从事一项单一的工作相比，这些经历更能让人体会生活的内涵，更能培养出年轻人独当一面的综合能力。

因此，当代大学生应当抓住当前创业的黄金期，走在创业队伍的最前沿，把创业作为人生成功的重要途径，通过创业实现自己的理想，实现自己的人生价值，实现精神与物质财富的双丰收，为国家经济发展、社会进步和民族崛起贡献自己的力量。

二、大学生创业的现实意义

在我国，受到长期以来传统的教育观念的影响，大学生毕业面临的选择是就业、考研、出国，大学人才培养的目标也仅局限于研究型、应用型，整个社会和家庭也缺乏对孩子创新精神与创业意识的培养教育。清华大学创业中心的一项调查报告显示，在创业教育上，中国的平均水平低于全球创业观察（GEM）统计的平均水平。我国大学生创业比例不到毕业生总数的1%。我国南方一些沿海地区，得改革开放风气之先，有着优良的创业传统和良好的创业氛围，但分析近年高校毕业生的就业情况，大学生自主创业的比重仅占0.25%，其中自主创业的本科毕业生人数少于专科生。

伴随着我国高等教育从“精英教育”向“大众教育”转化，高校毕业生就业形势日益严峻，大学毕业生数量将远远超过空缺岗位的数量。因此，今后在很长时期内，大学生将面临更为严峻的就业形势。从以上情况看，大学毕业生创业具有非常重要的现实意义。

（一）有利于缓解大学生就业压力

大学生创业能力的培养，有利于解决大学生就业难的问题。创业能力是一个人在创业实践活动中的自我生存、自我发展的能力。一个创业能力很强的大学毕业生不但不会成为社会的就业压力，相反还能通过自主创业活动来增加就业岗位，以缓解社会的就业压力。

（二）有利于大学生谋求生存与自我价值的实现

大学毕业生通过自主创业，可以把自己的兴趣与职业紧密结合，做自己最感兴趣、最愿意做和自己认为最值得做的事情，在五彩缤纷的社会舞台中大显身手，最大限度地发掘自己的才能，创业并非人人成功，既然如此，为什么还有众多的人选择了创业这条路径呢？谋求生存乃至自我价值的实现是创业最主要的原动力。

（三）有利于大学生实现致富梦想

如果大学生要想变得非常富有，开创自己的事业则最有希望实现致富的目标，没有人靠为别人工作把自己变得非常富有。当前，大学生的就业观念正在悄悄地发生改变，一个鼓励创业、保护创业、崇拜创业的大环境正在逐步形成。原先由政府包揽的就业和创业活动逐渐被市场取代，产业结构调整带来的巨大创业机会，以及政府出台“创业带动就业”的政策，促使大学生创业潜流涌动，大学生通过自主创业将实现致富梦想。

（四）有利于促进中小企业的快速发展

从国际经验来看，等量资金投资于小企业，它所创造的就业的机会是大企业的4倍。一个国家有99.5%的企业属于小企业，65%～80%的劳动者在其中就业。美国对中小企业的发展一直比较重视，称其为“美国经济的脊梁”，美国企业创新产品中82%来自中小企业。而我国小企业太少，因此，鼓励大学生自主创业有利于中小企业的快速发展。

（五）有利于培养大学生艰苦奋斗的作风

大学生自主创业的过程中，困难和挫折，甚至失败都在所难免，这就要求自主创业的大学毕业生具备顽强的意志和良好的品格，勇于承担风险，自立自强，艰苦拼搏。

（六）有利于培养大学生的创新精神

“创新是一个民族的灵魂，是一个国家兴旺发达的不竭动力。”青年一代，尤其是大学生，是中国最具活力的群体，如果失去了创造的冲动和欲望，而仅仅安于现状和守成，那么中华民族最终将失去发展的不竭动力。大学生的创业活动，有利于培养开拓创新的精神，把就业压力转化为创业动力，培养出越来越多的各行各业的创业者。

案例赏析

“90后”蟹老板的创新水产养殖路

2013年，谢鋆从水产养殖专业毕业，先后到广东肇庆和湖州德清的水产养殖公司就职，积累养殖经验；2018年，他带着启动资金和创业伙伴来到中国河蟹之乡——长兴县洪桥镇，开启了创业之路。

有着专业的知识储备和丰富的操作经验，谢鋆本以为能够一帆风顺。但在创业第一年，他选择的主要养殖产物河虾，却碰到了惨淡的市场环境，反倒是套养的河蟹销售一空，最后不至于血本无归。

第二年，吸取经验的谢鋆改变养殖比例，将河蟹作为养殖主体，并将河塘扩大至75亩，在周边蟹农、专家的帮助下学习河蟹养殖技术。

作为中国河蟹之乡，近年来洪桥为了培大育强“长兴漾荡河蟹”品牌，增加农户亩均收益，成立了专门的大闸蟹农合联理事会，并以大闸蟹农合联的“四大工作站”为平台，定期邀请高校专家为河蟹养殖户解读发展思路。

同时，该镇还与各高校签订了政产学研合作协议，让大闸蟹借“智”发展。谢鋆便是在大闸蟹农合联的帮助下，开启了“河蟹套养罗氏沼虾”养殖模式。

“套养模式比起单一养殖，亩均可增收1 500元至3 000元，今年光卖虾，销售额就有25万元。”谢鋆介绍，依托洪桥镇“长兴漾荡河蟹”国家地理标志品牌，他的“谢大强”河蟹去年销售额超200万元，今年这个数字有望被刷新。

“收购商一听是长兴洪桥的螃蟹，再看一眼品质，基本上这单生意就成了。”依靠平台带动，谢戕在创业的第四年便将贷款全部还清，还在老家买了房子，日子过得越来越红火。

今年，为了扩大品牌影响力，谢戕不仅在浙江义乌开设了线下实体店，还注册了淘宝店铺，开始更新自己的新媒体视频号。

资料来源：施紫楠，朱琳琰. 念好“数字”创业经 “90后”蟹老板的创新水产养殖路［EB/OL］.［2022-05-11］. https：//www.chinanews.com.cn/cj/2021/11-11/9607228.shtml.

思考题：

1.创新的类型有哪些？如何选择创新类型？

2.创业的方法有哪些？在创业过程中有哪些注意事项？

3.如何理解创业精神？

第二章 人才链——自我定位

第一节 兴趣是第一老师

小故事

追寻兴趣

时间追溯到2011年夏天，刚参加完高考，唐时进便马上着手填报大学志愿。对唐时进而言，这是他在人生道路上的第一次重要选择，教学楼前的墙上贴满了全国各大高校的招生宣传画。伫立画前，唐时进感到迷茫，不知所措。他咨询了一直支持他的父母，可是唐时进的父母都是地地道道的农民，每天日出而作，日落而息，对外面的世界知之甚少，他们心有余而力不足，无法给孩子一个具体的建议。

面对儿子求助的眼神，慈祥的母亲只对儿子说了一句话："孩子，妈妈没什么文化，你自己喜欢什么（专业）就选报什么吧。"唐时进说："我喜欢医学。"就这样，他打算把所有志愿都填上医学院校。这时唐时进的大伯听说侄子高考要填报志愿，也赶来出主意。大伯是唐时进家族中最有文化的人，是新中国成立早期的大学生，当时又在当地市政府经济部门供职，所以他的建议在唐时进眼里很有权威性。

大伯根据自己多年的社会经验，并从国际国内的经济形势分析入手，建议唐时进选择纺织材料检验专业，唐时进接受了大伯的建议。不久，唐时进接到了大学录取通知书，从此踏进了纺织材料之路。

在踏入大学校园后的第一学期，唐时进很快就发现，他的兴趣不在纺织材料方面，从此以后，唐时进便利用大量课余时间到学校图书馆阅读各种书籍，寻找自己兴趣的光点。

不久，唐时进在图书馆中借到一本普及心理学知识的《心理学》教材，在翻过此书的目录后，他就有一种感觉：对心理规律的探索，将是他内心兴趣所在。唐时进一口气把此书看完，并且做了非常详细的笔记。

心理学不仅唤起了唐时进浓厚的学习热情，而且也使他高考时的自我潜在兴趣得到了满足。在心理学知识的进一步深化过程中，唐时进发现心理现象与生理关系密切，要学好心理学，还必须学习相应的解剖学、生理学等方面的知识。而解剖学与生理学等学科内容的补充正好迎合了唐时进对医学专业的酷爱。正如唐时进所说："高考志愿的选择使我偏离了从医的轨道，但对心理学这门学科的发现与学习却使我回到了原来的路线，纠正了偏离的道路。今后虽不能成为医学方面的大夫，但完全可以成为心理学方面的医生。"

资料来源：佚名. 追寻兴趣［EB/OL］.［2022-04-02］. https：//www.docin.com/p-562724884.html.

大学四年是重要的职业探索和定向期，唐时进在广泛拓展各方面知识的基础上，结合自己的兴趣爱好、特长等实际情况选定了自己未来就业的方向。想一想你高考之后填报志愿的情景，有过像唐时进这样的情况吗？想一想在大学里，你学习的专业是你喜欢的吗？如果不是，你打算怎样处理？

一、兴趣的概念及意义

兴趣是人们最好的老师，它可以使人集中精力做事情。如果可以从事自己感兴趣的职业，人们就更能够全身心地投入工作、探索工作，在自己的工作岗位上取得更大的成绩。

（一）兴趣的概念

兴趣是个体以特定的事物、活动及人为对象，所产生的积极的和带有倾向性、选择性的态度和情绪。

兴趣是职业选择的重要依据，是取得职业成就的动力，是成功的重要保证。兴趣是事业的先导，是人积极探究某种事物的认识倾向，是人获得知识的巨大动力。我们说的"干一行，爱一行，专一行"，就是从兴趣入手，培养对所从事专业的兴趣，热爱本职工作，努力钻研其中的知识，并最终在平凡的岗位上做出成绩。

本节你可以了解兴趣的内涵，探索自己的兴趣所在，通过职业兴趣测量找到适合自己的和自己喜欢的职业。

小练习

1. 回忆幸福时光。

请放松、深呼吸，然后回忆3个自己感到特别愉快、忘了时空和自己的时刻。请仔细回想当时的场景细节以及自己的感受。

2. 讨论人在什么时候感到幸福。

个体的兴趣不是凭空产生的，而是源于自身需要并在活动中发展起来的，是推动个体生活、学习、就业和工作的巨大内在动力。兴趣的发展水平，一般被分为有趣、乐趣和志趣3个阶段。有趣是兴趣发展的第一阶段，处于低级水平，是指由于被特定对象的某些外在现象所吸引而产生的新奇感。有趣具有注重表面、参与较少、时间短暂和体验表浅的特点，一旦特定对象的新奇感消失，原本有趣的事物就会变得无趣，兴趣也会随之消失。乐趣是兴趣发展的第二阶段，处于中级水平，是指在有趣基础上逐步定向并趋于稳定的兴趣。乐趣具有基本定向、积极参与、时间较长和体验深刻的特点，乐趣对个体在某个特定人生阶段的学习、工作与生活会产生重要影响。志趣是兴趣发展的第三阶段，处于高级水平，是指建立在乐趣基础之上的，与个体的社会责任感、人生理想、奋斗目标紧密结合的兴趣。志趣具有方向明确、服务社会、积极自觉和矢志不渝的特点，是个体取得学业和工作业绩的根本动力，也是个体事业成功的重要保证。按照兴趣内容的不同，一般将其分为追求学习、工作、生活等外部环境与条件改善的物质兴趣，以及追求自身内在素质与能力提升的精神兴趣。

（二）兴趣的意义

兴趣是最好的老师，也是职业选择的原动力。兴趣对个体的实践活动具有重要的意义，个体在从事感兴趣的活动时，注意力会更集中，思维会更活跃，意志会更坚定，行动会更积极，情绪会更愉快。

而职业兴趣就是一个人对某种专业或职业活动的喜爱程度，职业兴趣在职业活动中发挥着重要作用。对于职业活动，往往从有趣开始，逐渐产生工作乐趣，进而与奋斗目标和工作志向相结合，发展成志趣，表现出方向性和意志性的特点，使人坚定地追求某种职业，并为之尽心尽力，甚至奉献终身。所以，在进行职业生涯规划时，兴趣同样会产生强大的推动作用。许多关于事业成功的研究都表明，单独考虑专业能力因素，并不能解释和预测个体职业生涯的成败，需要、兴趣、动机、价值观等情感倾向因素对个体的职业生涯适应性也有重要影响，其中，又以兴趣所起的作用为最大。诺贝尔奖获得者丁肇中曾说过：“兴趣比天才重要。”爱迪生、古道尔、爱因斯坦和诺贝尔等众多著名科学家事业的成功，都对兴趣在职业生涯中的重要作用提供了很好的佐证。美国某研究机构通过对2 000多名著名科学家的调查研究后发现，很少有人是出于谋生的目的而工作，这些科学家中的大多数人，都是由于自己对某一领域的问题有着强烈兴趣，然后才孜孜以求，不计名利，忘我工作，并最后取得成功的。

深度阅读

兴趣与投入是人生幸福感的来源

美国芝加哥大学心理学教授米哈利·契克森米哈研究什么东西能真正令人们感到幸福和满足。他发现，和人们通常想象的不同，感到幸福和满足不是在人们很放松、什么事也不做（如看电视）的时候，而是当人们在专心致志、积极地参与某种活动，甚至忘我地完全沉浸在这种活动中的时候。

米哈利的这一发现说明：人们的满足感、幸福感往往来源于从事某种活动，而不是无所事事或单纯地享乐游玩。他一直强调要做自己喜欢的事情，才能获得快乐，而这也正是工作原本的意义所在。毕竟对大多数人而言，工作占据的是他们一生之中、一天之中最好的时光。

资料来源：杨莉. 兴趣与投入是人生幸福感的来源［EB/OL］.［2022-04-02］. http：//zsjy.ahty.edu.cn/DocHtml/165/2010/4/4/303736782926.html.

兴趣对于学生职业生涯的影响，具体表现在3个方面：

1.兴趣是学生职业生涯选择的重要依据。

一般情况下，人们都倾向于选择与个人兴趣匹配的职业，特别是在外部环境限制相对较小时，对自己的职业兴趣或兴趣类型进行正确评估，将有助于学生的职业生涯选择。

2.兴趣有利于增强学生的职业生涯适应性。

兴趣有利于激发个体的工作动机，从而促进个体能力的更好发挥，并最终大幅提升工作效率。有研究表明：如果从事自己感兴趣的职业，个体全部才能的80%～90%将得以发挥，而且可以长期保持高效率并不会感到疲劳；如果从事自己不感兴趣的工作，个体则只能发挥全部才能的20%～30%。

3.兴趣可以影响大学生的工作满意度和职业稳定性。

一般情况下，对于自己不感兴趣的职业，个体将很难在工作中得到心理满足，如果不考虑物质因素，个体对工作的满意程度又将成为其职业选择和转换的决定性因素。因此，大学生在进行职业生涯规划时，不能仅考虑其职业报酬与福利的多寡，同时还必须将个人兴趣和能力统筹起来综合考虑，才有可能取得职业生涯的成功。

二、兴趣与职业兴趣

上文已经对兴趣的概念进行了详细介绍，而职业兴趣和兴趣相比，有很多共同点，也有一些区别。

（一）职业兴趣概述

职业兴趣是指一个人是否喜爱某种职业，是一种职业选择与态度方面的倾向。一般情况下，如果个人兴趣类型与岗位对从业者的能力素质要求（职业环境）是一致的，我们就称之为有“职业兴趣”，如一个善于表达的人从事教师职业，或者一个善于研究的人从事计算机软件开发工作等。如果人们对所从事的工作有“职业兴趣”，就能充分调动和发挥自己的主观能动性，充分开发智力和潜能，即使很枯燥的工作也会变得丰富多彩、趣味无穷，从而增强职业的适应性，而工作满意度也会提高，职业稳定性也会加强，工作绩效也会变好。

反之，如果对所从事的工作没有“职业兴趣”，如一个喜欢与人交往的人却天天与机器打交道，一个不喜欢与人交往的人却从事市场销售的工作，往往导致自身难以做出优秀的工作业绩，必然会降低对工作的热情和积极性，工作满意度也会随之下降，从而产生困惑和迷茫，甚至会对自己的工作和生活质量产生比较严重的影响。

（二）兴趣与职业兴趣的不同

从上文来看，兴趣与职业兴趣两者之间是一种交叉的关系，两者具有诸多相同特点，但也有本质的区别。下面，我们就来探讨这一问题。

1.兴趣与能力。

案例赏析

林澜，金融专业，24岁。因个人兴趣，在校期间做了某报社兼职记者，临近毕业时，由于这家报纸经营不善，遂去学校推荐的某知名国有银行，从事银行相关业务工作，但林澜并不喜欢这个工作。不甘现状的她利用业余时间一边自学新闻专业的课程，一边给一些报纸、杂志撰写稿件。林澜还在一家省级知名的出版社做兼职编辑，她很喜欢这份工作，准备辞职后到该出版社工作。

然而，某电视台的招聘信息打乱了林澜的计划。林澜觉得到电视台当记者既风光又收入高，经过考试她顺利进入该电视台做了记者。但没过多久，她发现记者工作很难做——稿子频频被否定、没有底薪。

林澜开始怀疑自己的能力，不知自己究竟是否适合这项工作。她在家里漫无目的地浏览招聘网站时，突然发现另一家知名银行在招聘有银行工作经验的人员。在向该银行投递简历时，她又想起那位出版社总编辑说过的一句话："你如果愿意回来，我们依然欢迎你，这里有你施展的空间。"现在，林澜十分迷茫和苦恼：是留在电视台？还是去出版社？或者再去银行试试？

林澜的故事给了我们一个很沉重的警醒：去做自己喜欢的工作，还是做自己能做的工作？林澜同学对当记者非常感兴趣，但这仅是个人的爱好。人们喜欢什么，不一定就能去从事什么职业，因为由兴趣向职业兴趣的转换，还需要具备诸多因素，其中最关键的因素就是能力。所以职业兴趣=兴趣+能力，如果仅仅有兴趣，而无从事这项职业的能力，是无法胜任这项工作的，这就是"兴趣"与"职业兴趣"的本质区别之一。在选择职业时，必须搞清楚，对某职业有兴趣和从事某项职业完全是两回事情，不能完全以"个人兴趣"作为选择职业的标准，还必须对所选择的职业进行充分的了解，了解职业的工作内容以及任职资格，要从"职业兴趣"角度出发，即从"兴趣和能力"等综合因素去考虑，自己是否与所选择的职业相匹配。如果所选择的职业仅符合自身兴趣，但自己并不具备从事这项职业的能力，那么，我们是不宜将这样的职业作为职业目标的，否则，就会成为将来自身苦恼的根源。

资料来源：虚室生白. 职场发展如何"截弯取直"——六个职业发展失败案例给我们的启示［EB/OL］.［2022-04-02］. http：//www.360doc.com/content/11/1123/12/151138_166717552.shtml.

2.兴趣与责任。

案例赏析

小陈，男，35岁，大专学历，动漫设计专业毕业，之前从事过出租车驾驶员、销售员等工作，但时间都不长。后出于对游戏设计的兴趣，参加了相关学习和培训，在某大学三维游戏影视动画研修班专业学习了一年，又在汇众教育3D美工专业学习一年，获得网页设计制作员中级、游戏美术设计师高级证书。由于对游戏设计方面非常感兴趣，小陈找了份与游戏设计有关的工作，在某科技工程有限公司从事3D场景设计师一职，主要负责制作简单模型动画。但是，随着工作任务的缩减，公司将游戏设计这项业务改成平面设计。对于新的业务小陈从来没有接触过，也没有这方面的技能，由于不能胜任新的工作，小陈只好离职。

当重新踏入社会求职时，小陈发现游戏设计这块领域发展速度相当快，企业基本都是招聘30岁以下的青年。但小陈对游戏设计情有独钟，他执着地应聘游戏设计一类的岗位。但由于年龄问题加上技能不强都没有成功应聘，加上没有其他技能，失业了近两年的时间，陈爸爸非常为之着急。

资料来源：集美大学. 案例分析——兴趣是否决定职业［EB/OL］.［2022-05-02］. http://jyzd.jmu.edu.cn/info/1086/1344.htm.

与个人兴趣不同的是，职业兴趣不仅强调对工作的兴趣，也强调对工作的责任。日常生活中，我们对某项事情产生兴趣，完全是以“个人兴趣为中心”的，而在工作中，我们应该以“兴趣和责任为中心”，必须对所从事的工作的结果承担责任。因为我们所从事的工作的内容不是单一的，而是一部分内容你感兴趣，另外一部分你不感兴趣。比如，你喜欢和人打交道，但是不一定喜欢和各种类型的人打交道；你喜欢软件开发，不太喜欢与人交往，但工作中你又不得不与客户交往，必须按照客户需要开发软件，而不能不顾客户需要，只按照个人的“兴趣”开发软件，否则，这样的软件卖给谁呢？

可见，“职业兴趣”要求我们必须对工作的结果承担责任，尽管选择职业时，我们要特别考虑自身的兴趣，但也绝对不能迷失在“个人兴趣”中，如果遇到所从事的工作与自己的兴趣不相符，也应该认真对待，积极完成工作，这也是职业兴趣的本质特点。综合第一点，再用公式表达就是：

职业兴趣=兴趣+能力+责任

总之，兴趣与职业兴趣既有相同点，也有不同之处，职业兴趣是个人兴趣、能力和责任的集合体，我们选择职业的时候，要充分了解职业的岗位职责和任职要求，要以“职业兴趣”为重要考量标准，不能把个人兴趣当成职业兴趣，也不能完全迷失在“个人兴趣”之中。

（三）对职业兴趣的认识误区

明确个人的职业兴趣是职业生涯规划的重要依据之一。大学生在寻找职业兴趣的过程中要避免以下几个错误观念：

1.把简单的喜欢、感兴趣当成职业兴趣

有些人看了几本小说，就认为自己应当去从事作家职业；有些人喜欢打游戏，就觉得自己应该去学计算机。而真的接触这些专业时，才发现并不适合自己。职业兴趣要与将来的工作相关，只有想清楚自己要从事什么样的具体工作，并对工作的内容、职责、性质等有所了解，且乐于准备可以达到工作要求的知识技能时，才谈得上是真正的职业兴趣。

2.从事自己感兴趣的工作，就意味着轻松愉快

做自己感兴趣的工作是快乐的，甚至可以激发工作热情，但并不一定轻松。实际上，不管何种工作，都要付出努力和辛劳才能取得成就、做出成绩。另外，有的时候坚持自己的职业兴趣，还要付出经济报酬和社会地位的代价，毕竟不是所有人都会对待遇高、地位高的职业感兴趣。

3.不是自己感兴趣的工作就不做

能从事自己有兴趣的职业是每个人的理想，但职业选择除了兴趣以外，还要综合考虑性格、能力等问题，这也是理想与现实的差距和矛盾。有调查显示，有60%多的大学生正在就读自己不喜欢的专业，有50%的职场人正在做着自己不感兴趣的工作。但由于各种原因，大家也只能面对现实。因此，很多人需要在现实中追求自己的理想，立足于现实，把自己不喜欢的工作做好，并在这个过程中培养兴趣、积累技能、寻找新的机会。

三、兴趣探索

在数以万计的职业中，如何能找到与自己兴趣相匹配的职业？由于职业、工作种类太多了，因此必须对庞杂的职业群做一个科学的、适合操作的分类，然后再去发现自己感兴趣的职业。业内人士对职业兴趣以及相对应的职业类型划分的研究由来已久，其中影响最大，而且有配套的兴趣量表的，要数美国心理学家、职业指导专家约翰·L.霍兰德（John L. Holland）的相关理论。

霍兰德把职业兴趣分为6种类型，分别为：实用型、研究型、艺术型、社会型、企业型、事务型。每种类型对应不同的特点和职业。在进行测评时，可以在6种类型的分数之间做一个对比，你的分数在某一个类型上越高表明你对这个类型的工作越感兴趣。

（一）兴趣探索练习

1.兴趣探索活动：6岛环游

假设在去度假的途中，你所乘坐的轮船突然发生了意外故障，必须紧急靠岸。这时，轮船正好处于下列6个岛屿的中间。你希望选择哪一个岛屿靠岸？这些岛屿只能通过轮船与外界联系，但是由于天气原因，今后至少半年内船只都无法出航，而且你还要等待境外的轮船运送人员和器材前来维修你所乘坐的轮船。因此一旦靠

岸，你可能需要在这个岛上待很长一段时间（至少一年）。请按一、二、三的优先级顺序挑出3个岛屿。

R岛：自然原始的岛屿，岛上保留有热带的原始植物林，自然生态保存很好，也有相当规模的动物园、植物园、水族馆。岛上居民以手工见长，自己种植花果蔬菜、修缮房屋、打造器物、制作工具。

I岛：深思冥想的岛屿，岛上人迹较少，建筑物多僻处一隅，平畴绿野，适合夜观星象。岛上有多处天文馆、科博馆，以及图书馆等。岛上居民喜好沉思、追求真知，喜欢和来自各地的哲学家、科学家、心理学家等交换心得。

A岛：美丽浪漫的岛屿，岛上有许多美术馆、音乐馆，弥漫着浓厚的艺术文化气息。同时，当地的居民还保留了传统的舞蹈、音乐与绘画，许多文艺界的人士都喜欢来这里寻找灵感。

S岛：温暖友善的岛屿，岛上居民个性温和、十分友善、乐于助人，社区均自成一个密切互动的服务网络，人们多互助合作，重视教育，弦歌不辍，充满人文气息。

E岛：显赫富庶的岛屿，岛上的居民热情豪爽，善于企业经营和贸易。岛上的经济高度发展，处处是高级饭店、俱乐部、高尔夫球场。来往者多是企业家、经理人、政治家、律师等，衣香鬓影，夜夜笙歌。

C岛：秩序井然的岛屿，岛上建筑十分现代化，是进步的都市形态，以完善的户政管理、地政管理、金融管理见长。岛民个性冷静保守，处事有条不紊，善于组织规划。

2.探索活动结果分析

（1）R：实用型（doer）。

个性特征：喜欢具体的任务，动手能力强，喜欢体力工作、户外活动，更喜欢与物打交道。

典型职业：技术性行业工作人员、工程师。

（2）I：研究型（thinker）。

个性特征：喜欢探索和理解事物，爱分析，有智慧，独立。

典型职业：实验室研究员、科学家。

（3）A：艺术型（creator）。

个性特征：喜欢自我表达，富有想象力、创造力，追求美，喜欢多样性与变化性。

典型职业：作家、艺术家。

（4）S：社会型（helper）。

个性特征：对人感兴趣，具有良好的人际交往技能，乐于服务他人，帮助别人解决问题。

典型职业：教师、护士。

（5）E：企业型（persuader）。

个性特征：喜欢向人推销自己的产品或观点，追求领导力与社会影响力，有抱负，雄心勃勃，言语说服能力强。

典型职业：销售人员、管理人员、政治家。

（6）C：事务型（organizer）。

个性特征：喜欢有条理、程序化的工作，愿意听从指示，有组织、有计划、细致、准确。

典型职业：会计、文秘。

深度阅读

霍兰德兴趣代码及对应的职业

R（实用型）：木匠、农民、操作X光的技师、飞机机械师、鱼类和野生动物专家、自动化技师、机械工（车工、钳工等）、电工、无线电报务员、火车司机、长途公共汽车司机、机械制图员、修理机器或电器师。

I（研究型）：气象学者、生物学者、天文学家、药剂师、动物学者、化学家、科学报刊编辑、地质学者、植物学者、物理学者、数学家、实验员、科研人员、科技工作者。

A（艺术型）：室内装饰专家、图书管理专家、摄影师、音乐教师、作家、演员、记者、诗人、作曲家、编剧、雕刻家、漫画家。

S（社会型）：社会学者、导游、福利机构工作者、咨询人员、社会工作者、教师、学校领导、精神病工作者、公共保健护士。

E（企业型）：推销员、进货员、商品批发员、旅游经理、饭店经理、广告宣传员、调度员、律师、政治家、零售商。

C（事务型）：记账员、会计、银行出纳、法庭速记员、成本估算员、税务员、核算员、打字员、办公室职员、计算机操作员、秘书。

根据自己选择的三个岛的字母组成的代号，获得相关的职业信息。

首先根据你的职业兴趣代号，在下文中找出相对应的职业，例如，你的职业兴趣代号是RIA，那么牙科技术员、陶工等是适合你兴趣的职业。然后寻找与你的职业兴趣代号相近的职业，如你的职业兴趣代号是RIA，那么，其他由这3个字母组合成的编号（如IRA、IAR、ARI等）对应的职业，也适合你的兴趣。

RIA：牙科技术员、陶工、建筑设计员、模型工、细木工、制作链条人员。

RIS：厨师、林务员、潜水员、染色员、电器修理工、眼镜制作员、电工、纺织机器装配工、服务员、装玻璃工人、发电厂工人、焊接工。

RIE：建筑和桥梁工程、环境工程、航空工程、公路工程、电力工程、信号工程、电话工程、一般机械工程、自动工程、矿业工程、海洋工程、交通工程等方面的技术人员，计量员，农民，农场工人，农业机械操作工，清洁工，无线电修理工，手表修理工，管工，线路装配工，工具仓库管理员。

RIC：船上工作人员、接待员、杂志保管员、牙医助手、制帽工、磨坊工、石匠、机器制造工人、机车（火车头）制造工人、农业机器制造工人、缝纫机装配工、钟表装配和检验员、电动器具装配工、鞋匠、锁匠、货物检验员、电梯机修工、托儿所所长、钢琴调音员、装配工、印刷工、建筑工人、卡车司机。

RAI：手工雕刻工、玻璃雕刻工、制作模型人员、家具木工、制作皮革品工人、手工绣花工人、手工钩针纺织工人、排字工、印刷工、图画雕刻工、装订工。

RSE：消防员、交通巡警、警察、门卫、理发师、房间清洁工、屠夫、锻工、开凿工人、管道安装工、出租汽车驾驶员、货物搬运工、送报员、勘探员、娱乐场所的服务员、起卸机操作工、灭害虫者、电梯操作工、厨房助手。

RSI：纺织工、编织工、农业学校教师、某些职业课程（诸如艺术、商业、技术、工艺课程）教师、雨衣上胶工。

REC；抄水表员、保姆、实验室动物饲养员、动物管理员。

REI：轮船船长、航海领航员、大副、试管实验员。

RES：旅游服务人员、家畜饲养员、渔民、渔网修补工、水手长、收割机操作工、搬运行李工人、公园服务员、登山导游、火车工程技术员、建筑工人、铺轨工人。

RCI：测量员、勘测员、仪表操作者、农业工程技师、化学工程师、民用工程师、石油工程师、资料管理员、探矿工、煅烧工、矿工、保养工、磨床工、取样工、样品检验员、纺纱工、炮手、漂洗工、电焊工、锯木工、刨床工、制帽工、手工缝纫工、油漆工、染色工、按摩工、木匠、电影放映员、勘测助手。

RCS：公共汽车驾驶员、一等水手、游泳池服务员、裁缝、建筑工人、石匠、烟囱修建工、混凝土工、电话修理工、爆破手、邮递员、矿工、裱糊工人、纺纱工。

RCE：打井工、吊车驾驶员、农场工人、邮件分类员、铲车司机、拖拉机司机。

IAS：普通经济学家、农场经济学家、国际贸易经济学家、实验心理学家、工程心理学家、心理学家、哲学家、内科医生、数学家。

IAR：人类学家、天文学家、化学家、物理学家、医学病理、动物标本剥制者、化石修复者、艺术品管理者。

ISE：营养学家、饮食顾问、火灾检查员、邮政服务检查员。

ISC：侦查员、电视播音室修理员、电视修理服务员、验尸室人员、编目录者、医学实验室技师、调查研究者。

ISR：水生生物学者、昆虫学者、微生物学家、配镜师、矫正视力者、细菌学家、牙科医生、骨科医生。

ISA：实验心理学家、普通心理学家、发展心理学家、教育心理学家、社会心理学家、临床心理学家、目标学家、皮肤病学家、精神病学家、妇产科医师、眼科医生、五官科医生、医学实验室技术专家、民航医务人员、护士。

IES：细菌学家、生理学家、化学专家、地质学专家、地理学专家、纺织技术专家、医院药剂师、工业药剂师、药房营业员。

IEC：档案保管员、保险统计员。

ICR：质量检验技术员、地质学技师、工程师、法官、图书馆技术辅导员、计算机操作员、家禽检查员。

IRA：地理学家、地质学家、矿物学家、古生物学家、石油学家、地震学家、声学物理学家、原子和分子物理学家、电学和磁学物理学家、气象学家、设计审核员、人口统计学家、数理统计学家、外科医生、城市规划员、气象员。

IRS：流体物理学家、物理海洋学家、等离子体物理学家、农业科学家、动物学家、生物化学家、食品科学家、园艺学家、植物学家、细菌学家、解剖学家、动物病理学家、作物病理学家、药物学家、生物化学家、生物物理学家、细胞生物学家、临床化学家、遗传学家、质量控制工程师、地理学家、兽医、放射性治疗师。

IRE：化验员、化学工程师、纺织工程师、食品技师、渔业技术专家、材料测试工程师、电气工程师、土木工程师、航空工程师、行政官员、冶金专家、原子核工程师、陶瓷工程师、地质工程师、电力工程师、口腔科医生、牙科医生。

IRC：飞行员、物理实验室技师、文献检查员、农业技术专家、动植物技术专家、生物技师、油管检查员、工商业规划者、矿藏安全检查员、纺织品检验员、照相机修理者、工程技术员、工具设计者、仪器维修工。

CRI：簿记员、会计、计时员、锻造机操作工、打字员、按键操作工、复印机操作工。

CRS：仓库保管员、档案管理员、缝纫工、收款人。

CRE：标价员、实验室工作者、广告管理员、打字员、电动机装配工、缝纫机操作工。

CIS：记账员、顾客服务员、报刊发行员、土地测量员、保险公司职员、会计师、估价员、邮政检查员、外贸检查员。

CIE：打字员、统计员、支票记录员、订货员、校对员、办公室工作人员。

CIR：校对员、工程职员、海底电报员、检修计划员、发报员。

CES：接待员、通信员、电话接线员、卖票员、旅馆服务员、私人职员、教师、旅游办事员。

CSR：运货代理商、铁路职员、交通检查员、办公室通信员、簿记员、出纳员、银行财务职员。

CSA：秘书、图书管理员、办公室办事员。

CER：邮递员、数据处理员、办公室办事员。

CEI：推销员、经济分析家。

CES：银行会计、记账员、法人秘书、速记员、法院报告人。

ECI：银行行长、审计员、信用管理员、地产管理员、商业管理员。

ECS：信用办事员、保险人员、各类进货人员、海关服务经理、售货员、购买员、会计。

ERI：建筑物管理员、工业工程师、农场管理员、护士长、农业经营管理人员。

ERS：仓库管理员、房屋管理员、货栈监督管理员。

ERC：邮政局局长、渔船船长、机械操作领班、木工领班、瓦工领班、驾驶员领班。

EIR：科学、技术和有关周期出版物的管理员。

EIC：专利代理人、鉴定人、运输服务检查员、安全检查员、废品收购人员。

EIS：警官、侦查员、交通检查员、安全咨询员、合同管理员、商人。

EAS：法官、律师、公证人。

EAR：展览室管理员、舞台管理员、播音员、驯兽员。

ESC：理发师、裁判员、政府行政管理员、财政管理员、工程管理员、职业病防治人员、售货员、商业经理、办公室主任、人事负责人、调度员。

ESR：家具售货员、书店售货员、公共汽车驾驶员、日用品售货员、护士长、自然科学和工程的行政领导。

ESI：博物馆管理员、图书馆管理员、古迹管理员、饮食业经理、地区安全服务管理员、技术服务咨询者、超级市场管理员、零售商店店员、批发商、出租汽车服务站调度员。

ESA：博物馆长、报刊管理员、音乐器材销售员、广告商、售画营业员、导游、（轮船或班机上的）事务长、飞机上的服务员、船员、法官、律师。

ASE：戏剧导演、舞蹈教师、广告撰稿人、报刊专栏作家、记者、演员、英语翻译。

ASI：音乐教师、乐器教师、美术教师、管弦乐指挥、合唱队指挥、歌星、演奏家、哲学家、作家、广告经理、时装模特。

AER：新闻摄影师、电视摄影师、艺术指挥、录音指导、魔术师、木偶戏演员、骑士、跳水员。

AEI：音乐指挥、舞台指导、电影演员。

AES：流行歌手、舞蹈演员、电影导演、广播节目主持人、舞蹈教师、口技表演员、模特。

AIS：画家、剧作家、编辑、评论家、时装艺术大师、新闻摄影师、演员、文学作者。

AIE：花匠、皮衣设计师、工业产品设计师、剪影艺术家、复制雕刻品大师。

AIR：建筑师、画家、摄影师、绘图员、环境美化工、雕刻家、包装设计师、陶器设计师、漫画师。

SEC：社会活动家、退伍军人服务官员、工商会事务代表、教育咨询者、宿舍管理员、旅游管理员、饮食服务管理员。

SER：体育教练、游泳指导。

SEI：大学校长、学院院长、医院行政管理员、历史学家、政治经济学家、职业学校教师、资料员。

SEA：娱乐活动管理员、国外服务办事员、社会服务助理、一般咨询者、宗教教育工作者。

SCE：部长助理、福利机构职员、生产协调人、环境卫生管理人员、戏院经理、餐馆经理、售票员。

SRI：外科医师助理、医院服务员。

SRE：体育教师、职业病治疗者、体育教练、专业运动员、房管员、儿童家庭教师、警察、引座员、传达员、保姆。

SRC：护理员、护理助理、医院勤杂工、理发师、学校儿童服务人员。

SIA：社会学家，心理咨询者，学校心理学家，政治科学家，大学或学院的教育学教师，大学农业教师，大学工程和建筑课程的教师，大学法律教师，大学数学、医学、物理、社会科学和生命科学的教师，研究生助教，成人教育教师。

SIE：营养学家、饮食学家、海关检查员、安全检查员、税务稽查员、校长。

SIC：描图员、兽医助理、诊所助理、体检员、监督缓刑犯的工作者、娱乐指导者、咨询人员、社会科学教师。

SIR：理疗员、救护队工作人员、手足病医生、职业病治疗助手。

资料来源：antmih61.霍兰德职业索引——职业兴趣代码和相应职业对照表［EB/OL］.［2022-05-02］. https：//www.docin.com/p-2742394838.html.

3.性格类型及对应的职业

在选择职业时，应根据自己的性格，选择适合的职业和工作。近年来，一些教育学家和心理学专家将职业性格分为9类，可在选择职业时作为参考：

（1）变化型。此类人在新的和意外的活动或工作环境中感到愉快，喜欢经常变化职务的工作。他们追求多样化的活动，善于转移注意力和工作环境。适合从事的职业有记者、推销员、演员等。

（2）重复型。此类人喜欢连续不停地从事同样的工作，喜欢按照机械的或别人安排好的计划或进度办事，喜欢重复的、有规则的、有标准的职业。适合从事的职业有印刷工、纺织工、机床工、电影放映员等。

（3）服从型。此类人喜欢按别人的指示办事，不愿自己独立做出决策，而喜欢让他人对自己的工作负责。适合从事的职业有办公室职员、秘书、翻译等。

（4）独立型。此类人喜欢计划自己的活动和指导别人的活动，在独立的和负有职责的工作环境中感到愉快，喜欢对将要发生的事情做决定。适合从事的职业有管理人员、律师、警察、侦察员等。

（5）协作型。此类人在与人协同工作时感到愉快，想得到同事们的喜欢。适合从事的职业有社会工作者、咨询人员等。

（6）劝服型。此类人喜欢设法使别人同意他们的观点，这一般通过谈话或写作来达到目的。对于别人的反应有较强的判断力，且善于影响他人的态度、观点和判断。适合从事的职业有辅导人员、行政人员、宣传工作者、作家等。

（7）机智型。此类人在紧张和危险的情境下能很好地执行任务，在危险的状况下能自我控制和镇定自如，能出色地完成任务。适合从事的职业有驾驶员、飞行员、公共安全专家、消防员、救生员等。

（8）好表现型。此类人喜欢能够表现自己的爱好和个性的工作环境。适合从事的职业有演员、诗人、音乐家、画家等。

（9）严谨型。此类人喜欢注重细节，按一套规则和步骤将工作尽可能做得完美，倾向于严格、努力地工作，以便能看到自己付出努力后完成的工作效果。适合从事的职业有会计、出纳员、统计员、校对员、图书档案管理员、打字员等。

（二）霍兰德职业兴趣理论的应用

1.用以了解并组织自己的兴趣

（1）兴趣探索练习

回答下面的问题，并将答案写下来：

① 我的白日梦：请列举3种你现在或曾经非常感兴趣的职业（摒除所有现实的考虑），这些工作的哪些特征吸引你？

② 你喜欢谈论什么话题？试问自己：如果孤立无援的你被放逐到一个荒无人烟的岛上，与你同行的是一个只知道某个专业的人士，那么你希望这个专业是什么？

③ 你最喜欢阅读什么类型的杂志？读哪方面的杂志能让你真正感兴趣？如果你正在书店里浏览，你更倾向于停留在书店的哪类书架前？真正令你着迷的是哪方面的书籍？

④ 你喜欢浏览什么网站或网站的哪个板块？这些网站属于哪个专业？哪些网站真正令你着迷？

⑤ 如果你正在看电视，会选择哪类节目？节目中是什么吸引着你？

⑥ 你真正感兴趣的是哪个科目？为什么喜欢它（们）？

⑦ 如果你要写一部书，不是你的自传也不是别人的传记，你会写哪方面的书籍？

⑧ 我们生活中都有过一些专注于工作而忘记了休息的时刻，如果这种事发生在你身上会是什么工作让你如此全神贯注、废寝忘食？

⑨ 以上问题让你从中看到了哪些你的兴趣共同点？如何培养、发展你的这些兴趣？

（2）兴趣探索练习讨论

3人一组进行分享和讨论兴趣探索的练习：

每人花10分钟时间向另两位同伴讲述自己对该问题的思考和回答。听者要提问，帮助发言人发掘细节和原因，最终目标是帮助小组内的每个人回答最后的问题：“你的答案里面有什么共同点吗？有什么主题或者关键词吗？这些关键词可能和霍兰德职业兴趣理论中的哪些职业类型相对应？”

2.用以探索及理解工作世界

霍兰德认为一种职业环境就是一种职业氛围，这种职业氛围又是由具有类似人格特质的人所创造出来的特定环境，它具有特定的价值观念、态度倾向和行为模式。因此，霍兰德将工作环境也分为6种类型，其名称及性质与兴趣类型的分类一致。

人们都尽量寻找那些能运用自己的技术、体现自己的价值和能扮演令自己愉快的角色的职业，如一个实用型的人会尽力去寻找实用型的职业。一个特定的职业场所的工作氛围可以通过对其工作人员的工作、训练类型或职业偏好进行分类而获得。具体职业通常也采用3个字母代码的方式来描述其工作性质和职业氛围。例如，建筑师这一职业的代码是AIR，意味着该职业的艺术性成分更多一些，研究型其次，而实用型更少，该字母代码同样也可能说明建筑师这一职业较少具有社会型、企业型和事务型的职业氛围。

3.用于兴趣测评

霍兰德的职业兴趣理论自提出以后，就对职业生涯辅导产生了广泛的影响。有许多使用频率很高的测量工具都是依据霍兰德的六角形模型编制而成的，如霍兰德本人编制的“自我探索量表”（Self-Directed Search）、斯特朗兴趣量表（Strong Interest Inventory）、库德兴趣量表（Kuder General Interest Survey）和电脑职业生涯辅助系统“发现”（Discover）等。国内也有一些职业兴趣测评以及抑郁自评量表（Self-Rating Depression Scale）本土化版本等。这些测评工具都可以作为个人自我探索的有效工具。经过测评，通常会得出一组由3个字母组成的霍兰德代码，以及与这一代码相匹配的一些职业。当然，上述兴趣测评的基本假设是：不仅个人的职业兴趣可以通过霍兰德代码来表示，职业环境也可以如此分类，从而寻找两者之间的一种匹配。

小练习

（1）兴趣与职业兴趣的关系是什么？

（2）根据霍兰德职业兴趣理论，寻找你的职业兴趣，根据测试结果寻找与你的兴趣有关的职业类型。

第二节 性格决定命运

小故事

（1）大二的小刚说：“我总是喜欢和朋友一起学习，在教室里我们一群人在一起学习，学习效果非常好。如果周围没有其他人的话，去图书馆学习比我独自一个人坐在寝室里看书要好受一些，因为在图书馆里，我总能够遇到几个我认识的人，休息的时候能够聊一聊。”

（2）琳琳回忆说：“当我上小学的时候，老师叫我回答问题的时候，我总是很兴奋。我拼命地举着胳膊晃来晃去，举累了就用另外一只胳膊撑着它。但是当老师真的叫我回答的时候，我常常说不出来答案。老师会说：‘如果你不知道答案那你为什么举手？’我那个时候真不知道是什么原因，但我现在知道了，我希望老师关注我。”

资料来源：佚名．MBTI实用应用案例集锦［EB/OL］.［2022-04-02］. https：//wenku.baidu.com/view/326d6e05b7daa58da0116c175f0e7cd184251829.html.

一、什么是性格

性格是人对现实的稳定态度和习惯化行为方式的总和，表现为个体独特的心理特征。

性格是在社会生活中逐渐形成的，同时也受个体的生物学因素影响，是一个人在生活中对人、对事、对自己、对外在环境所表现出来的一致性因应方式。

小练习

请同学们拿出一张白纸，在纸上签下自己的名字，请换一只手，再次在纸上签下自己的名字。两次签名有什么不同的感受？请用几个词来形容一下。

这个练习是想告诉大家，每个人天生有自己擅长的一面，也有自己不擅长的一面，它们没有好坏或者对错之分，这就跟本章讲到的性格一样。

二、MBTI性格理论介绍

心理类型理论的首次出现是在1913年。当时正值召开国际精神分析大会。荣格在该次会议上提出个性的两种态度类型：内倾和外倾。1921年他在《心理类型学》一书中进行了详细的阐述，并提出四种功能类型，即理性功能的相互对立的两种类型——思维功能与情感功能，以及非理性功能的相互对立的两种类型——感觉功能和直觉功能。由此，荣格将两种态度类型和4种功能类型组合起来，形成了8种个性类型：外倾思维型、外倾情感型、外倾直觉型、外倾感觉型、内倾思维型、内倾情感型、内倾直觉型、内倾感觉型。

美国心理学家凯思琳·库克·布里格斯和她的女儿伊步尔·布里格斯·迈尔斯进一步拓展了该理论，并编制了迈尔斯-布里格斯类型指标（Myers-Briggs Type Indicator，MBTI），她们在荣格的两种态度类型和4种功能类型的基础上，又增加了判断和知觉两种类型，由此组成了个性的四维八极特征，它们彼此结合就构成了16种个性类型。继而，迈尔斯又在荣格的优势功能和劣势功能、主导功能和辅助功能等概念的基础上，进一步提出功能等级等概念，并有效地为每一种类型确定了其功能等级的次序，又提出了类型的终生发展理论，对心理类型理论做出了新的贡献。

三、性格探索

案例赏析

小伟同学，是一名电子信息工程专业的大三学生。还有一年大学生活的他，即将走向社会谋求第一份工作。从大一到大三，担任班长、职业规划协会会长的他，克服种种难题，较好地兼顾专业学习与班级工作，学习成绩优异，每年都获得学院奖学金。大三假期，小伟把握住广州某知名通信公司的实习机会，在实习期间工作也得到部门经理的认可。小伟想成为电子技术工程师，也想回珠海工作。与此同时，小伟的爸爸建议他去考军校，争取进部队，或者在老家政府部门工作。对于父亲的建议，小伟考虑回老家工作也行，可以照顾父母，但在政府部门工作的话，自己不喜欢公务员的工作。因此，这个问题一直困扰着他，不知该如何选择，如何取舍。有些时候他总在想，自己到底适合做什么？什么才是自己最想要得到的？

资料来源：佚名．MBTI理论在个性化职业生涯规划教育的应用（案例分析）［EB/OL］．［2022-05-02］．https：//wenku.baidu.com/view/7548ade80ba1284ac850ad02de80d4d8d15a019f.html.

无论是用人单位还是择业者本人，都希望在人事选用或职业选择上，达到人与事适当配合以产生最佳绩效的理想效果。除去能力方面的要求，性格在其中同样起着至关重要的作用：如果人的个性喜好与其从事的职业相适应，就会充满喜悦感，而愉快的情绪易激活大脑兴奋中心，提高工作效率。

（一）MBTI测评体系的四个维度

1.个性第一个维度：外向型（extroversion）和内向型（introversion）

个性类型的第一个维度与我们对周围世界的互动有关，解释能量释放到何处，其特点描述见表2-1。

表2-1　个性类型的第一个维度

E外向型的人	I内向型的人
与他人在一起感到振奋	独自一人时感到兴奋
希望能成为注意的焦点	避免成为注意的焦点
先行动，再思考	先思考，再行动
喜欢边想边说出声，易于被了解，愿与人共享	个人信息注重隐私，只与少数人共享信息
说的比听的多	听的比说的多
热情地交流，精神抖擞	不把热情表现出来，显得矜持
反应迅速，喜欢快节奏	思考后再反应，喜欢慢节奏
较之精深更喜欢广博	较之广博更喜欢精深

2.个性第二个维度：感觉型（sensing）和直觉型（intuition）

个性类型的第二个维度与我们平时注意的信息有关，有一些人注重事实，其他人则注重愿望。个性类型的第二个维度的特点见表2-2。

表2-2　个性类型的第二个维度

S感觉型的人	N直觉型的人
相信确定而有形的事物，相信看到、听到的	相信灵感和推理，相信“第六感”（直觉）
喜欢具有实际意义的新主意	喜欢新主意和新概念，只出于自己的意愿
崇尚现实主义与常识	崇尚想象力和新事物
喜欢运用和琢磨已有的技能	喜欢学习新技能，但掌握之后容易厌倦
留心特殊的和具体的事物，关注细节	留心普遍和有象征性的事物，习惯使用隐喻和类比
循序渐进地给出信息	跳跃式地以一种绕圈的方式给出信息
着眼于现在	着眼于将来
只相信可以测量、能够记录下来的	相信字面之外的信息

3.个性第三个维度：思维型（thinking）和情感型（feeling）

个性类型的第三个维度涉及我们做决定和结论的方式，其特点见表2-3。

表2-3　个性类型的第三个维度

T思维型的人	F情感型的人
后退一步、客观分析问题	向前看，关心行动给他人带来的影响
崇尚逻辑、公正和公平，有统一标准	注重情感与和睦，看到规则的例外性
自然地发现缺点，有吹毛求疵的倾向	自然地想让别人快乐，易于理解别人
可能被视为无情、麻木、漠不关心	可能被视为过于感情化、无逻辑、脆弱
认为诚实比机敏更重要	认为诚实与机敏同样重要
认为合乎逻辑的感情才是正确的	认为所有感情都是正确的，无论是否有意义
受获得成就欲望的驱使	受感情与被人理解的驱使
按逻辑做决定	按爱好和感受做决定

4.个性第四个维度：判断型（judgment）和知觉型（perception）

个性类型的第四个维度所关注的是一个人更愿意有条理还是随意地生活，其特点见表2-4。

表2-4　**个性类型的第四个维度**

J判断型的人	P知觉型的人
做完决定后感到快乐	因保留选择的余地而快乐
具有“工作原则”：先工作再玩（有时间的话）	具有“玩的原则”：先玩再工作（有时间的话）
确立目标并按时完成任务	当有新的情况时便改变目标
想知道自己的处境	喜欢适应新环境
着重过程	着重结果
通过完成任务获得满足	通过着手新事务而获得满足
把时间看成有限的资源，认真对待时间	把时间看成无限的资源，认为时间期限是活的
重条理性、计划性	重机动性、自由变通

案例赏析

小李和小王在一家化妆品制造公司工作。一天公司老总急匆匆地召集每个部门的主管一起参加一个紧张的会议，老总在会议上连续地给出了一些数据。这些数据描述出了公司不容乐观的经济状况，他说如果事态没有进展的话。公司将会裁员，同时采取其他的一些缩减政策。

会议在匆忙中结束，部门主管们带着困惑离开了。小李和小王两人一起讨论，看看到底发生了什么了。小李意识到公司在财务上真的遇到了麻烦，因为他理解老总刚才说的那些数字的意义，当小李在备忘录上进一步计算那些数字时，他得出了清楚的结论——公司的情况可能比刚才会议上所呈现的更糟。

虽然小王对数字不敏感，但是他也非常地警觉。当他一走进会议室时就感觉到不对劲儿，他感受到可能会有更多的事情要发生。小王察觉到了他们通常很容易相处的老总刚才很生气，同时也注意到有几个部门主管偷偷地相互做鬼脸。小王对小李说研发部门的老总和副总之间的关系好像非常紧张，虽然会议上什么都没说，但是小王怀疑公司最期待的护肤新产品生产线可能遇到了麻烦，这可能会带给公司致命的打击。几天之后，正如小王和小李所预期的那样，老总宣布了坏消息。

资料来源：佚名．MBTI实用应用案例集锦［EB/OL］．［2022-05-02］．https：//wenku.baidu.com/view/326d6e05b7daa58da0116c175f0e7cd184251829.html.

当人们与外部世界发生关系时，性格会影响人们的行动方式，了解性格有助于更好地了解自己和理解别人。故事中小李属于感觉型的人，注意力集中在“是什么”上，信赖五官听到、看到、闻到、感觉到、尝到的实实在在、有形有据的事实和信息；小王属于直觉型的人，注重“第六感觉”，注重“弦外之音”。

经过以上4个维度的分析，你得到4个比较偏向的特性，这4个特性就代表了你的性格特征和职业偏好。

MBTI的参与者认为它能有效地改变自身的行为，MBTI的分数值与所从事的职业有关。对美、英、日本的管理人员MBTI分数的分析表明，大多数管理人员具有某些共同的个性类型，如ISTJ、INTI、ESTJ或ENTJ等。

（二）MBTI测评性格类型分析

1.ISTJ型：内向+感觉+思维+判断

（1）基本特征。做事沉稳、认真、贯彻始终，得人信赖而取得成功；讲求实际，注重事实，有责任感；能够合情合理地去决定应做的事情，而且坚定不移地把它完成，不会因外界事物而分散精神；以做事有次序、有条理为乐——不论在工作中、家庭中或者生活中；重视传统和忠诚。

具体来说，ISTJ型的人是严肃的、有责任心的和通情达理的社会坚定分子。他们值得信赖，他们重视承诺，对他们来说，言语就是庄严的宣誓。ISTJ型的人工作缜密，讲求实际，很有头脑也很现实。他们具有很强的专注力、条理性和准确性。他们具有坚定不移、深思熟虑的思想，一旦他们着手行动，就很难转变。ISTJ型的人特别安静和勤奋，对于细节有很强的记忆和判断。他们重视和利用符合逻辑、客观的分析，以坚持不懈的态度准时地完成工作，并且总是安排有序，很有条理。他们重视必要的理论体系和传统惯例，对于那些不是如此做事的人则很不耐烦。他们善于聆听并喜欢准确、清晰地陈述事物。ISTJ型的人天生不喜欢显露，即使处于危机之时，也显得很平静。他们总是显得责无旁贷、坚定不变，但是在他们冷静的外表之下，也许有强烈却很少表露的反应。

（2）可能存在的盲点。ISTJ型的人有一个缺点，就是他们常常会迷失在一件工作的细节和日常操作中，一旦沉浸进去，他们就会变得顽固，而且对其他的观点置之不理。收集更广泛的信息，并且理智地思考自己的行为可能带来的后果，可以让ISTJ型的人在所有的领域中更有影响力。ISTJ型的人有时不能明白别人的需求，因此可能被看成是冷酷无情的人，他们应该把对别人的欣赏表达出来，而不是留在心里。

（3）适合的领域与职业。适合的领域：工商业领域、金融银行业、政府机构、技术领域、医务领域。

适合的职业：审计员、后勤经理、信息总监、预算分析员、工程师、计算机程序员、证券经纪人、地质学者、医学研究者、会计、文字处理专业人士等。

2.ESTJ型：外向+感觉+思维+判断

（1）基本特征。讲求实际，注重现实，注重事实；果断，能很快做出实际可行的决定；善于将项目和人组织起来将事情完成，并尽可能以最有效率的方法达到目的；能够注意日常例行、工作的细节；有一套清晰的逻辑标准，系统性地遵循，并希望他人也同样遵循；会以较强硬的态度去执行计划。

ESTJ型的人高效率地工作，自我负责，监督他人工作，合理分配和处置资源，主次分明，井井有条；能制定和遵守规则，多喜欢在制度健全、等级分明、比较稳定的企业工作；倾向于选择较为务实的业务，以有形产品为主；喜欢工作中带有和人接触、交流的成分，但不以态度取胜；不特别强调工作的行业或兴趣，多以职业角度看待每一份工作。ESTJ 型的人很善于完成任务；他们喜欢操纵局势和促使事情发生；他们具有责任感，信守自己的承诺。他们喜欢条理性并且能记住和组织安排许多细节。他们及时和尽可能高效率地、系统地达到目标。ESTJ 型的人被迫做决定，他们常以自己过去的经历为基础得出结论。他们很客观，有条理性和分析能力，以及很强的推理能力。ESTJ 型的人又很现实、有头脑、讲求实际。他们更感兴趣的是“真实的事物”，他们往往很传统，有兴趣维护现存的制度。虽然对于他们来说，感情生活和社会活动并不像生活的其他方面那样重要，但是对于亲情关系，他们却固守不变。他们不但能很轻松地判断别人，而且还是条理分明的纪律执行者。ESTJ 型的人直爽坦率，友善合群。他们通常会很容易地了解事物，这是因为他们相信“你看到的便是你得到的”。

（2）可能存在的盲点。ESTJ 型的人很冷淡，而且看起来对什么都漠不关心，因此他们通常需要对自己的感情以及别人的反应和情感更加留心和尊重。他们天生是喜欢批判的人，很少对别人的才能和努力给予赞同和表扬。ESTJ 型的人经常在还没有集齐所有必要的信息，或还没有花足够的时间了解情况的时候就跳到结果上。他们需要学会有意识地推迟做决定的时间，直到他们考虑过所有的信息，特别是他们可能会忽视的其他选择。ESTJ 型的人如果放弃一些他们追求的控制权，并且懂得生活中有一些灰色的区域，那么，他们一定会更好地适应社会并获得成功。

（3）适合的领域与职业。适合的领域：无明显领域特征。

适合的职业：银行官员、项目经理、数据库经理、信息总监、后勤与供应经理、业务运作经理、证券经纪人、电脑分析人员、保险代理、普通承包商、工厂主管等。

3.ISFJ 型：内向+感觉+情感+判断

（1）基本特征。沉静，友善，有责任感，谨慎；能坚定不移地承担责任；做事贯彻始终、不辞劳苦、准确无误；忠诚，替人着想，细心；能够记住他所重视的人的种种微小事情，关心别人的感受；努力创造一个有秩序、和谐的工作和家居环境。

ISFJ 型的人忠诚，有奉献精神和同情心，理解别人的感受。他们意志坚定而有责任心，乐于助人。ISFJ 型的人十分务实，他们喜欢平和谦逊的人。他们喜欢利用大量的事实情况，对于细节则有很强的记忆力。他们耐心地对待任务的整个阶段，希望事情能够清晰明确。ISFJ 型的人具有强烈的职业道德，所以他们如果知道自己的行为真正有用时，会对需要完成之事承担责任。他们具有传统的价值观，十分保守。他们利用符合实际的判断标准做决定，通过出色地注重实际的态度增加稳定性。ISFJ 型的人平和谦虚、勤奋严肃。他们温和、圆通，支持朋友和同伴。他们乐于协助别人，喜欢实际可行地帮助他人。他们与人交往时充满热情，在困难中与他人和睦相处。ISFJ型的人不喜欢表达个人情感，但实际他们对于大多数的情况和事件都具有强烈的心理反应。他们关心、保护朋友，愿意为朋友献身，他们有为他人服务的意识，愿意承担他们的责任和义务。

（2）可能存在的盲点。ISFJ型的人生活得过于现实，他们很难全面地观察问题，也很难预见情况的可能性，尤其是他们不熟悉的情况。他们做每一件事都会小心翼翼地从头做到尾，这使他们很容易劳累过度。他们需要将心中埋藏许久的愤怒发泄出来，这样才能摆脱这种不利的地位。他们也需要让别人知道他们的需求和理想。他们总是过度地计划，因此他们需要制定一些策略来调整自己专注的焦点。他们需要找到途径来给自己安排必要的娱乐和放松。

（3）适合的领域与职业。适合的领域：领域特征不明显，较相关的如医护领域、消费类商业、服务业领域。

适合的职业：人事管理人员、电脑操作员、顾客服务代表、信贷顾问、零售业主、房地产代理或经纪人、艺术人员、室内装潢师、商品规划师、语言病理学者等。

4.ESFJ型：外向+感觉+情感+判断

（1）基本特征。有爱心，有责任心，善于合作；希望周边的环境温馨而和谐，并为此果断地营造这样的环境；喜欢和他人一起精确并及时地完成任务；忠诚，即使在细微的事情上也如此；能体察到他人在日常生活中的所需，并竭尽全力帮助；希望自己和自己的所为能受到他人的认可和赏识。

ESFJ型的人通过直接的行动和合作积极地以真实、实际的方法帮助别人，他们友好、富有同情心和责任感。ESFJ型的人把他们和别人的关系放在十分重要的位置，所以他们往往具有和睦的人际关系，并且通过很大的努力以获得和维持这种关系。事实上，他们常常理想化自己欣赏的人或物。ESFJ型的人往往对自己以及自己的成绩十分欣赏，因而他们对于批评或者别人的漠视很敏感。通常他们很果断，喜欢表达自己坚定的主张，乐于事情能很快得到解决。ESFJ型的人很现实，他们讲求实际、实事求是和安排有序。他们参与并能记住重要的事情和细节，乐于帮助别人，也能对自己的事情很确信。ESFJ型的人十分小心谨慎，也非常传统，因而他们能恪守自己的责任与承诺。他们支持现存制度，往往是委员会或组织机构中积极主动和乐于合作的成员，他们重视并能保持很好的社交关系。他们不辞劳苦地帮助他人，无论遇到困难或取得成功，他们都很积极活跃。

（2）可能存在的盲点。在紧张而痛苦的时候，他们会对现实情况熟视无睹，他们需要学会直接而诚实地处理矛盾冲突。ESFJ型的人总是由于想取悦或帮助他人而忽视自己的需求，当他们不能找到改变自己生活的途径的时候，就可能变得消极和郁闷。他们不愿意寻找解决问题的新方法，表现得不知变通。因此，延迟判断的时间，并对处理问题的新途径持开放态度，可以使他们获得更丰富的指示并帮助他们更好地做出决定。

（3）适合的领域与职业。适合的领域：领域特征不明显。

适合的职业：公关经理、个人银行业务员、销售代表、人力资源顾问、零售业主、房地产经纪人、营销经理、电信营销员、接待员、信贷顾问、簿记员等。

5.ISFP型：内向+感觉+情感+知觉

（1）基本特征。沉静、友善、敏感和仁慈；欣赏目前和他们周遭所发生的事情；喜欢有自己的空间，做事能把握自己的时间；忠于自己的价值观，忠于自己所重视的人；不喜欢争论和冲突，不会强迫别人接受自己的意见或价值观。

ISFP型的人平和、敏感，他们保持着许多强烈的个人理想和自己的价值观念，他们更多的是通过行为而不是言辞表达自己深沉的情感。ISFP型的人谦虚而缄默，实际上他们是友爱和热情之人，因为ISFP型的人不喜欢直接地表达，所以常被误解。ISFP型的人有耐心、灵活，很容易与他人相处，很少支配或控制别人。他们很客观，以一种相当实事求是的方式接受他人的行为。他们善于观察周围的人和物，却不寻求发现动机和含义。ISFP型的人完全生活在现在，所以他们的准备或计划往往不会多于必需，他们是很好的短期计划制订者。因为他们喜欢享受目前的经历，而不继续向下一个目标前进，所以他们对完成工作感到很放松。ISFP型的人对于从经历中直接了解和感受的东西很感兴趣，常富有艺术天赋和审美感，力求为自己创造一个美丽而隐蔽的环境。ISFP型的人没有野心想要成为领导者，他们经常是忠诚的追随者和团体成员。他们需要最基本的信任和理解，在生活中需要和睦的人际关系，对于冲突和分歧很敏感。

（2）可能存在的盲点。ISFP型的人天生高度敏感，这使他们可以很清楚地看到他人的需要，并且他们有时会为了满足这些需要而拼命工作以至于在此过程中忽视了自己。他们需要花些时间来像关心别人一样关心自己。ISFP型的人必须努力控制自己的冲动，并偶尔享受一下安静的生活。他们对别人的批评相当敏感，而且会因受到批评而生气或气馁。

（3）适合的领域与职业。适合的领域：手工艺/艺术领域、医护领域、商业、服务业等。

适合的职业：客户销售代表、行政人员、商品规划师、测量师、海洋生物学者、厨师、室内/风景设计师、旅游销售经理等。

6.ESFP型：外向+感觉+情感+知觉

（1）基本特征。外向、友善、包容；热爱生活，重视物质上的享受；喜欢与别人共事；在工作上，讲究常识和实用性，注意现实的情况，使工作富有趣味性；富有灵活性、即兴性，自然不做作，易接受新朋友和适应新环境；与别人一起学习新技能可以达到最佳的学习效果。

ESFP的人乐意与人相处，有一种真正的生活热情。他们顽皮活泼，通过真诚和玩笑使别人感到事情更加有趣。ESFP型的人脾气随和、适应性强，热情友好和慷慨大方。他们擅长交际，常是别人的“注意中心”。他们热情而乐于参加各种活动和节目，而且通常立刻能应对几种活动。ESFP型的人是现实的观察者，他们按照事物的本身去对待并接受它们。他们往往信任自己能够听到、闻到、触摸和看到的事物，而不是依赖于理论上的解释。因为他们喜欢具体的事实，对于细节有很好的记忆力，所以他们能从亲身的经历中学到最好的东西。他们喜欢收集信息，从中观察可能的解决方法。ESFP型的人对于自我和他人都能容忍和接受，往往不会试图把自己的愿望强加于他人。ESFP型的人通融、有同情心，通常许多人都真心地喜欢他们。他们能够让别人采纳他们的建议，所以他们很善于帮助冲突的各方重归于好。他们寻求他人的陪伴，是很好的交谈者。他们乐于帮助别人，偏好以真实有形的方式给予协助。ESFP型的人天真率直，很有魅力和说服力。他们喜欢意料不到的事情，喜欢寻找给他人带来愉快和意外惊喜的方法。

（2）可能存在的盲点。ESFP型的人把体验和享受生活放在第一位，这常常使他们不是特别尽职尽责。他们喜欢交际的特点可能会令他们多管闲事并使自己陷入麻烦之中。ESFP型的人易受干扰而分心，以至于不能完成工作的毛病使他们变得懒惰。ESFP型的人应该对将来有所预料，并做两手准备，一旦结果不尽如人意，也不至于损失太大。ESFP型的人经常在做决定时不考虑后果，而习惯相信自己的感觉，排斥更客观的事实。因此，他们需要后退一步，考虑一下事情的起因和结果，并努力让自己在工作中变得坚强。

（3）适合的领域与职业。适合的领域：消费类行业、服务业、广告业、娱乐业、旅游业、社区服务等。

适合的职业：劳工关系调解人、零售经理、商品规划师、团队培训人员、旅游项目经营者、表演人员、特别事件协调人、社会工作者、旅游销售经理、融资者、保险代理/经纪人等。

7.ISTP型：内向+感觉+思维+知觉

（1）基本特征。容忍、有弹性，是冷静的观察者，但当有问题出现时，便迅速行动，找出可行的解决方法；能够分析哪些东西可以使事情顺利进行，又能够从大量资料中找出实际问题的重心；很重视事件的前因后果，能够以理性的原则把事实组织起来，重视效率。

ISTP型的人坦率、诚实，讲求实效，他们喜欢行动而非漫谈。他们很谦逊，对于完成工作的方法有很好的理解力。ISTP型的人擅长分析，所以他们对客观含蓄的原则很有兴趣。他们对于技巧性的事务有天生的理解力，通常精于使用工具和进行手工劳动。他们善于做出有条理而保密的决定。ISTP型的人好奇心强，而且善于观察，他们重视事实，是现实主义者，所以能够很好地利用可获得的资源，同时他们善于把握时机，这使他们变得很讲求实效。ISTP型的人平和而寡言，往往显得冷酷而清高，而且容易害羞，除了与好朋友在一起时。他们平等、公正，往往受冲动的驱使，对于即刻的挑战和问题具有较强的适应性和较迅速的反应能力。因为他们喜欢行动和令他们兴奋的事情，所以他们乐于户外活动和运动。

（2）可能存在的盲点。总是独自做出判断，这使周围的人对ISTP型的人一无所知。这类人不喜欢与别人分享自己的反应、情感和担忧。过度向往空闲时间使他们有时会偷工减料。对刺激的追求也使他们变得鲁莽、轻率，而且容易厌烦。

（3）适合的领域与职业。适合的领域：证券业、金融业、贸易、商业领域、户外运动、艺术等。

适合的职业：证券分析员、银行职员、管理顾问、电子专业人士、技术培训人员、信息服务开发人员、软件开发商、海洋生物学者、后勤与供应经理、经济学者等。

8.ESTP型：外向+感觉+思维+知觉

（1）基本特征。灵活、忍耐力强、实际、注重结果；觉得理论和抽象的解释非常无趣；喜欢积极地采取行动解决问题；注重当前，自然不做作，享受和他人在一起的时刻；喜欢物质享受和时尚；学习新事物最有效的方式是通过亲身感受和练习。

ESTP型的人不会焦虑，因为他们是快乐的。ESTP型的人活跃、随遇而安、天真率直。他们乐于享受现在的一切而不是为将来计划什么。ESTP型的人很现实，他们信任和依赖于自己对这个世界的感受，他们是好奇而热心的观察者。他们思维开阔，能够容忍自我和他人。ESTP型的人喜欢处理、分解与恢复事物的原状。ESTP型的人喜欢行动而不是漫谈，当问题出现时，他们乐于去处理。他们是优秀的解决问题的人，会成为适宜外交谈判的人。他们乐于尝试非传统的方法，而且常能够说服别人给他们一个妥协的机会。他们能够理解晦涩的原则，在符合逻辑的基础上，而不是基于他们对事物的感受之上做出决定。因此，他们讲求实效，在必要时非常强硬。在大多数的社交场合中，ESTP型的人很友善，富有魅力、轻松自如而受人欢迎。他们总是爽直、多才多艺和有趣，善于通过缓和气氛以及使冲突的双方相互协调，从而化解紧张的局势。

（2）可能存在的盲点。ESTP型的人常一次着手很多事，他们需要把眼光放得远一点儿。ESTP型的人在力求诚实时往往会忽视他人的情感，变得迟钝，他们还需要掌握时间观念和长远规划的技巧，以帮助他们准备并完成自己的任务。

（3）适合的领域与职业。适合的领域：贸易、商业、服务业、金融证券业、娱乐、体育、艺术等。

适合的职业：企业家、业务运作顾问、个人理财专家、证券经纪人、银行职员、预算分析者、技术培训人员、综合网络专业人士、旅游代理、促销商、手工艺人、新闻记者、土木/工业/机械工程师等。

9.INFJ型：内向+直觉+情感+判断

（1）基本特征。寻求思想、关系、物质等之间的意义和联系；希望了解什么能够激励人，对人有很强的洞察力；有责任心，坚持自己的价值观；对于怎样更好地服务大众有清晰的远景；在目标的实现过程中有计划而且果断坚定。

INFJ型的人生活在思想的世界里，他们是独立的、有独创性的思想家，具有强烈的感情、坚定的原则和正直的人性。INFJ型的人具有本能的洞察力，能够看到事物更深层的含义。即使他人无法分享他们的热情，但灵感对于他们依然重要而且令人信服。INFJ型的人忠诚、坚定，富有理想。他们正直，十分坚定，甚至达到倔强的地步。凭借他们的说服能力，以及对于什么对公共利益最有利的清楚看法，INFJ型的人会成为伟大的领导者。由于他们的贡献，他们通常会受到尊重或敬佩。因为珍视友谊与和睦氛围，INFJ型的人喜欢说服别人，使之相信他们的观点是正确的。通过运用嘉许和赞扬，而不是争吵和威胁，他们赢得了他人的合作。他们愿意毫无保留地激励同伴，避免争吵。通常INFJ型的人是深思熟虑的决策者，他们觉得问题使人兴奋，在行动之前他们通常要仔细地考虑。他们喜欢每次全神贯注于一件事情，这会造成一段时间的专心致志。INFJ型的人满怀热情与同情心，强烈地渴望为他人的幸福做贡献。他们注意其他人的情感和利益，能够很好地处理复杂的事。INFJ型的人本身具有深厚复杂的性格，既敏感又热情。他们内向，很难被人了解，但是愿意同自己信任的人分享内在的自我。他们往往有一个交往深厚、持久的小规模的朋友圈，在合适的氛围中能充分地发挥个人热情和激情。

（2）可能存在的盲点。因为太专注于“想法”，INFJ型的人有时会显得不切实际，而且会忽视一些细节。抵制与他们的意见相冲突的想法，因为对他们来说，自己的地位是不容置疑的。INFJ型的人有顽固的倾向，对任何批评都会过度敏感，当矛盾升级时，他们会感到失望和绝望。总之，他们要客观地认识自己和自己的人际关系。

（3）适合的领域与职业。适合的领域：咨询、教育、科研等领域。

适合的职业：人力资源经理、事业发展顾问、营销人员、企业组织发展顾问、职业分析人员、企业培训人员、媒体特约规划师、编辑、艺术指导、口译人员、社会科学工作者。

10.ENFJ型：外向+直觉+情感+判断

（1）基本特征。温情，有同情心，反应敏捷，有责任感；非常关注别人的情绪、需要和动机；善于发现他人的潜能，并希望能帮助他们实现；能够成为个人或群体成长和进步的催化剂；忠诚，对赞美和批评都能做出积极的回应；友善，好社交；在团体中能很好地帮助他人，并有鼓舞他人的领导能力。

ENFJ型的人热爱人类，他们很自然地关心别人，以热情的态度对待生命，感受与个人相关的所有事物。由于他们很理想化，按照自己的价值观生活，因此ENFJ型的人对于他们所尊重和敬佩的人、事业和机构非常忠诚。他们精力充沛、满腔热情、富有责任感、勤勤恳恳、锲而不舍。ENFJ型的人具有自我批评的自然倾向。他们敏锐地意识到什么是（或不是）合适的行为。他们彬彬有礼、富有魅力、讨人喜欢、深谙社会。ENFJ型的人具有平和的性格与忍耐力，他们长于外交，擅长在自己的周围激发幽默感。他们是天然的领导者，受人欢迎而有魅力。他们常得益于自己口头表达的天分，愿意成为出色的传播工作者。ENFJ型的人在自己对情况感受的基础上做决定，而不是基于事实本身。ENFJ型的人天生具有条理性，他们喜欢一种有安排的世界。即使其他人正在做决定，他们还是喜欢把问题解决了。ENFJ型的人富有同情心和理解力，愿意培养和支持他人。他们能很好地理解别人，有责任感和关心他人。由于他们是理想主义者，因此通常能看到别人身上的优点。

（2）可能存在的盲点。ENFJ型的人过于认真，容易动感情，ENFJ的人需要学会容忍自己和自己所关心的人，学会挑选战场并保持现实的期望。由于对和睦氛围的强烈要求，他们会忽视自己的需求和忽略实际的问题，有时会保持一种不够诚实和公平的关系。而对别人的情感过于关心又让他们无视那些可能带来批评和伤感情的重要事实。因为他们热情很高，又急于迎接新的挑战，所以有时会做出错误的假设或草率的决定。ENFJ型的人很爱接受赞扬，但对于批评的承受力很脆弱，对无害和好意的批评都很难接受，对此的反应通常是慌乱、伤心或愤怒，甚至完全丧失理性。他们相信理想的人际关系，对与自己的信念相抵触的事实视而不见。

（3）适合的领域与职业。适合的领域：培训、咨询、教育、新闻传播、公共关系、艺术。

适合的职业：人力资源开发培训人员、销售经理、小企业经理、程序设计员、生态旅游业专家、广告客户经理、公关专业人士、协调人、作家、记者、非营利机构总裁等。

11.INTJ型：内向+直觉+思维+判断

（1）基本特征。在实现自己的想法和达成自己的目标时有创新的想法和非凡的动力；能很快洞察到外界事物间的规律并形成长期的远景计划；一旦决定做一件事就会开始规划并直到完成；多疑、独立，对于自己和他人能力和表现的要求都非常高。

INTJ型的人是完美主义者，他们强烈地要求个人自由，同时在他们独创的思想中不可动摇的信仰促使他们达到目标。INTJ型的人思维严谨、有逻辑性、足智多谋，他们能够预见新计划实行后的结果。他们对自己和别人都很苛刻，往往同样强硬地逼迫别人和自己。他们并不十分受冷漠与批评的干扰，作为所有性格类型中最独立的，INTJ型的人更喜欢以自己的方式行事。面对相反意见，他们通常持怀疑态度，十分坚定和坚决。INTJ型的人是天生的谋略家，具有独立的思想、伟大的远见和梦想。他们天生精于理论，对于复杂而综合的概念运转灵活。他们是优秀的战略思想家，通常能清楚地看到任何局势的利处和缺陷。对于感兴趣的问题，他们是出色的、具有远见和见解的组织者。

（2）可能存在的盲点。由于有时给自己定了不切实际的高标准，INTJ型的人可能对自己和他人期望过多。他们只注重自己。他们常不希望别人对抗自己的意愿，也不愿听取别人的观点，他们需要学习对别人所谓的“不合逻辑”的想法加以了解，并且接受那些合理有效的。INTJ型的人要想工作变得更加有效率，就得学会放弃一些不重要的信息，而成功地抓住那些重要的。当他们努力地去接受生活并学会与他人相处后，INTJ型的人会获得更多平衡和能力，并让自己的新观念为世界所接受。

（3）适合的领域与职业。适合的领域：科研、科技应用、技术咨询、管理咨询、金融、投资领域、创造性行业等。

适合的职业：管理顾问、经济学者、银行职员、金融规划师、运作研究分析人员、信息系统开发商、综合网络专业人员等。

12.ENTJ型：外向+直觉+思维+判断

（1）基本特征。坦诚、果断，有天生的领导能力；能很快看到公司/组织程序和政策中的不合理性和低效能性，实施有效和全面的方法来解决问题；善于做长期的计划和目标的设定；通常见多识广、博览群书，喜欢拓宽自己的知识面并将此分享给他人；在陈述自己的想法时非常强而有力。

ENTJ型的人是伟大的领导者和决策人，他们能轻易地看出事物具有的可能性，很高兴指导别人，使别人的想象成为现实。他们是头脑灵活的思想家和伟大的长远规划者。ENTJ型的人很有条理和分析能力，所以他们通常对要求推理和才智的任何事情都很擅长。为了在工作中称职，他们通常会很自然地看出所处情况中可能存在的问题，并且立刻知道如何改进。他们力求精通整个体系，而不是简单地接受而已。ENTJ型的人把事实看得高于一切，只有通过逻辑的推理才会确信。ENTJ型的人渴望不断增加自己的知识基础，他们系统地计划和研究新情况。他们乐于钻研复杂的理论性问题，力求精通任何他们认为有趣的事物。他们对于行为的未来结果更感兴趣，而不是事物现存的状况。ENTJ型的人是热心而真诚的领导者，他们往往能够控制所处的任何环境。因为他们具有预见能力，并且善于向别人传播他们的观点，所以他们是出色的群众组织者。他们往往按照一套相当严格的规律生活，并且希望别人也是如此。

（2）可能存在的盲点。ENTJ型的人有时会急于做决定，偶尔放慢脚步可以给他们时间收集所有相关的数据，并可以将实际情况与自身立场仔细地考虑清楚。但ENTJ型的人比较粗心直率，无耐心并且不敏感，不妥协并且很难接近，所以他们需要倾听周围人的心声，并对别人的贡献表示赞赏。当他们的感情被忽视或没有表达出来的时候，他们是非常敏感的。如果他们留给自己一点儿时间来体会和了解自己的真实感情，他们会非常开心，效果也很好。正确地释放自己的情感而不是爆发，会使他们更好地控制自己，并获得自己期望和为之努力的地位。ENTJ型的人实际上并没有自己想象得那么有经验、有能力，只有接受他人实际而有价值的协助，他们才能增长能力并获得成功。

（3）适合的领域与职业。适合的领域：工商业、政界、金融、投资、管理咨询、培训等。

适合的职业：人事/销售/营销经理、技术培训人员、后勤/电脑信息服务和组织重建顾问、国际销售经理、特许经营业主、程序设计员、环保工程师等。

13.INFP型：内向+直觉+情感+知觉

（1）基本特征。理想主义者，忠于自己的价值观及自己所重视的人；外在的生活与内在的价值观相匹配；有好奇心，很快看到事情的可行与否，能够加速对理念的实践；试图了解别人、协助别人发展潜能；适应力强，有弹性，如果与他们的价值观没有抵触，往往能包容他人。

INFP型的人视内在的和谐高于一切，他们敏感、理想化、忠诚，对于个人价值具有一种强烈的荣誉感。他们个人信仰坚定，有为自认为有价值的事业献身的精神。他们思维开阔、有好奇心和洞察力，常常具有出色的长远眼光。在日常事务中，他们通常灵活多变，具有忍耐力和适应性，但是他们非常坚定地忠于内心。INFP型的人具有许多使他们忙碌的理想，他们十分坚定地完成自己所选择的事情，他们往往承担得太多，但不管怎样总要完成每件事。虽然对外部世界他们显得冷淡缄默，但INFP型的人很关心内在。他们富有同情心、理解力，对于别人的情感很敏感。他们总是避免冲突，没有兴趣强迫或支配别人。INFP型的人常喜欢通过书写而不是口述来表达自己的感情。INFP型的人很少显露强烈的感情，常显得沉默而冷静。一旦他们与你熟识了，就会变得热情友好，他们珍视那些花费时间去思考目标与价值的人。

（2）可能存在的盲点。因为INFP型的人不太在意逻辑，所以有时他们会犯错误。如果他们能够听取更实际的建议，对他们是很有好处的。他们总是用不切实际的高标准来要求自己，这会导致他们感到自己是不胜任的。试着更客观地看待自己，可以增加INFP型的人对批评和失望的承受力。

（3）适合的领域与职业。适合的领域：创造性、艺术类教育、研究、咨询等领域。

适合的职业：人力资源开发专业人员、社会科学工作者、团队建设顾问、编辑、艺术指导、记者、口译人员、娱乐业人士、建筑师、研究工作者、顾问、心理学专家等。

14.ENFP型：外向+直觉+情感+知觉

（1）基本特征。热情洋溢、富有想象力，认为生活充满很多可能性；能很快地将事情和信息联系起来，然后很自信地根据自己的判断解决问题；很需要别人的肯定，又乐于欣赏和支持别人；灵活、自然、不做作，有很强的即兴发挥的能力，语言流畅。

ENFP型的人充满热情和新思想，他们乐观、自然、富有创造性和自信，具有独创性的思想和对可能性的强烈感受。对于ENFP型的人来说，生活是激动人心的戏剧。ENFP型的人对可能性很感兴趣，所以他们了解所有事物中的深远意义。他们具有洞察力，是热情的观察者，注意常规以外的任何事物。ENFP型的人对事物好奇，喜欢理解而不是判断。ENFP型的人具有想象力、适应性和可变性，他们视灵感高于一切，常常是足智多谋的发明人。ENFP型的人不墨守成规，善于发现做事情的新方法，为思想或行为开辟新道路，并保持它们的开放性。他们也从周围人中得到能量，把自己的才能与别人的力量成功地结合在一起。ENFP型的人具有魅力、充满生机。他们待人热情、彬彬有礼、富有同情心，愿意帮助别人解决问题。他们具有出色的洞察力和观察力，常常关心他人的发展。ENFP型的人避免冲突，喜欢和睦，他们把更多的精力倾注于维持个人关系而不是客观事物，喜欢保持一种广泛的关系。

（2）可能存在的盲点。因为觉得想出新主意是很容易的，ENFP型的人经常无法在一段时间里专注于一件事，而且他们也不善于作决定。他们往往会因为失去兴趣而缺少一种完成任务的自制力。ENFP型的人应该学会尽可能地努力去完成那些沉闷却必须完成的事情，有良好的时间观念和自我控制能力。

（3）适合的领域与职业。适合的领域：没有明显的限定领域。

适合的职业：人力资源经理、变革管理顾问、营销经理、企业/团队培训人员、广告客户经理、战略规划人员、宣传人员、事业发展顾问、环保律师、研究助理、广告撰稿员、播音员、开发总裁等。

15.INTP型：内向+直觉+思维+知觉

（1）基本特征。对任何感兴趣的事物，都要探索一个合理的解释；喜欢理论和抽象的事情，喜欢理念思维多于社交活动；沉静、满足，有弹性，适应力强；在他们感兴趣的范畴内，有非凡的能力去专注而深入地解决问题；有怀疑精神，有时喜欢批判，常常善于分析。

INTP型的人是理性的解决问题者。他们有才智和条理性，以及创造才华。INTP型的人外表平静、缄默、超然，内心却专心致志于分析问题。他们苛求精细、惯于怀疑，他们努力寻找和利用原则以理解许多想法，喜欢有条理和有目的的交谈。INTP型的人是足智多谋、有独立见解的思考者。他们重视才智，对于个人能力有强烈的欲望，有能力也很感兴趣向他人挑战。INTP型的人最主要的兴趣在于理解明显的事物之外的可能性，他们乐于为了改进事物的目前状况或解决难题而进行思考。他们的思考方式极端复杂，而且他们能很好地组织概念和想法。INTP型的人十分独立，喜欢冒险和富有想象力的活动。他们灵活易变、思维开阔，他们更感兴趣的是发现有创见而且合理的解决方法，而不是仅仅看到成为事实的解决方式。

（2）可能存在的盲点。由于INTP型的人注重逻辑分析，他们可能不会考虑别人怎么样。如果某件事不合逻辑，INTP型的人很可能放弃它，就算它对他们很重要。INTP型的人极其善于发现想法中的缺陷，却很难把它们表达出来。他们可能对常规的细节没有耐心，把能量释放出来可以使他们获得大量的实际知识，以便使自己的想法得以实施，并被他人接受。他们还喜欢操纵局势和促进事情发生。他们有责任感，尽职而且有自我约束力。

（3）适合的领域与职业。适合的领域：计算机技术理论研究、学术、专业、创造性领域等。

适合的职业：电脑软件设计师、系统分析人员、研究开发人员、战略规划师、金融规划师、信息服务开发商、变革管理顾问、企业金融律师等。

16.ENTP型：外向+直觉+思维+知觉

（1）基本特征。反应快、睿智，有激励别人的能力，警觉性强、直言不讳；在解决新的、具有挑战性的问题时机智而有策略；善于找出理论上的可能性，然后再用战略的眼光分析；善于理解别人；不喜欢例行公事，很少会用相同的方法做相同的事情，倾向于一个接一个地发展新的爱好。

ENTP型的人喜欢兴奋与挑战。他们热情开放、足智多谋、健谈而聪明，擅长许多事情，不断追求增加能力和个人权力。ENTP型的人天生富有想象力，他们深深地喜欢新思想，留心一切可能性。他们有很强的首创精神，善于运用创造冲动。ENTP型的人视灵感高于一切，力求使他们的新颖想法转变为现实。他们好奇、多才多艺、适应性强，在解决挑战性和理论性问题时善于随机应变。ENTP型的人灵活而率直，能够轻易地看出任何情况中的缺点，乐于出于兴趣争论问题的某方面。他们有极好的分析能力，是出色的策略谋划者。他们几乎一直能够为自己支持的事情找出符合逻辑的推理。大多数ENTP型的人喜欢审视周围的环境，乐于帮助别人做那些超出可被接受和被期望的事情。他们喜欢自在的生活，在每天的生活中寻找快乐和变化。ENTP型的人富有想象力地处理社会关系，常常有许多朋友。他们表现得很乐观，具有幽默感。ENTP型的人吸引和鼓励同伴，通过他们富有感染力的热情，鼓舞别人加入他们的行动中。他们喜欢努力理解和回应他人，而不是判断他人。

（2）可能存在的盲点。由于ENTP型的人注重创造力和革新胜过一切，他们的热情促使他们寻找新鲜事物，以至于会忽视必要的准备。他们有时会太过直率而不够圆滑，因此，他们应该经常体会一下自己的真实情感。

（3）适合的领域与职业。适合的领域：投资顾问、项目策划、投资银行、自我创业、市场营销、创造性领域、公共关系、政治等。

适合的职业：人事系统开发人员、投资经纪人、工业设计经理、后勤顾问、金融规划师、投资银行职员、营销策划人员、广告创意指导、国际营销商等。

（三）深度理解性格测评的价值

性格类型没有对错，每一种性格类型都能带来独特的优点。哪一种性格类型最符合你，是由你自己来进行最后的判断。你的性格结果是根据你在回答问题时的选择来显示你最可能属于哪一种性格类型的，但是，只有你自己才知道自己真正的性格类型。你可以用性格类型去理解和原谅自己，但不能以它作为你做或不做任何事情的借口。不要让性格类型左右你考虑选择任何事业、活动或人际关系。要留意自己对类型的偏见，借此避免负面地把自己或别人定型。

尽管某些职业可能吸引大量的某些类型的人，但是没有证据表明16种类型中的任何一种不能从事或不适合任何一种工作。因此，上述性格类型不能作为人员甄选的标准，需要参照其他测验的结果来做最终的决定。

案例赏析

一位女生在校时，是全班有名的“东方女性代表”：深沉、文静、少言寡语。毕业后，在一次同学聚会时，同学们惊诧不已，差点儿不敢认她，昔日的“小家碧玉”变成了“王熙凤”，显得精明、干练、泼辣、能言善辩。她从事营销工作，对外商业应酬磨炼了她，使她逐渐改变了原有的性格，适应了职业的需要。

资料来源：佚名．职业性格及其调适［EB/OL］．［2022-04-02］．https：//www.renrendoc.com/paper/211604862.html.

在现实生活中，有一种情况使人的性格正好与职业性格相适应，这当然很好，但往往又有另一种情况，就像案例中这位同学一样，刚走上工作岗位时，性格与职业性格并不适应，但经过有意识地、有目的地调适自己的职业性格，逐渐促使原有不适应职业要求的性格得到改变或调适，最终适应了职业，从而实现了“人选职业”与“职业选人”的完美结合。

深度阅读

个性新说

当一个内向的人试图变得外向的时候，他可能失去了自我内心的安宁，也失去了命运的眷顾！

经验上，人们判断一个人的内向性格或者外向性格是从行为与情绪类型来判断的。这个判断不大可靠，因为人的行为是可以通过后天的学习与强化得到的，人的情绪也可以因为经验和年龄变得和谐。在心理学含义上，内向、外向主要指人的精神指向，比较关注内心的是偏内向，比较关注外部世界的是偏外向。关注内心的人着力发展自我感，首要面对的是如何喜欢自己；关注外在的人着力发展能力，首要面对的是被人喜欢与被环境认同。两种力量对每个人都是必不可少的。

经常遇到内向的人为自己的个性烦恼，其实这样的人应该感谢上帝让他获得如此重要的个性倾向。仔细想，没有内在肯定和自我认同感的人，不可能有持续的力量去发展朝外的进取与奋斗，一个只关注外界从不自省内心的人也不可能获得成功。我们的文化对个性的描述一直存在着一种无意识的割裂，以为这两种个性是恰好相反的，两者只能选择其一，其实这可能是荒诞的偏见。内向的力量是树根和树干，外向的力量是枝叶、花蕾与果实。这两种心理力量恰好是并存相依的。

文化习惯把外向的人想象为乐观、开朗、热情、自信、进取，把内向者联想为保守、压抑、退缩、不安、胆怯、不合群，很多人都会说外向是受社会欢迎的，内向却不那么好。当然，内向的人很自我、内省、另类、不按常规出牌，自然难以得到大众的喜欢。外向的人不坚持己见、从众、随和、喜欢分享、依赖规则、服从环境、追求社会认同，自然容易成为文化价值导向下的可爱一族。

事实上，区别内向与外向的一个简单可信的依据是问自己的快乐从哪里来。内向的人把心理能量指向自己，因此快乐也主要由心而生，不那么依靠外部世界的认同与赞许；外向的人把心理能量指向外部世界，喜欢人际接触，好奇，富于冒险精神，对主流文化比较认同。内向为主的人比较有意志，有理想，追求个性，有独特的兴趣，爱学习，不管外界有多大的变化、干扰，甚至打击，都妨碍不了他生活的目的与信念。他们为了一个梦想或观点常常会独自坚持，不达目的誓不罢休。外向为主的人比较灵活、顺从，不给别人和自己找麻烦，审时度势，喜欢顺水推舟，不好逆水行船。很多人陷入社交的烦恼，害怕人际交往，胆怯，退缩，自认为是内向的。其实他正好缺少内在的精神指向，内心根本就没有快乐，期待被别人喜欢、认同来获得快乐，这样的人恰好是外向的，也恰好缺乏内向的心理能力。

在人的一生中，这两种个性力量是同时存在的，不夸张地说，内向的个性能力是获得外向个性能力的前提。正如埃里克森在《同一性：青少年的危机》中说的，自我认同是一种精神朝内的贯注。其实，人的个性是复杂的，不可能像文化标定那样单一。社会是个舞台，只要你愿意，每个人都可以表演出不同的个性色彩。如果真能单一，我猜单一的内向还是比单一的外向好。很多科学家、哲学家、伟人、艺术家、创业者都因为发展了很好的内向能力而让自己能在浮躁的社会里沉静下来，独立思考，富于创意，最终获得成就。

被文化描述的个性其实是人的社会性格，而非人内心本质的心理性格。要让偏内向的人喜欢自己，就要思考我们的文化定义给内向的人带来的观念困境。如果社会把内向与外向等同起来看，并给不同性格的人相同的笑脸，那么内向的人可能更容易找到适合自己存在的方式。强迫内向的人按照文化导向的外向模式去生活，可能让他们产生很大的不适应。

人只有发展好内向的力量，让心灵成为快乐的源泉，外向的个性才能慢慢有发展的根基，既沉静得下来，也能放得开。不喜欢自己，不接纳自己，你的灵魂会远离你，终身漂泊。自己爱自己，从内心世界去找到存在的意义，这样的快乐是随时可以自给自足的。

资料来源：佚名．性格内向者自我评价［EB/OL］．［2022-05-02］．https：//wenku.baidu.com/view/5398edcf2a160b4e767f5acfa1c7aa00b42a9d1b.html.

小练习

1.写下自己的5个特质，分别找同学、朋友、家人等熟悉自己的人，请他们也列出你的5个特质。看看他们对你的认识与你对自己的认识是否一致。

2.写一篇短文，探索一下自己的性格类型和未来的职业选择与发展的关系。

第三节　能力决定高度

小故事

一老板叫一员工去买下复印纸。员工就去了，买了三张复印纸回来。老板大叫："三张复印纸，怎么够，我至少要三摞。"员工第二天就去买了三摞复印纸回来。老板一看，又叫："你怎么买了B5的，我要的是A4的"。员工过了几天，买了三摞A4的复印纸回来，老板骂道："怎么买了一个星期才买好?"员工回答道："你又没有说什么时候要。"就买下复印纸，员工跑了三趟，老板气了三次。老板摇头叹道，员工执行力太差了！

资料来源：佚名. 执行力相关的10个经典小故事［EB/OL］.［2022-04-02］. https://wenku.baidu.com/view/63d7afece43a580216fc700abb68a98270feac69.html? fr=income3-doc-search.

随着高等教育的普及，大学生就业压力越来越大，竞争越来越激烈。"我拥有什么样的能力"，是每位求职者需要探索的问题。"你拥有什么样的能力""阐述一下你为什么能胜任此岗位"等问题，是每位求职者在求职过程中都需要面对的问题，也是能否求职成功的关键，即使提问的形式有所变化，但万变不离其宗，"能力"都是其中的核心词汇。本节主要讨论能力的概念及分类，以及能力探索的方法。

一、能力的概念及分类

（一）什么是能力

一个学生在绘画活动中，能鉴别各种色彩，能正确地估计线条和图形比例，有良好的形象记忆力与艺术想象力，以及熟练的运笔技巧，画得生动逼真等，这就表现出他有一定的绘画能力，或说他的绘画能力比一般学生强。再比如，贝克汉姆、孙杨拥有超于常人的运动技能，这些人都具有一些特殊的能力或技能。

能力是指完成一定活动的本领，是直接影响人的活动效率的个性心理特征，是个人职业选择和择业成功的基础。能力有两层含义：第一，指已表现出来的实际能力和已达到的某种熟练程度；第二，指潜在能力，即尚未表现出来的心理能量，通过学习和训练后可能发展起来的能力与可能达到的某种熟练程度。能力总是和人的某种活动相联系，只有通过活动才能看出一个人是否具有某种能力和其能力的大小。

小练习

夸夸我自己

请你在5分钟内尽可能多地写下自己拥有的能力。与你的同伴分享，看看谁写得多。大家写的一样吗？有什么不同?

汇总大家所写的能力。可以将它们分类吗？可以分为几类？

（二）能力的分类

人的能力是多种多样的，如注意力、记忆力、观察力、理解力、表达能力、运算能力等。划分的角度不同，能力的种类就不同，这里我们可将能力分为以下几种：

1.一般能力与特殊能力

从能力的适用范围角度，可以将其划分为一般能力和特殊能力。一般能力（也称“智力”）是指个体完成大多数活动都需要的能力，例如，观察力、注意力、记忆力、想象力、思维力等，它适用于人类广泛的学习、生活与生产活动。特殊能力也称“技能”，是指个体完成某项具体专业活动所需要的能力，它只适用于少数特定活动范围，例如，节奏感知能力、色彩鉴别能力、文字核对能力、计算推理能力、肌肉协调能力、平衡控制能力和机械驾驶能力等。

2.职业能力和非职业能力

从与职业的相关性角度，能力可以分为职业能力和非职业能力。前者是指在职业活动中发展起来的，直接影响职业活动效率，使职业活动得以顺利完成的心理特征。它是由具体的一个个职业客观要求的，是从事某项职业必须具备的最起码的专项职业能力。后者指并非从事某项职业所必须具备的能力。大学生只有具备了从事某项职业所必需的资质及本领才能为职业的发展打下基础。

案例赏析

初入职场，实现角色转变“三部曲”

有了目标，就有了努力的方向和动力，更重要的是帮助个人真正了解自己，为自己筹划未来，避免对未来产生迷惘。

在从事人力资源管理工作时，我常常遇到初入职场的毕业生们面临如下困惑：他们都希望能够将自己的所学运用到实际工作中，准备大干一番，然而，在一阵职场初体验之后，有人会发现自己不能融入新的集体和环境，甚至终日无所事事，空有一身的力气却无处使。理想和现实之间存在很大的差距，很多毕业生就开始怀疑自我的知识技能和适应能力，工作积极性也受到极大的挫伤。这就要求初入职场的毕业生们迅速转变角色，学会角色转变“三部曲”。

第一，积极调整工作心态。

刚走出校园的大学生们，大都有着“天高任鸟飞，海阔凭鱼跃”的宏伟抱负。但是，随着大学教育的普及，大学生就业成为一个大众化的社会问题，由此产生的身份和地位不受重视的现象也随之而来。因此，大学毕业生们应先调整心态，正视、接纳现实，恰当地评价自己，放低姿态，一切从零开始。

确立健康、坚定的工作心态——没有最好的工作，只有最合适的工作；没有一劳永逸的工作，只有不断接受挑战的工作，这样才能找到自己的就业之路，实现人生价值。

案例：不少新入职的大学生们，觉得目前的工作与他们刚开始工作时想象的不一样，觉得自身的知识能力没有得到发挥，每天重复做着一些简单、单调的工作，和周围的同事相比落差很大，工作中也经常出错，同时感觉主管也没有重视自己。因为高度认同企业文化，又想留在企业发展下去，面对目前的这种情况应该怎么办？

从上述案例中可以看出，这些员工遇到的是由于角色转换引起的社会适应不良。从大学毕业到进入社会，参加工作，对于每一位职场新人来说都需要经历比较大的角色转变。角色转变成功与否，关键取决于工作心态的调整。

如何来调整工作心态？

首先，适当调节心理预期。心理预期过高，导致了理想与现实之间的巨大差距，这种距离增加了内心的失落感，感到事情的发展已经超出了自己的控制，因此要多给自己积极暗示。凡事都要循序渐进，学会耐得住寂寞，多听、多看、多学。这些员工正因为刚进企业时的心理预期过高，导致与现实的工作产生差距，从而丧失了工作热情，严重影响了工作积极性。

其次，放低姿态，从基础工作做起，不断积累工作经验。对于新人来说，职场的每一种经历都是很好的学习机会，有助于自己的成长。牢记“三人行，必有我师”，虚心向同事们学习工作经验，尽快熟悉自己工作岗位的种种业务知识，结合实际工作将自己所学知识灵活运用。

再次，主动沟通，创造良好的工作关系。这些新员工认为主管不关注他们，其实是他们缺乏与主管的有效沟通。沟通时，要本着实事求是、诚心待人的态度，提高沟通的主动性，缩短与周围同事之间的距离。同时要克制感情，冷静处理，工作中出现错误时，应主动承担责任。通过与部门主管、同事的沟通，增进互相的理解及人际关系的处理，更好地适应工作环境。

最后，不断学习、锐意进取，高标准要求自己。职场新人刚离开校园踏上工作岗位，往往就忽视了学习，感觉学习是学生时代的“义务”，这是不可取的。大学生只是人才的坯子，要锻炼成才，还需要在社会这个大熔炉里锻造，只有不断探索新的方法，不断地给自己“充电”，才能保证适应瞬息万变的社会。

第二，正确面对工作中的挫折。

案例：有一天，员工小陈来我办公室，眼泪汪汪地和我说不想干了，想辞职。原因是她没有及时变更教师信息，导致向教务提交的教师课时错误，教师的课时与课酬密切相关，因此受到了同事及主管的批评。小陈认为这种批评是她不能接受的，而且她已经很努力地在工作了。

面对职场的压力，毫无经验的新入职场的大学生们总会遇到许多困难和挫折，对于刚毕业的小陈来说也不例外。但在面对困难与挫折时，有些人选择了放弃，有些人选择了坚持，勇敢面对。

如何来正确面对工作中的挫折？首先，当遇到挫折时，不能就此放弃，要用冷静的态度，客观地分析失败的原因，进行正确的受挫归因。导致案例中的小陈出错的原因，其实就是小陈缺少工作经验，没有进一步把教师课时信息与教师考勤信息进行核对。如果有了核对的步骤，这种错误完全就可以避免了。因此，困难和挫折并不可怕，可怕的是不能理性、勇敢面对，而就此放弃，失败离成功往往只有一步之遥。

其次，乐观面对。挫折虽然能够给人带来心情的不愉快，但同时也可以锻炼人的意志。不少新入职场的大学生们只想到成功，没有想到失败，一旦遭受挫折就会一蹶不振，陷入苦闷、焦虑情绪之中不能自拔。案例中的小陈不应觉得因此事受到批评而感到不悦甚至提出辞职。对小陈来说，经历了这次失败不但锻炼了她面对失败的意志，同时也积累了工作经验。

最后，调整好目标，脚踏实地前进，争取新的机会，争取获得下一次成功。一个真正的强者面对失败时，通常能够认真反思，吸取经验教训，努力去争取新的机会。小陈只要能够勇敢面对，找出出错的原因，乐观面对并在今后的工作中给予改进，最终小陈就会取得成功。

第三，做好职业生涯规划。

案例：员工小王，本科英语专业，担任前台咨询员工作。入职半年之后来找我，她自己觉得对未来很迷惘，目前的工作觉得没什么意思，也不知道究竟何去何从。当我问她对自己有什么样的职业规划时，她自己也不是很清楚。就其学历及专业背景而言，小王和目前的岗位是不匹配的。刚开始选择咨询顾问的岗位，是因为她自己也不知道能做什么就先找一份工作。小王想过当老师，但目前的英语能力没有达到要求，因此放弃。正因为缺少职业规划，小王没有了目标，对现有的工作失去了动力和激情，对未来自然就更加迷惘。

正确合理的职业生涯规划是事业取得成功的关键因素。当学子们完成从“校园人”到“职业人”的转变之后，应正式开始规划自己的职业生涯，即确定个人奋斗目标。有了目标，就有了努力的方向和动力，更重要的是帮助个人真正了解自己，为自己筹划未来，避免对未来产生迷惘。案例中的小王应该结合自身的专业知识及能力为自己的职业生涯进行合理的规划。一旦有了职业规划，就有了奋斗目标，对未来就有了希望。为实现这一目标，就要不断地努力奋斗，不断地提升技能，掌握更多的专业知识。

另外，在进行自己的职业规划时，切忌不切实际、好高骛远。在我面试的过程中，不少大学生开口就是自己宏伟远大的发展目标和职业生涯规划，然而这些职业生涯规划和自身的能力并不匹配，在可预见的范围内根本无法实现。因此，在进行自己的职业规划时，一定要客观衡量自身的能力，制定切实可行的职业生涯规划。

资料来源：佚名．初入职场，实现角色转变“三部曲”［EB/OL］．［2022-07-02］．https：//wenku.baidu.com/view/3c1660d549649b6648d7479c.html.

总之，初入职场的大学生们应积极调整心态，勇敢面对挫折，制定正确的职业生涯规划，尽快实现角色转变，融入社会集体生活。人的一生，从求学到工作，从学艺到谋生，经历无数次的角色转变，每一阶段的人生角色，赋予的内容和要求是不全相同的，因此必须有效适应每一次人生转变，才能更好经营自己的人生，才能最大化发挥个人的人生价值和全景化地实现社会价值。

3.现实能力与潜在能力

从能力是否已经习得的角度，可以将其划分为现实能力（也称“实际能力”）与潜在能力。现实能力是指个体已经习得或表现出来的能力，也是大家日常生活中所说的能力，如大学生完成学业所需要的记忆思维能力、逻辑推理能力、解决问题能力和语言表达能力，从事社会活动需要具备的组织能力、交际能力、宣传说服能力等。潜在能力（简称“潜能”）是指个体正在发展之中，但尚未发展成熟或完全形成的能力。潜在能力只是个体能力发展的可能性，只有在外部条件许可时，才能通过进一步的学习和练习发展成现实能力。现实能力与已有成就相联系，潜在能力与未来成就相联系，同时，这两者也有关联，潜在能力是现实能力形成的条件和基础，现实能力的展现又有利于个体潜能的发展。

4.能力倾向和技能

按照能力获得的方式（先天具有和后天培养），可以分为“能力倾向”和“技能”两大类。能力倾向是上天赋予每个人的特殊才能，如音乐、运动能力等。它是与生俱来的，也有可能因为后天的原因而被荒废，它是一种潜能。比如，大多数婴儿（儿童）都具有较好的音乐节奏感，但是成年人之间的节奏感的差异会变得非常大，大部分人都没有机会去系统训练这方面的天资。除了系统培训之外，遗传、环境和文化都可以影响天赋的发挥。

技能则是指经过后天学习和练习而形成的能力，如阅读能力、人际交往能力、表达能力等。在个人成长的过程中，从什么都不会到一个生活自理、能够独立生活的人，每个人都学会了无数的技能。

在现实生活中，个人的能力水平往往是能力倾向和技能两方面综合的结果。例如，郎朗在钢琴上所取得的成就，既有他个人的良好的音乐天赋的原因，更多的是他后天几十年如一日刻苦练习的结果，这也就是社会上学弹钢琴的人很多，但是取得像他这样成就的人很少的主要原因。但同时，我们也要注意不能将两者混为一谈。比如我们经常会听说“哎呀，我在这方面的能力不行”，就要搞清楚是真的不具备这样的天赋，还是没有经过后天的锻炼。事实上，很多能力都是后天训练的结果，如人际交往、演讲、沟通等能力，许多人际交往能力弱的人，往往是由于其在青少年时期所受到的教育和环境的影响而造成的。在成人阶段，能力也可以通过参加培训、阅读专业书籍、向他人请教、模拟练习、接受专业咨询等途径得到改善。如大家熟悉的电视剧人物许三多，被认为是天资不聪慧的，但“不抛弃，不放弃”的执着成就了“许三多”的形象。再如邓亚萍，虽然作为运动员的先天条件不是很好，但通过后天的努力取得了惊人的成就。残疾人运动员，他们并不具备常人的身体条件，却获得了常人很难取得的成绩。其实我们每个人都有无限的学习、成长的能力，可许多人经常会以“我没有这样的天赋”作为懒于练习的借口。我们如果有儿童时期的那种勇气，勤于学习，并且不怕失败，很多技能是可以通过练习获得的。

（三）自我效能感

与能力相关的还有一个重要概念，就是自我效能感。自我效能感是指个人对自己的能力，以及运用该能力将得到何种结果所持的信心或把握程度。研究发现，在实际生活和工作中，对个人行为起决定性作用的往往不是个人实际能力的高低，而是个人的自我效能感。如我们通常认为女性天生不擅长学习数学，但实际原因并不是能力上的差异，而是女性对自身学习数学的能力缺乏信心，从而倾向于在该科目上花更少的时间。同样，很多大学男生觉得学习英语很费劲，实际上并不在于语言能力差异，而在于习惯性思维的影响，导致他们对英语学习的不自信。事实上，成人学习英语并不比孩子学走路更难，但我们经常怀疑自己是否能娴熟地使用英语。心理学上有一个概念叫“习得性无助”，说的就是这个意思，如果老师经常批评你，说你怎么学习这么糟糕啊，久而久之，自己也会认为自己学习真的很糟糕，而导致做事畏首畏尾，不能充分发挥自己的才能。这些现象都充分说明了自我效能感对个人发展产生的影响。

小练习

此处有掌声

请大家玩一个游戏“掌声响起来”，一分钟之内你能鼓掌多少次呢？大家先猜一猜。要求限时一分钟，掌声响亮。

这个游戏你的体验是什么？

事实上，每个同学在一分钟之内鼓掌的次数几乎都要高于之前的预期。整个过程中，你的心理活动或多或少地反映了你的自我效能感，你对自己能力的信心会在极大程度上影响你的行为。再想想：在平时的生活中，你在各种事情上的自信程度是否真实地反映你的相关能力？最好与周围熟悉你的人讨论一下，别人往往能看到你自己没有意识到的不一致之处。当你了解到在某些事情上或许不是你能力不够，而是自我效能感较低时，你是否愿意做一个决定：改变对于自身能力的信念，让它更符合实际的情形呢？

（四）能力倾向的分类：多元智力论

对于人的天赋判断，传统的智力理论通常以语言能力和数理逻辑能力为整体评判的标准，也就是人们常说的IQ。1983年，美国哈佛大学教授、发展心理学家加德纳（Garder）提出了多元智力论。他认为，智力是多元的——是由同样重要的多种能力而不是一两种核心能力构成的，而且各种能力不是以整合的形式存在，而是以相对独立的形式表现出来的。他的研究表明，人类至少有7种不同的智能：言语–语言智力、逻辑–数理智力、视觉–空间智力、音乐–节奏智力、身体–动觉智力、交往–交流智力和自知–自省智力。这7种智力在个人的智力结构中处于同等重要的地位，每个人都同时拥有这7种智力，但它们在每个人身上以不同的方式、不同的程度组合，从而使得每个人的智力各具特点。例如周恩来、爱因斯坦、贝多芬、姚明、曼德拉、郎朗这些在各自领域做出杰出贡献的著名人物之间很难比较谁更聪明。我们只能说他们各自在不同的领域，以不同的表现形式，将自己的聪明才智发挥到了极致。

从这个意义上说，加德纳的多元智力理论告诉我们：对于世界上的每一个人来说，不存在谁更聪明的问题，只存在不同个体在哪个方面更聪明的问题。每个人都是独特的，“天生我材必有用”。如果个人能将自己独特的天赋发挥出来，那么，每个人都可以是出色的。

二、能力探索

能力和职业发展有着密切的关系，职业能力即劳动者从事社会生产活动的能力，不同职业对人的能力有不同要求，能力制约着人们活动的领域与职业选择的范围。职业能力也是个人发展和创造的基础，职业能力越强，越能给人带来好的工作绩效，进一步产生职业成就感。

（一）能力与职业生涯发展的关系

当一个人的能力和工作的要求相匹配时，最容易发挥自己的潜能，并且能获得一种满足的感觉。相反，当一个人去做自己力所不及的工作时，就会感到焦虑，甚至出现挫败感。而当一个人的工作能力超出工作要求太多时，又容易感到工作缺乏挑战，没有成就感。因此，在选择职业时，我们要寻求个人能力与职业技能要求的匹配。我们需要清楚自己具备什么样的能力、职业要求什么样的能力。

心理学家罗圭斯特与戴维斯在对个体的工作适应问题进行多年研究以后，提出了明尼苏达工作适应论。他们认为：当工作环境能满足个人的需求时，个人会感到“内在满意”；而当个人能够满足工作的要求时，个人会感到“外在满意”，即令自己的雇主、同事感到满意。当个人能够同时达到内在和外在满意时，个人与环境之间的关系就比较协调，个人的工作满意度会比较高，在该工作领域也能持久发展。

而在对“内在满意”和“外在满意”这两个指标的衡量当中，能力都占有很重要的地位，罗圭斯特与戴维斯认为：“外在满意”主要可以通过衡量个人职业技能与工作的技能要求之间的配合程度来进行评估；而在“内在满意”方面，主要通过衡量个人价值观与企业文化及奖惩制度之间的适配性来评估。我们不难看到：做自己能够胜任的工作，培养和发展自身的能力，发挥个人的潜能，常是个人选择职业时希望能够得到满足的需求，即与能力相关的价值观。由此可见，能力与个人的职业满意度、工作适应性以及职业稳定性具有直接的相关关系。表2–5列出了一些相应职业对特殊能力的要求。

表2-5　相应职业对特殊能力的要求

能力类型	概念与特点	相应职业
语言表达能力	对词的理解和使用能力，对词、句子、段落、篇章的理解能力，以及善于清楚而正确地表达自己的观点和向别人介绍信息的能力，它包括语言文字的理解能力和口头表达能力	教师、营业员、服务员、护士等
算术能力	迅速而准确地运算的能力	会计、出纳、统计、建筑师、工业药剂师等
空间判断能力	能看懂几何图形、识别物体在空间运动中的联系、解决几何问题的能力	与图纸、工程、建筑等打交道的工作，牙科医生、内外科医生等，裁缝、电工、木工、无线电修理工、机床工等
形态知觉能力	对物体成图像的有关细节的知觉能力，如对于图形的阴暗、线的宽度和长度做出视觉的区别和比较，能看出其细微的差异	生物学家、建筑师、测量员、制图员、农业技术员、动植物技术员、医生、兽医、药剂师、画家、无线电修理工等
事务能力	对文字或表格式材料细节的知觉能力，发现错字或正确地校对数字的能力等	设计员、记账员、出纳、办公室文员、打字员等
动作协调能力	迅速准确和协调地做出精确的动作和运动反应能力	驾驶员、飞行员、牙科医生、外科医生、雕刻家、运动员、舞蹈家等
手指灵巧能力	手指迅速准确和谐地操作小物体的能力	纺织工、打字员、裁缝、外科医生、五官科医生、护士、雕刻家、画家等
手腕灵活能力	手腕灵巧而迅速地活动的能力	体育运动员、舞蹈家、画家、兽医等

（二）能力探索——技能

能力（ability）是人们顺利实现某种活动的心理条件，它不仅包含了一个人现在已经达到的水平，而且包含了一个人所具有的潜力。技能（skill）是人们通过后天学习和练习而获得的能力，通常表现为某种动作系统和动作方式。因此，能力与技能不可截然分开，技能是能力的扩展和深化。

在职业生涯规划中表达技能的词汇，也就是用来说服雇主给求职者职业机会的词汇。无论是简历还是面试，求职者其实要达到的目标都是试图向雇主证明：我有良好的能力，足以胜任这份工作。因此，面对“我为什么要雇你”这样的问题，你在简历和面试中的回答都应当以自己与工作相关的能力为主线。你所谈到的任何能证明你能力的事情，将增加你得到工作的机会。要做到这一点，你需要对自己拥有什么样的能力有清楚的认识，同时还要了解具体职业所要求的技能是什么。最后，你还需要在简历和面试中将自己与职业相关的技能以恰当的语言和实力充分地展示出来。

对个人技能的认识，建立在对技能分类的了解上。辛迪·梵和理查德·鲍尔斯将技能分为3种类型：知识技能、自我管理技能、可迁移技能（或称通用技能）。通常，人们比较容易想到自己具有的知识技能，但实际上后两种技能更为重要。

1.知识技能

（1）知识技能概述。

知识技能是指那些需要通过教育培训才能获得的特别的知识或能力，也就是个人学习的科目、懂得的知识。比如，你是否掌握外语、中国古代历史、电脑编程，或化学元素周期表等知识。知识技能一般用名词来表示。

知识技能不可迁移，也就是说，它们是一些特殊的词汇、程序和学科内容，必须经过有意识的、专门的培训才能掌握。它们常常与我们的专业学习或工作内容直接相关。正因为如此，许多大学生由于不喜欢自己的专业，在找工作时往往陷入两难的境地：一方面，他们认为找工作必须“专业对口”，但是又不喜欢自己的专业，不想将之作为一生从事的职业；另一方面，如果“专业不对口”，自己不是“科班出身”，则担心自己与专业出身的应聘者相比缺乏竞争力，甚至觉得很难跨越专业的鸿沟。在这种情况下，似乎唯一可行的方式就是通过考研来改换专业。

（2）知识技能的发现和获得。

事实上，知识技能并非只有通过正式的专业教育才能获得。除了学校课程，接受系统的专业教育外，课外培训、专业会议、讲座、研讨会、自学、资格认证考试等方式都可以帮助个人获得知识技能。此外，通过业余爱好、娱乐休闲、社团活动、家庭职责、岗前培训、在职教育等渠道都可以获取知识技能。例如，很多公司会为新员工提供岗位培训，即使是一些专业要求较高的职业如会计师等，其专业技能也可以在就职后的培训中获得。

案例赏析

胡同学，女，本科生，家庭经济状况一般。大一学年，该生表现良好，课堂上认真听讲，学习成绩不错。进入大二，辅导员发现该生在专业课学习上总是心不在焉，做事情总是神色匆匆、打不起精神。经常盲目地忙于各种证书的考取和参加各种辅导班，如英语二学历、驾照、教师资格证、人力资源管理证书，参加舞蹈班等等。于是辅导员找到小胡与她进行了深入的交谈。

通过交谈，辅导员了解到了小胡的几个想法：

第一，来自普通家庭的她，没什么特长，进入大学后身边的同学多才多艺，她觉得压力很大，想通过考取证书和参加辅导班来证明自己、提高自己。

第二，对自己的未来，小胡没有明确的目标，不知道将来想做什么，在与家长、学长学姐沟通时，都鼓励她多考取证书。

第三，身边有好多朋友都在考取证书，她要考的那些证书里有父母让考的、有大家都在考的，她不知道自己需要什么，只能每一个都报都试试。

小胡说，这些其实她还没完全都报上名，只是自己先开始准备，但是这刚开始不到一个月，她已经焦头烂额，她明显觉得自己的专业课落下了，但是这些证书她也得考，心理压力很大，学习也专心不起来，一想到这些就觉得很紧张。

原因分析：

第一，外部大环境的影响，随着大学的扩招，大学生找工作的压力逐渐增大。有些用人单位较为看重学生的证书。很多学生为了提高就业竞争力，选择考证来增加筹码，整天忙着各种各样的考试；注重量的积累而忽视了质的要求，不仅使大学生疲于奔命，而且增加了考证的盲目性和风险性。案例中的小胡就是在这种大环境下错误地认为证书越多证明她能力越强，盲目选择，从而影响了她正常的学习生活。

第二，自我认知度差，目标不明确，职业生涯规划意识淡薄。在当今的社会中，很多学生对自我不能正确地认识，在父母的指导下考入大学、选择相应的专业，按父母的设计路线一步一步往前走，不懂得怎么根据自己的实际情况设计职业规划。案例中的小胡没有明确的目标，认识不到自己的优点和缺点，不知道自己适合做什么，便盲目地考取证书。

第三，不顾自身实际，盲目攀比。看到周围的很多人都在忙着考取各种证书，总会觉得自己应该跟随大流，跟大家一样，形成了盲目的攀比心理。缺了任何一种证，都觉得自己比同学少了一份保障。这种盲目跟风，让他们不根据自己的专业特点和未来的职业规划盲目考证，被弄得疲惫不堪，却收效甚少。

资料来源：张萍．大学生学习目的盲目型案例分析及对策［J］．东方教育，2016（9）．

企业招聘员工的时候，更注重考察应聘者的专业学习能力和实际工作能力，而是否看重资格证书，与企业所在行业专业度有直接关系。如财会、建筑、法律等行业对专业资格证书有硬性要求，而传媒、营销、管理等文科类专业更看重从业经验。大学生参加认证考试，一定要考虑自己专业的实际情况，搞清楚证书是否具有含金量，能否得到用人单位的认可。近年来，国务院为了促进劳动者就业，逐步取消了一大批准入类、水平评价类职业资格证书。保留下来的资格证书大多是得到用人单位广泛认可、含金量较高的证书，包括：企业人力资源管理师证书、注册会计师证、特许金融分析师证、中国精算师证、一级建造师证、教师资格证、全国翻译专业资格证、心理咨询师证、银行业职业资格证书、证券从业资格证、执业药师证等。

小练习

回答以下几个问题

（1）你大学学习的是什么专业？

（2）你的专业课有哪些？

（3）除了专业课之外，你还选修了哪些课程？

（4）你参加过哪些相关培训？

（5）你最近在看什么书？

（6）篮球的游戏规则是什么？

通过以上问题，你发现自己掌握了哪些方面的知识？

2. 可迁移技能

（1）可迁移技能概述。

可迁移技能就是一个人能做的事，如教学、组织、设计、安装、计算、考察、分析、搜索、决策、维修等。可迁移技能一般用动词来表示。

可迁移技能的特征是它们虽然是从生活中的方方面面，特别是工作之外得到发展的，但是可以迁移应用于不同的工作之中。如在宿舍里发生大家争用电话的矛盾时，宿舍长可组织室友们一起开会讨论，协商解决如何平等地使用电话的问题。在这里，就用到了组织、商讨、解决问题、管理等重要的可迁移技能。几乎在所有的工作中，都或多或少地会用到这些技能。因此，可迁移技能也被称为“通用技能”。

基于这样的原因，可迁移技能也是个人最能持续运用和最能够依靠的技能。随着信息时代的到来、新技术日新月异地发展，知识的更新换代加快，这意味着个体需要不断学习新的知识技能才能跟上时代的发展。例如，30年前，我们对手机、电脑还几乎闻所未闻，但如今它们在我们的生活中占据了极其重要的位置，而与它们相关的行业知识也都是近些年来才出现的，并且处于飞速发展变化中。正因为如此，当今的时代越来越强调“终身学习”。“学习能力”（可迁移技能）已经比拿到某个专业的学位（知识技能）更为重要。

（2）可迁移技能的发现和获得。

可迁移技能可通过参与实践、归纳总结、观察学习、模仿体会、专业训练、实习实训、业余爱好、娱乐休闲、社团活动等途径获得。

与知识技能相比，可迁移技能无所谓更新换代，而且无论你的需求和工作环境有什么样的变化，它们都可以得到应用。随着我们工作经验和生活阅历的增加，可迁移技能还会得到不断的发展。由于它们在许多工作中都会用到，它们的重要性不容忽视。索尼技术中心会计部某经理曾说：“我在聘用一个人时，最为看重的是他的人际沟通能力。这项能力极为重要，因为必须有能力与人交谈才能获得需要的信息，我把80%的时间用在与索尼其他部门打交道上，我的员工也花费大量时间与本部门之外的人打交道。”

事实上，知识技能的运用都是在可迁移技能基础之上的。举例来说，你的知识技能是动物学，但你怎样运用它呢？是“教授”动物学，还是当宠物医生“治疗”宠物，或是“写作”科普文章宣传爱护野生动物的知识，抑或在流浪小动物协会帮助“照料”小动物？这些加引号的词都是可迁移技能。

小练习

（1）你都会做什么？

（2）你参加过哪些社会实践？

（3）请用5~10个词来概述你的工作能力。

（4）你觉得自己最突出的工作能力有哪些？

（5）哪些能力使你能够胜任这项工作？

回答完上述问题后，请总结答案。

3.自我管理技能

（1）自我管理技能概述。

自我管理技能经常被看作个性品质而非技能，因为它们被用来描述或说明人具有的某些特征。它涉及个体在不同的环境下如何管理自己：是勇于创新还是循规蹈矩，是认认真真还是敷衍了事，能否在压力下保持镇定，是否对工作有热情，等等。自我管理技能一般用形容词来表示。

良好的自我管理技能能够帮助个体更好地适应周围的环境、应对工作中出现的问题，因此它也被称为“适应性技能”。一个人是如何使用自己的专业知识，以什么样的态度从事工作的，甚至比工作内容本身更为重要。正是这样一些品质和态度，将优秀的求职者与许多其他具有相同知识技能的候选人区别开来，最终得到一份工作，并能够适应新的环境和规则，在工作中取得成就，获得加薪和晋升的机会。因此，有人称它们为“成功所需要的品质”“个人最有价值的资产”。在大学生从校园走向社会之前，培养良好的自我管理技能，学会如何为人处世，是至关重要的。

（2）自我管理技能的发现和获得。

自我管理技能无论是一个人先天具备的还是后天习得的，都需要练习。它们可以从非工作（生活）领域迁移转换到工作领域。也就是说，耐心、负责、热情、敏捷这些技能并不是通过专门的课程学习到的，而是在日常生活中随时随地培养的。例如，一位大四同学在回顾自己的实习经历后写道：“这段经历为我毕业后进入社会做了良好的准备。在这次实习中，我懂得了在工作中不仅要具备良好的知识技能，还要具备良好的社交能力，才能在工作中营造良好和谐的工作氛围。在工作中要积极主动，要虚心向同事、前辈请教；要知难而上，不能遇到一点困难就放弃；要严格要求自己，不为自己的失职找借口；平时要和同事多多交流，和谐相处。”

小练习

（1）请用5个形容词来描述你的优点。

（2）在老师眼里，你是一个什么样的学生？

（3）你的同学通常怎么评价你？

（4）通常，你给人留下最深刻的印象会是什么？

（5）你觉得自己身上最明显的特点是什么？

（6）总结上述问题的答案，从中你发现自己具备怎样的自我管理技能？

4.雇主最重视的技能

雇主通常在大学毕业生身上寻求的也是使得这些学生有资格担任某一职位的东西，包括他们的教育背景、经验和态度的综合素质。有些领域需要专门的知识或证书（如医学、程序设计、化工等），但大部分职业并不要求有什么特殊的知识技能，而需要的是一些更为普遍、一般性的技能和素质（即可迁移技能和自我管理技能）。美国“全国大学与雇主协会”（National Association of Colleges and Employers）公布了一项调查结果，在这项调查中他们询问了招聘经理在2015年招聘时会优先考虑什么技能。以下是排名前10的回答：

（1）团队协作能力。

（2）做出决策和解决问题的能力（两者并列）。

（3）与团队内外沟通的能力。

（4）计划、组织和优先处理工作的能力。

（5）获取和处理信息的能力。

（6）分析定量数据的能力。

（7）与工作相关的技术知识。

（8）熟练使用电脑软件的能力。

（9）创建与编辑书面报告的能力。

（10）推销和影响他人的能力。

事实上，中国雇主们所看重的同样是这些能力。许多企业在招聘人才时不仅看应聘者的学习成绩，更看重其综合能力。

综合以上3种技能的介绍，需要注意的是，求职时并不是只需要单一技能或某一种技能的单一方面，而更为重要的是技能的组合。通常我们所说的“复合型人才”，正是指具有不同知识技能的人。技能的组合使得我们在人才市场上更具有竞争力，也更有可能将工作完成好。例如，如今懂外语的人很多，但既精通英语又精通建筑专业知识的人就不那么多了，而在大型合资建筑工程中，非常需要能与外国专家进行良好沟通的专业人才。再如，一个辅修平面设计专业的心理系学生，更有可能在进行设计工作时运用消费心理学知识与客户进行充分的沟通，令客户更加满意。从这个角度来说，不论你现在学习的专业是否是你所喜爱或将来要从事的，你从中获得的专业知识在某个时候都有可能派上用场。

如果想从事本专业之外的工作而又不愿或不能重新选修一个专业的话，仍然有许多途径可以帮助我们获得相关的知识技能。在招聘中，专业知识技能绝对不是用人机构唯一重视的。当前的状况是知识技能的重要性被夸大，以至于许多学生在校内选修很多的课程、在校外参加各种培训班并考取一大堆证书。他们在简历上以大篇幅列举学习成绩、获得的证书、拿到的一等奖学金等，无非只是证明了个人的知识技能。殊不知一大堆互不相干的知识技能堆砌在简历上，只能给人以庞杂的感觉，不能让招聘人员明白它们与应聘的职位之间有多大关系。实际上，所有得到面试机会的人，应该说其简历上表述的知识技能都已基本达到了应聘职位的要求（当然，这一点还需要在面试中加以审核）；而进入最后一轮面试的人，实际上都是能够满足该职位专业技能要求的人。最终使人获得工作机会，并在工作中能够长久发展的，还是自我管理能力和可迁移技能。因此，大学生在校期间，一定要在学好专业知识的基础上，加强对自我管理技能和可迁移技能的培养。

深度阅读

杜拉拉升职记

《杜拉拉升职记》讲的是没有背景的杜拉拉历经职场磨炼成为资深人力资源部（HR）经理，进入中产阶级的励志故事。在外企工作了8年，杜拉拉从一个朴实的销售助理，最终成长为一位专业干练的人力资源部经理，见识了各种职场变迁，也历经了各种职场磨练。在复杂多变的人际关系中，杜拉拉不断地进行自我调整，终于百炼成钢。她是一个靠着彪悍的性格和工作的韧劲成长起来的草根，遇到挫折时，她没有退缩，恰逢机遇时，她适时抓住。杜拉拉的故事中有很多值得学习的经验。

第一，敬业精神。当面对自己不熟悉工作时，一定要积极学习，不断提升自己，让自己去适应工作，而不是一味地抱怨。

第二，善于总结。在工作中面对问题，要认真总结，做到有则改之无则加勉。

第三，执行力强。对于上级交代的工作任务，保质保量地完成是提高自身价值的途径之一。

第四，灵活应变。要想在企业提高工作效率，学会如何做人做事是前提条件。该强硬的时候，一步不让，该退让的时候，则变通处理。

资料来源：佚名.《杜拉拉升职记》读书笔记［EB/OL］.［2022-05-02］. https://wenku.baidu.com/view/a8086e38b4360b4c2e3f5727a5e9856a57122674.html.

小练习

（1）看看“他人眼中的我”，向你身边至少5位亲朋好友询问一下：如果让他们用3~5个词形容你，他们会说什么？

（2）撰写成就故事。

请写下生活中令你有成就感的具体事件然后对其进行分析，看看你在其中使用了哪些技能（尤其是可迁移技能）。

这些“成就事件”不一定是在工作或学习中发生的，也可以是在课外活动或家庭生活中发生的，比如同学聚会，一次美好而难忘的旅游，等等。它们不必是惊天动地的大事，只要符合以下两条标准，就可以被视为“成就”：①你喜欢做这件事时体验的感受；②你为完成它所带来的结果感到自豪。如果你同时还获得了他人的认可和表扬那就更好了，不过这并不重要。

在撰写成就故事时，每一个故事都应当包含以下要素：

① 你想达到的目标，即需要完成的事情。

② 你面临的障碍、限制或困难。

③ 你的具体行动步骤，即你是如何一步步克服障碍、达成目标的。

④ 对结果的描述，即你取得了什么成就。最好能够量化评估（用某种方法衡量或以数据说明）。

至少写出5个故事（越多越好）。如果有条件的话，请和两三个同伴一起逐一进行分析讨论，在其中你都使用了什么样的技能。最后看看在这些故事中是否有重复出现的技能，它们就是你喜爱施展也擅长的技能。将这些技能按出现的次数加以排列。

第四节　价值观决定价值

小故事

有个商人到海边的一个渔村去度假，见到了一个渔夫。渔夫咬着烟斗在补渔网。商人闲得无聊，就过去问那个渔夫：“你每个星期能够打多少鱼？卖多少钱？”渔夫说：“我一个星期就打两次鱼，大概刚刚够日常的开销。”商人说：“那你余下的日子都干些什么？”

渔夫看了看院子里玩耍的两个孙子说：“陪孙子玩耍，和老朋友们喝酒、打牌、讲笑话、游泳、钓鱼。”

商人听了直摇头，“你有钓鱼的功夫为什么不去打鱼？”

渔夫抬头看着他，说：“打那么多鱼干什么？”

商人于是滔滔不绝地说了起来：“假设你一个星期打五天鱼，周末去集市卖鱼，所赚的钱扣除成本、日常开销，大概一个月能够翻新你的渔船以及船上装备。连续干五个月，你就可以买艘大船，并且雇几个伙计。一年之后，如果你干得好，应该可以在城里设立一个鱼店，专门卖鱼，鱼店的生意如果红火，两年之后你可以把店盘出去，在城里另谋发展，比如，买家鱼产品加工公司。把你那些老伙计的鱼批发来做成品销售。你的鱼产品加工公司可以发展壮大，成立连锁商号。你来做大老板。公司可以逐渐发展成为控股公司。你可以把公司的股票上市，等到你想退休的时候，就把公司整个盘出，变成固定债券，那个时候，你就可以回你的渔村安享晚年了。”说到这里，商人眉飞色舞，唾沫星子乱飞。

渔夫默不作声，商人猜想也许渔夫给他说动了心。他耐心等了一会，渔夫慢吞吞地问道：“那我回到渔村该干些什么呢？”

商人说：“那还不简单，你可以陪你的孙子玩玩，和过去的老朋友喝酒打牌，如果你还有兴致，你还可以去钓鱼、游泳。”

渔夫说：“那就和我现在一样，何必一个星期天天打鱼呢？”说完，就又去补渔网了。

商人急了，脱口而出：“那不一样。”可是，他自己也不知道不一样在什么地方。他站在原地，若有所思。

资料来源：佚名．渔夫与商人的对话：截然不同的生活理念［EB/OL］．［2022-05-02］．https：//wenku．baidu．com/view/02307b7a834d2b160b4e767f5acfa1c7aa00826f．html？ fr=income1-wk_app_search_ctr-search.

上述故事中我们可以看出，事物对于我们的重要性和优先度，将直接影响我们如何付出自己的时间、精力和金钱，也决定了我们的生命品质。从价值观的角度来说，职业发展成功还是失败的判别标准就是你是否得到了你想要的生活，你的职业所带来的生活方式是否符合你的价值观念。

一、价值观概述

“鱼，我所欲也，熊掌，亦我所欲也，二者不可得兼，舍鱼而取熊掌者也。生，亦我所欲也，义，亦我所欲也，二者不可得兼，舍生而取义者也。”这是我们非常熟悉的一段古文，其核心意图在于告诫人们要明确自己到底想要什么，什么对我们是最重要的。在很多时候，我们往往要在一些“舍与得”中做出选择，因为获得的同时意味着失去，而左右我们选择的正是我们的价值观。决定我们人生选择的是我们的人生价值观，决定我们职业选择的是我们的职业价值观。是要一份舒适轻松的工作还是不辞辛劳只在乎高薪？是要安稳太平还是不避风险，成就一番事业？当两者有冲突时，最终影响我们决策的是存在于内心的职业价值观。而我们有时对自己的价值观并不是很清楚，因此需要深入了解自己的职业价值观取向，为自己选择理想的职业导航。

小练习

有关“工作”的一分钟联想

请在纸上写下“我希望……的工作”。在一分钟的时间内尽可能多地写下你头脑中所联想到的任何短语。

请思考：你在工作中寻找的是什么？你判断工作“好”“坏”的标准是什么？

请将你所写的内容、你的思考与同伴分享。

下面是一些大学生所写的例子：

（1）能激发我的灵感，具有创造性；有较大成就感，不要总是重复、单调；可以发挥自己的才能潜质；能够从中学到很多东西；受人尊重，有一定社会地位；机会多。

（2）有挑战性，不沉闷单调；是我所热爱的，可以成为生活的乐趣；有发展前途；不要太累，让我有足够的自由支配时间，能够劳逸结合；可以让我快乐，有成就感。

（3）能更多地与年轻人接触，富于交流的乐趣；尽量贴近自然，而不是成天面对电脑或文件；健康的，不会带来身心伤害；能够帮助别人，感到提供帮助的快乐。

（4）在一个和谐的氛围中，没有人发号施令，没有人以自己的身份压制别人的想法，人们之间互相尊重，互相欣赏，所有人平等，都自愿协作，为最终要完成的工作尽一份力；结果或许都不重要，每个人在工作过程中都能感到自己被需要，自己有价值。

（5）清闲，离家近，赚钱多，时间短，环境优越，单位领导正直，单位同事心地善良，工作稳定，不用东奔西走。

这些词语都反映了个人在工作中所寻找的是什么、需要的是什么、用什么样的标准来判断工作的“好”与“坏”等，它们就是我们的工作价值观。

资料来源：佚名. 大学生职业生涯规划课程［EB/OL］.［2022-05-02］. https：//www.docin.com/p-2417840349.html.

（一）价值观的概念

价值观是指一个人对周围的客观事物（包括人、事、物）的意义、重要性的总评价和总看法。一方面表现为价值取向、价值追求，凝结为一定的价值目标；另一方面表现为价值尺度和准则，成为人们判断事物有无价值及价值大小的评价标准。价值观是个体核心的信念体系，是个体评价事物与抉择的标准，是关于什么是“值得的”的看法。因此，在生活和工作中，价值观就是我们所看重的原则、标准或品质。它指向我们一生中最重要的东西，因此它也是一套自我激励机制。

职业生涯规划大师舒伯认为，职业价值观是个人追求的与工作有关的目标，亦即个人在从事满足自己内在需要的活动时所追求的工作特质或属性，它是人生价值观在职业问题上的反映。

（二）价值观的类型

价值观是一个多元化的复杂系统。该系统包括许多成分，每个人或多或少都具有各种成分，只是相对强弱不同、主导价值观不同。德国哲学家斯普朗格在《人的类型》中提出了6种类型的价值区间：经济的、理论的、审美的、社会的、政治的和宗教的。心理学家G.W.奥尔波特等人据此编制了《价值观研究量表》，用于测量和研究价值观。下面是6种价值观取向的人的特点：

经济型：具有务实的特点，追求财富，对有用的东西感兴趣。

理论型：具有智慧、兴趣，求知欲强，富于幻想，重视用批判和理性的方法去寻找真理。

审美型：追求世界的形式与和谐，以诸如对称、均衡、和谐这类的美的原则来评价事物。

社会型：热心社会活动，尊重他人价值，利他和注重人文关怀。

权力型：追求权力、影响和声望，喜欢支配和控制他人。

宗教型：认为最高的价值是统一和整体，相信神话和命运，试图把自己与宇宙联系起来。

行为科学家格雷夫斯（Graves）为了把错综复杂的价值观进行归类，曾对企业组织内各式人物做了大量调查，就他们的价值观和生活作风进行分析，最后概括出以下7个等级：

第1级——反应型：这种类型的人意识不到自己和周围的人是作为人类而存在的。他们是照着自己基本的生理需要做出反应，而不顾其他任何条件。这种人非常少见，实际等于婴儿。

第2级——部落型：这种类型的人依赖成性，服从于传统习惯和权势。

第3级——自我中心型：这种类型的人信仰冷酷的个人主义，自私和爱挑衅，主要服从于权力。

第4级——坚持己见型：这种类型的人对模棱两可的意见不能容忍，难于接受不同的价值观，希望别人接受他们的价值观。

第5级——玩弄权术型：这种类型的人通过摆弄别人，篡改事实，以达到个人目的，非常现实，积极争取地位和社会影响力。

第6级——社交中心型：这种类型的人把被人喜爱和与人相处看得比自我发展还重要，受现实主义、权力主义和坚持己见者的排斥。

第7级——存在主义型：这种类型的人能高度容忍模糊不清的意见和不同的观点，对制度和方针的僵化、空挂的职位、权力的强制使用，敢于直言。

这个等级分类发表以后，管理学家迈尔斯等人在1974年就美国企业的现状进行了对照研究。他们认为，一般企业人员的价值观分布于第2级和第7级之间。就管理人员来说，过去大多属于第4级和第5级，随着时间的推移，这两个等级的人渐被第6、7级的人取代。

二、价值观与职业发展的关系

价值观是一种基本信念，带有判断的色彩，代表了一个人对于什么是好、什么是对、什么会令人喜爱的意见，由于个人的身心条件、年龄阅历、教育状况、家庭影响、兴趣爱好等方面的不同，人们对各种职业有着不同的主观评价。由于社会分工的不同，各种职业在劳动性质和内容、劳动难度和强度、劳动条件和待遇、所有制和稳定性上都存在差别，再加上传统的思想观念的影响，各类职业在人们心目中的声望地位也有好坏高低之分，这些评价就形成了人们的职业价值观，影响着人们对就业方向和具体职业岗位的选择。大量研究表明，个人总是倾向于选择那些能满足其价值观追求的工作。因此，价值观在个人职业发展中发挥着重要的作用。

深度阅读

学生的不良职业价值观

从理论上来说，价值观的差异没有好坏之分，而且价值观也无法预测职业发展能否成功。但对于学生来说，不良的职业价值观确实会影响他们将来的求职和就业。

1.职业价值主体上的自我化倾向

有些大学生在择业时更加注重自我发展和自我价值的实现，或是以自我发展为最大追求，过分关注个体利益，无视国家和社会利益，社会责任意识缺失；或是以个性张扬为荣，推崇自我选择和自我肯定，喜欢在社会活动中表现自己。

2.职业价值标准上的现实化倾向

职业评价标准是职业价值观的核心，直接影响着大学生的职业目标和就业取向。一些大学生坚持“非大城市和省会城市不去、非行政事业单位不干、非央企和国企不进”的传统就业观念，这使得西部、边远地区基层的职业缺乏人才支持，而地理位置优越的大中城市和福利待遇好的行业却集聚了过量人才，造成国家重要人才资源配置浪费。

3.职业价值期望上的理想化倾向

职业价值期望不仅影响到大学生的职业选择与定向，而且影响到大学生的个人成长与发展。大学生是国家建设和实现伟大中国梦的重要力量，大学生对期望从事美好的职业理想与职业的实际选取和实现途径有较大的反差。在理想就业地点的选择上，当代大学生仍然表现为更愿意到开放发达城市就业。大学生往往对于高收入、稳定性好、有利于发展和晋升的职业青睐有加。

资料来源：侯万锋．当代青年职业价值观的不良倾向及引导［J］．高等继续教育学报，2015（6）：35-36.

（一）价值观对职业发展的驱动力

人类活动的动机源于需求，按照马斯洛的需求层次理论，人类的需求分为5个层次，即生理需求、安全需求、社会需求、尊重需求和自我实现需求，正是有了这些需求，人类的行为才有了强大的内驱力，满足这些需求的愿景就成了我们的价值观。通过前面的学习我们知道，大部分需求是通过职业满足的，于是这些需求就转化为我们的职业目标，就成了我们的职业价值观，它是我们职业发展的驱动力。

案例赏析

1997年韩小红从北京医科大学硕士毕业，到解放军总医院工作。后来到海德堡大学攻读医学博士。学成归国的韩小红本可以选择继续回医院，成为一个德高望重的专家、学者。但是“倔强”的韩小红不顾家人的反对，扔掉了令人羡慕的“金饭碗”，靠着自己的医学背景，在没有一点儿管理经验的情况下，创办了慈铭健康体检机构。她说：“我当了10年的肿瘤医生，面对的大多是晚期的肿瘤病人，他们就是因为没有体检，没有及早发现，到最后就无法治疗了。”

2004年，慈铭越做越大，韩小红刚尝到创业带来的喜悦，命运又跟她开了一个玩笑。父亲第一次到她的体检中心体检，就查出了癌症晚期，在父亲临终前三个月，韩小红又被诊断出胃癌。送走父亲，从病痛中走出来的韩小红，立刻全身心地进入了工作状态，她要让更多的人受益。在韩小红科学的决策和管理下，“慈铭”迅速成长，如今在全国已有几十家体检连锁机构。她在创建中国第一家针对健康人的专业体检中心时，提出了“为人民健康服务”的价值观念。也正因为这个观念，“慈铭体检”时刻关注百姓的健康需求，时刻关注健康体检质量，同时也成就了韩小红这个“重生女将”。

资料来源：百度百科．韩小红［EB/OL］．［2022-04-02］．https：//baike.baidu.com/item/%E9%9F%A9%E5%B0%8F%E7%BA%A2/8780750？fr=aladdin.

价值观是人们在生活和工作中所看重的原则和标准，是人们内在的驱动力。我们的价值观决定了我们的生活态度，从而决定了我们的职业取向，并影响了我们做出各种各样的职业选择，这种职业选择决定了我们的职业状况，从而也决定了我们的生活方式，这种方式又最终决定了我们的人生幸福感。价值观具有多样性，同时由于个人生涯发展阶段不同、社会环境不同，人们的需求会发生改变，价值观也会发生变化。案例中的韩小红把“为人民健康服务”作为自己的价值观，并为此一直坚持下去，不仅成功创业，还实现了个人的价值，被评为“北京影响力·影响百姓生活的十大人物”、“中国海归十大创业新锐”和“三八红旗手”。

（二）价值观对职业发展的激励作用

美国行为科学家弗雷德里克·赫茨伯格（Fredrick Herzberg）在其激励保健理论（Motivator-Hygiene Theory）中提出，保健因素包括公司政策、管理措施、监督、人际关系、物质工作条件、工资、福利等。当这些因素恶化到人们认为可以接受的水平以下时，就会让人对工作不满意。但是，当人们认为这些因素很好时，它只是消除了不满意，并不会产生积极的态度，这就形成了某种既不是满意又不是不满意的中性状态。那些能带来积极态度、满意和激励作用的因素就叫作“激励因素”，这是那些能满足个人自我实现需要的因素，包括：成就、赏识、挑战性的工作、增加的工作责任，以及成长和发展的机会。如果具备了这些因素，就能对人们产生更大的激励。从这个意义出发，赫茨伯格认为传统的激励假设，如工资刺激、人际关系的改善、提供良好的工作条件等，都不会产生更大的激励；它们能消除不满意，防止产生问题，但这些传统的“激励因素”即使达到最佳程度，也不会产生积极的激励。按照赫茨伯格的理论，价值观对职业发展具有激励作用，但前提是我们的职业价值观应该定位在满足自身较高层次的需求上，以及在工作中我们应该更多地去追求自我价值实现，才能有更好的工作业绩。

（三）价值观对职业选择的影响

著名的职业辅导理论家戈特弗雷德森（Cottfredson，1981）在其职业选择上的限制与妥协理论中提出，在西方，当人们遇到环境限制时，在职业选择上最先放弃的是兴趣，其次是社会地位，最后是性别角色。但对美籍华人的调查表明，他们最后放弃的是社会地位。“社会地位”、“兴趣”或“性别角色”在人们心目中的重要程度如何，体现了不同社会群体的价值观，通常被称为文化价值观。由于个人是生活在社会群体当中的，所以文化价值观很容易为个人所采纳，从而对个人的职业选择产生影响。通常情况下，学生在有诱因的条件下均会忽略自己的兴趣而选择热门的科系或工作。

值得注意的是，单独把文化价值观作为影响人们外显行为的主要因素是不可取的，人们的价值取向和职业选择还会受到社会外部结构——政治和经济结构的影响。

小练习

价值观对我生活的影响

请你回顾在以往生活中所做出的重大决策，以及决策之前围绕这一事件所产生的不同意见（自己、父母、师长、朋友或其他重要的人）。想一想：在这些意见的背后，是否体现着不同的价值观？试着把这些价值观写下来。

资料来源：佚名．我是谁——价值观探索［EB/OL］．［2022-04-02］．https：//wenku.baidu.com/view/09a1b0670229bd64783e0912a216147916117e69.html？fr=income1-doc-search.

在我们的日常生活中，同样可以看到价值观对我们的巨大影响。比如，你的父母是不是常常用他们的价值标准来影响你进行专业、职业方面的选择？而当你的观点与他们的意见发生分歧的时候，这种冲突是否也是不同价值观之间矛盾冲突的体现？

三、价值观探索

案例赏析

孙同学，男，汉族，22岁，经济管理学院市场营销专业大三学生。学习优秀，专业技能良好，所学最感兴趣的课程是销售管理、市场分析、市场调研与预测等一些经济管理方面的课程。平时较为喜欢文学、体育、历史、政治、地理等百科知识；热爱吟诗作词，喜欢美国男子职业篮球联赛（NBA），还热衷于探讨政治，喜欢收看央视节目中的《探索发现》等。此外，这位爱好广泛的大学生，性格上偏内向，外表平静但内心火热，喜欢自我学习，喜欢超越自己的感觉，还喜欢幻想未来的一幕幕美好场景。随着时间的流逝，孙同学心中从高中就存在的焦躁情绪近来愈发强烈。即将毕业，面对因供养自己上大学，依然每日操劳的父母，想起过去家庭艰难的场景，他想早点离开学校，自己创业，这样可以改变家庭现状，让父母有个幸福的晚年，学有所用，又能实现自我价值。但他始终不明白自己适不适合创业，怎么才能实现自主创业，创办什么的企业？特别是父母家人不支持自己创业，希望自己从事比较稳定、保障性好的工作。

资料来源：佚名. 大学生职业生涯规划案例分析［EB/OL］.［2022-04-02］. https：//wenku.baidu.com/view/a8364ed2adf8941ea76e58fafab069dc5022470a.html.

由于学生处于当今多元选择的社会，难免会受到各种价值观的影响，这些价值观可能是来源于本国社会的文化价值观，如中国传统文化中，人们对社会地位、身份的重视，可能会诱导一些大学生去参加公务员考试，去从政；也可能来源于与自己有着重要关系的人，如父母、老师。但究竟什么对大学生来说是最重要的，自己究竟要从未来的职业当中获得什么，也就是自己的价值观到底是什么，他们却未必那么清楚。而价值观在我们确立生涯目标或职业选择中起着非常重要的主导作用，我们每个人都有一套独一无二的价值系统，当你为了制定一个明智的职业决策而寻求自我认识时，你需要明确哪种价值最符合你自己的个性，需要澄清自己的个人价值观以及职业价值观。

（一）价值澄清理论概述

价值澄清理论产生于20世纪60年代的美国，是一种价值教育、道德教育的新方法，20世纪70年代后被广泛应用于美国、加拿大等国的学校道德教育课程。

价值澄清理论假设：人们处于充满相互冲突的价值观的社会中，这些价值观深刻影响着人们的身心发展，而现实社会中根本就没有一套公认的道德原则或价值观。根据这一假设，教师不能把价值观直接教给学生，而只能通过分析评价等方法，帮助学生形成适合本人的价值观体系。所以，正如价值澄清学派的基尔申·鲍姆所说的，价值澄清可被定义为利用问题和活动来教学生评价的过程，而且，帮助他们熟练地把评价过程应用到生活中价值丰富的领域。

在运作过程中，价值澄清方法论强调4个关键因素：一是要以生活为中心，主要解决生活中的问题；二是要接受现实，即原原本本地接受他人，不必对他人的言行进行评价；三是要求进一步思考、反省，并进行多种选择；四是培养个人深思熟虑地进行自我指导的能力。除了要考虑这4个因素外，还要按选择、珍视、行动3个阶段，7个步骤（即自由选择、从多种可能中选择、对结果深思熟虑地选择、珍惜爱护自己的选择、确认自己的选择、依据选择行动、反复地行动）来进行操作。

价值澄清方法论结合实际，设计了价值澄清的具体方法，除交谈、书写、讨论、预知后果的扩展等4大策略外，还有19种其他策略。如价值表书写策略，就是为那些不适于讨论，便于人们书面自由作答的问题设计的。受教育者在表格中填入问题，写出自己的看法，再按7个步骤进行评估，由此来帮助受教育者选择、确立适于自己的价值观念。

价值澄清方法在西方各国传播很快，应用较广，对西方现代道德教育影响较大。之所以如此，是因为这一方法重视现实生活，而不像其他道德教育流派开始就以一种哲学理论为依托，而且是针对西方无所适从的道德教育实际提出来的，具有可操作性和实效性，因而受到人们的欢迎。

（二）价值观澄清的步骤

美国学者路易斯·拉恩斯（Louis Raths）认为通过3个阶段（7个步骤）可以澄清价值观：选择、珍视、行动。

所谓选择，是指在没有任何压力的情况下选择价值观，不考虑他人的压力，也不考虑其他的价值观念。所谓珍视，是要明确是否对一个价值观有着强烈的感觉并十分珍惜，是否乐于向他人公布自己所珍视的价值观。所谓行动，是指确认是否能够用行动来支持所选择的价值观，并始终如一地根据你的选择行动。

具体的方法是通过回答问题的方式来完成澄清。

1.选择

（1）它是你自由选择的，没有来自任何人或任何方面的压力吗？

（2）它是你从众多的价值观中挑选出来的吗？

（3）它是在你思考了所做选择的结果后被挑选出来的吗？

2.珍视

（1）你是否珍视你的价值观，或者为你的选择感到自豪？

（2）你愿意公开向其他人承认你的价值观吗？

3.行动

（1）你的行动是否与你选择的价值观一致？

（2）你是否始终如一地根据你的价值观来行动？

当我们确定自己要选择某一职业时，如果能对上述问题都做出肯定的回答，那么就说明该职业是符合自己的价值观的。如果对于其中的某些问题回答是否定的，那么就需要思考一下该职业赋予我们的是不是真的是我们想要的。比如有的学生认为自己的价值观是赚很多很多钱，但当问他们“如果你有了花不完的钱的时候，你最想做什么？”的时候，很多学生的回答是去做公益或帮助穷人。这个时候，他们就应该澄清一下自己的价值观到底是追求财富还是协助他人。

价值观的澄清有时是很痛苦的，也是一个需要投入大量精力去艰苦探索的过程，但其意义是非凡的。早一日明确自己想要什么，便早一日获得幸福。

深度阅读

洛克奇提出的13种生涯价值观见表2-5。

表2-5　　洛克奇提出的13种生涯价值观

价值观类型	特征
成就感	提升社会地位，追求社会认同；希望工作得到他人认可，对工作的完成和挑战成功感到满足
美感	能多角度欣赏周围的人、事、物，或个人认为重要而且有意义的其他事物
挑战	喜欢运用聪明才智解决困难；能舍弃传统方法而选择创新方法处理各类事务
健康	注重生理和心理健康；处理事务能够免于焦虑、紧张和恐惧；能够心平气和地应对各种挑战
收入与财富	工作可以明显、有效地改变个人财务状况；希望获得金钱所能换取的东西
独立性	能有弹性地工作，可以掌握个人时间和行动，有较高自由度
爱、家庭、人际关系	关心他人，与人分享，协助他人解决问题；体贴和关爱他人，对他人慷慨
道德感	力图避免个人行为与组织的发展目标、价值观、宗教观和工作使命的冲突并紧密结合
欢乐	享受生命，结交新友，乐于与人共处，共同享受美好时光
权力	能影响或控制他人，使他人按照自己的想法去行动
安全感	能满足基本需要，有安全感，不受突如其来的变故冲击
自我成长	追求知识刺激，寻求圆融人生，在智慧、知识与人生的体验上有所提升
协助他人	体会到个人付出对团体的帮助，他人因自己的行为而受惠颇多

资料来源：雀之南．洛克奇在1973年提出的13种价值观［EB/OL］．［2022-04-02］．https：//zhidao.baidu.com/question/326969598456838845.html.

（1）什么是价值观？

（2）价值观与职业的关系如何？

（3）如何探索自己的职业价值观？

（4）自我评估小练习：

想象一下，在你面前正站着一个魔法师，只要你说出在职业中最想实现的愿望，他就可以挥动手臂，念一句咒语，帮你实现。这样的机会只有一次，你会跟他说什么？

思考题：

1.霍兰德职业兴趣包括哪些类型？

2.测试自己的MBTI职业性格类型。

3.思考你的价值观是什么。

第三章　知识链——强化理论

第一节　创业者

一、创业者的定义

创业者的定义分为狭义和广义两种：狭义的创业者是指参与创业活动的核心人员，广义的创业者是指参与创业活动的全部人员。一般情况下，在创业过程中，狭义的创业者会比广义的创业者承担更多的风险，也会获得更多的收益。

二、创业者的类型

（一）按创业主体分类

个人创业：以个人为主并雇用部分员工进行的简单创业活动。

公司创业：两个或多个人合伙，按现代企业制度正式注册，并建立一套完善的管理和工作制度进行创业的活动。

（二）按起点类型分类

创建新企业：利用新发现和掌握的商机创建新企业，通过产品创业和管理创业实现盈利的创业活动。

公司再创业：通过产品革新和管理营销模式的革新使企业获得更强生命力的创业活动。

（三）按层次不同分类

基于产品的创新：在原有设备不变的情况下，通过对新产品的开发生产进行的创业活动。

基于市场营销模式的创新：生产产品未变，或面对市场同类产品的竞争，采用新的营销理念、方法、模式进行的创业活动。

基于企业管理体系的创新：以企业原有规章制度、工作程序、分配方式等一系列管理体系进行改革完善的创业活动。

三、创业者的素质

爱尔兰著名作家萧伯纳说："创业和罗曼史一样，傻瓜都可以试试，但要取得成功，则需要一定的才气。"可以说，并不是每个有创业激情的人都可以成功创业，其根本原因在于创业者自身是否已经具备了一个创业者应该具有的素质和条件。

（一）创业者的身体素质

身体素质顾名思义就是个人的身体体能和健康水平。俗话说："身体是革命的本钱"，做任何事情都需要有个好身体，创业尤其如此。因为创业所涉及的事物是非常复杂的，特别是在创业初期，要涉及大量的业务内容。在工作队伍还没有完全组建起来的时候，很多工作都必须创业者亲力亲为，这就需要创业者有良好的身体素质。如果没有一个好身体，很可能折腾几次就累倒了、压垮了，创业也就无从谈起了。

（二）创业者的心理素质

创业心理是创业过程中对心理和行为起调节作用的个性主观反映。从心理学角度分析，可以将创业心理分解为认知性心理和非认知性心理。认知性创业心理包括感情、记忆、思维、想象等，它为创业活动提供智力支持；非认知性创业心理包括动机、情感、意志、性格等，它为创业活动提供精神动力。

创业者的心理素质对创业活动有非常重要的影响。从某种程度上来说，创业本质上是人们心理素质的较量，创业的成功在很大程度上取决于创业者的心理素质。创业心理最主要的内容，即创业者最重要的心理素质包括以下几个方面：

1.强烈的成就欲

成就欲即追求成功的欲望，成就欲是一种特殊类型的动机。成就欲强的人，把通过努力而取得成就看作人生最有意义的事情，他们为了取得成就而愿意付出更多努力，即使遇到再大的困难或遭遇巨大的挫折也在所不惜。

强烈的成就欲几乎是绝大多数创业者共同的特征。创业者往往都有一种不甘平庸、不愿默默无闻和不满足于现状的心理，从而渴望通过努力创造出不平凡的业绩。正是在这种心理的推动下，创业者们才走上了共同的创业之路。

2.坚定的信念

信念即在对自己理想的坚信和对自己价值观认同的基础上，对美好未来持肯定态度，是一种稳定的强大的自我心理暗示。创业者对自己所进行的创业活动要有必胜的信念和坚决执行的态度。只有坚定的信念才会产生坚决的行动，对创业全情投入，创业才有可能成功。否则，对自己的创业活动信念不坚定，半信半疑，犹豫不定，就不可能全情投入，成功的概率自然就小。

坚定的信念和一个人的自信心密不可分。自信就是自己相信自己，即一个人对自身的能力和价值的确信无疑和高度肯定。自信是一个人获得成功的必备心理条件。一个不相信、不肯定自身能力的创业者，不可能品尝到创业的硕果。

3.顽强的意志

意志是人们自觉地确定目标，并更具目标支配和调节行动，克服多种障碍和困难，进而实现预定目标的心理过程。创业是一个漫长、曲折、艰辛的过程，要求创业者必须具备顽强的意志力，从而增强独立性、果断性、坚定性和自制力，坚定目标、克服困难、艰苦奋斗，最终取得创业成功。

顽强的创业意志也能帮助创业者削弱因创业不顺而带来的负面心理，增强创业者的心理承受能力，使其保持积极向上、乐观勇敢的心理状态。在创业过程中，人们随时会碰到困难和挫折，甚至还会遭遇致命的打击，在这种时候，强大的心理承受能力和积极的心态能对创业者起到很好的保护作用，从而对创业的成败产生重大影响。

案例赏析

失败后的重生

38岁的杨辉有着广州男人的特质——说话不疾不徐，喜欢享受生活。大学毕业后的10多年里，他一直在IT企业做程序员。由于职业的原因，他患上了“电脑综合征”，缓解症状最有效的方法就是多看一些绿色植物。他曾买回几件盆栽和小鱼缸，但疏于侍弄，往往是菜枯鱼死。

在美国、澳大利亚参观时，杨辉被“养鱼不换水，种菜不施肥”的鱼菜共生系统吸引。其原理是，在一个封闭的环境中，建立鱼、蔬菜、衍生物的循环链。相比传统种植，它最大的特点是能节约90%的用水量，并且种菜不用施肥喷农药，养鱼也无须换水。唯一的成本就是鱼食。根据英国鱼菜共生协会的数据，使用0.5千克鱼食，至少能产出50千克蔬菜和1.5千克鱼肉。

回国后，杨辉和朋友成立了“都市农耕俱乐部”。但中国城市家庭一般只有几平方米的阳台，办公室“舞台”更小。怎么办？杨辉设想把它统统浓缩进“盒子里”。

经过了20次失败之后，在制作“种子农场”之前，杨辉查阅了大量资料，其中穆雷·哈勒姆出版的教程，被他视如珍宝。这是一位在圈子里鼎鼎有名的世界级“牛人”，被称为“农业传教士”。

画图、找原材料，他的家中很快堆满了工具和配件，电钻、PVC水管、打孔器等，花了他2万多元。20××年3月，杨辉做出了第一套鱼菜共生系统。但一个月后，鱼死了，菜也枯了。

为了找到适合中国气候环境的植物和鱼类，杨辉和伙伴们尝试了1年，小白菜、袖珍椰子、吊兰、金鱼……一一放进种子农场做试验。他还到华南农业大学请教，但问题依然层出不穷，直到20××年6月，杨辉的第21件“作品”出炉：4个种植槽下面是一个鱼池，池里养着罗非鱼，池水带着鱼儿的排泄物被抽到旁边的植物槽，瞬间就变成了植物的营养剂，被植物根系净化过的水，又重新放进鱼池。整套鱼菜共生装置看起来设计简单，由普通的PVC水管、抽水泵和塑料槽组成。占地4平方米，却能满足一家三口的吃菜问题。

杨辉和仅剩的3名研发伙伴最终获得成功，打造出了属于中国人的“盒子农场”，并申请了专利。

资料来源：佚名. 农村的个人创业故事［EB/OL］.［2022-05-02］. https://www.diyifanwen.com/tool/gushidaquan/1324038.html.

4.适当的胆量

创业总是具有一定的风险。机遇和风险相伴而生，当一个创业机会出现时，风险肯定会随之而来。对于创业者来说，只有敢于冒险才能果断地抓住机会。冒险和创业者的胆量密切相关，只有具备足够的胆量，才有可能采取冒险行为。胆子太小，前怕狼后怕虎，不敢承担风险的人，很难成为一个成功的创业者。

但是，胆子如果“太大”，过于喜欢冒险也不好。因此，胆量也要“适当”，即在具备较强的风险意识和风险管理知识的前提下，在对风险进行科学预测和评估的基础上，进行适当的冒险。

5.独特的性格

性格是一个人具有一定倾向性的心理特征的总和。性格会对一个人的行为产生一定影响。对于创业者来说，也存在适宜的性格和较不适宜的性格。一般而言，适合创业的人应当具有独立自主、乐观开朗、亲和力强、有责任感、勇敢勤奋、勇于创新、适应性强、诚实守信等性格特征。当然，由于性格具有可变性和不确定性，创业又是一个非常复杂的过程，性格和创业成功之间并不存在非常必然的关系。

（三）创业者的能力素质

1.创新能力

创业和创新密不可分，可以说，创新贯穿于创业的全过程。无论是寻找创业机会、产生创业点子、撰写创业计划、组建创业团队，还是筹建企业、经营管理企业，都离不开创新。因此，创新能力是创业能力的重要组成部分。

所谓创新能力就是创业者运用知识和理论，构想创意，完成创新过程，实现创新价值的能力。通俗地说，创新能力就是能够想出他人没有想出的“新点子”，走出他人没走过的“新路子”的能力。创新与创意能力是推动创业行为的内驱力，是产生创业行为的前提和基础。很难想象一个墨守成规、循规蹈矩的人能成为一个成功的创业者。

2.组织管理能力

创业过程是一个将人、财、物、信息、时间等各种要素进行有效组织管理的过程。特别是在企业初创阶段，这些要素资源是非常有限的，如何将有限的资源使用好，让他们最大限度地发挥作用，显得尤为重要。而这就要求创业者必须具备较强的组织管理能力，要善于用人、善于理财、善于经营。

3.学习能力

当今社会，从事任何事情都需要知识，创业也不例外。创业者若要从事创业活动，除了必须具备一定的同创业内容有关的专业知识（如开办网络公司要懂得足够的网络知识，开办房地产公司要懂得足够的房地产知识等）外，还必须具备同创业活动密切相关的知识，如创业法律知识、财务管理知识、企业管理知识等。而要掌握这些知识，必须依靠学习。

更重要的是，在知识爆炸、竞争激烈的当今社会，创业需要面对一个多变的、充满激烈竞争的环境，创业者必须随时了解各方面的信息，把握社会和行业发展的动态，掌握企业发展所需的新知识。这就要求创业者必须具备强大的学习能力。在一定程度上，创业者的学习能力是影响企业发展的关键因素。

4.决策能力

决策，简单地说就是选择，没有选择就没有决策。决定做或不做，都是在做选择，而在若干方案中选择一个方案的过程，就是一个决策的过程。决策能力是指决策者或经营管理者对某件事拿主意、做决断、定方向的综合性能力。对于创业企业的领导者来说，决策能力包括：经营决策能力、经营管理能力、业务决策能力、人事决策能力、战术与战略决策能力等。

5.沟通能力

企业不是一个封闭独立的组织，而是需要和社会各界交流信息、互通有无的团体。创业者在企业成长发展过程中，对外要和供应商、消费者、政府、媒体、同业竞争者处理好合作与竞争的关系；对内要和上级、下级和兄弟部门处理好分工与合作的关系。尤其是在企业遇到某些问题或者危机的时候，创业者的沟通协调能力、危机化解能力就显得至关重要。沟通协调能力强的创业者可以帮助企业解决问题、化解危机，获得新的发展机会；而缺乏协调与社交能力的创业者却会在问题面前无所作为、听之任之，企业甚至可能因为其不当言论或者不当的沟通协调行为而加重危机，甚至一蹶不振。

四、创业者的综合特征

创业者并不神秘，许多人身上都拥有创业者的基因，而阻碍我们成为创业者的往往是我们自己。我们会忽视自身拥有的创造能力，经常会主动抑制这个能力或没有激情来唤醒这个能力。通过观察无数成功或失败的创业者，不难发现，他们通常有以下几个共同的特点。

1.持续的好奇心

创业者永远不满足于对过去事物的认识，总是对未来的事物充满兴趣。他们愿意认识超越自己的业务和知识的外部世界，他们不拒绝新生的事物与思想，他们不以自己的经验作为判断事物正确与否的标准，他们是时尚思想的先行者，他们总是对自己的弱点好奇，对他人的成功好奇，他们是聆听者。对于创业，所谓的好奇心就是要有对环境、市场、技术及客户需求变化的高度敏感，并通过学习与实践为未来可能的变化做好准备。任何一种商业模式、产品、服务都有其生命周期，都有兴衰的过程。创业者要对变化的社会、变化的消费行为、变化的商业模式敏感。颠覆性的变化是渐渐开始的，许多过去很成功的企业一夜间成为历史，是因为它们失去了对发展趋势的敏感、对新的商业形态的认知和准备，从而导致其生命的终结。

2.冒险精神

冒险是创业者的基本精神。人生的变化基本上是在冒险和认命之间选择，冒险并不一定是选择了一个重大的事件和机会，也不只有领导者才有机会冒险。冒险精神是一种心态，表现为在进取与保守、奋斗与安逸之间进行选择。创造性地工作，对一个既有工作的改变就是在冒冲破现实的风险，日常许多行动都是冒险与不冒险的选择。社会需要大学生群体的冒险精神，因为有太多工作需要改进与突破。

冒险需要智慧，冒险的目的是成功而不是受伤。我们需要的是在冒险中控制风险并取得成功。学习与实践是防范风险的唯一手段。

3.激情

拥有激情就拥有财富，拥有快乐。拥有激情就能够以积极的心态来面对可能的困难。现实世界总是充满矛盾，社会从不存在真正稳定的公平。一个人可能会因为遇到一个困难、一件不高兴的事情而失去热情，或者唤醒了抱怨、愤怒的情绪；也可能会在面对和克服这些困难时变得更为成熟和睿智。一个人的态度、心智决定了他的前程。

创业者的性格是坚定的，他们将困难与挑战看成学习与成长的机会；创业者的心态是平和的，他们不骄不躁，愿意与他人沟通，并创造一个与他人共同成功的环境；创业者很不自我，他们总是在理解他人时来认识自己，他们宽容地看待别人，苛刻地要求自己，他们知道没有对个人行为和心智的不断修正，就没有快乐的工作与生活。

4.合作精神

获得成功的人往往是幸运者，他们的成功往往并不完全来自他们个人的智慧和努力，也来自他们获得的许多外部帮助。创业精神中非常重要的是合作的精神、集成的精神。

合作是一种能力，许多人因为没有合作精神而没有朋友；合作是一种态度，做事情只想自己而不想别人的人永远不会赢得尊重和持续合作；合作是一种分享，当自己可以分享的价值更多的时候，合作的机会也就更多；合作更是一种修炼，通过“给予”而“获取”是合作的本质。合作会带来更多的轻松和效率。通过合作将合作伙伴的能力变成我们的能力，将合作伙伴的商业目标变成我们的目标。要学会与所有的利益相关者共赢的艺术。

5.沟通与表达

良好的交流与沟通是求得理解、支持与帮助的有效途径，是排除不必要干扰而形成合力的有效办法。创业者要通过语言、文字等多种形式与周围的人进行有效的交流与沟通，提高办事效率，增加成功的机会。在创业过程中，需要与客户打交道，与公众媒体打交道，与外界销售商打交道，与企业内部员工打交道，这些交往、沟通，可以排除障碍，化解矛盾，降低工作难度，增加信任度，有助于创业的成功。

6.良好的心理与身体素质

所谓心理素质是指创业者的心理条件，包括自我意识、性格、气质、情感等心理构成要素。人们往往只看到创业者的成功，创业成功后的收益，而对于创业过程中的困难和失败不够重视。作为创业者，其自我意识特征应为自信和自主，其性格应刚强、坚忍、果断和开朗，其情感应更富有理性色彩。成功的创业者大多是不以物喜、不以己悲的，成功时不沾沾自喜，得意忘形；在碰到困难、挫折和失败时不灰心丧气，消极悲观。市场瞬息万变，创业者在创业中要承受来自各方面的巨大压力，适时地进行自我心理调节，并保持清醒的头脑，这是变压力为动力而不断前进、不断取得胜利的法宝。

创业是一项繁重和复杂的工作，创业者对健康风险要有充分的准备。创业者工作繁忙、工作时间长、压力大，如果身体不好，必然力不从心，难以承担创业重任。成功的创业者通常要在“不寻常的时间”处理事务，常常要工作到凌晨两三点，接着白天还要召开会议。因此创业者无论在什么情况下，都要培养积极乐观的心态、宽广坦荡的胸怀，要力争做到身体健康、体力充沛、精力旺盛、思路敏捷。

五、创业者的动机

（一）创业动机的含义

动机是激发和维持个体进行活动，并导致该活动朝某一目标发展的心理倾向或动力，它是构成人类大部分行为的动力基础。各国学者根据各自不同的研究背景和目的，对创业动机给出了不同的定义，主要分为以下几种：

（1）认为创业动机是创业意识和创业设想转换为创业过程的原始驱动力。

（2）认为创业动机是创业者在追求创业成功的路上形成的一种动力，激励创业者朝着创业成功的目标迈进。

（3）认为创业动机是创业者的一种个人意愿，影响着创业者发现商机、识别创业机会、确定商业计划、获取创业资源和管理经营创业企业。

（4）克服认为创业动机是创业者开展创业活动，达到创业成功的最终目标，它决定了创业者的创业行为方式，最终决定创业是否成功，决定所创办企业的规模和影响力。

（5）认为创业动机是创业者坚持不懈、最终实现创业梦想的原始激励和动力。

综上所述，创业动机是激发、维持、调节人们从事创业活动，并引导创业活动朝某一目标发展的内部心理过程或内在动力，是鼓励和引导个体为实现创业成功而行动的内在力量，是驱动个体创业的心理倾向或动力，是内化为创业者个体的目标，是激励创业者去寻找机会并最终实现创业成功的动力。

案例赏析

一只有故事的龙虾

在常熟中泾村，有一家名为苏州恒洋澳龙农业科技有限公司的企业，这是由常熟当地新型职业农民陶胜创办的企业，主要从事繁育和销售澳大利亚淡水龙虾。公司出品的龙虾打出的宣传口号为“一只有故事的龙虾”，这正是对这个85后小伙创业历程的概括。8年前，学计算机出身的陶胜，毅然从互联网行业转回到传统的农业，专攻水产养殖，经过不断摸索，陶胜的创业之路越走越宽。

在首届苏州市农村创业创新项目创意大赛决赛中，陶胜以“澳大利亚淡水龙虾繁育技术与产业模式创新”项目斩获初创组第一名，并在第二届江苏省农村创业创新项目创意大赛中再次获奖，同时获誉2018年度“苏州市十佳新型职业农民”。

1986年出生的陶胜，是常熟市尚湖镇人，父母都是农民。陶胜在常熟一所专科学校计算机专业毕业后，便在当地开了一家电脑店，做一些网络工程，算是圆了“创业梦”。开张没多久，他就接到当地一家上市公司的一笔小业务。陶胜抓住了这个机会，赢得了上市公司的信任，对方项目负责人索性把公司的一些网络工程包给了陶胜，生意起步了。

生意越往下做，压力也随之而来。陶胜的父母是地道的农民，种过地、养过蟹、种过葡萄……但随着年纪的增大，做不动了，土地撂荒了。面对家里30多亩干涸的蟹塘，陶胜总觉得遗憾，总想着能否把蟹塘重新利用起来。“但我不想养螃蟹，最好能弄点新品种，做市场上还比较少的项目，才会有前途。”

2010年，经过反复市场调研，在一番东奔西走之后，陶胜发现澳大利亚淡水龙虾具有较高的经济价值，国内很少有人养殖。陶胜毅然决定投资尝试澳大利亚淡水龙虾养殖。

但这一步似乎跨得太大，没有技术、没有经验的陶胜接二连三遭遇失败。陶胜花高价购进了2万尾澳大利亚淡水龙虾苗，但由于缺乏经验，第一次养殖时龙虾成活率很低，忙活了半年多，最终仅收获了200多只龙虾。陶胜没有气馁，而是仔细分析失败的原因。陶胜说，不懂就自学，向书本学，到外面去向老师傅学。陶胜全身心地投入到澳大利亚淡水龙虾的繁育中去，有时候在池塘边观察龙虾，一看就是半天，有时候怕惊扰到龙虾，就借用高清的摄像头，人躲在另一个地方，观察这些龙虾的生活习性。

作为一名85后新型职业农民，陶胜拥有超前创新的经营理念，他注册成立了农业科技公司，并且入驻中泾村的都市生态农业产业园，尝试依托“公司+基地+农户+售后指导+营销”的发展模式，为农户提供苗种、养殖技术指导，再对成虾进行回购等一条龙服务，对产品进行统一销售。经过发展，恒洋澳龙农业科技有限公司业务集配种、孵化、养殖、成虾、销售为一体，澳龙苗种年生产能力达到了1 400万尾，2019年苗种的销售额达到了1 200万元，成虾销售额超过了3 000万元，市场占有率达到60%。目前，公司在全国有4个育苗基地，600多个农户与陶胜合作养殖澳大利亚淡水龙虾。

资料来源：吴琼．新农民跨界养澳龙，基地跨越好几省［EB/OL］．［2022-05-02］．http://www.xhby.net/sz/yw/201911/t20191113_6402346.shtml.

（二）创业动机的理论

Gilad 和 Levine 在 1986 年提出了创业动机的“推动理论（push theory）”和“拉动理论（pull theory）”。“推动理论”指出，个体是被外在的消极因素“推着”去创业的，例如对当前工作不满意、寻找工作困难、工资低、非弹性工作制等，这些消极因素激活了潜在创业者的才能；而“拉动理论”认为，个体在创业活动中被寻求独立、自我实现、财富及其他合理的结果所吸引。

Rindova、Barry 和 Ketchen 在 2009 年从解放（emancipation）的视角对创业过程进行了阐述。他们指出个体创业的目的是打破权威束缚，追求自主，改变他们目前的社会地位，努力消除各种约束因素。

（三）创业动机结构模型

各国学者根据各自不同的研究背景和目的，对创业动机进行了研究。Kuratko、Hornsby 和 Naffziger 于 1997 年在总结前人研究的基础上，对来自美国中西部的 234 名创业者进行了结构化访谈，经过对数据进行收集和分析，提出了创业动机的四因素结构模型，包括：外部报酬（Extrinsic Rewards），独立/自主（Independence/ Autonomy），内部报酬（Intrinsic Rewards），家庭保障（Family Security）。具体各因素所包含的指标如表 3-1 所示。

表3-1　　Kuratko、Hornsby 和Naffziger创业动机四因素模型

维度	外部报酬（Extrinsic Rewards）	独立/自主（Independence/Autonomy）	内部报酬（Intrinsic Rewards）	家庭保障（Family Security）
指标	获得个人财富 增加个人收入 增加收入机会	人身自由 个人保障 自我雇佣 是自己的老板 控制自己的职业命运	得到公众的认可 迎接挑战 享受兴奋 个人成长证明自己的能力	家庭成员将来的保障 建立一个可以传承下去的家族企业

不同的人有不同的创业动机，有的人是迫于谋生压力所进行的被动创业，比如下岗工人、找不到合适工作的大学毕业生；有的人是外在的偶然因素引发的主动创业，比如掌握了某些新技术，发现了某个市场机遇；有的人是为了迅速致富以提高物质生活水平；甚至有的人把创业当作某种娱乐手段。研究表明，创业动机大致有以下几种分类。

1. 正向影响因素：发现了新的商业机会，拥有的专业技能在市场上发现了商机，国家出台鼓励自主创业的优惠政策，自身的专利项目得到风险投资的赏识和认可等，在这样的情况下，产生的创业想法，进行的创业活动。

2. 负向影响因素：找不到工作或找不到合适的工作，公司裁员，家庭经济负担加重，在现在公司发展空间小等，在这样的情况下，产生的创业想法，进行的创业

活动。

3.自身内部影响因素：生存的需要，有自己的自由时间，有丰富的人际网络，想自己当老板，不愿意给别人打工，想成就属于自己的一番事业等。

4.自身外部环境影响因素：公司倒闭、就业困难、政府出台创业扶持政策等。人人都是潜在的创业者，不同的阶段有不同的设想，基于创业设想开展创业活动。但与就业相比，真正实践自己创业想法的人还是少数。这就需要外部环境因素去激发他们迈出创业的第一步，把创业设想变成创业行动。

5.以创业需要为基础的创业动机：生存需要，物质享受，个人发展，想拥有更多的自由时间，喜欢接受新鲜事物，勇于挑战，受父母或偶像企业家影响，喜欢自己当老板，能够有空间发挥自己的个人专长和经验。

（四）影响创业动机的因素

创业是有价值的创业机会与富有创业精神的创业者的有机结合，创业活动的主体是创业者。创业动机强烈的人会投入较大的精力探寻创业机会，或者说由于潜在收益的诱惑，激发了创业动机，使之成为一名创业者或创业团队成员。前面描述了创业动机的内容，下面讲述的是创业动机产生的驱动因素。

创业动机的驱动因素主要包括人格特质、个人背景因素、自我效能感和环境因素等，其中，人格特质、个人背景因素、自我效能感是推动创业动机产生的主动因素，环境因素则是拉动创业行为的被动因素。

1.人格特质

个性特质是创业者创业动机的重要驱动因素之一。现代心理学研究发现，五大人格特质包含或者构成了现今发现的大多数人格特质，这五大特质因素分别为：经验开放性（Openness to experience）、尽责性（Conscientiousness）、外向性（Extraversion）、亲和性（Agreeableness）、情绪不稳定性（Neuroticism）。

根据观察，创业者们大部分在经验开放性和外向性方面具有明显的表现，所以，经验开放性和外向性与个体创业倾向存在显著相关，是产生创业动机的重要动力；此外，尽责性与情绪不稳定性也是创业动机的影响因素，但是情绪不稳定性创业者的创业动机往往变化大、持续性差；亲和性则会对创业过程具有显著的影响。

2.个人背景因素

个人背景主要包括家庭背景、教育背景、年龄、成长环境等。社会学理论认为，个体的行为差别很大程度上源于成长过程中不同的经历。创业者的成长环境和经历影响着他们的创业倾向和创业行为的发生。

（1）家庭背景的影响。家庭背景对创业者的创业倾向具有显著影响。父母具有成功创业经历或父母拥有公司的人更多选择自己创业，而选择就业的概率相对较低。有成功创业经历或拥有自己公司的父母在子女的家庭教育中，会有意识或者无意识地把自己的成功经验和价值观灌输给子女，在子女进行创业决策时往往会给予更多正面的影响，也会在资金和经验上给予更多的支持。

（2）教育背景的影响。各种调查发现，学历本身并不影响创业的成功率。高中学历的创业者成功率甚至要超过大学专科以上学历的创业者。但是高学历和所学专业仍然会对创业活动具有显著的影响。Barkham在1993年指出，教育水平更高的企业家更容易创立更大的企业。他也发现以前有过相关创业经历的企业家更容易承担更大的风险。他还发现具有更多市场、管理和相关技术的企业家常常与更大的公司联系在一起。

（3）年龄的影响。学者研究发现管理者的年龄是企业成功的一个很重要的因素。心理学研究表明：25~29岁是创造力最为活跃的时期，这个年龄段的青年正处于创造能力的觉醒时期，对创新充满了渴望和憧憬，他们思维活跃、创新意识强烈，同时所受的约束和束缚较少。

而在性别方面，学者们认为在创业活动中性别并不会扮演特别的角色，只要具备目标导向与热忱特质的人就有可能创业。

可见，企业家的个人背景因素包括家庭影响、年龄、教育背景和工作经验等，对其创业动机和创业活动的开展具有显著影响。

3.自我效能感

自我效能感的概念被引入创业研究领域，并成为预测创业行为的重要方法，被重新定义为“创业自我效能感”（Entrepreneurial Self-efficacy，ESE），意思是“个体相信自己能够成功扮演各种创业角色，并完成各项创业任务的信念强度”（Boyd&Vozikis，1994）。

高自我效能感的人为了实现自己的目标会更多地投入，在遇到困难和失败时会更加坚定自己的方向，并设置更高目标。拥有高自我效能感的个体具有高创业倾向。相信自己会创业成功的人，不但具有更高的创业倾向，并且成功率也会显著高于不自信的人。只有对自身创业成功有自信的创业者，最后才能在创业的浪潮中脱颖而出，真正实现自身的创业梦想，实现成功创业。

4.环境因素

每个人都有创业动机，但是强度不同。主观因素是部分原因，创业动机更受到环境的影响。“即便是一个人拥有创业的想法，而且具备了创业家的个性特质，他们也需要来自他人的支持，以鼓励他们去实现自己的理想”（Greenberger & Sexton，1988）。影响创业动机的环境因素有经济环境、政策环境、人文环境等。

（1）经济环境

经济环境是指构成企业生存和发展的社会经济状况和国家经济政策，是影响消费者购买能力和支出模式的因素，它包括收入的变化，消费者支出模式的变化等。企业的经济环境是指企业面临的社会经济条件及其运行状况、发展趋势、产业结构、交通运输、资源等情况，是制约企业生存和发展的重要因素。

经济环境因素会影响创业者创业的动力、创业的机会、创业的难易程度和创业成功的可能性。例如，自2007年以来，随着国内金融和税收政策的调整、新劳动合同法的实施、人民币升值等一系列宏观政策密集出台，以及能源原材料价格上涨、国内通货膨胀加剧、世界经济增长速度下降、美国次级债风波等外部环境出现的新形势，我国宏观经济环境发生了急剧变化。这种变化已经直接威胁到我国大量中小企业的生存和发展，更影响创业者的信心和新创事业的开展。

（2）政策环境

政策环境是指国家和各级政府为鼓励创业出台的各项优惠政策，包括融资、开业、税收、创业培训、创业指导等诸多方面。对打算创业的大学生来说，了解这些政策，才能走好创业的第一步。国家鼓励大学生自主创业政策包括以下几类：

第一，放宽市场准入条件。初创企业时，允许按行业特点放宽资金、人员准入条件，注册资金可分期到位；按照相关规定可将家庭住所、租借房、临时商业用房等作为注册地点及创业经营场所。

第二，享受资金扶持政策。对于符合条件自主创业的高校毕业生，可在创业地按规定申请小额担保贷款；从事微利项目的，可享受不超过10万元贷款额度的财政贴息扶持；合伙经营和组织起来就业的，可根据实际需要适当提高贷款额度。

第三，实行税费减免优惠。毕业2年以内从事个体经营时，自在市场监管部门首次注册登记之日起3年内，可免交管理类、登记类和证照类等相关行政事业性收费；持“就业失业登记证”的高校毕业生在毕业年度内从事个体经营的（除建筑业、娱乐业以及销售不动产、转让土地使用权、广告业、房屋中介、桑拿、按摩、网吧、氧吧外），3年内按每户每年8 000元为限额依次扣减其当年实际应缴纳的营业税（营业税改增值税之前的政策）、城市维护建设税、教育费附加和个人所得税。

第四，提供培训指导服务。对于在毕业年度内参加创业培训的高校毕业生，根据其获得创业培训合格证书或就业、创业情况，按规定给予培训补贴；进入“高校学生科技创业实习基地”创办企业，可以享受减免12个月的房租、专业技术服务与咨询、相应的公共设施以及公共信息平台服务等；在办理自主创业行政审批事项时，可以通过“绿色通道”享受联合审批、一站式服务、限时办结和承诺服务等；各城市应取消高校毕业生落户限制，允许高校毕业生在创业地办理落户手续（直辖市按有关规定执行）；自主创业申报灵活就业的高校毕业生，各级公共就业和人才服务机构按规定提供人事、劳动保障代理服务，做好社会保险关系接续工作。如辽宁省政府设立“辽宁省大学生创业资金”5 000万元，专项用于对大学生创业的资金扶持。同时，建立了辽宁省大学生创业教育实训基地，为大学生创业搭建系统平台、提供指导和服务。大学生有创业项目可申请进入省大学生创业教育实训基地和各级创业基地进行项目孵化，并享受其提供的相关政策和服务。

（3）人文环境

环境对创业动机的影响体现在很多方面。比如社会舆论的影响，如果大多数人对创业活动抱有肯定和支持的态度，那么作为生活在社会中的个人必然会具有更强的创业倾向。而人们对于新企业和新生事物的接受程度，也会明显影响人们的创业倾向。

大学环境对于大学生创业也有很大的影响。如果学校本身对创业教育投入较大，学生也会产生较强的创业倾向。其中影响力较大的有：学校的创业支持服务体系；学校对于与创业相关的课程设置；学校对创业活动在精神以及物质上的鼓励等，比如学校举办的创业竞赛以及为此设立的奖项、奖金等。

六、创业者的能力

（一）创业能力的含义

能力是以人的先天条件为基础，经过后续获取的知识、技能、经验而综合形成的。创业能力分为硬件和软件，硬件就是人力、物力和财力；软件就是创业者的个人能力，包括专业技能和创业素质。

创业素质包括创业热情、态度、价值观、性格和工作能力，其中任何一个方面都是可以再细分的。

（二）创业能力的类型

创业能力直接影响创业活动的成败，创业活动的每个过程都不能脱离创业能力，创业能力与整个创业过程密切相关。因此，探讨创业能力，必须与创业活动过程紧密结合起来，从创业活动的有效开展出发，去识别、归纳创业能力的影响因素。

创业能力体现在创业过程中，包括识别机会能力、领导决策能力、获取资源能力、经营管理能力、创新创造能力和抵御风险能力等。

1.识别机会能力

一般来说，当出现新型购买群体，或者有消费者没有满足的需求，或者出现满足消费者需求的新方法、新手段或新工艺时，就有了市场机会。市场机会识别是创业领域的关键问题之一，它是创业的起点。

创业过程就是围绕机会进行识别、开发、利用的过程。如何正确地识别并判断市场机会是创业者应当具备的重要技能，例如产品和市场的分析能力、市场容量的科学预测能力、产品或服务的设计与开发能力、工艺与技术能力、生产与制造能力、营销能力的匹配度检验能力等。

2.领导决策能力

在创业活动中，几乎每个阶段都离不开创业者的决策，创业项目的选择、企业产品的定位、企业的发展战略、企业的商业模式以及盈利模式等，都需要进行判断。能否做出一个正确的决策，直接关系着创业的成败。

3.获取资源能力

资源条件是创业能力的重要构成部分，但创业资源优势是有限的，必须要合理计划和利用好有限资源，才能实现成功创业。创业资源并不是创业者100%必须具备的，但至少应具备其中一些重要条件，并有足够的能力来获取其他条件。

很多创业者认为，只有所有的资源条件都具备了才能创业成功，这种想法显然是不对的。在创业初期，很多创业者都会缺少一些资源，如果等所有的资源条件都到位再进行创业实践的话，很多商机可能就已经流失了。所以，创业者要善于整合并利用资源，只有这样才能创业成功。

4.经营管理能力

经营管理能力是对企业经营活动的组织、管理及运营的能力，它涉及企业中人、财、物、信息等各项资源，以及对这些资源的计划、组织、指挥、协调和控制的能力。试想如果一个创业者不具备经营管理能力，他将如何管理公司，如何实现创业成功?

5.创新创造能力

具有创新创造能力，是创业者化解外界风险和获取竞争优势的有效途径。企业只有不断地创新，不断研发新产品，不断为客户提供优质的人性化的服务，才能确保企业的可持续发展，才能确保企业立于不败之地。创业者必须有创新能力，才能确保企业不断发展。

6.抵御风险能力

创业意味着风险，这是对创业者心理素质的全面考验。在创业中，需要创业者有充分的心理准备来面对创业风险，抵御创业风险。创业者将如何面对创业失败，将如何确保创业失败不会影响家庭的正常生活，其抵御风险能力就显得尤为重要。

（三）大学生创业能力的培养路径

根据国外高校开展创业教育的经验，创业教育通常会经历三个阶段，即第二课堂、通识教育、专业教育，三个阶段在形式上是相辅相成的，在路径上是递进式发展的。

1.在专业教育中培养创新和挖掘行业前沿领域市场机会的能力

创业的本质是一种求新求变的精神，创业教育的宗旨是引导大学生关注变化的世界和商业机会。

首先，教育主管部门应引导高校将创新创业教育融入人才培养全过程，构建一体化人才培养方案；其次，高校要充分考虑学科发展、社会需求和学生成长需要，并根据各门课程对专业培养目标的贡献，重新设计教学计划的结构和次序，以及课程之间的对应关系，建立一体化课程体系，增加创新实践学分的比重，改革授课模式和课程考核模式，以创新性问题的提出和解决方案作为重要的考核内容，鼓励学生依托所学专业，关注行业前沿；最后，大学生应该提高自主学习能力，关注所学专业领域的变化趋势，积极阅读文献，夯实专业知识，不断思考，不断发现问题，甄别各种市场机会并大胆尝试，从而提高识别市场机会的能力。

2.在通识教育中学习经营管理的基础知识和培养能力

创业通识教育以培养创业精神和普及创业基础知识为目标，主要包括组建团队与架构公司、项目确定与公司注册、市场分析与战略规划、成本预算与营销策划、资金规划与销售管理、财务管理、投资收益与风险评估等基础知识，为创业者制订合理的商业计划及创建企业后的经营管理提供基本的知识储备。美国创业教育联盟（The Consortium for Entrepreneurship Education）发布了《创业教育国家内容标准》，简称《CEE国家标准》，分为创业技能标准、基本商业知识和技能标准、商业技能三大部分，共15项子指标，用于指导高校建设有特色的创业教育体系。

而在我国，开展创业教育，首先，教育主管部门应组织成立创业教育指导委员会，指导高校开设创业基础类课程并组织教材编写和师资队伍培训；其次，高校应认真落实教育部《普通本科学校创业教育教学基本要求（试行）》，建立合理的创业教育课程体系，使学生掌握创业的基础知识和基本理论，熟悉创业的基本流程和基本方法，了解创业的法律法规和相关政策，激发学生的创业意识，提高学生的社会责任感、创新精神和创业能力，促进学生创业就业和全面发展；最后，大学生应珍惜一切学习机会，积极选修学校提供的各类创业教育课程，在学好专业技能的同时，掌握更多的经营管理知识，努力提高自身的综合能力。

3.在第二课堂活动中营造创业氛围，锻炼计划和领导决策能力

第二课堂是在教学计划之外，引导和组织大学生开展的各种有意义的健康的课外活动。通过建立各种创业中心、创业协会、创业社团，鼓励大学生自发组建团队，从事各种创业实践活动，主要包括商业经营、创业竞赛、创业讲座、主题沙龙、市场调研等形式，从而提高大学生的创业意识和动手实践能力。

首先，教育主管部门应组织一些连贯性的、高质量的创业竞赛活动，鼓励大学生积极组队参加，培养制订商业计划的能力和团队领导决策能力；其次，高校应大力开展各种创业讲座、沙龙和创业实训，充分发挥校友和成功企业家的示范作用，在校内进行鼓励自主创业等方面的宣传活动，营造良好的创业氛围，激发大学生创业实践的热情；最后，大学生应积极参加各类创业竞赛、讲座、沙龙活动，将课堂上所学的创业基础知识在实践活动中进行检验。创业竞赛是提高学生实际创业能力的有效途径，通过各种创业竞赛，学生可以有效地获取创业所需的方方面面的经验，更好地理清创业项目的商业模式，接受专业的点评和指导，并且竞赛本身也可以让参与其中的学生们感受创业将遇到的压力。

4.在创业实践中磨练资源获取能力和抵御风险能力

目前，国家、省、市、学校提供了多种鼓励大学生开展创业实践的创业优惠政策和场地、资金、辅导等软硬件环境和资源，大学生应利用在校学习的时间，充分利用现有资源，开展一项具有市场前景的创新性产品或者服务，并以此为基础开展创业实践活动。大学生在开展创业实践活动、组成创业团队及培养能力的过程中，跨学科、跨专业，实现知识的交叉互补和综合；同时，在此过程中，有分工、有协作，取长补短，能力互补，凸显团队精神。无论是创业精神的培育还是创业实践的开展，都需要与社会接轨，创业实践使大学生对各种资源的把握和运用以及对风险的驾驭能力都得到锻炼，从而促进了其社会化程度的提高。

案例赏析

农产品合作社托起80后小伙的致富梦

信欢是高陵区通远街道何村人，从小就在父母的影响下了解大棚种植农业，是一个地地道道的农民。2007年，年仅19岁的他开始外出做生意，后来意识到农业才是真正的“金饭碗”，于是开始从事农业种植及农业生产资料的销售。

2011年，他投资600万元兴建大棚保温被厂，因为勤劳肯干、诚实守信收获了他人生的第一桶金。“2012年，我在大荔县销售大棚保温被时发现了冬枣种植这个产业。”信欢说。

2014年，信欢决定在高陵区搞冬枣种植。最初种植面积不大，信欢发动了许多村民参与进来，多次组织村民去山西省和陕西省渭南市大荔县学习冬枣种植技术。为了调动村民的积极性，他自费购置了20多万元的冬枣树苗，免费发放给村民，结果因技术不成熟和其他蔬菜价格的影响，枣苗的存活率基本为零。但他没有因此放弃，在购进第二批苗子时，他没有顾及成本，从山西引进带土的高价好苗，自己摸索技术，在精心管理下苗子成活率很高。

2015年，高陵区信邦农产品农民专业合作社成立，信欢任法人，在区里的支持下开始大力发展生态种植、观光农业。冬枣温室种植由何村开始，有50多个社员加入。在随后的2年里，信欢先后将自己经商多年的积蓄1 800余万元全部投入到建设冬枣产业园区中，共建造温室大棚46栋，占地近300亩。他还雇用农村妇女和劳动力稍弱的老人，为村里人增加了收入。

让冬枣提早上市，就要通过温室大棚来调节温度干预其生长周期。“别人的大棚成本是每亩6万元，我的是12万元，纯钢结构的，跨度大，能有效调控温度”，信欢说。“今年冬枣预计6月中旬就能上市，产量达40万千克左右，价格在20元左右。”

如今信欢的合作社里除了种植冬枣外，还同时收购周围村民种植的西红柿、黄瓜、豆角、芹菜等蔬菜，供给四川、山西等地，供销渠道有保证，帮助村里的农户实实在在通过农业致富。

信欢的下一个目标就是成立农业电商平台，利用互联网科技，结合自身优势与经验，为合作社及周边农户创造更大的收益。

资料来源：根据西安日报、三秦网相关资料整理。

第二节　创业团队

一、创业团队的内涵与概念

冬季，大雁南飞。飞行过程中，它们往往排成“V”形，随着每只鸟翅膀的摆动，会有更多的鸟跟随而来。研究表明，“V”形飞行，使整个鸟群的速度超过每只鸟单独飞行的速度至少71%。如果一只大雁飞离队伍，它就会感受到对这种试图独自飞行的行为的阻力，因而会迅速回到队列中，以便借助群体飞行的气流优势，轻松飞行。新创企业创业团队如果有共同方向的人合作，他们会更迅速、更轻松地到达他们想要到达的目标。

新创企业初始的形式有多种，可为个体展开，可由团队推动。通常的情形多为先由一人实施，在发展的过程中感觉到需要增添人手之后再招兵买马，组建团队，但专业的建议是："先组建创业团队，再谋创业"。

在当前高速发展的高科技产业中，创业所要求的能力涵盖管理、技术、营销、财务等各个方面，远不是单个创业者力所能及的。因此，为了成功地创办一个企业，并使其健康成长，团队创业就显得非常必要。高素质创业团队能更好地规避创业不确定性和减少创业风险，保证新企业的快速成长，求得竞争中的良性发展。美国20世纪60年代创建的104个高技术企业中，年销售额达500万美元以上的高成长公司中的83.3%由团队创立。

劳伦斯·霍普将团队定义为：在特定的可操作范围内，为实现特定目标而共同合作的人的共同体。卡岑巴赫（Jon R.Katzenbach）在1997年发表文章认为团队有如下特征：（1）团队拥有一个共同的任务和目标；（2）成员同舟共济，共同承担风险与责任；（3）成员间知识技能具有互补性；（4）成员之间信息共享，彼此尊重、诚信；（5）对团队的事务尽心竭力，全方位奉献。

根据以上内容，本书认为，创业团队，是指由两个或两个以上具有一定利益关系，彼此通过分享认知和合作行动以共同承担创建新企业责任，处在新创企业高层管理位置的人共同组建形成的有效工作群体。创业团队特点如下：

（1）创业团队是一种特殊群体。创业团队由两人或两人以上组成，具有创建新企业的共同目标，成员技能互补，相互依存，共同承担企业成败的责任。

（2）创业团队工作绩效远超个体独立工作绩效之和。

（3）创业团队把握创业机会，充分利用创业资源，对创业成功起着重要的平衡和掌控作用。

（4）创业团队是高层管理团队的基础和最初组织形式。随着新创企业不断发展，创业团队逐步晋升为高层管理团队，把握企业发展方向和关键岗位工作。

（5）创业团队成员专业互补，相互负责，为共同的目标和任务努力。

二、创业团队的类型

一般来说，创业团队大体上可以分为星状创业团队和网状创业团队两大类。

1.星状创业团队

在星状创业团队中，一般有一个核心主导人物充当领袖的角色。这种团队在形成之前，一般是核心领袖有了创业的想法，然后根据自己的设想组织创业团队。在团队形成之前，核心领袖已经就团队的组成进行过仔细思考，根据自己的想法选择适合的人加入团队，这些加入创业团队的成员也许是核心领袖以前熟悉的人，也有可能是不熟悉的人，但这些成员更多的时候是支持者的角色。例如，太阳微系统公司（Sun Microsystem）创业之初就是维诺德·科尔斯勒确立了多种用途开放工作站的概念，接着他找到了两位分别在软件和硬件方面见长的专家及一位具有实际制造经验和人际技巧的专才组成SUN的创业团队。

星状创业团队的优点是：结构紧密，向心力强，主导人物在组织中的行为对其他个体影响巨大；决策程序相对简单，组织效率高。其缺点是容易形成权力过分集中的局面，从而使决策失误的风险加大。特别是在其他团队成员发生冲突时往往会处于被动地位，在冲突严重时，其他团队成员一般都会选择离开团队，这会对团队组织产生较大影响。

2.网状创业团队

在网状创业团队中没有明确的核心人物，其成员一般在创业之前都有密切的关系，如同学、亲友、同事、朋友等，大家根据各自的特点进行自发的组织角色定位。因此，在企业初创时期，各位成员基本上扮演着协作者或者伙伴的角色，例如雅虎的杨致远和其斯坦福电机研究所博士班的同学大卫·费罗，微软的比尔·盖茨和他的童年玩伴保罗·艾伦，惠普的戴维·帕卡德和他在斯坦福大学的同学比尔·休利特等，这些知名企业的创建多是先由于相识关系，基于一些互动激发出创业点子，然后合伙创业。

网状创业团队的优点是：团队没有明显的核心，整体结构较为松散；组织决策时一般采取集体决策的方式，通过大量的沟通和讨论达成一致意见，因此组织的决策效率相对较低。其缺点是：由于团队成员在团队中的地位相似，因此容易在组织中形成多头领导的局面。当团队成员之间发生冲突时，一般都秉持平等协商、积极解决的态度消除冲突，团队成员不会轻易离开。但是一旦团队成员间冲突升级，使某些团队成员撤出团队，就容易导致整个团队涣散。

3.两种创业团队的比较

星状创业团队是先有创业点子再有创业团队，而网状创业团队恰好相反，先有核心创业团队的结识才有创业点子的提出；此外，网状创业团队比星状创业团队更强调人际关系在创业团队构成中所扮演的角色。从中国的创业团队类型来看，由于中国特有的文化特征和数千年来形成的行为方式，网状创业团队数量远远超过了星状创业团队。

从团队的稳定性来看，网状创业团队不如星状创业团队。主要原因在于星状创业团队是有一个核心主导来组成所需要的团队，他在挑选成员的时候就已经考虑到成员的性格、个性、能力、技术以及未来的价值分配模式，这就保证了团队成员的能力不会因为公司规模的扩张而不适应经营的要求，同时不会出现由于创业成员间因为自身性格、兴趣不合而导致创业团队解散的情况。

三、创业团队的作用及优势

（一）创业团队的作用

投资人对项目进行投资时最看重的因素往往是团队。在对项目进行投资决策时，会对创业团队进行严格的审查，看团队成员的个人资历是否有深度，是否在相关领域有成功的经验等。如果创业团队成员的组合不够完善的话，投资人可能会在团队的组建上予以支持。投资决策还需要尽职调查创业团队的成员所陈述的背景是否属实，是否有不良记录等。如果团队是优秀的，即使现在的项目失败了，也会在其他项目上取得成功。

1.能力互补

每个人的能力都有欠缺和不足的地方，但是可以通过团队的组建达到团队能力的完备。比如一个软件公司的创业团队，往往有人负责前台页面开发，有人负责后台技术实现，有人负责财务，有人负责销售。一个人具备方方面面的能力是不现实的，但是通过团队的组建，整个团队具备这样的能力是可能的。创业者需要从创业整体规划出发，明确哪些方面的技能和资源是自己所欠缺的，再以此来寻找相关具备此类技能和资源的合作者，整合各人的资源和技能，共同发展。

2.工作分担

一辆汽车如果想要前进，必然有轮子、发动机、传送带等不同功能的部件互相协作。创业是一个系统工程，有大量的工作需要完成，分担工作成为团队协作的一个基本功能。公司运营涉及人力资源、财务、行政、产品控制、市场推广等不同的角色，需要多岗位协同工作，共同参与、共同推进、相互配合，借助团队的力量来完成工作。

3.科学决策

团队协作在决策上也是必不可少的。通过团队决策可以保证最小的决策偏差，换句话说就是最大程度保证决策的正确性。大型企业决策失败的概率很小，一个很重要的原因就是科学的决策流程。决策不能是一个人拍拍脑门，重大事项的决策流程，是需要先提出一个初步可行的方案，再经过头脑风暴、集体讨论进而确定决策结果。

4.资源整合

创业组建团队还有一个很重要的原因是可以资源互补。一个人所能协调的资源是有限的，而拥有不同资源的人组成团队可以更好地解决创业过程中遇到的困难。在组建创业团队时，除了要考虑资金外，更需要考虑市场、客户、公共关系、行业经验、渠道等隐性的资源。

（二）创业团队的优势

以创业团队形式开展的创业活动是高成长企业的重要创业形式，相对个体创业而言，团队创业具有资源整合能力强、风险防范和抵抗力强、发展潜力大等特点，具体而言，其优势表现在以下方面：

（1）创业团队是决定企业能否获得资金的主要因素，同时也是风险投资的最大风险考虑要素之一。美国风险投资研究专家杜洛特将军曾认为："投资具备'一流的创业团队二流的想法'的公司，远胜于投资'拥有一流想法的二流团队'的公司"。

（2）创业团队能克服创业过程中的资源约束。新创企业往往面临"缺钱、少人、客户难觅"的尴尬局面，团队的力量在解决人员能力、资金总量、客户关系狭窄等方面有巨大优势，专业经验的互补、关系网络的广泛，会使资源的效能成倍提升，帮助新创企业突破资源限制瓶颈，快速成长。

（3）创业团队的机会识别、开发和利用的能力较强，群体智慧的力量有助于提升企业发展的战略决策质量，群策群力，以创新的方式方法解决企业发展中的各种复杂问题，降低导致新创企业可能的失败概率。

（4）创业团队以平等为基础的控制代替等级控制，管理方式不是花费精力和时间去直接控制劳动力，而是成员自我管理。

（5）创业团队允许员工各抒己见，提出解决问题的更新、更好、更具创造性、更有实际效果的方法。

四、创业团队的社会责任

创业者的工作生活压力巨大，往往为了创新需要比一般商人投入更多精力，同时还必须对所有资本承担风险。面对新企业运营的竞争压力和各种困难，创业者往往需要在行业伦理、经济获利和社会责任之间建立一种平衡关系，但这种平衡关系不同于一般企业管理人员采取的道德规范。

管理人员承担的责任往往受公司政策、法律规范和行业伦理准则等约定，然而，创办新企业的创业者常因缺乏角色参考、行业参照，需要制定全新内部伦理准则及明确具体责任。企业家有道德地采取合适的行为、责任的制定和履行，更多依赖自身的价值体系。研究表明，源自创业团队、社区规范以及竞争对手的道德及责任压力往往对创业者履行社会责任起到巨大的影响作用。

五、创业团队的组建

（一）创业团队的组建原则

1.知己知彼原则

之所以要组建创业团队，很重要的原因在于创业者个人在某些方面存在不足，需要有人予以弥补。因此，组建创业团队之前，一定要对自己进行仔细分析，了解清楚自己的优势和劣势，有的放矢地去寻找合作者。对潜在的合作对象，也应仔细了解、认真分析，确认他是否能弥补自己的不足。

2.按岗寻人原则

在组建团队之前，首先要考虑创业过程中具体需要进行哪些工作，然后根据工作需要去配备人员，切忌在岗位还没有确定之前就盲目地组建队伍。

3.精简高效原则

俗话说“人多力量大”，但对于创业未必适用。创业团队要尽可能精简。这样做有几个好处：一是减少人员费用开支，节约成本；二是减少协调沟通，提高运作速度。

4.目标一致原则

创业团队对企业的使命和愿景的理解要尽可能一致。创业者是企业的掌舵人，如果创业团队对企业的航向和目的地认识不一致，是不可能掌好舵的。无数实践证明，目标不一致的创业团队，即使在短时间内取得成功，也很难持续发展。

5.优势互补原则

团队成员在知识结构、能力结构、性别、年龄、阅历、性格等各个方面，要尽可能优势互补。优势互补是团队能够形成合力的一个重要条件。

6.吸引伙伴原则

（1）美好的愿景与可操作性

一个好的创业项目，首先是一个能够让人感知美好愿景的项目，如果项目本身有吸引力，那就会很有号召力，就会吸引有能力、想开创事业的热血青年加入。但是愿景要合理，并不是所有伟大的愿景都是可实施的。比如想开发一个火箭登日的项目，这个项目非常伟大，你为之热血沸腾，别人是不会感动的，因为项目本身不可行。其次，创业项目要具备一定的基础条件，已经有了基本的调研或者成果。如果连明确的项目方案都没有就大声喊“我要创业，快来加入吧”，这样也是不会有人愿意加入的。

（2）创业者的人格魅力

发起者的人格魅力很重要。“要学做事，先学做人”，很多创业成功的人都是，即使在还没有创业项目的情况下。“齐家、治国、平天下”的前面还有两个字“修身”，想要开创伟大的事业，一个基础条件就是修身，也就是要学习做人的基本准则。做人方面独到，能够让人佩服，才能有号召力，才能更容易吸引创业伙伴的加入。

在组建创业团队时，创业领袖的人格魅力是很重要的一个因素，很多创业领袖的事例都证明了这一点。史玉柱是经历坎坷的创业领袖，最初巨人集团有过辉煌，由于资金链断裂“巨人大厦”轰然倒塌，几个亿的债务无法偿还，公司申请破产保护。在这样的情况下，依然有老部下对史玉柱不离不弃，跟着他颠沛流离。在这些人的帮助下，史玉柱再次创造了奇迹，不仅快速东山再起，创造了脑白金的造富神话，同时偿还了法律上已经不支持的债务。这就是人格魅力的力量，即使失败了、穷困潦倒了，但是还有人愿意追随。史玉柱对法律上不支持、道德上存在的上亿债务依然偿还，这是何等的人格力量！

（3）背景与资源优势

团队发起人的背景很重要，如果有资深的背景，有成功的经历，有过显赫的业绩，这些都是吸引人才加入的重要因素。比如，创业发起人有海外留学的经历，或者有大企业高管的经历，都被认为更容易成功，因而对吸引人才更有利。

此外，发起人具有很好的创业资源也是吸引人才加入的重要因素。比如发起人有专利、有技术、有资金实力，或者有独到的产品，这些都是吸引创业伙伴的重要条件。

7.才能各异原则

团队成员不能是清一色的技术成员，也不能全部是搞终端销售的，优秀的创业团队成员各有各的长处，大家结合在一起，正好相互补充、相得益彰。一般来说，一个优秀的创业团队必须包括以下几种人；一个创新意识非常强的人，这个人可以决定公司未来发展方向，相当于公司的战略决策者：一个策划兼执行能力很强的人，能够理解公司的发展目标，能够全面周到地分析整个公司面临的机遇与风险，考虑成本、投资、收益的来源及预期收益，甚至还包括公司管理章程、长远规划设计等工作；至少一个擅长产品研发的技术人员，保证公司产品或服务的持续创新；几个执行能力较强的成员，这些人负责具体执行工作，包括联系客户、接触终端消费者、拓展市场等。

8.从易到难原则

吸纳创业伙伴先从容易找到的人切入，各个击破，最后去找难以突破的。这点跟协调创业资源是相似的，整合创业资源的重要步骤之一就是先解决小的资源，形成合力再吸引大的资源。创业者自身的资源或能力很单薄的时候很难整合到大的资源并加入到自己的创业团队中，但是可以以小博大、各个击破。比如一个淘宝卖家想要跟某企业谈合作，这个很难，但是如果整合了几十家、上百家淘宝店铺形成一个联盟，再一起去跟企业谈合作就会受到重视。在创业团队组建的过程中，可以运用同样的方法。

（二）创业团队的组建方式

1.合伙制

合伙制是由合伙人订立合伙协议，共同出资、合伙经营、共享收益、共担风险，并对债务承担无限连带责任。创业团队采取合伙制是种过渡型创业模式，有利于将创业中的激励机制与约束机制有机结合起来。合伙人执行合伙企业事务，有全体合伙人共同执行合伙企业事务、委托一名或数名合伙人执行合伙企业事务两种形式。这种创业模式比较自由灵活，启动资金少，创业者可抓住消费群体特点来确定行业，降低了创业风险。

2.公司制

公司制是采取设立有限责任公司或股份有限公司的形式组建创业团队，运用公司的运作机制及形式进行创业。公司制能有效集中资金进行投资活动，以自有资本进行投资有利于控制风险；投资收益可以根据自身发展需要，做必要扣除和提留后再进行分配；随着业务的快速发展，可以申请进行改制上市，使投资者的股份可以公开转让而以所得资金用于循环投资。

（三）创业团队的组建渠道

1.创业孵化器的人才池

创业孵化器是快速组建创业团队的一个很好的渠道。现在好的创业孵化器都会在团队的组建上提供服务，或者能够提供组建团队的平台。例如，李开复的创新工场，常年招聘各类创业人才，组建人才池，当新的项目进入创新工场的时候，可以顺利地帮助其组建团队，这也是创新工场内项目成功比例高的重要原因。车库咖啡是北京的第二家创业孵化器，其也是一个组建完善创业团队的平台。车库咖啡是一个开放式的办公场所，其招聘墙更多的是一个招募创业伙伴的宣传栏，创业者可以在车库咖啡遇到志同道合的人，可以开放地交流创业想法，甚至可以打破原有创业团队的限制重新进行组合，还可以互相推荐合适的人选，帮助其他人完善创业团队。在创业团队组建上的平台作用是车库咖啡受创业者欢迎的重要原因。

2.投资人推荐

投资人背后的资源也是一个重要的考虑因素。有的投资人在行业内有资深的背景，能够协调到行业内丰富的资源。雷军、周鸿祎都在做IT行业的天使投资人，当他们遇到感兴趣的项目会在比较早的时候进入。被在行业内有资深背景又极富号召力的人投资的项目，引入的就不只是资金，还有投资人背后的资源，他们甚至可以帮助组建团队。比如一个IT项目缺少一个搜索引擎专家，对于创业者来说自己寻找比较困难，但对于像雷军、周鸿祎这样的人物可能就是轻而易举的事情。通过投资人完善团队也是一个很好的渠道。

3.大学生创业联盟资源共享

创业能否成功的一个关键因素是执行，执行的关键因素是团队。能否组建文化相近、技能互补的团队，是关乎创业者成败的重要因素。大学生创业者由于接触的环境简单，资源有限，很难组建出创业的“梦之队”，这对创业成功产生了很大的阻碍，严重影响到大学生创业者创造力和聪明才智的发挥。应当加强高校之间的交流，鼓励大学生创业团队交流，让他们相互学习，相互了解，取长补短。同时，鼓励同行业的、创业资源简单的、相对单薄的创业团队进行交叉重组。因此，组建大学生创业联盟能为交流提供平台，为创业团队重组提供可能性。

（四）创业团队的组建过程

著名心理学家荣格曾列出一个公式：

I+ We= Fully I

意思是说，一个人只有把自己融入集体中，才能最大限度地实现个人价值，绽放出完美绚丽的人生。历届大学生创业计划大赛或商业比赛中，一般都是团队合作，集体胜出。其中蕴含着这样的事实：创业已非纯粹追求个人英雄主义的行为，团队创业成功的概率要远高于个人独自创业。准备创业的大学生在捕捉到了创业机会后，有的会选择自己创业，更多地会选择组建创业团队进行创业。根据创业团队组建的一般原理，大学生创业团队的组建一般包括以下主要环节：

1.发布招募书，招募创业团队成员

有精湛技术和渊博学识的人聚集在一起不一定就能够取得创业的成功，但是没有技术和能力的人组合在一起一定不能成功，因此，创业者需要一个团队来和自己一起实现创业目标。一个团队的领导往往是由最具有激情、号召力和创造力的人来充当，但仅仅如此，一个创业团队是无法存活的，它需要有各种才能的队员来组成。组建创业团队，要由创业发起人发布招募书来招募人员。招募书要按照一定的格式制定，并载明有关事项，包括招募序言、招募缘由、招募的对象、加入团队后的培训、报名方式等，要让有兴趣的学生看到招募书之后能够了解创业的相关信息，并以最便捷的方式加入到创业团队当中。通过创业商机的捕捉以及正式的创业招募书的发布，创业者可以根据自己的情况，寻找那些能与自己形成优势互补的创业合作者。

创业者可以通过媒体广告、亲戚朋友介绍、各种招商洽谈会、互联网等形式寻找创业合作伙伴。如果招募的对象不是自己所熟悉的人，在选择创业伙伴时应当主要考察对象的人品和能力。当然，能力因素事实上难以直接观测到，因此，为了识别对方的能力，创业者将不得不从教育背景、工作经历等方面予以考察。也有一些学者认为，相对于能力而言，创业伙伴的人品更加重要，它是人们交往和合作的基础，也是决定一个人是否值得信任的前提。在创业团队中，一些需要关注的个人品德包括：成员是否诚信、成员的行为和动机是否带有很强的私心、成员能否对集体忠诚、能否彼此坦诚相待等。

在实际中，很多创业团队的构成是基于亲戚朋友。这些人之间能够有较大的信任，在创业初期资源匮乏、企业事务繁多的情形下，他们能够迅速团结在一起。但是随着企业进一步长大，依靠亲戚朋友构建起来的团队有可能会遇到一些权限不明、责任不清的问题，甚至由于发展目标和价值观念的不同，会给企业带来致命的分裂。因此，在联合亲戚朋友构建创业团队时一定要谨慎处理，特别是在权、责、利等方面。

招募到合适的团队成员之后，要认真分析团队成员，发掘他们的特长，明确他们的不足。绝大多数学生创业团队的核心成员都很少，一般是三四个人，多的也不过十来人，但这些人可能都有自己的想法、自己的观点，特别是当团队中具备领导特质的人有两个或两个以上时，团队成员在内心会有不服管的想法。因此，对创业团队中的每个成员都不能轻视。一个优秀的创业团队的所有成员都应该相互非常熟悉，知根知底。《孙子兵法》云："知己知彼，百战不殆。"在创业团队中，团队成员要非常清醒地认识到自身的优劣势，同时对其他成员的长处和短处，也一清二楚，这样可以很好地避免团队成员之间因为相互不熟悉而造成的各种矛盾、纠纷，迅速提高团队的向心力和凝聚力。同时，团队成员互相熟悉更有利于成员之间工作的合理分配，最大可能地发挥各自的优势。许多创业者选择的合作伙伴多是同学、朋友或校友，但还是很快就失败了。为什么呢？因为他们选择的合作伙伴虽然都是他们的“熟人”，但是那些“熟人”之间是缺乏交流、沟通的，说到底，团队成员之间还是相互陌生的。

然后，就要根据团队成员的个性进行合理的分工。一个高效的创业团队肯定有明确的分工，工作才有可能顺利地完成。例如有的成员软硬件开发能力较强，他可能会主要负责项目中主要产品的制作与开发；有的成员的市场开拓能力强，他需要做一系列有关市场调查等的工作；有的成员公关能力强，他需要积极地运作起项目的各个环节；有的成员采购能力强，他便需要及时、经济地购进项目所需的各项物资。一个创业团队正是因为自身各方面的优势才组建，以及在不断改进中发展壮大。创业者寻找团队成员的目的，主要在于弥补创业目标与当前能力的差距所需要的配套成员，这样不仅有助于强化团队成员间彼此的合作，又能保证整个团队的战斗力，更好地发挥团队的作用。

2.与团队成员沟通协商，签订合作协议

合理分工之后，团队成员要沟通交流，确立有效快速的沟通机制。在沟通过程中，双方就创业计划、股权分配等具体合作事宜进行深层次、多方位的全面沟通，落实创业团队成员的正式合作方式。只有前期进行充分沟通和交流，才不会导致正式创业后，迅速出现创业团队因沟通不够引起的解体。优秀的团队来自良好的团队协作和沟通，只有协作一致，沟通到底，成员之间才能够很好地配合工作。

虽然沟通是为了团队更好地发展，但是单纯的沟通并不能保证团队的稳定发展，团队需要在沟通之后签订合作协议。

首先要制定创业团队的管理规则，处理好团队成员之间的权力分配。俗话说“没有规矩不成方圆”。最初创业时就把该说的话说到，该立的字据一定要立到，不要碍于情面。要把最基本的责、权、利说得明白透彻，尤其股权、利益分配更要讲清楚，包括增资、扩股、融资、撤资、人事安排及解散等。这样在企业发展壮大后，才不会因利益、股权等的分配分歧使团队内部产生矛盾，进而导致创业团队的分散。团队创业管理规则的制定，要有前瞻性和可操作性，不仅要考虑到在创业初期的管理细则，对于企业初步成长之后的情况都应当有所考虑。这样有利于维持团队的稳定，实现团队成员的凝聚力。同时，创业者要妥善处理创业团队内部的利益关系。虽然创业团队成员参与创业活动的时候，大都了解企业资源匮乏的现实，在薪资方面也不会像加入大企业一样提出种种要求，但是创业者仍然要注重薪酬方面的激励，尤其是创业伙伴通过创业活动所能获得的成长机会以及与企业长期绩效相关的薪酬。从长远看，创业团队能否共同努力，实现创业目标，本质上是基于物质方面的激励，依靠热情只能解决一时的问题，不会长久。

其次，应根据合作协议建立适合大学生创业团队性质、任务和行为规范的绩效评估体系。绩效考评能够为成员的奖惩、职务调整和薪资安排提供依据，为成员与领导者之间提供一个正式沟通的机会，也能让成员了解自己工作的实际效果以及公司对他的期望，使团队成员有明确的改进方向和目标。绩效考核可以采取量化或者面对面交流的方式，这两种方式各有所长，大学生创业企业可以根据实际情况采取不同方式。仅有考核制度和指标体系还不够，还要对团队成员的职业发展进行规划，帮助成员在工作中、企业内部培训中以及自学中不断提高自己的能力和职级。对于高新技术的学生创业企业，这样一个职业发展规划有时候比丰厚的薪酬更能吸引和激励高素质的团队成员。除了对创业团队成员要有明确的绩效评估体系外，对员工也要有合理的分配制度，能使大家共同分享经营的成果，从而使企业能够长存。国外企业一般是拿出10%～20%的利润分配给关键岗位的员工。我国的一些成功创业企业，尤其是高新技术企业，用员工持股的办法，使员工合理享受到企业的经营成果；并且越来越多的成功创业者都公平公正地分配所获利益。

“人是最宝贵的资源”，优秀的创业团队是新创企业的基石，将各式人才聚集起来发挥团队整体的效果，是任何新创企业存活的关键。一流的创业团队能够带来出色的知识、经验、技能和对公司的承诺，团队成员之间强烈的、有效的工作关系对任何新创企业来说都是一笔宝贵的财富。因此，创业者应当组建好一支优秀的创业团队。

六、创业团队的管理

（一）创业团队的管理方法

1.明确目标

目标管理是指一种程序或过程，它使组织中的上级和下级一起协商，根据组织使命确定一定时期内组织的总目标，继而决策上、下级的责任和分目标，并把这些目标作为组织经营、评估和奖励每个部门和个人贡献的标准。对于一个新创企业来说，在设置目标时，要切合实际，上、下级之间要充分沟通评估，这样双方的困难和期待也会更清晰。在达到预定的期限后，下级首先要进行自我评估，提交书面报告，然后上级考核目标完成情况，决定奖惩，同时与下级一起讨论下一阶段目标，开始新的循环。如果目标没有完成，应分析原因，总结教训，切忌指责，以保持相互信任的氛围。目标管理可以培育团队精神和改进团队合作，也正因为有目标的存在，团队中的每个人才有可能知道自己的坐标在哪里，团队的坐标在哪里。

2.留住人才

管理是一门艺术，管理人更是一门艺术。留住人才，不是留住所有的人，而是“取精华，弃糟粕”。工资低、组织安全感低、舞台小，靠什么留住人才？如何留住人才？短期留人靠工资，中期留人靠奖金，长期留人靠股份，永远留人靠思想。创业者要了解员工，想其所想，进行期望管理；言出必行，一诺千金，承诺的必须兑现；利益共享，对于核心团队要给予一定的股份，让其明白自己是在做自己的事业，而不是在打工；以宽阔的胸怀对待员工和大小股东；人性化管理，以德服人。

3.增强团队凝聚力

管理的过程，可以说是不断地分权、分责、分利的过程。职责就是任务，做什么事，做到什么程度，横向、纵向的关系及完成任务应配备的权限。在创业团队的职权管理过程中，领导者要真正地授权给团队，而不仅仅是让他们参与；要善于除去矛盾的根源，尽力统一与团队成员的观点；同时要加强团队成员的培训，最大限度地发挥团队的功效。建议从以下几点做起：达成团队共识和乐意接受的文化与目标，创造和谐互助的团队工作氛围，进行一些团队拓展活动，定期组织团队成员共同参与有意义的相关活动，建立团队合作协调的工作流程。

4.提高团队的执行力

再好的策略和方案不去执行，都归为零。有很多想法，就是没有去执行，工作不会有任何成效。思想没有了载体，便寸步难行。要提高执行力，必须做好如下事情：职责明确，责任到人，让每个人都知道自己应该去做哪些事情；奖惩分明，执行到位要奖励，执行不力必惩罚；进行过程控制与监督，把工作分解，分步骤去完成；确定工作完成的时间，到期必须完成；监督工作的质量是否符合要求，避免虚假执行。

5.激发团队的创造力

一个新的团队成立，让每个成员充分发挥自己的创造力，为企业发展增添燃料，是创新型企业迅速发展的关键。要激发团队的创造力，首先，要创造一个合适的软、硬件环境和氛围，让团队成员有更大的创造空间和平台：其次，对团队的新成果，要有一定的奖励措施；最后，对团队成员进行引导，多给予一些指导。

（二）创业团队的管理误区

1.牛人越多越好

组建创业团队的时候，很多人的想法都是尽可能地找牛人。很多时候牛人聚集在一起不见得对完成工作有利。能力强的人，往往个性也会比较强，一堆个性较强的人不利于一起配合做事。团队文化的相容性，目标和理想的一致性，价值观的认同，这些都非常重要，而且应当是选择团队成员时首要考虑的问题，之后再去考虑能力的高低。

人也不是越多越好，精干的少数人比乌合之众要更有创造力和战斗力。人过多会让团队变得松散，增加团队管理的成本。乔布斯在创业的时候一直崇尚小团队作战。Facebook上市的时候市值上千亿美元，团队成员也不过千人左右，相当精练。在创业初期，人员一定要精练，一个萝卜一个坑，都要有明确的价值贡献。如果有冗余的人价值贡献度低，容易破坏创业时的拼搏文化。

2.股权结构不清晰

创业团队的利益分配是团队运营、公司成长的一个重要因素。利益分配做好了，创业团队才能相对稳定，公司后续的成长才能更健康。有的创业团队都是相互熟识的人在一起，不是很在意或者不好意思谈利益分配，进而大家平分股份。这样的做法对创业团队的成长是不利的。在成长的过程中，会影响到决策流程，没有人有绝对的话语权，决策容易混乱，各方对发展方向意见不一致时非常容易导致团队散伙、公司瓦解。设计团队成员的股权分配是创业规划时的一项重要工作。创业契约是创业者在找到创业伙伴后必然要思考、讨论、制定、执行的公司的第一份契约。

3.“有钱能使鬼推磨”

很多创业者都有这样的意识，只要有钱就能够组建好的团队，就能够大刀阔斧地开展项目运营，就能实现预期的创业目标。在公司初创期，关于创业团队的组建，资金确实很重要，但不是最关键的因素。如果项目有吸引力，如果有独特的行业资源，如果创业者的个人资历深厚，如果创业者极具个人魅力，组建创业团队是不费力的。Google的两位创始人、新东方的创业团队、携程四君子之间都不是雇佣关系。创业核心团队的组建往往都不是靠钱的因素，换句话说，花钱吸引来的创业团队是很难同甘共苦共创事业的。

现在的创业投资环境很开放也很发达。创业项目好，创业团队优秀，往往会被投资人追逐。“聚美优品”的陈欧创业时，第一次和徐小平见面，徐小平就决定投资了。陈欧是美国知名院校MBA的毕业生，曾经有过成功的创业经历，这样的人组建的团队，往往对投资人是非常有吸引力的。

（三）创业团队的管理技巧和策略

创业团队管理的重点是在维持团队稳定的前提下发挥团队多样性优势。有效的团队管理能使各个本来分散的个体和具有不同能力、不同个性的人组成一个有共同目标、相互协调的整体。

1.打造团队精神

团队精神是各个成员的精神支柱，是创业成功的基石。是否拥有和谐向上的团队文化是进行团队管理的灵魂。团队精神和团队文化能充分调动整个小组成员的团队意识，使其相互理解和支持，为实现团队的目标服务。

（1）重视团队精神

一个没有团队精神的团队或者企业，一切美好的想法和愿望都将成为“零”：没有团队意识的员工，无论学识有多高、技术有多精、学历有多高，对企业来讲都是“零”。只有具备“团队精神”的团队，才会形成一种无形的向心力、凝聚力和塑造力。

（2）形成团队精神

第一，培养团队成员的敬业精神。敬业是积极向上的人生态度，而兢兢业业做好本职工作是敬业精神中最基本的一条。要做到敬业，就要求创业者具有“三心”，即耐心、恒心和决心。任何事情都不是一蹴而就的，不可只凭一时的热情、三分钟的热度来工作，也不能在情绪低落时就马马虎虎应付了事。特别是在创业的初期，要勇敢地面对并解决困难，而不是一遇困难就退缩。

第二，建设学习型团队。每个成员的学习、每次团队的讨论，就是团队成员思想不断交流、智慧火花不断碰撞的过程。爱尔兰作家萧伯纳有一句名言：“两个人各自拿着一个苹果，互相交换，每人仍然只有一个苹果；两个人各自拥有一个思想，互相交换，每个人就拥有两个思想。”如果团队中每个成员都能把自己掌握的新知识、新技术、新思想与其他团队成员分享，集体的智慧势必大增，团队的学习能力就会大于个人的学习能力，团队智商就会大大高于每个成员的智商，整体大于部分之和。

第三，建立竞争型团队。人类社会发展遵循着优胜劣汰的法则，在激烈的市场竞争条件下，竞争意识应渗透到团队建设之中，从而建立一个竞争型的团队。竞争型团队必须具有竞争意识，敢于正视自己，敢于面对强手。竞争型团队要提高自身水平和技能，能有效完成团队任务。竞争型团队在建立内部竞争机制时，要注意成员之间的关系是建立在理性基础上的竞争，而不是斗争。协作是团队的核心，要用争论来激活团队的气氛，激发成员的竞争意识。要以发展来吸引人，以事业来凝聚人，以工作来培养人，以业绩来考核人，用有情的鼓励和无情的鞭策，让团队的每一个人都能以积极的心态工作，实现自我和超越自我，最大程度地发挥团队威力。

（3）塑造团队文化

高效的团队注重团队文化的塑造，尤其是共同价值观的培养。团队文化是由团队价值观、团队使命、团队愿景和团队氛围的要素综合在一起而形成的。塑造团队文化的关键就是在团队形成与发展的过程中，确立团队的价值观、团队使命和团队愿景，并以此为基础，逐渐形成相应的团队文化氛围。

2.设置创业团队的组织结构

团队在设置组织结构时，必须以自己的战略任务和经营目标为依据，这是设置企业组织结构的出发点和归宿。在设置组织结构时要注意以下几点：

（1）权责分明

团队的任何一项工作都离不开其他人的配合，只有协作配合好，才能顺利完成管理工作。对于初创的创业团队，人员的分工一般都比较粗放，很多事情不分彼此、一起决策、共同实施。但一定要注意落实责任、权责分明、共同实施，避免出错或者失误后互相推诿，造成团队成员之间的矛盾。

（2）分工适当

在设置不同组织结构时，分工要适当。分工并不是越细越好，分工过细导致工作环节的增加，往往会使工作流程延长，削弱分工带来的好处。解决扯皮事情的关键，是整个团队或成员要在团队精神的指导下相互协调以完成总体目标。

3.优化创业团队的运作机制

（1）做好决策权限分配

创业团队内部需要妥善处理各种权力和利益关系，确定谁适合从事何种关键任务和谁对关键任务承担什么责任。在治理层面，主要解决剩余索取权和剩余控制权问题。治理层面的规则大致可以分为合伙关系与雇佣关系。同时，还必须建立进入机制和退出机制，约定以后创业者退出的条件和约束，以及股权的转让、增股等问题。而在管理层面，最基本的原则有三条：一是平等原则，制度面前人人平等；二是服从原则，下级服从上级，行动要听指挥；三是秩序原则，不能随意越级指挥，也不能随意越级请示。大学生创业团队内部的管理界限没有那么明显，但一定得把决策权限厘清，做到有权有责。

（2）制定员工激励办法

新创团队需要妥善处理创业团队内部的利益关系。大学生创业的资金筹措本来就是难题，团队的报酬体系就显得尤为重要，分配就应更加合理谨慎。团队的管理者要认真研究和设计整个团队的报酬体系，使之具有吸引力，并且使报酬水平不受贡献水平的变化和人员增加的限制，即能够保证按贡献付酬和不因人员增加而降低报酬水平。

（3）建立业绩评估体系

业绩考核必须与个人的能力、团队的发展、扮演的角色和取得的成绩结合起来。传统的绩效评估体系和绩效管理只关注个人绩效如何，而不去考虑个人绩效与团队绩效更好地进行结合。造成这种状况的原因多种多样，包括评估不及时，各方意见不能真实反映实际情况。评估含糊不清，易掺杂个人情感因素，忽略了被评估人的绩效给他人带来的影响等。成功的绩效管理不再限定于只注重个人的绩效，而是更加注重整体表现。这样的交流能让员工个人了解团队合作的重要性，个人需要不断进行自我调整以适应不断变化的环境和业务发展。

第三节　创业机会

一、创业机会的概念

创业机会（也称商机）是外部环境所提供的独特的创新和创造价值的可能性。它是一种具有潜在增长性、一定模糊性、较高回报性、适度风险性并与创业者的资源相适应的、未被别人发现或未被满足的市场需求。

二、创业机会的类型

创业活动因创业者发现和利用创业机会的方式的差异，产生不同的创业结果，为便于理解和记忆，我们将创业机会概括为两大类：拉动型机会和推动型机会。

（一）拉动型机会。

拉动型机会多为市场需求、社会环境和人为因素的变化，引发的某种解决方案而产生的创业机会。其中，一部分机会是由于客户需求变化和新科技诞生等因素变化，需要解决实际问题的新方法、新思路而产生的创业机会。另一部分机会是由于雇佣环境与个人阅历发生变化，当人们遇到困难急需解决方案时诞生的创业机会。例如，随着人类健康意识的增强，医药业需要研发出预防、减轻、治愈各类癌症的新药，由此而产生的创业机会则属于拉动型机会。

（二）推动型机会。

推动型机会源于新资源、新能力的发现用于解决某个难题或某种需要而产生的创业机会。诸如数码技术发明，随之而诞生的数码打印、数码相机、数字电视产品的创业商机。这种依托能力或资源应用而产生的机会，我们称之为能力推动型机会。

案例赏析

谷晓农业创业

湖北省谷晓农业科技有限公司（以下简称“谷晓农业”）正式创办于2015年12月18日，公司致力于研究农村优质生态农产品上行的相关问题，制订精准有效的解决方案，以实现农村与城市的双轨对接，在为农户创收的同时，守护城市居民的“餐桌安全”。

谷晓农业项目发起人刘兵，出生在湖北省荆州市的一个江边小渔村，2015年7月毕业于武汉华夏理工学院（原武汉理工大学华夏学院），毕业后自主创业，积累了一定的商业经验及人脉资源，后投身于苏宁易购中华特色馆建设工作。

2015年年底，素来有着“鱼米之乡”之称的湖北，区域内鱼价出现大幅下跌，渔民本想着倚仗年底能“干红”，但过一个热闹年的希望眼看就要破灭。因故回乡的刘兵目睹了这一幕，“生于斯长于斯”的他不忍心看到“鱼贱伤民”，便筹划着利用自己所学，让故乡优质的渔业资源彰显其价值，将农民辛勤养殖一年的鱼卖出应有的价格。经过多天的实地考察和谨慎思考，刘兵最终决定将“武昌鱼”这一极具湖北特色的鱼种作为主推对象，与苏宁易购大别山特色馆洽谈合作，在苏宁易购平台上开展“才饮长沙水，又食武昌鱼”的众筹项目，该项目达成交易额。产自湖北荆州的武昌鱼开始发往湖南、河南、广州，乃至新疆、内蒙古等地，这也让刘兵发现了电子商务的魅力。

“渔民在打包发货的时候兴奋地讨论着自己的鱼即将发往哪里，而此前他们只知道养鱼，并不知道鱼最终会卖往何处；相应地，以前城市居民只知道买鱼，却不了解餐桌上的这条鱼源自哪里，是否安全，以及养鱼人背后又有着怎样的故事。”在刘兵看来，这种信息不对称极大地阻碍了农村经济发展，而原始的小贩贩售模式则大幅压低了商品价格，导致渔民养殖积极性不高，多地农村人口常年外流，甚至出现乡村凋敝的现象。基于此，刘兵开始筹备谷晓农业，大力推行农产品溯源系统建设，与多地农村合作社达成合作，协商并制定标准化的农产品生产规范。在这个过程之中，刘兵先后甄选了鱼糕、鱼丸、牛肉、脐橙等多种优质农产品上线销售，以实现“让农村人卖得开心，城里人买得放心”。

资料来源：佚名．谷晓农业：从一条鱼的故事说起，大学生投身电商扶贫事业始末［EB/OL］．［2022-05-02］．http：//www.hxut.edu.cn/plus/view.php？aid=80340.

知识链接

九种创业机会类型

增加产品或服务的价值。这是指为某种产品或服务增值，包括性能改进，提高质量或服务体验，提高易操作性或产品的其他特有价值。例如，酿酒商注重如何制造高质、美味、廉价的美酒。

对现有方法或科技的新应用。这是指对现有科学技术的开发性新应用。20世纪60年代，磁条信用卡诞生，一位有思想的创新者发现，这种技术同样可以运用到酒店的房卡上，由此创立了一个全新的应用和行业。

开创大规模的市场。这是指集中力量为已有产品开创大规模市场。例如，35毫米自动变焦相机一经推出就被广泛用于婚礼或大型聚会。

产品的个人定制。这是指产品个人定制，为现有产品或科技提供新商业机会。戴尔电脑公司允许客户根据个人需要，为所购买的戴尔电脑配置不同的部件。

提高覆盖面。这是指拓展地理和网络触角，获取更多公司客户。淘宝网即是帮助商家获取更广泛地域的现实的和潜在的顾客。

管理供应链。例如，沃尔玛以自身的货物运送系统和大型超市优势，采用合理的库存管理技术，获得巨大的经济效益。

整合变革。此类往往发生在行业间的融合中，它为创业团队提供了潜在利润。例如，阿里巴巴等电子贸易企业，不仅仅提供商品销售平台，而且提供储蓄、保险等理财服务，行业间的界限不断被打破，跨界经营思维风起云涌。

程序再造。这是指商业及生产流程的革新是机会的重要来源。例如，随着联邦快递和其他空中快递系统的出现，货运行业发生了翻天覆地的变革。

扩大公司规模。这是指通过企业并购或者持续增长，企业规模不断扩大。众多行业内目前频频出现的业内知名企业并购，目的在于增大企业规模，加强竞争优势，同时有利于规模效应的实现，节约成本，为客户提供更优质的服务。

三、创业机会的特征

（一）隐蔽性

生活充满机会，机会每天都在撞击着我们的大门。可惜的是，大多数人都意识不到它的存在，这就是机会的隐蔽性。创业机会更是如此。正因为创业机会的隐蔽性特征，才使它在人们心目中是如此的神秘和可贵。如果没有了隐蔽性，人人都一眼便能看到它，一伸手就能摸到它，那么，机会也就不能成为机会。

（二）偶然性

尽管创业机会普遍存在于人们身边的事物中，但人们并不容易捕捉到它，因为它并不是必然会出现的。相反，创业机会在大多数情况下是偶然造成的。你越是刻意地寻找创业机会，就越是难见其踪影；而往往在不经意间，它却突然出现在你的面前。所以，创业机会并不是想要就有的，也不能人为地进行预测。

（三）易逝性

中国有句成语叫作“机不可失，时不再来”，就是对创业机会易逝性最好的说明。机会是一个非常态的、不确定的时间表现形式。机会出现之后，绝对不会长期保持，而是很快就会消失，消失之后也不可能重新再来。此外，由于创业机会往往是社会所共有的，很多人都在寻找，而且机会是有限的，一旦被他人抢走就没有了。所以，在激烈的竞争中，面对创业机会一定要果断出手，不要迟疑。

（四）时代性

不同的时代，创业机会会打上不同的烙印，具有不同的色彩。比如，我国在计划经济时代，创业机会非常少，而在当前的社会主义市场经济时期，创业机会则非常多。一个国家在经济增长期，创业机会比较多，而在经济衰退期，创业机会则比较少。在改革开放初期，我国东南沿海地区的创业机会比较多，所以创业具有“孔雀东南飞”的特点，而且创业性质以从事加工业和贸易业居多。而近些年，随着科技发展和经济环境的改变，高新技术企业和IT企业又成了时代的宠儿。

四、创业机会的市场需求

（一）潜在增长性的市场需求

创业机会是外部环境因素中一种尚未显现的，具有足够潜在增长空间的正向市场需求趋势。只开一家“肉夹馍”小店，并不具备潜在的增长性，而做“麦当劳”则具有在全球连锁经营的增长空间。

（二）一定模糊性的市场需求

创业机会永远是“浑水”中的“鱼”，是隐藏于模糊的环境中尚未清晰显现的市场需求，一旦清晰了，商机也就不存在了。商机的模糊性中隐藏着商机的风险性，创业机会与创业陷阱只有一步之遥。

（三）较高回报性的市场需求

商机是一种具有潜在的高价值回报的市场需求。商机所蕴含的潜在的高价值是令人激动的，对商机高价值的发现和期待是激情创业的主要诱因和原动力。人生有限，选择有机会成本，创业者总是倾向于做那些具有潜在增长性且较高回报性的事情。

（四）适度风险性的市场需求

创业机会中的利益与风险永远是对等的。创业者通过承担风险获得剩余价值，而工人通过转嫁风险获得工资。适度挑战风险但不做冒险家，看重结果而不计较损失，善于捕捉那些祈求太平的人们称之为“铤而走险”的机会而获得高价值收益，是创业家的三大人格特征。

（五）与资源相适应的市场需求

能够把握的商机才是创业机会。资源不足而无法把握的商机，只能是别人的商机。因此，突破资源限制的创新，是创业的重要内容。

（六）未被发现和未被满足的市场需求

商机是未被别人发现的或未被满足的市场需求，它往往隐藏于市场的夹缝中。创业活动不仅仅是满足市场需求的过程，更是创造需求的过程。如人们有通信的需求，但 E-mail、短信、飞信等则是创造的需求。

在上述6条的限制下，创业机会如同沙中的黄金，其稀缺性和难于捕捉性显而易见，须用独特的创新视角和方法才能发现，因此，发现商机的创新是创业创新的重要内容之一。

五、创业机会的意义

我们之所以关注创业机会，是因为创业活动的本质是发现和把握商机，换言之，没有发现商机切不可创业。创业机会的意义体现在以下几个方面：

（一）商机管理时代已经到来

中华人民共和国成立至今，我国的商机发展大致经历了三个时期。

第一个时期："没有也不需要商机的时代"，即改革开放之前的计划经济时期。

这一时期的特点是：没有企业，只有工厂；没有企业家，只有车间主任；没有市场制，只有内部调剂制；不需要经营管理，只需要照章办事；没有、也不需要商机。

第二个时期："遍地商机只需胆量的时代"，即改革开放之初引入市场经济的年代。

在这一时期，我国经济处于短缺状态，物资匮乏，供不应求，无论哪一行业只要有产品就有人要，企业间几乎不存在竞争，产品价格按照成本加成原则由企业决定，产品利润空间丰厚，下海经商成为热点。那是一个没有竞争，遍地是商机，企业无须经营，只要有胆量办企业就赚钱的时代。

第三个时期："商机管理时代"，即进入21世纪经济全球化时代。

在这一时期，跨国公司纷纷进入我国，餐饮业的麦当劳、零售业的沃尔玛、制造业的美国通用等，它们占领了高端市场。与此同时，我国个体创业的教育期也宣告结束，人们纷纷效仿创业榜样进入低端市场，形成个体创业的千军万马。这两个层面的新进入者不断加剧着市场的竞争，原有的利润空间被迅速压缩，企业家普遍感到"生意难做了"。

毫无疑问，伴随着我国日益高涨的创业浪潮，商机将越来越成为短缺资源，我国的商机管理时代已经到来。在商机管理时代，胆量、激情不再成为企业家的充分条件，今天的创业者绝不可把20世纪80年代"先开枪、后瞄准"的经验用于今天的创业活动中，否则必"死"无疑。

（二）获得商机中潜在的高价值

商道的本质是利用机会获得高价值。无论是阿里巴巴的创始人马云、新东方的创始人俞敏洪，还是亚马逊公司的创始人杰夫·贝索斯，无一不是被商机中所蕴含的潜在的高价值所吸引、驱动，并牢牢地把握住环境机会而成功创业。因此，没发现蕴涵着潜在高价值的商机或无法把握这商机，怎么能创业呢？

（三）高价值商机是大学生创业者的关键资源

从资源角度看，大学生是创业的弱势群体，他们缺少创业的人、财、物、经验、社会关系等资源，但当代大学生并不缺少对高价值商机的发现能力和把握商机的设计能力。对于“一无所有”的大学生来说，高价值商机（特别是专业领域内的高价值商机）是社会给予他们的独特资源，只要发现和把握了这一关键资源，就能以股份制方式，组织到创业所需的资金、人员等其他资源。

（四）学会要用第一桶金支付企业的费用

企业一旦建立，首先产生的是费用，而不是利润。如果创业者在开办企业之前，没能发现一个利润远远大于费用的商机，并能够把握它，迅速获得“第一桶金”，那么企业一旦开张，创业者就会陷入生存的困境中。这就是创业者的尴尬与风险。

因此，创业的本质不是筹笔款注册公司，也不是给公司起个名、租个房、刻个章，更不是设置总经理、副总经理等职位，这些仅是创业的附属物。创业活动的本质是发现商机、把握商机、获得高价值的长期盈利。

（五）不断发现和把握商机是企业生存的根基

商机是一个活动的靶子。在多变的市场环境下，企业若要获得长期的商业利润，就要不断地发现环境机会，把握创新的时机，不断创造价值和谋求成长，这种企业又称“创业型企业”或具有“创业精神”的企业。显然，这样的企业才能生命之树长青。因此，发现和把握商机，创造商业价值，不仅在创建企业之前或之初，而且在企业整个生命周期都是必要和重要的，离开它，企业生命也就停止了。

在商机管理时代，创业是科学，也是艺术，但更是实践。有志创业的大学生，首先，要建立起没有发现商机就不创业的原则；其次，要学专业、想创业，学习发现商机的创新方法，做发现商机的有心人；最后，要积极参与大学生创新训练项目、创业训练项目，从中发现商机，体悟创业精神，积累创业资源，待时机成熟，果断创业。

六、寻找创业机会的途径和方法

（一）从自身出发寻找机会

1.从专业背景中寻找创业机会

通过几年大学课程的学习，每个大学生对自己专业领域的知识都有了较深入的了解，部分大学生甚至拥有了自己的发明创造和专利，这为大学生创业提供了很多有利条件。大学生完全可以把自己的专业知识直接应用于创业实践当中。事实上，从自己的专业背景中寻找创业机会是当前大学生走上创业之路的常用方法。

2. 从职业经历中寻找创业机会

职业背景、工作经验也许是中国企业家们最常用的创业点子来源。职业背景、工作经验等为创业者提供了一个从打工过渡到当老板的桥梁，许多创业者都是在长期工作的行业中产生创意，找到机会，从而自立门户，升格成为老板。大学生在校期间一方面可以通过社会实践积累职业经验；另一方面可以在毕业后寻找一个想创业的行业积累职业经验，在实践经验积累中一步步走上创业成功之路。

3. 从兴趣爱好中寻找创业机会

毫无疑问，创业项目与个人兴趣爱好一致，成功可能性会加大。当你选择的事业和投资的项目就是你爱好的事情时，你会更兴奋地投入，更能坚持。重要的是，兴趣爱好会使你更多地去关注相关信息，大脑在爱好的驱动下运转更有效率，更易产生创意，更容易捕捉到创业机会。

4. 从生活经历中寻找创业机会

实践证明，生活经历、体验、日常消费活动是创业者寻找创业机会的重要源泉。生活中的种种经历、日常消费活动中的各种体验，让你站在消费者的角度看到各种产品服务在市场上的供需状况和销售表现。你的消费活动使你亲身体验到相关产品服务的优势，激发思考如何能更好满足消费者需求、哪里有商机，这些思考与探索会促成你寻找到好的创业机会。

（二）在社会环境中寻找创业机会

1. 从社会关系网络中寻找创业机会

人是社会关系的总和，人的一生要建立多种社会关系。我们生活工作的社会环境、市场环境、工作环境、社交环境到处充斥着形形色色的商业信息和创业机会，而社会关系网络发达的人更容易识别和开发创业机会。在社会交往中，一个具有敏锐眼光的创业者能更好地了解市场、掌握技术、挖掘市场、发现需求，这些都成为创业机会的重要来源。有研究证明，50% 的创业者通过其社会关系网络发现了创业机会。因为在复杂的关系网络中，通过企业家资源和机会之间的有机联系可以最大程度地促进创业活动。

2. 从社会因素变化中寻找创业机会

社会因素包括社会文化、社会习俗、社会道德观念、社会公众的价值观念、职工的工作态度以及人口统计特征等。变化中的社会因素影响社会对企业产品或劳务的需要，社会的不断进步会催生很多新的需求，诱导出更多的创业机会。如：时尚文化的发展催生时尚产品的巨大市场，时尚杂志、时尚消费品需求应运而生，追寻时尚来寻找创业机会成为许多创业者的好途径。随着女性社会地位的提高，男主外、女主内的家庭观念越来越不合时宜，更多的妇女走上工作岗位成为职业女性。这样就没有时间照顾小孩，于是有了家庭托儿所；没有时间买菜就产生了送菜公司。随着社会经济的发展，人们对生活饮食的理解也有新发展，希望能吃到更绿色、天然、无污染的食品，于是有人种植有机蔬菜。很多的创业者从这些社会因素的变化中寻找到创业机会，建立了自己的事业。

3.从社会新闻事件中寻找创业机会

社会新闻事件指涉及人民群众日常生活的社会事件、社会问题、社会风貌等，覆盖面广，信息量大，是创业者寻找创业机会的重要源泉。社会上发生的某一个事件、听到的一条新闻报道都可能触发你创业的灵感，从而去寻找一个好的创业机会。比如，2002年1月1日，欧元正式流通，但统一后的欧元纸币的尺寸大于十几个欧洲国家正在流通的货币，这也催生了眼光敏锐的温州创业者制作“钱包”远销欧盟；“三聚氰胺”事件后，奶粉安全问题成为当时社会关注的焦点，于是出现了许多海外代购奶粉的商家；近年来，中小学生眼睛近视率明显增高，成为社会关注的重要问题，催生许多创业者专门从事防治近视的仪器、灯具、桌椅的研发与销售。

（三）从技术进步中寻找创业机会

1.从技术突破中寻找创业机会

技术的发展推动新技术的诞生从而创造出全新的市场需求，或激发出市场潜在的需求。在经济发展过程中，许多重大的技术突破成果，如尼龙、人造纤维、核电站、半导体等都是属于这种模式。技术突破往往意味着新产品的出现，新的创业机会也随之出现。

2.从工艺创新中寻找创业机会

工艺创新是指创业企业通过研究和运用新体系等，提高企业的生产技术水平、产品质量操作程序、方式方法和规则的活动。和技术突破相对应，工艺创新是技术融合，将不同领域技术进行融合集成，形成新的生产能力。在技术发展的不同阶段，技术机会是不一样的，一项技术的萌芽阶段形成成长的初期，多数创新是重大的技术突破，如晶体管代替真空管、集成电路取代分立元件等。随着新技术与新产业的不断发展，在进入成长期和成熟早期以后，技术创新从产品创新转向工艺创新，突破型技术创新让位于渐进型技术创新，技术机会从内涵更多地转向外延，技术融合逐渐占主导地位。

3.从技术扩散中寻找创业机会

技术会在国家之间、地区之间和企业之间扩散，产生技术扩散有两个原因：一是存在着技术劣势，二是存在着模仿学习潜在利益的刺激。技术扩散可以包括技术贸易、技术转让、技术交流、技术传播等活动。由于技术的扩散，创业者在本国、本地区和本行业率先采用了扩散技术，能够获得技术上的优势，发现创业机会。

4.从技术引进和后续开发中寻找创业机会

技术引进是创业企业外部获得先进适用的技术的行为，通过技术引进能够弥补创业企业在技术方面的差距，提高技术水平，填补技术空白，获得发展的良好机会。创业者通过对引进技术的消化吸收与改进，也能够形成技术机会。创业者可以进行创造性模仿、消化、吸收引进技术，减少对技术提供方的依赖，实现更大的经济效益，甚至在新旧技术结构的相互适应下形成新的技术结构。创业者还能形成自我研究开发的能力，进而根据市场需要，通过自主的研究和开发，进行改进创新，这都为创业者提供了很好的创业机会。

（四）从市场变化发展中寻找创业机会

1.从市场新需求中寻找创业机会

随着经济的发展，经济建设和人民生活水平的提高以及个人消费意识和企业经营意识的变化，必然会产生一些新的需要。其中一些是新的消费需求，一些是中间性消费需求。相应地，就需要有企业去满足这些新的需求，这同样是创业者可利用的商业机会。如一些企业不断开发新的家电产品、衣食住行及保健用品，且在市场上受到欢迎，这得益于我国经济发展水平的提高。

2.从市场供给缺陷中寻找创业机会

在市场供求平衡过程中，总有一些供给不能实现其价值，而只能以“伪均衡价格”低价售出；同时也总有一些需求不能真正得到满足，这实际上是供给结构有缺陷，迫使人们放弃自己真正的需求，而用其他可得到的供给来近似地“满足”。创业者如果能够发现这些供给结构性缺陷，便可以找到可利用的商业机会。

3.从市场差距比较中寻找创业机会

改革开放以来，存在这样一种现象，沿海学国外，内地学沿海。这种学习模式的原因在于沿海与国外、内地与沿海之间存在差距。其差距不外乎是产品上的、技术上的、产业上的、商品经济发达程度上的，或者是市场经济制度完善程度上的。只要我们经常拿本地区、本企业与先进地区或国家相比较，看看别人已有的哪些东西是我们还没有的，这“没有的”就是差距，其中就可能发现某种创业机会。例如近年来，我国内地居民赴境外时喜欢采购奶粉、化妆品等日常消费品，这为一些善于捕捉市场信息的创业者们提供了创业机会，诞生了很多经营海外消费品或代购海外消费品的企业。

第四节　创业资源

一、创业资源的内涵

资源，是主体可以开发利用创造价值的各种要素的总称。创业资源的内涵是指创业者在创业过程中可获取和利用的各种要素及要素组合。创业资源是新创企业创立和运营的必要条件，主要表现为人才、资本、物资、技术、组织和管理等。

哈佛大学的霍华德·斯蒂芬森道出“创业者在新创企业需要的是控制资源，而非占有资源”的真谛，创业成功不一定要拥有资源的所有权，关键是对资源的控制和利用。

创业资源既包括有形资源，如资金、房屋、机器设备、原材料等，也包括无形资源，如动机、愿景、精神等；既包括创业者所独自拥有的资源，如个人的知识、素质、能力等，也包括创业者不拥有但可支配或可借用的资源，如社会关系、政策、信息等；既包括个体性资源，如人格、勇气、毅力等，也包括群体性资源，如家庭、团队、合作伙伴等。

对于创业者来说，挖掘资源、创造资源、整合资源，进而有效地利用资源，是实现成功创业的根本保障。

二、创业资源的类别

（一）按照创业资源的性质分类

创业资源按照性质可以划分为：物质资源、资金资源、人力资源、技术贸源和管理资源等。

1.物质资源。物质资源是创业企业生产和经营所需要的有形资源，也是开展创业活动的首要条件之一，如生产场地、建筑物、机器设备、原燃材料等，某些土地、矿山、森林、水源等也可能成为新创企业的物质资源，充足的物质资源将有助于新创企业更快更好地成长。

2.资金资源。任何新创企业无论是进行产品研发，还是进行生产或销售都需要一定的资金。对于新创企业来说，往往由于资产不足又缺乏抵押能力，很难得到银行贷款，这就使得资金资源成为企业发展的瓶颈。一般来说，创业初期以不高于市场平均水平的资金成本及时筹集到足够的资金，是新创企业成功创业和顺利经营的前提条件。

3.人力资源。人才对于企业的成长和发展已经越来越重要。事实上，当代企业管理中人才的概念已经由传统的“劳动力”转变为“人力资本”。高素质人才的获取和开发成为现代企业可持续发展的关键，尤其是高科技企业，由于其更大的知识比重，人力资源显得尤为重要。

4.技术资源。技术资源包括关键技术、生产工艺、作业系统、生产设备等，尤其是对于高科技新创企业来说，技术资源的重要性更是不言而喻。因此，积极引进、开发和利用具有商业价值的科技成果，可以提高企业的核心竞争力。技术资源可以通过法律的手段进行必要的保护，进而形成组织的无形资产。

5.管理资源。管理资源一般包括企业的管理系统、管理方法或管理手段。具体来说，就是如何利用管理理论、方法、手段，形成完整的管理制度。很多创业企业，尤其是高科技创业企业失败的原因不是缺少技术，也不是没有市场，而是管理不善。当然，企业也可以借助专业的管理咨询机构，来提高企业的生产和运作效率。

（二）按照创业资源的存在形态分类

创业资源按照其存在的形态不同可以划分为：有形资源和无形资源。

有形资源是指具有物质形态、可用货币衡量的资源，如建筑物、机器设备、原材料、产品、资金等。

无形资源是指具有非物质形态、无法用货币衡量的资源，如信息、关系、权力、信誉、形象等。

（三）按照创业资源的参与程度分类

创业资源按照参与创业活动过程的方式或程度不同可以划分为：直接资源和间接资源。

直接资源，也称要素资源，是指直接参与企业创立或生产经营活动的资源，如资金、人才、技术、管理等。

间接资源，也称环境资源，是指未直接参与企业创立或生产经营活动，但其存在可以极大地提高企业运营有效性的资源，如政策、信息、文化和品牌等。

（四）按照创业资源的来源分类

创业资源按照来源不同可以划分为：内部资源和外部资源。

内部资源是指创业者或创业团队自身所拥有的可用于创业的资源，如创业者自身拥有的资金、技术、信息等。

外部资源是指创业者或创业团队从外部获取的各种资源，如从朋友、亲戚、伙伴或其他投资者处获取的资金、设备以及其他原材料等。

总之，有助于创业者创业的东西都是创业资源。但是，从资源的角度看，成功创业的关键是发现和把握那些最适合自己资源优势的商业机会。

三、创业资源的作用

创业者获取创业资源的最终目的是组织这些资源来追逐并实现创业机会，提高创业绩效和获得创业成功。作为创业资源，无论是有形资源还是无形资源，无论是直接资源还是间接资源，无论是内部资源还是外部资源，在创业过程中都会对创业活动产生积极的影响，发挥一定的作用。

（一）人才资源在创业中的作用

人是创业活动的主体，在创业活动中起着决定性作用。创业者及创业团队的知识、经验和能力等是成功创业最为核心的资源。

在现代企业管理中，人才的概念已经由传统的“劳动力”转变为“人力资本”。因此，高素质人才的获取和开发就成为新创企业实现成功创业和可持续成长的关键，特别是高科技企业中的专业人才资源显得尤为重要。

（二）资金在创业中的作用

资金是创业活动的起点，在创业活动中起着基础性作用。在企业的生产经营活动中，需要购买原燃材料、机器设备，需要进行广告宣传，需要支付员工工资，需要对员工进行培训，需要进行产品研发等，这就使得新创企业在创业前期需要筹集到一定的资金。但是，对于新创企业来说，尤其是大学生创业者，资金缺乏是创业活动中的最大困难之一，因此，资金对于初创企业，尤其是大学生创业者来说至关重要。

（三）技术在创业中的作用

技术是创业活动的基石，在创业活动中起着根本性作用。面对激烈的市场竞争，企业只有不断地开发新技术、新工艺、新产品，才能在竞争中立于不败之地。对于初创企业来说，在资金基本满足需求的情况下，技术则是最关键的资源。因此，需要积极寻找、引进具有商业价值的科技成果，加快产品研制的速度，缩短产品进入市场的时间，提高企业的核心竞争力。

（四）人脉在创业中的作用

人脉是创业活动的支撑，在创业活动中起着推动性作用。人脉是经由人际关系而形成的人际网络，是一种特殊的资源。拥有良好社会关系的创业者可以借助人际网络，建立合作与信任，降低潜在的风险。很多成功的人士都深深意识到人脉资源的重要性。斯坦福大学的一项调查显示：一个人赚的钱12.5%来自知识，87.5%来自人际关系。

四、创业资源获取途径与技能

（一）创业资源获取的途径

创业资源根据获取来源不同可分为外部获取和内部开发两种方式。

1.外部获取。

外部获取，根据获取方式可分为交易换取和合作换取。交易换取是通过交易形式，以企业自身所拥有的资金或实物的代价来换取企业所需资源的方式；合作换取是指通过合作方式，以双方或多方的共同投入来换取分享未来利益的权利的方式。交易换取按交易占用资金或实物的形式不同，可分为购买、租借和交换等方式；合作换取相对交易换取更少占用新创企业宝贵的资金资源，有利于降低企业经营风险，能够表现出企业整合外部资源的能力。合作换取按合作紧密程度的不同，分为股份合作、联盟合作、松散合作等。

2.内部开发。

内部开发具有开发难度大、进程慢的特点，新创企业可通过外部引入再内部消化然后再开发的方法来弥补此缺陷，加快进程。内部开发一旦成功，不易模仿，容易形成企业独有的核心竞争力。

（二）创业资源获取的技能

创业资源获取主要原则是盘活、用好、用足企业现有资源，四两拨千斤，以有限的内部资源，撬动最大化的外部资源。具体获取技能包含以下三个方面：

1.适用够用。

创业者首先应获取“适用”的资源，只有新创企业发展需要的资源，才是资源获取的目标。任何资源的适用都是有代价的，募集资金等创业资源的时候，应本着“够用”原则，“多多益善”的思路并不能给企业带来有效的收益。

2无形资源利用。

新创企业初期，有形资源匮乏，企业应充分挖掘自身的无形资源，以此为杠杆撬动外界有形资源。比如，创业者可通过个人魅力和现有社会资源，吸引外部投资者入股，换取上游供应商的代理权和信用融资，赢得内部员工对工作投入热情等。

3.善用合作换取。

新创企业初期资源紧缺，可以借助广泛合作、通过对未来的利益预期换取合作等方式获取现实资源。例如：通过连锁加盟获得品牌知名度，缩短市场客户对产品和企业的认知期，保证创业初期的基本运营，降低经营风险。

第五节　创业环境

一、创业环境的概念

创业环境是指围绕创业者创业和发展的变化，足以影响或制约创业行为的一切外部条件的总称。一方面指影响人们开展创业活动的所有政治、经济、社会文化诸要素；另一方面指获取创业帮助和支持的可能性。创业环境是这些因素相互交织、相互作用、相互制约而构成的有机整体。

二、创业环境的特征

（一）整体性

创业环境是一个由各要素相互作用、相互联系而组成的有机整体，创业环境的各要素也是相互联系、相互影响的。在研究创业环境时，应运用系统的原则和方法，从整体的角度来考察创业环境，不能割裂各要素之间的联系，而应从创业环境的整体去研究个体要素的表现。

（二）主导性

在创业环境的各要素中，总有一个或几个要素在某一阶段的发展中居于主导地位，即在创业环境整体中规定和支配着其他要素。因此，对主导要素的研究具有特别重要的意义。

（三）可变性

区域环境和创业环境都是不断发展变化的。包括经济结构的调整、政治制度的优化、市场需求的变化、消费水平的提高等，这些都极大地影响着创业环境，使创业环境始终处于不断变化的过程之中，并且逐步趋于完善。

（四）差异性

差异性是指地区的差异。创业环境是个空间概念，所在的区域不同，创业环境也不尽相同。区域政治、经济、文化等方面的差异，决定了创业环境的地区差异。

三、创业环境的分类

（一）宏观环境

一个国家或地区的市场开放程度、政府的国际地位、信誉和工作效率、金融市场的有效性、劳动力市场的完善程度、法律制度的健全程度以及技术的进步性等，都将形成一个新创企业的宏观环境，这些宏观环境因素对一个新企业的创办、生存和发展将产生重要的影响，对创业者的投资兴业起着较大的诱导和促进作用。

（二）地区环境

每一个企业都设立在一定的区域内，因而新创企业必然受到地区环境的影响。评价地区环境，关键因素是新创企业相对于这个地区其他企业的规模以及这个地区本身的规模。一个企业在地区内的重要性，取决于企业的营业额、员工数量和纳税额以及对地区的其他贡献。一个地区对创业者的支持程度，则取决于创业者对该地区的责任承诺、忠诚和贡献。承诺、忠诚和贡献的程度越高，创业者从该地区所获得的支持程度就越高。

（三）行业环境

行业环境分析对新创企业十分重要。新创企业选择行业一定要慎重再慎重，千万别轻率，马虎不得。一般来说，创业的行业环境主要关注两个问题：一是行业内的竞争程度及变化趋势，二是行业所处的生命周期。如果行业内竞争已经十分激烈，进入壁垒高或已处于夕阳阶段的行业，新创企业成功的概率就不高，即使成功也十分艰难。

四、大学生创业环境分析

现在大学生创业所面临的宏观环境和微观环境都十分复杂。所谓创业环境，实际上就是创业活动的舞台。任何创业活动都是在一定的社会环境下进行的，在大学生迈向社会进入创业阶段的时候，呈现在他们面前的就是一个巨大的时空舞台。在这个舞台上，诸多事物和要素互动联系、碰撞，形成了一个面面俱到的现实环境系统，因此创业环境对大学生创业具有十分重要的影响。在大学生就业形势日益严峻的社会背景下，采取有效措施，为大学生创业营造良好的环境，对促进大学生创业并带动其就业具有十分重要的作用。

（一）宏观环境分析

1.政府金融政策支持

现在一些地方政府解决这一问题的通常方法是专项资金扶持和贴息贷款。通过这种途径在短期内扶持多数创业人。政府为大学生自主创业提供各方面的保障，主要可以采用经济、行政以及法律的手段。如：简化不必要程序；建立创业教育培训中心免费为大学生提供项目风险评估和指导；尽快落实国家相关针对大学生创业的税收减免优惠政策；大学生创办的企业被认定为青年就业见习基地的，就可享受市有关补贴等。

2.创业培训

政府部门除在资金上支持大学生创业外，还通过学校等教育机构对大学生进行创业培训。培训内容包括申请贷款程序、创业者应具备的心理素质、基本的金融知识等。通过系列培训，使创业大学生能坚持理想，贯彻计划，取得最终的成功。学校环境方面，如，学校政策鼓励支持，形成创业的文化；在学校建立配套科技园，加强创业教育，通过创业实践或比赛等多种形式，培养大学生创业能力；同时向大学生适度开放校内市场，以利于大学生创业实践，搭建创业服务平台。有些学校的市场营销专业的实训基地就给学生提供了一个自主创业的平台，给学生一个门面，让学生自己去经营、去管理。

3.宽容失败

对于大学生创业失败的，审查机构审查其系非人为故意造成的，可以免除其所贷资金的利息，并可相应放长其还贷期限。对于希望重新创业并提交可行计划的，仍可在其未还清所欠贷款的情况下，再次提供其无担保贷款。以此营造宽容失败、鼓励创业的社会环境。大学生毕竟很年轻，即使失败了，在心理上他们也能有一定的心理承受能力，家人也会理解和包容他们。

（二）微观环境分析

大学生创业的微观环境主要就是自己创业流程的一个详细的分析，具体如下：

1.制订计划书

比如，要在市区开一个卖牛仔裤的店，开店之前要制订一份计划书。制订营销计划时要将各个环节相互联系构成一个完整的内部环境，各个环节的分工是否科学，协作是否和谐，目标是否一致，都会影响营销决策和营销方案的实施。

2.顾客

顾客群的不同直接影响价格的定位，所以人流量是在创业前最看重的一点。比如，牛仔裤的主要的客户群非常广泛，不论男女，中年和青年都适合，则开店的目标是让每一个进来的顾客都可以找到自己喜欢的牛仔裤。

3.店址

大多数学生在店址的选择上会选一些比较熟悉的环境。如将店址选在大学附近，或者是交通比较便利的地区。

4.选货以及进货

选货要掌握当地市场行情：出现哪些新品种，销售趋势如何，存量多少，价格涨势如何，购买力状况如何。进货时，首先到市场上转一转、看一看、比一比、问一问、算一算、想一想，以后再着手落实进货。少进试销，然后再适量进货。因为是新店开张所以款式一定要多，给顾客的选择余地大。

5.供应商

供应商是指为企业及其竞争者提供生产经营所需资源的企业或个人，包括提供原材料、设备、能源、劳务和其他用品等。因为大学生的资金比较匮乏，没有很大的进货量，所以供应商的选择应当适合自己的店面大小。

6.产品价格定位

大学生开店一开始没有经验也没有固定顾客，要吸引顾客就只有将产品的定价降低，比别人获得更多的竞争力。

（三）创业条件

1.家庭条件

家庭是创业者早期接受启蒙教育和健康成长的摇篮。创业者的家庭条件因人而异，无论家庭条件好还是家庭条件差一些，对创业者来说都是可以利用的有利因素。有的家庭条件相对好一些，如家庭主要成员在社会上具有一定的地位或影响，使创业者早期便能结识一些有利于其将来从事创业活动的关键人物。也有的家庭继承并在不断从事或扩大家庭传统的创业项目，多年的经营，为创业者提供了大量的经营项目和经营经验，加之生产或经营技术的传统垄断性，使创业者在创业活动中往往容易成功。也有一些创业者家庭条件很一般，有的甚至较差，但这并不影响创业者的自信心和其创业活动。自古至今的许多创业者，他们克服了重重困难，通过自身的艰苦努力而逐步实现了自己的理想和抱负。

2.人际关系条件

人际关系条件对于创业者来说也十分重要。尤其是在当前市场经济条件下，搞好人际关系，对创业者顺利完成创业活动将起到积极的促进作用。所谓的人际关系条件主要是指创业者在自己工作、学习以及生活的空间内，通过交往而逐步形成的相对稳定的联系，对创业者从事创业活动有促进和影响的各种有利条件。人具有社会属性和自然属性，其社会属性主要通过人的社会行为体现出来，具体表现为个体的人在衣食住行等方面都不可能脱离这个社会群体，总要直接或间接地与他人发生联系。这样，创业者总在自己的生活范围内逐步形成一个相对稳定的关系网络。这个网络对于创业者来说，是一笔不可多得的财富。同时，作为创业者还要学会充分利用和调动这些有利因素，使其能最大限度地为创业活动提供援助。可见，人际关系条件对创业者来说是十分重要的。

3.自身素质条件

创业者的自身素质条件决定了创业者的创业活动性质和经营范围，也决定了创业者最终能否获得成功。创业者自身素质应包括其文化素质、身体素质和心理素质等智力因素和非智力因素。在当今社会，一个成功的创业者首先要有较高的文化素质。

（四）大学生创业环境趋势分析

大学生创业有机遇但也有威胁，大学生创业的SWOT分析如下：

1.优势

（1）接受新鲜事物快，甚至是潮流的引领者。

（2）思维普遍活跃，不管敢不敢干，至少是敢想。

（3）自信心较足，对认准的事情有激情去做。

（4）年纪轻，精力旺盛，故有“年轻是最大的资本”之说。

2.劣势

（1）缺乏社会经验和职业经历，尤其缺乏人际关系和商业网络。

（2）缺乏真正有商业前景的创业项目，许多创业点子经不起市场的考验。

（3）缺乏商业信用，在校大学生信用档案与社会没有接轨，导致融资借贷困难重重。

（4）心理承受能力差，遇到挫折轻易放弃，有的学生在前期听说创业艰难，就不想尝试了。

（5）整个社会文化和商业交往中往往不信任青年人，俗语说“嘴上没毛，办事不牢”，很不利于年轻人的创业。

3.机遇

现在国家政策都鼓励大学生创业，学校也注重培养大学生的创业技能，社会逐步承认大学生创业，家庭也开始给予大学生一些创业的资金。大学生创业的环境在逐渐改善。

4.威胁

人才竞争越来越激烈，大学生毕业走向社会的压力越来越大。虽然自己创业，但是市场竞争也很激烈，资金压力也很大。想得到家长和社会的认可，更不容易。一开始的创业虽然解决了就业，但是自己还年轻还想让生活更加充实，想生存得更有尊严。

现在大学生创业是一种趋势，虽然有优势和机遇但同时也存在劣势和威胁。大学生在创业的同时要根据自己的特点，抓住机遇，发挥优势，要找出具体的不足，制订方案解决威胁与困难，从而实现自己的人生目标。

第六节　创业项目选择

所有的创业行为都要落实在一个个具体的创业项目之上。创业项目的寻找和选择至关重要，在探寻创业项目时要舍得下功夫。

（一）基于解决别人的困难，选定创业项目

“别人的困难往往就是企业成功的机会。”企业通过为他人提供有益的服务、为他人解决工作和生活中的困难可以获得正当合法的盈利。例如，北大方正公司创始人王选先生为解决印刷行业困难，发明了激光照排系统，一举创业成功；有人针对大城市中的三口之家，双职工夫妻经常为接送孩子上学和孩子吃饭的事发愁这一困难，开办托教服务项目，投资少、见效快，也取得了成功。

（二）分析已有商品存在的问题，选定创业项目

市场上销售的商品总会存在这样或那样的问题。有的样式呆板，有的颜色单一，有的在功能和性能方面不够完善，有的在结构方面不够合理等。创业者经过调查分析，针对这些商品存在的问题，进行改进、完善、提高，以此作为创业项目往往成功率很高。比如，美国迪士尼乐园的创始人迪士尼，就是针对当时市场上卡通影片存在的问题，通过改进技术创业的。

（三）透视热销商品背后隐藏的商机，选定创业项目

以热销商品为导向，认真分析热销商品背后隐藏的商机，再选定创业项目进行经营。例如，当看到市场上鸡蛋热销时，分析预测鸡蛋热销背后隐藏的商机：一是马上会兴起养鸡热，二是当养鸡热兴起后，鸡饲料将会供不应求。因此，既不去卖鸡蛋也不去养鸡，而是跳过这两个阶段去生产鸡饲料。这样当养鸡热兴起后，自然就会财源滚滚。

（四）基于市场供求差异分析，选定创业项目

从宏观上看，任何产品或服务的市场需求总量和市场供给总量之间往往都会存在差距。通过调查分析，若发现哪个产品或服务的市场供给不足，就可以从中找到创业机会，选定创业项目。市场需求不仅是多样化的，而且是不断变化的。因此，即使有时市场供求总量平衡，但结构也会出现不平衡，这样就会有需求空隙存在。创业者通过分析供需结构差异，也可以从中发现创业机会，选定创业项目。比如，我国饮料市场的供求状况总体上看是供过于求的。但广东三水酒厂厂长李经纬先生，当年创业时就是在这供过于求的市场状态中，通过分析供需结构差异发现了创业机会，开发出运动保健饮料，起名“健力宝”，一举打开市场，不断发展壮大为今天的健力宝公司。

案例赏析

渔业世家传承人的他，服务客户遍布全国各地

在江门开平市月山镇横岗村，有一家专注于水产繁育与养殖的农业公司，拥有大规模的现代化鱼苗孵化场地和全国最先进的鱼苗孵化设备，客户群体遍布全国各地。

讲起这家公司，不得不提他的掌舵人——广东联一水产科技发展有限公司的总经理崔明祥。这位80后，部队退伍后，从2002年起，传承家族生意，并且越做越大，成为广大养鱼农户的好朋友、引路人和“财神”。

崔明祥的家族世代靠孵化育苗售卖鱼种维持生计，自祖爷爷起四代人已经营了200多年，通过家族式的经营，几代人的传承接力，积累了大量的生产技术和生产经验，还有大量的人脉资源。到了崔明祥这一代，可以说是已经对整个行业了解得非常透彻了。

他自幼就在家里的育苗场长大，耳濡目染，熏陶了对渔业的热爱。部队退伍后，他毫不犹豫地选择当了“鱼花佬”。俗话讲，万事开头难，虽然在返乡创业的道路上也经历了不少困难，但他从不退缩，凭着对渔业骨子里的热忱，很快就把生意做出了名堂。

养鱼人，一讲水质，二讲市场，而“鱼米之乡”的珠三角，无疑是很好的选择。于是在2007年，崔明祥把目光投向了江门，经过多番寻找，最终在开平市月山镇横江村委会安了“家”，这里远离工厂和城镇生活区，生态环境良好，空气清新，交通便利；具有丰富的地下水资源，引用大江优质水资源方便，淡水资源丰富，水质良好，十分适宜名优淡水种苗的繁育。有经验的他，先规划而后动，开展场区内通水、通电、通路，精心整治池塘，建设排灌系统，一个布局合理、环境优美、设施完善的鱼苗繁育场和养殖基地就在他的手下“诞生”了。

刚来到开平市时，当地养殖四大家鱼的苗产基本上都是几百斤，提升亩产潜力巨大。凭着在各类商品鱼孵化生产上都掌握着一定的核心技术，崔明祥孵化推广的鱼苗及售后技术服务方式，使养殖户的养殖亩产和收益一下子猛增，一起合作的养殖户四大家鱼的苗产基本上都在2 000斤~4 000斤，养殖泥鳅的苗产基本上都是几千斤，上门来买鱼苗和合作的农户越来越多，很快带动当地养殖户3 000多户，合作养殖的水面也达到3 600亩。

农户的好效益促进鱼苗需求，需求促进公司加快发展。目前，公司育苗及养殖鱼塘发展到320亩，年产黄颡鱼苗、泥鳅苗、罗非鱼苗和四大家鱼苗等各类优质种苗约36亿尾，主要销往珠三角各大区域以及湖北、湖南、四川、浙江、广西等省区，服务客户达3万多户。

资料来源：佚名. 渔业世家传承人的他，服务客户遍布全国各地［EB/OL］.［2022-04-10］. https：//www.sohu.com/a/450410053_120060359.

（五）利用市场细分，选定创业项目

所谓市场细分，就是根据整体市场上顾客需求的差异性，以影响顾客需求和欲望的某些因素为依据，把某种商品的整体市场划分为若干个消费者群的同质市场分类方法。通过市场细分划分出的每个消费者群就是一个子市场。每个子市场都是由具有相同或类似需求倾向的消费者构成的群体。因此，属于同一子市场的消费者对同一商品的需求极为相似；分属不同子市场的消费者对同一商品的需求则存在着明显的差异。因此，进行科学的市场细分有利于发现市场机会，选定目标市场，确定创业项目。

思考题：

1.创业者的定义是什么？创业者的类型有哪些？

2.学生创业环境包括哪几方面内容？

3.创业机会的类型有哪些？

第四章 教育链——创新培养

第一节 创新创业教育新定位

习近平总书记强调:“创新是社会进步的灵魂,创业是推动经济社会发展、改善民生的重要途径。青年学生富有想象力和创造力,是创新创业的有生力量。”加强创新创业教育,是推进高等教育综合改革、提高人才培养质量的重要举措。近年来,高校不断加强创新创业教育,对提高高等教育质量、促进学生全面发展、推动毕业生创业就业、服务经济社会发展发挥了重要作用。新形势下,高校必须着眼长远、聚焦聚力,下大力气解决存在的问题,进一步加强创新创业教育。

青年兴则国家兴,青年强则国家强。习近平总书记高度重视青年和青年工作,他寄语广大青年,要敢于做先锋,而不做过客、当看客,让创新成为青春远航的动力,让创业成为青春搏击的能量,让青春年华在为国家、为人民的奉献中焕发出绚丽光彩。

青年人创新思维活跃、创业动力强烈。近年来,一系列政策的出台,为青年创新创业创造了良好环境,许多大学生纷纷返乡创业,成为创新创业的主力军。建设创新型国家,高校发挥着重要作用。高校是国家创新体系不可或缺的重要组成部分,是知识创新的主力军、科技创新的生力军、制度创新的重要方面军。高校是创新的重要源头之一,不仅传承、传播科技文化知识,而且创造新技术、新文化、新知识。

创新创业教育既是适应经济社会发展和高等教育自身发展需要应运而生的一种教育理念,也是融创新教育于人才培养全过程的一种教育模式。

在高等学校大力开展创新创业教育,有助于学生树立创立事业、成就事业、服务社会主义现代化建设的人生观和价值观;有助于提高大学生服务国家人民的社会责任感、勇于探索的创新精神和善于解决问题的实践能力;有助于激发学生学习兴趣和创业热情;有助于促进学生个性化发展和综合素质的提高。

创新创业教育首先是培养学生勇于探索、开拓进取的创新精神。创新创业教育的核心是创新,创新支撑着创业。

高等教育要努力培养大批具有创新精神和创业能力的高素质专门人才,主动适应国家经济社会协调发展和人的全面发展需要。

第二节　创新创业教育的主要内容

对学生进行创新创业教育与指导，重点在于创新创业意识的教育，主要是为了帮助学生了解创业要素、步骤、流程等基本知识，激发和培养学生的创业意识、创新精神以及创业所需的基本素质。学生创新创业教育的主要目标是：

（1）揭示创新创业的基本规律。

（2）了解创新创业的基本理论。

（3）掌握创新创业的基础知识。

（4）熟悉创新创业的基本流程。

（5）运用创新创业的基本方法。

（6）提高创新创业的基础能力。

（7）促进大学生职业生涯发展。

学生创新创业教育的内容主要有以下几个方面：

一、正确认识创业，树立创业意识

认识创业需要时机和条件，更需要创业意识和激情，虽然创业是艰难的，也许大学生没有资本，没有社会关系，甚至没有很多的实践经验，但只要独具慧眼，正确认识创业的内涵，就能捕捉到别人无法看到的创业商机。

大学生创新创业教育，重在唤醒大学生内在的自我创新创业意识，激发自我发展的动力，这是日后识别创业机遇、抓住创业机遇的前提。所谓创业意识，是指在创业活动中对创业者起动力作用的个性心理，包括对创业价值的认同、创业理想的树立和创业情感的激发，其中创业理想是核心。高等学校开展创业教育，就是要进行创业理想信念教育，引导学生主动创业，将自主创业作为人生的追求，将自己的知识、专业技能与兴趣特长相结合，将自己的需要、兴趣、理想同社会需要结合在一起，创造出新的就业岗位，实现自己的人生价值。

二、了解创业环境，培养创业精神

一般来讲，创业的外部环境主要包括市场和政府的支持两个方面。市场因素主要包括：市场的需求因素；要素市场的发育水平，主要是获取劳动力、技术、资金等的难易程度等。政府的支持因素主要包括基础设施水平、税收和租金水平、创业扶持措施，以及对行业准入、市场准入的管理等。

创新创业教育帮助学生了解当今经济社会特征与发展趋势，明确创业活动推动社会发展和创造未来的重大作用，引导学生创业要把握大势的思维，搜寻创业机会，顺势而为；通过学生创业环境分析，帮助学生结合自身优势，探索创业方向，确定创业领域，学会适应并善用外部环境，提升创业能力。

创业精神是创业成功的基本条件和内在动力，创业精神不仅是完美人格的构成要素，而且是塑造完美人格的重要条件，创业精神是一个人在社会主义现代化建设中建功立业、实现其人生价值、社会价值的重要保证。培养创业精神的实质就是让学生“敢于创新创业、勇于创新创业”，关键是创业品质的培育。

三、探索创业禀赋，提升创业素养

创业禀赋，也就是创业素质与能力。学生创业者具有较高的文化水平和专业知识；自主学习能力较强；有激情和抱负，思维活跃，敢想敢干。但是，往往也缺乏社会经验和职业经历，喜欢纸上谈兵，甚至有些眼高手低、好高骛远，还有部分学生创业者心理承受能力较差，缺乏吃苦耐劳的精神。

创业者自我探索，主要包括以下三个方面的内容：(1) 评估自我创业潜力；(2) 评估创业成功影响因素；(3) 评估创业决策。

创业素养是一种包括知识、能力和人格在内的复杂的素质结构，它是一种综合的、较高层次的素质。创业素养的形成需要长期培植、熏陶和积淀，是人的精神细胞被浓厚的创业文化激化后所产生的良性裂变，是一种规律使然。创业素养是创业素质与修养的内在统一，是创新创业教育的重要内容。创业的基本素养分为四个部分：创业意识、创业心理品质、创业能力和创业社会知识结构。

四、掌握创业知识，做好创业准备

创业知识是学生进行创业的基本要素。学生创业至少需要三类知识：专业技术知识、经营管理知识和综合性知识。无数实践表明：学生要具备的有利于创业的知识结构，不仅包括必要的专业知识，更包括现代科学、文学、艺术、哲学、伦理学、经济学、社会学、心理学、法学等综合性知识和管理科学知识。

机会总是被赋予有准备的头脑。“凡事预则立，不预则废。”准备得越充分，学生创业成功的概率越高。创业是一件极具挑战性的事情，创业的道路充满艰难曲折，要求创业者做好各方面充分的准备。

五、学习创业理论，掌握创业规律

不同行业、不同资源、不同地域、不同时间，创新创业过程如指纹一样各不相同。但在这些不同创新创业活动的不同表象背后，隐藏着创新创业的一般规律。创业规律是一般性与普遍性原则的统一；是创新创业活动内在、本质、真实的揭示；是成败终极原因的根本性的结论；是能够复制的通往成功之路的模式。创业的规律就是，综合直接和间接经验，做出正确决策，合理调配各种资源，把握“天时、地利、人和”，使投资取得最佳收益，从而成就一番事业。

创新创业教育，要向大学生传授创新创业的基本规律和方法，透过表象理解创新创业的本质。帮助大学生掌握创新创业方法，重点在于摸清事物本身的规律，正确做出判断，并付诸实践。

六、理解创业过程，熟悉创业流程

创业的一般过程可以分为创业动机的产生、创业机会的发现与识别、资源的整合、企业的创建、新创企业的成长和创业的收获六个阶段。创立企业的具体步骤是：（1）确定企业的核心理念；（2）分析内外部环境、将理念贯彻于行动；（3）培养核心竞争力；（4）成功融资；（5）设立公司的相关准备；（6）依法注册公司企业。

通过创新创业教育，让学生掌握创业的一般过程和创办企业的基本流程，可以帮助学生创业者做好创业准备，有助于创业实践活动的实施，提升创业成功率。

七、开展创业实践，降低创业风险

创业实践是创新创业教育中一种特别重要的内容和方式，具有真实性和挑战性。目前，随着创业教育如火如荼地开展，各地纷纷举办了各种规模的创业方案设计大赛，极大程度提升了学生创业实践的积极性，为广大学生投身创业实践创造了机会。同时，很多省市、高校建立了创业园、孵化基地等场所和机构，为在校学生创业提供了"实战舞台"，提供了人才储备和项目储备。

创业实践的过程中，学生通过低成本、低风险的个人投资，用一种体验的态度和心情进行创业实践活动，增强社会认知，感悟自身价值。在体验创业阶段，学生承担的责任较小，可能造成的不良后果也较小。学生通过与社会的接触，可以从中学到社会上的许多"游戏规则"，找到自己所学知识和自身素质在处理社会问题中的优缺点，从而学会扬长避短，为适应未来社会竞争积累知识和经验。

八、学习创业管理，提升创业技能

如何在纷繁复杂的创业事务中，使自己始终保持清醒的头脑，使新创企业保持正常的运行状态，是创业者必然面临和必须解决的关键问题。对于学生创业者而言，缺乏实践经验，对企业运作相关知识更是匮乏。所以，创新创业教育，要解决学生创业者必然会遇到的新创企业的决策管理、人力资源管理、财务管理和市场营销等问题，提升创业实操技能。相关初创企业管理的知识学习，能够让学生创业企业通过富有特色的产品或服务创新，准确的市场定位，恰当的创业营销组合，努力打开市场，并使新创企业在市场站稳脚跟，尽快步入良性运行状态。

第三节　创新创业教育的目标

一、大力发展创新创业教育，建设创新型国家

习近平总书记高度重视创新发展，在多次讲话和论述中反复强调"创新"，内容涵盖了科技、人才、文艺等方面的创新，以及在理论、制度、实践上如何创新。2021年9月24日，习近平总书记向2021中关村论坛视频致贺。他指出："当前，世界百年未有之大变局加速演进，新冠肺炎疫情影响广泛深远，世界经济复苏面临严

峻挑战，世界各国更加需要加强科技开放合作，通过科技创新共同探索解决重要全球性问题的途径和方法，共同应对时代挑战，共同促进人类和平与发展的崇高事业。”

“为什么我们的学校总是培养不出杰出人才？”2005年，著名科学家钱学森的一个问题难倒了整个教育界乃至整个社会。国内最有名的六所大学校长和教育专家，他们的回答是：要培养杰出人才，关键是教师；要将基础教育和高等教育贯通起来；高校大改革大发展起来之后，应该是大提高；做大高等教育，还要做强高等教育等。

发达国家的经验表明，创新创业教育是培养人才社会适应能力的新型教育形态。中国教育要实现向创新创业形态的大转变，就必须改革传统不相适应的教育观念、课程、制度与方法，用新的目标、新的视野、新的理念、新的举措大力推进创新创业教育，培养一大批具有社会责任感、创新精神和创业能力，善于将创新成果转化为现实生产力的高素质人才，不仅为建设现代化国家提供有力的人才和智力支持，也给已逝的钱老一个满意的答案。

二、实现创业带动就业，撬开大学生就业难的新途径

从20世纪末开始，我国高等教育迅猛发展，规模不断扩大，实现了历史的跨越，进入到了高等教育大众化发展阶段。目前，各种形式的高等教育在学总规模4 430万人，高等教育毛入学率57.8%。高等教育在学总规模包括研究生、普通本专科、成人本专科、网络本专科、高等教育自学考试本专科等各种形式的高等教育在学人数。此外，据中华人民共和国人力资源和社会保障部统计，截至2021年年末，全国就业人员74 652万人，全年城镇新增就业1 269万人，有545万城镇失业人员实现再就业，就业困难人员就业183万人。2021年年末，城镇登记失业人员1 040万人，城镇登记失业率为3.96%，全国城镇调查失业率为5.1%。今后一个时期，每年城镇新增就业人口约1 000万人，加上失业人员、退役军人等，需要就业的城镇劳动力超过2 000万人，还有农村转移劳动力超过1.5亿人。如此庞大的规模，加之每年不断扩大的毕业生人数和其他方面的待就业人员，给我国就业带来巨大的压力。每年临近毕业之时，总能看到大批手拿简历、等在人才市场门外焦急的身影。曾经的天之骄子，就这样被“烤”成了天之“焦”子。巨大的就业压力，对我国高等教育提出了更高的要求。这种要求，不仅是规模发展，也不仅是质量提高，而是高等教育必须实现可持续健康发展的要求。

21世纪是知识经济时代，知识的价值已经越来越重要了，学生是新知识的传承者，是最有活力朝气的，是最具创新、创业潜力的群体之一。通过推进高等学校创新创业教育和大学生自主创业工作，使更多大学生实现自主创业并为社会提供更多的社会就业岗位，能够促进我国当前和长远的经济发展以及社会大局稳定。创新创业教育尽管不等于创办企业的教育，也不主张所有接受创新创业教育的大学生都

去创业，但通过教育，推进一大批学生实现自主创业是创新创业教育的一个重要目的。如今，我国劳动力供大于求的矛盾相当突出，这个问题是“维稳”解决不了的，要靠不断创造新的就业岗位。推进大学生自主创业是创造就业机会、缓解就业压力的途径之一。

古希腊科学家阿基米德有一句名言：“给我一个支点，我就能撬起整个地球。”在杠杆装置中，支点是整个装置的核心。对于一个难题来说，支点就是解决难题的钥匙。对于大学生就业这个难题来说，大力推进创新创业教育，培养大学生创新精神和创业能力就是解决这道难题的新支点。

三、提升创业教育，让你的人生与众不同

20世纪90年代，我国一些高校就开始了创新创业教育的实践探索。2002年4月，教育部在清华大学等9所大学开展创新创业教育试点工作，标志着我国高校创业教育由自发探索阶段进入教育行政部门引导下的多元探索阶段。目前，我国不少高校都开设了学生创业或类似的选修课程，在开展创业教育的实践中积累了工作经验，形成了三种创业教育模式——以课堂教学为主导开展创新创业教育的模式；以提高学生创业意识、创业技能为重点的创新创业教育模式；以创新教育为基础，为学生创业提供实习基地、政策支持和指导服务等综合式创新创业教育模式。教育行政部门在积极引导高校开展大学生创新创业教育的同时，人力资源和社会保障部（原劳动和社会保障部）积极引进英国的SYB（Start Your Business，“创办你的企业”），共青团中央积极引进国际劳工组织的KAB（Know about Business，“了解企业”）创业教育，并取得了积极的成效。受益于创业教育，不少学生走上了创业之路。上述试点和试验的成功经验，为在全国高校全面推进创新创业教育起到了重要的示范作用。

但是由于我国创新创业教育起步较晚，发展还很不完善，天津大学的张玉利教授曾带领团队对沈阳、天津、北京、武汉、杭州、广州、成都和西安等地高校创业活动比较活跃的城市作了随机调查，结果发现：“‘211’高校中仅有40多所高校开设了与创业相关的课程。开课类型单一，且以选修课为主，多数院校开设了创业导论性的课程，创业教育以入门知识为主。在创业教育方面存在观念和行动的巨大反差，由于一些创业成功的案例在企业中属于商业机密，教材中很难获得。师资力量缺乏、实践机会少、学生对创业的恐惧心理等都可能是制约创业教育开展的原因，但根本的原因还在于创业教育的内在动力不足，对创业教育的重视更多来自就业压力和政策等环境及外界的因素。创业教育与专业教育的融合存在问题，创业教育并没有融入专业教育之中。”针对这种情况，教育部下发了《关于大力推进高等学校创新创业教育和大学生自主创业工作的意见》，整合创新教育和创业教育，提出创新创业教育的新概念。意见强调：大力推进高等学校创新创业教育工作；加强创业基地建设，打造全方位创业支撑平台，进一步落实和完善学生自主创业扶持政

策，加强创业指导和服务工作；加强领导，形成推进高校创业教育和大学生自主创业的工作合力。随着这些政策的贯彻落实，创新创业教育将惠及每一个学生，也将使你的人生与众不同。

第四节　创新思维与方法训练

一、创新思维概述

（一）创新思维的概念

思维，是指人脑利用已存在的知识，对记忆的信息进行分析、计算、比较、判断、推理、决策的动态活动过程。思维是对事物的间接反映，它通过其他媒介作用认识客观事物，以及借助已有的知识和经验、已知的条件推测未知的事物。它是获取知识及运用知识求解问题的根本途径，是人类区别于其他动物的最根本的特征。在自然界的竞争中，思维帮助人类在优胜劣汰的规则中脱颖而出，人有着任何其他动物都无法比拟的思维能力，人靠着思维所显示的无限智慧而不断探索、利用自然。

创新思维是对事物间的联系进行前所未有的思考，从而创造出新事物的思维方法，是一切产生崭新内容的思维形式的总和。凡是能发现新例子、想出新点子、创造出新事物的思维都属于创新思维。

（二）创新思维的分类

创新思维可分为：发散思维、收敛思维、联想思维、想象思维、逻辑思维与辩证思维。

1.发散思维

发散思维是指人在思维过程中，无拘束地将思维由一个中心点像光线一样向四面八方展开，从而获得众多的解决问题的设想、方案和办法的思维过程，它本质上是一种非逻辑的思维方式。发散思维的每一条思维都是由问题中心发出，各条思维之间不能直接进行转换，没有逻辑上的联系。所以，发散思维所捕捉到的思维目标有可能远离头脑中已有的逻辑框架而具有新意，这些新意可能发展成为一个新的创新萌芽，因而，发散思维在创新活动中具有重要作用。

2.收敛思维

收敛思维又称集中思维，它的思维方向总是指向问题中心，是一种寻求唯一答案的思维。收敛思维与发散思维相反，它是一种求同思维，它集中各种想法的精华，达到对问题的系统全面的考察，为寻求一种最有实际应用价值的结果，把多种思维理顺、筛选、综合、统一。在利用收敛思维解决问题的过程中，总是尽可能地利用已有的知识和经验，把众多的信息和解决问题的可能性逐步引导到条理化的逻辑链中去。

收敛与发散是一种辩证关系，既有区别又有联系，既对立又统一，只有两者协同动作，交替运用，一个创新过程才能圆满完成。没有发散思维的广泛收集、多方搜索，收敛思维就没有了加工材料；没有收敛思维的过程，发散思维的结果再多，也难以形成有意义的创新结果。

3.联想思维

联想思维是指在人脑的记忆表象系统中由于某种诱因使不同表象发生联系的一种思维活动。联想思维按联想类型不同可分为：（1）因果联想，由于两个事物存在因果关系而引起的联想；（2）接近联想，时间或空间上的接近都可以引起不同事物之间的联想；（3）对比联想，由事物间完全对立或存在某种差异而引起的联想。

4.想象思维

想象思维是人脑通过形象化的概括作用对头脑中已有的记忆表象进行加工、改造或重组的思维活动。想象力的丰富程度是想象思维能力强弱的判断依据。

5.逻辑思维

逻辑思维是一种高级思维形式，是指符合世间事物之间关系（合乎自然规律）的思维方式，我们所说的逻辑思维主要指遵循传统形式逻辑规则的思维方式。逻辑思维的基本规律有：矛盾律、同一律、排中律和充足理由律。我们平时所说的定义、依据、实验、验证、划分、观察、假设等方法都要建立在逻辑思维的基础之上，在人们的实践活动中，逻辑思维的主要作用为：有助于我们正确认识客观事物，有助于我们准确地表达思想，使我们通过揭露逻辑错误来发现和纠正谬误，帮助我们更好地去学习知识。运用逻辑思维也可以取得创新性的思维成果，例如化学家门捷列夫在创立元素周期表后，就运用逻辑思维，严密地推断出当时还没有发现的新元素，并通过计算得到了新元素的原子量。

6.辩证思维

辩证思维是在创新活动中起到突破性作用的思维活动，指的是按照辩证逻辑的规律，即唯物辩证法的规律进行的思维活动。辩证思维是高级的思维活动，它从哲学的角度为我们树立世界观和方法论，它依据唯物辩证法来认识客观事物，揭露事物内部的深层矛盾。

（三）创新思维的常用方法

创新思维使人能突破思维定式思考问题，运用新的思路去寻找解决问题的方法。常用的创新思维有逆向思维、侧向思维、求异思维、类比思维、综合（集中）思维、发散（扩散）思维等。

1.逆向思维

逆向思维，就是指突破常规考虑问题的固定思维模式，采用与一般习惯相反的方向进行思考、分析的思维方式。通俗地讲，就是倒过来想问题。

我们都学过“司马光砸缸”的故事。小孩落水会淹死，要救出落入水缸的小孩，常规方法是把人拉出水面。把一个小孩拉出水缸，对大人来说不成问题，但对还是少年的司马光来说却不是一件容易的事，弄不好自己还可能被对方拉下水。司马光采用的不是常人想的“人离水能活”这一方法，而是反过来“水离人，人也能活”这种思维方法，于是砸破水缸救出小孩，这就是一种逆向思维。

逆向思维可分为功能反转、结构反转、因果反转、状态反转等几种。

（1）从已有事物的相反功能去设想和寻求解决问题的新途径，获得新的创造发明的思维方式即为功能反转。德国一工厂生产的一种纸因严重化水无法使用，按常规只能打浆返工。有个工程师考虑到化水原因是吸水性太强，能否专门用这种纸来吸水呢？经过“功能反转”制成了专用吸水纸，并申请了国家专利，增加了工厂收益。在日常生活中有许多用具的“缺点”往往是大家主攻的目标，但在不同使用场合，这些“缺点”有可能成为“优点”，想方设法扩大“缺点”，使之逆用，就能实现反转。

（2）从已有事物的相反结构形式去设想和寻求解决问题的新途径的创造性思维方式即为结构反转。如一般的门锁锁舌有斜口，这样关门比较方便，但却容易通过塞入硬片等方法把门撬开，防盗功能差，有人把门框上锁孔内侧焊个斜片，将锁舌改成方形，这样从结构上与原锁反转，关门照样方便，但由外往里撬门，由于锁舌是方形的就不易被撬开了，从而使防盗性能大大提高。

（3）从已有事物的因果关系，反过来由“果”去发现新的“因”（现象、规律），寻找解决问题的方法即为因果反转。例如，磁生电（发电机）—电生磁（电磁铁），声转电（话筒）—电转声（听筒）。

（4）从已有事物的另一属性，反转过来，发现或创造一种新的产品或技术的方法即为状态反转。例如，圆珠笔漏油一度是难以解决的难题，人们认为这是由于钢珠的磨损造成的，因而许多科学家、工程师、发明家都在考虑强化钢珠硬度，在耐磨性上花费极大精力，但在当时条件下，材料上难以突破。难道除了提高钢珠硬度、耐磨性之外就别无他法了吗？日本一位发明家有了一条与常人不同的思路——钢珠磨损后笔要漏油，但如果钢珠磨损后笔管中已没有油可漏了，这个问题不就解决了吗？他买来大量圆珠笔，反复使用，统计出常用圆珠笔写了多少字、用了多少油后开始漏油的规律，采用在管中定量灌油的方式解决了圆珠笔的漏油问题。不从常人强化钢珠的方向思考，而是从油上动脑筋，使难题得以解决。

总之，当思考的问题用常规方法得不到解决时，应考虑转换思考角度、缺点逆用等思维方式来重新思考，这是人们在创新时常用的方法。

案例赏析

案例一　　别人卖菜，他们卖种苗

有一些人特别有远见，并且逆向而行。别人种植菜蔬发家致富，他们却从培育菜蔬种苗入手，经过几年发展，逐渐形成了有近20家规模的菜蔬种苗培育机构，年培育出种苗量5亿株以上，种苗远销周边县市及山东、山西、河南、安徽等地。同时，带动全县瓜菜播种面积达到21.3万亩，总产量96万吨，生产总值达到8.1亿元。值得特别提出的是，这些人积极与省农科院经作所、市农科院、大学等专家教授对接，促进科技成果转化。与省农科院经作所共同起草的一项套管规程，成为省蔬菜育苗地方标准。

资料来源：南阳白河科技孵化园．农村创业也需要逆向思维，别人种菜他们卖种苗，产值做到8.1亿元［EB/OL］．［2022-04-26］．https：//www.sohu.com/a/256381345_100009111.

案例二　　拍集体照

有个摄影师常拍集体照，对于数十人甚至上百人的集体来说，当“三、二、一”快门打开的瞬间，总会有个把坚持不住的人眼睛眨了一下，洗出的照片中总有几个闭眼睛的人，很不好办。摄影师换了一个思路，先让所有人闭上眼睛，喊“三、二、一”时一齐睁眼，结果大获成功，洗出来的照片中个个神采奕奕。

和同学们试一试吧，看看这个“逆向思维”的方法是不是很管用？

2.侧向思维

侧向思维与逆向思维一样，都是相对常规思维活动而言的。它们的区别在于：逆向思维在许多场合表现为与他人的思维方向相反，但轨迹一致，而侧向思维不仅在方向上，而且在轨迹上也有所不同，偏重另辟蹊径。

在日常生活中常见人们在思考问题时“左思右想”，说话时“旁敲侧击”，这就是侧向思维的形式之一。侧向思维一般在下述两种情况下常用：第一种情况是实现目标的途径相当明确，原有各种思维方式、思路、方法均可达到既定目标，但由于人的习惯思维，尽管原方法有优有劣，但往往总是死抱住一条路不变，在这种情况下就必须果断寻找新途径。例如要剪一圆纸板，通常先在纸板上画出一个相应直径的圆，再用剪刀仔细剪下，花费时间较长。有人想到用圆规画圆，把圆规的笔尖改装为小尖刀，则成为一个很好的切圆片专用工具，不同方法解决了同一问题，还节省了时间。第二种情况更为多用，为解决某一问题孜孜以求，冥思苦想，但按常规方法却难以完美解决，这时不妨转换一下思路，从与自己研究无关的领域中寻找解决的方法，或者请“外行”来参谋，出点子，或许很容易就能解决问题。例如，大家比较熟悉的鲁班发明锯、莫尔斯发明电报就是这种思维的典范。

侧向思维是进行创新的有效思维方式，尽量利用已有新技术及邻近领域的成熟技术以图从别人想不到的角度观察、分析，达到解决问题的目标。

案例赏析

养殖娃娃鱼江苏省独一人 泉水洞是他的聚宝盆

“经过5年的摸索，我们在全省首次成功实现娃娃鱼的驯养和繁育。”望着养殖池里正在进食的娃娃鱼，朱明生很有成就感。

作为江苏金坛众多水产养殖户之一，朱明生养娃娃鱼的过程，显得有点自讨苦吃。

2005年，得知娃娃鱼有着良好的育种供苗、标本观赏、餐饮品尝和保健品加工经营利用价值，而金坛乃至江苏却很少有养殖基地，有长期水产养殖经验的朱明生捕捉到了这个商机。老朱先从陕西引进20多条娃娃鱼进行试养，并在金坛城里挖了地下室模拟娃娃鱼生活必需的幽暗、潮湿、怕光的环境，打了50多米深的深井取水。同时，还不断学习总结。一年下来，20多条娃娃鱼虽然略有损减，但大部分都成功存活。

（1）试验成功，开始扩大规模

然而，意外突然发生了：从2006年下半年到2007年，朱明生引进的几百尾娃娃鱼苗大量死亡！短短1年多时间，损失超过100万元，老朱急得直跺脚。其中缘由，老朱也是过了好久才逐渐明白：由于采用深井水养殖，水中含硫较高，导致娃娃鱼容易蜕皮、受伤；同时引进鱼苗时，对方以残次苗冒充；再加上养殖时间不长，经验比较缺乏。

（2）痛定思痛

在和有关水产专家研讨、会诊后，朱明生再一次踏上了学习之路，长年累月地奔赴在湖南、陕西等地，与当地的娃娃鱼养殖专家同吃同住，边看边学，积累了大量的第一手经验。

回到金坛，朱明生遍寻良址，终于找到位于茅山和方山之间的薛埠东进泉水洞。这里三面环山，环境幽静，天然山泉汩汩喷涌，十分符合娃娃鱼野外生长的自然条件，附近的东进水库产有丰富的小杂鱼，可满足娃娃鱼以活食作饵料的需求。2008年4月，朱明生果断地把基地搬到这里，建立了江苏天池大鲵繁育有限公司，利用地下洞穴构建繁育养殖池，从陕西引进繁育亲本60对，建成驯养繁育池和3 000多平方米自动化温控厂房。

从此，老朱的日子几乎没有了白天：除了睡觉，他都蹲在幽暗的养殖池里，观察娃娃鱼的生长、进食、繁育，研究娃娃鱼的生活习性。几个月下来，不晒阳光的老朱都变白了。

从2009年10月开始，凝聚了朱明生多年心血的娃娃鱼终于开始出苗了！

经过几年的发展，他已成功孵化出3 000多尾娃娃鱼幼苗，孵化率达60%以上，存活率达95%，成功实现了娃娃鱼的自繁自育。

在2008年取得娃娃鱼“驯养繁殖证”的基础上，2009年公司又取得娃娃鱼“经营利用许可证”，也成为江苏唯一取得两证的合法企业，具备了向高档餐饮市场提供成熟产品的合法资质。

公司还与江苏省水产技术推广站进行合作，长年保持60对亲本，采用按每年5%引种更新率、10%淘汰率和20%保存扩群率的“512”动态保护模式，年产苗种5 000余尾。公司还将逐步扩大规模，力争3～5年实现年产3万多尾娃娃鱼苗种，每年可向省内及周边省市提供子二代育种8 100尾，并适量满足高档餐饮市场消费需求。据估算，待市场成熟后，公司每年仅供应餐饮市场就可实现产值900万元左右，每亩效益可达6万多元。

资料来源：根据水产养殖网相关资料整理。

3.求异思维

善于“标新立异”是发明家的共同之处，这就需要我们有一种求异思维，在常人习以为常的工具、用具、方法中标新立异，创出新品。求异思维的关键在于不受任何框架、任何模式的约束，能够突破、跳出传统观念和习惯势力的禁锢，从新的角度认识问题，以新的思路、新的方法创造人类前所未有的更好、更美的东西。日常所说的“出奇制胜”，就是求异思维，使“圆变方，纵变横，平面变立体，飞机入水，船上天”。例如手机制造，屏幕越来越大、功能越来越强，成本越来越高，有厂家推出功能减少、使用方便、价格低廉的手机，就是求异思维的结果。

求异思维的主要规律和方法是对比联想。对比联想常常与客观事物之间的对比、语言学中的反义词有关系，正如上面所说的方与圆、纵与横、平面与立体、红与蓝、黑与白、天与地、大与小、长与短、宽与窄、厚与薄、高与矮、多与少、导体与非导体、金属与非金属、正与负、强与弱、多与少、加与减、乘与除、交流与直流、手与脚，以及名词、动词、形容词等都是对比联想的素材，可以以此开启求异思维的思路。

案例赏析

藕田养虾，莲藕、龙虾身价倍增

还在按部就班地一茬接着一茬种地吗？思维活络的农民已经开始翻着花样种地了。

地的规模有限，怎么能利用小小空间带来巨大经济效益？“套养”“共生”就是关键词！

先讲一个发生在身边的例子。湖北省荆州市江陵县秦市乡永合村村民李道忠今年50多岁，种植莲藕已经30多年了。鲜莲蓬卖2元钱一个，老莲子论斤卖，最高峰能卖15元钱一斤。所以收获季一天算下来，上千元的收入是跑不掉的。

本来一直这么种也习惯了，可在去年，李师傅突发奇想，在莲藕田里投放起了龙虾苗。

李师傅说，相较于其他种养模式，藕田养虾有独有的优势：“湘莲套养的小龙虾一年四季可以出售，特别是在价格高、市场上货源短缺的时候，套养的小龙虾就可以上市。”

因为种莲藕不能打药，藕田里的这批小龙虾也算是绿色无公害食品。这种绿色循环种养模式，带来了非常可观的增收效果，大家都争相抢购这里的农副产品。

今年，江陵县秦市乡又将300多亩水田全部种上了高产的湘莲，并推广“藕田养虾”的种养技术。秦市乡政府还规划用2~3年时间，把这里打造成5 000亩的景区，在周围修建采摘道、栈道、观景台、荷塘嬉戏的场景，想想都很有意境！

资料来源：佚名．一亩地赚两亩的钱！技术简单、操作性强，看老把式怎么翻着花样种地！[EB/OL]．[2022-04-10]．http：//www.shuichan.cc/news_view-369739.html.

4.类比思维

类比思维是一种逻辑思维方式，人们通过类比已有事物开启创造未知事物的创新思路。它把已有的事和物与一些表面上看起来与之毫不相干的事和物联系起来，寻找创新的目标和解决的方法。

常见的方式有：形式类比、功能类比和幻想类比等多种类型。

形式类比包括形象特征、结构特征和运动特征三方面的类比，不论哪种形式都依赖于创造目标与某一装置或客体在某些方面的相似关系。如飞机就是根据鸟的飞行运动发明的；飞机高速飞行时机翼产生强烈振动，有人根据蜻蜓羽翅的减振结构设计了飞机的减振装置。

功能类比是根据人们的某种愿望或需要类比某种自然物或人工物的功能，提出创造具有近似功能的新装置的方法，这种方法特别在仿生学研究上有广泛应用，例如鳄鱼夹、各种机械手等。

根据幻想中的某种形象、某种作用、运动装置进行发明创造思维，这种思维就是幻想类比。例如《海底两万里》的作者幻想了一种能长时间在海底活动的潜艇，经过几十年的努力后制成的现代潜艇即是这种幻想的实施。

当然，一项成功的发明也可以是以上多种类比的综合，如各种机器人的出现绝非一种单纯的创造性思维所能奏效的。

培根有句名言："类比联想支配发明。"培根把类比思维和联想紧密相联，类比思维更需要联想，不论是寻找创造目标，还是寻找解决方法都离不开联想的作用。要用好类比思维，应该提高联想能力，特别是掌握相似联想，是用好这一思维的重要条件。

案例赏析

黔东南州："稻+N"生态种养模式 助农增收更多彩

"稻+N"生态种养是以水田稻作为基础，以种植水稻为核心，在不减少粮食产量的前提下，在水田中放养鱼、虾、蟹、鸭等水产动物，充分利用稻田光、热、水及生物资源，通过水稻与水产动物互惠互利而形成的复合循环种养生态模式。

一块稻田，有稻、鱼、鸭等多种收获，让老百姓的"一块田"挣上了"两份钱"。这种"稻+N"生态种养模式，在黔东南州山区极大地弥补了传统种植业的单一性，让群众实现复合式生产，切实提高了土地的产出收入，为大力发展山地特色高效农业注入活力。

稻田生态种养高效模式被农业农村部誉为"现代农业发展的成功典范，现代农业的一次革命"。而这种"稻+N"生态种养模式，在黔东南州从江县早有成功实践。

据史料记载，从江县的稻-鱼-鸭共作的历史至少可追溯至明代，但从当地古歌、传说等口述史料推断，则有近千年的历史。

“稻–鱼–鸭共生系统的特点就是成本低、易管理、收效快，实施稻–鱼–鸭的亩产值要比普通的多收1 000元以上。”从江县农业农村局高级水产工程师顾泽谋告诉记者。

党扭村曾是加榜乡深度贫困村之一。要脱贫就得先增收，稻–鱼–鸭产业成为重要支柱产业。

“我们村老百姓发展产业的积极性蛮高，今年稻–鱼–鸭工程覆盖所有村民，目前发展田螺养殖300亩、黑木耳种植3.5万棒……”加榜乡党扭村第一书记李声才告诉记者，村里通过大力发展特色产业，弥补传统种植业的单一性，让群众实现复合式生产，切实提高收入。

“我们拱孖村早在2015年的时候就是县里实施稻–鱼–鸭复合系统示范点，县农业局负责提供技术指导，村民的积极性非常高，今年县里免费送鱼苗2 300多斤给我们村，全村覆盖250户。”西山镇拱孖村支书潘有恩告诉记者。

目前，从江县实施稻–鱼–鸭产业面积达11.56万亩，预计产量3 280吨、产值1.3亿元，覆盖全县19个乡镇377个村寨——这项传统产业已成为全县群众致富增收的重要渠道之一。随着旅游规划的逐渐完善，从江县还做起了稻–鱼–鸭共生系统农文旅一体化发展大文章，让农耕文化绽放出耀眼光芒。

据悉，2011年，黔东南州“从江侗乡稻–鱼–鸭复合系统”以其丰富的生物多样性、独特的农业复合生产模式、古朴的少数民族传统文化成功入选联合国粮农组织“全球重要农业文化遗产”保护试点；2013年被农业部列入首批“中国重要农业文化遗产”保护试点，属贵州省唯一。2018年，黔东南州创建稻–鱼–鸭高产示范点11个，面积1 172亩。经测产验收，水稻（香禾）平均亩产351千克、田鱼产量30千克、鸭产量41.6千克，按市场平均价计算，平均每亩产值达6 388元。推广稻–鱼–鸭示范面积6 928亩，平均亩产值4 638.9元。

选择“稻+N”生态种养模式，不仅仅是对经济效益的追求，更是对“绿水青山”的维护，实现了生态效益和经济效益的共赢，真正践行了“两山”理念。

位于天柱县邦洞街道灯塔村的安发水产养殖基地，以台湾泥鳅养殖为主，是天柱县特种水产养殖场之一，也是该县实施“稻+N”水产养殖示范点。2017年9月开始创建，采用“稻+鳅”模式，从广东省引进台湾泥鳅种、观赏鱼苗等鱼种进行繁殖。该基地面积达20亩，建有10个鱼塘，全部运用水管引来水库沟渠的水喂养，以繁殖、销售泥鳅苗为主。一年多来，经常接待外地客商前来考察、订购泥鳅苗，远销省内外各大城市。2018年，通过销售泥鳅苗和商品鳅，农户平均年收入20万元。

2018年，天柱县推广“稻+N”生态种养面积近5万亩，其中“稻–鱼”4.5万亩、“稻–虾”300亩、“稻–蛙”620亩、“稻–鳅”280亩、“荷–鱼”3 260亩。水产品产量为1 295吨，年产值7 770万元。

近年来，黔东南州坚持以“种稻为主、种养结合、稳粮增效”为原则，因地制宜，大力发展“稻+N”种养模式，建立“稻鱼、稻鳅、稻鳖、稻虾、稻蟹、稻鱼鸭共生”等“稻+”生态种养模式，大幅度提高稻田综合效益。如：以天柱、黎平等县为主的“稻+蛙”模式，已成功繁育、养殖幼蛙，亩产值达8 000元以上；以三穗县为主的“稻+蟹”模式，利用优质水资源，引进阳澄湖大闸蟹，亩产值可达到6 800元；以岑巩县、锦屏县为主的“稻+鳖”模式，生态种养提升鳖米品质，亩产值达8 000元以上；借鉴湖北养殖模式发展“稻+虾”养殖，以锦屏、黎平、天柱县为主，亩产小龙虾100千克以上，亩产值6 000元。

稻花香里说丰年，“稻+N”成为群众致富“聚宝盆”。“一水两用、一田双收、稳粮增收、一举多赢”的“稻+N”生态种养模式，融农业生产、科学管理、农艺展示、休闲农业为一体，创造了经济价值、旅游价值、科创价值，体现了黔东南州山地特色高效农业高质量发展、绿色发展、科学发展的生动实践，织就了乡村振兴的壮丽画卷。

资料来源：根据水产养殖网相关资料整理。

5.综合思维

通过学习物理我们知道，不同方向的力能够产生合力。在发明创造中，同样可以把几个不同的主意融合起来，取其长处、相互补充、组合起来，用以解决一个难题或者完成一件作品，这就是综合思维，又称集中思维。

综合思维可以综合多种方法，对原理、设计、结构进行合理改进、互补、综合，达到理想目标。近年来普遍使用的“头脑风暴法”和常说的“三个臭皮匠、抵个诸葛亮”等就是这种思维的具体应用。

综合思维可在下列两种情况下使用，第一种情况是几个设想并无矛盾，分别可用在作品的不同部位，只需简单组合即可。另一种情况是几个设想集中在同一部位，相互之间各有长短，这时你就必须下一番功夫把它们各自具有的长处结合起来而消除弊端，就好像是几个分力使它们作用在同一直线上，你必须把它们合理安排，使它们能最大限度地达到你所想得到的效果。

案例赏析

广东省中山市：水产养殖场的“硬核”团队

2020年8月30日清晨4点半，广东省中山市民众镇民平村还在沉睡中。在民众镇华辰水产养殖场鱼塘边板房里睡觉的朱志宇，听到门外刮鱼队的声音就起了床。当天，他负责管理的一块鱼塘将要卖鱼。朱志宇穿上水鞋，骑上电动车来到鱼塘旁，天微微亮，氧气泵发出“突突突”的声音，水边的蚊子一群一群地追着人跑。刮鱼工们趁着天气凉快，开始做下网前的准备工作，朱志宇也在一旁张罗。

朱志宇是广东海洋大学水产养殖专业毕业的大学生，2014年4月来到这里，至今已经是第7个年头。民众镇华辰水产养殖场共有约1 200亩养殖场地，主要养殖规格为1千克左右的草鱼，业内称“超市鲩”，是中山市“超市鲩”最大的养殖户。

养殖场里除了2名会计是大学生外，在养殖一线也有6名科班出身的大学生。负责人熊琦本科就读于华中农业大学，硕士研究生毕业于中山大学水生生物专业。其他5位分别是广东海洋大学、华中农业大学的水产养殖专业毕业生。

初来鱼塘时，这群大学生都是20多岁，如今都超过30岁了，都已成家。肤色因为长期日晒变成了古铜色，神情里有着农人那种特有的单纯和朴实。他们每天带着工人管理着鱼塘，对鱼的习性了如指掌，测水质、解剖、打疫苗、投料、卖鱼……对每个环节都很熟悉，跟养鱼的、刮鱼的、买鱼的人打起交道来驾轻就熟。

有这么"硬核"的团队，养殖有什么优势？熊琦说，管理会更科学，更专业化、数据化。比如放多少苗，用多少料，产出多少，都会积累数据进行分析和反思，进行精准化管理。针对大面积出现的虫害会有针对性地处理，消毒处理时会根据不同季节、不同水温、不同鱼的规格进行，效率会更高。"我们所做的都是量化，而不是根据老一辈的经验。"

把大学里学到的理论知识用于实践，在实践中摸索出方法学以致用，这种满足和欣慰也许只有科班出身的人才会理解。比起曾经在写字楼里的生活，他们更享受现在的状态。

熊琦说，目前水产养殖行业集约化养殖还是偏少，但市场消费潜力大，团队还在能力积累阶段，未来将朝着合伙人方向发展。他说，中山草鱼质量在珠三角来说是比较好的，非常适合做区域品牌，他希望中山可以申请"中山草鱼"或者"民众水产"之类的区域品牌，通过提高中山水产养殖的品牌影响力，促进现代养殖业的发展。

资料来源：根据水产养殖网相关资料整理。

6.发散思维

围绕一个问题，突破常规思维的束缚，沿不同方向去思考、探索，寻求解决这一问题的各种可能性，由一点到多点的思维形式就叫作发散思维，又称扩散思维、多向思维、辐射思维。通常人们考虑问题，总是由提出问题的起点到解决问题的终点，喜欢按一条思路进行，走不通就打住，问题被搁置。也许，换一个思路从多个不同角度去考虑就能够很容易解决问题。思维扩散的范围越广，产生的设想越多，解决问题的可能性就越大。面对一个新方法、新技术、新规律、新产品、新现象，对于一个训练有素的创新者来说，他会考虑能否有其他更多的用途，制作更多类型的作品，设计更多的新装置，开创一个个新的技术种类，一项项新的系列化产品，一片片新的应用领域。

发散思维的常用操作方式有：（1）材料发散，就是以某种材料作为基点，设想它的多种用途，并对材料的各种专用特性进行研究、改进，以达到目标要求，如纸：可写字、包装、制作玩具、引火等；（2）功能扩散，以某种事物的功能为扩散中心，设想这种功能的其他用途，如灯：发热、发光、取暖、烘烤、印相、发信号等；（3）形态扩散，以某种事物形态（颜色、形状、声音、气味等）为扩散中心设想出能被利用的各种可能性，如钉子：可钉木板（把两种材料连接，挂物体）、钉墙面（水泥钉）、钉塑料（热固化材料，补洞等用）、钉鞋（防滑）、做钉耙（工具）等。

发散思维与综合思维不同，综合思维由多点集中到一点，而发散思维是由一点扩散到多点。应用发散思维，首先应寻找合适的发散源，掌握发散源的科学原理、技术基础，寻找新的应用领域去创造、去发明、去制造社会所需要的新产品。

案例赏析

稻鱼共生 种养双赢：一水两用、一田多收、生态循环、高效节能

25日，在首届全国稻渔综合种养产业发展论坛上，邵武市沿山镇锅顶山家庭农场出产的大米获评2017年全国稻渔综合种养优质渔米籼米类金奖。

走进锅顶山家庭农场，沉甸甸的稻穗倒映水中，稻田里色泽鲜艳的“稻花鱼”来回穿梭。这个丰收的季节，对锅顶山家庭农场场长李煌兴一家人来说，收割稻子和卖稻花鱼就是生活的主旋律。“这些鱼中午就要装上冷链车送往福州的餐厅，快的话福州的‘吃货’今晚就能吃上鲜美的‘稻花鱼’了。”李煌兴一边将“稻花鱼”装入氧气袋一边骄傲地说，自家的“稻花鱼”以稻花、浮萍和害虫为食物，肉质鲜美，在邵武小有名气，基本上处于供不应求的状态，“目前1千克鱼卖40元钱，不管谁来，都不议价”。

“稻因鱼而优，鱼因稻而贵。”自2012年起，福建省水产技术推广总站在闽北山区进行稻渔综合种养的试点，在确保水稻稳产的前提下，通过建立稻渔共生生态循环系统，提高了稻田综合效益。

以稻田养鱼为例，主要是通过对稻田进行技术改造，将稻田5%的区域开挖鱼沟和鱼溜以放养鱼类，建立稻渔共生生态循环系统。鱼啄食杂草和害虫，鱼产出的粪便又成为水稻的上好肥料，水稻又引来昆虫为鱼提供食物。“相关的实验和研究证明，稻田养鱼控草控虫效果较显著，尾水筛、金鱼藻等杂草都可以被田鱼吃掉，同时田鱼还能减少稻飞虱、叶蝉螟、负泥虫等害虫对水稻的威胁。这样一来不但减少了病虫害，还能减少农药和化肥的使用，减轻对水体、土壤的污染，促进有机稻、有机鱼的生产。”省水产技术推广总站工程师林丹表示。

“我们的大米1千克卖到了20块钱。”据松溪县稻花鱼养殖专业合作社带头人刘尚西统计，采用稻渔综合种养的方式进行耕作，每亩稻田单季可以收获水稻400~450千克，可以收获鲤鱼、泥鳅、田螺等水产品50千克，亩产值达到7 000元以上，利润达2 689元，较单纯种植水稻利润高出1 811元，经济效益显著。

“截至目前，福建省稻渔综合种养面积已达30多万亩，约占全省稻田面积的3%。”福建省淡水水产研究所所长黄健认为，稻渔综合种养还有很大的发展空间，下阶段除了在科研、种植、养殖、加工、销售一体化经营上多做文章外，还要通过乡村观光旅游、农家乐、美食品鉴等方式，提高产品知名度，加速产业融合，为农

民带来更多的效益。

资料来源：根据水产养殖网相关资料整理。

（四）创造性思维的作用

创造性思维是将来人类的主要活动方式和内容。随着工业革命的进行，人逐渐从生产中解放出来。全面的自动化的实施，人主要从事控制信息、编制程序的脑力劳动，而人工智能技术的推广和应用，使人所从事的一些简单的、具有一定逻辑规则的思维活动，可以交给“人工智能”去完成，从而又部分地把人从简单脑力劳动中解放出来。这样，人将有充分的精力把自己的知识、智力用于创造性的思维活动，把人类的文明推向一个新的高度。

首先，创造性思维可以不断地提高人类的认识能力。

创造性思维能力的获得依赖于人们对历史和现状的深刻了解，依赖于敏锐的观察能力和分析问题能力，依赖于平时知识的积累和知识面的拓展。创造性思维的特征已表明，创造性思维是一种高超的艺术，创造性思维活动及过程中的内在的东西是无法模仿的，这内在的东西即创造性思维能力。每一次创造性思维过程就是一次锻炼思维能力的过程，因为要想获得对未知世界的认识，人们就要不断地探索前人没有采用过的思维方法、思考角度去进行思维，就要独创性地寻求没有先例的办法和途径去正确、有效地观察问题，分析问题和解决问题，从而极大地提高人类认识未知事物的能力，所以，认识能力的提高离不开创造性思维。

其次，创造性思维可以不断地增加人类知识的总量，不断提高人类认识世界的水平。

创造性思维因其对象的潜在特征，表明它是向着未知或不完全知的领域进军，不断地把未被认识的东西变为可以认识和已经认识的东西，不断扩大们的认识范围。科学上每一次的发现和创造，都增加人类的知识总量，为人类进入自由王国不断地创造条件。

最后，创造性思维可以为实践开辟新的局面。

创造性思维的独创性与风险性特征赋予了它敢于探索和创新的精神，在这种精神的支配下，人们不满足已有的知识和经验，不满于现状，总是力图探索客观世界中还未被认识的本质和规律，并以此为指导，进行开拓性的实践，开辟出人类实践活动的新领域。若没有创造性的思维，人类躺在已有的知识和经验上坐享其成，那么，人类实践活动的领域就会非常狭小，实践活动只能停留在原有的水平上。

案例赏析

案例一　　**创新创业　善做“鳝”为**

俗话说“靠山吃山、靠水吃水”，可村里地少人多，村民习惯种上一点田地顾着一年的口粮，就没有别的产业发展了。特别是贫困户家中，有劳动能力的青壮年都出去务工挣钱了，家里还剩下老人和小孩，这可怎么发展产业呀！产业扶贫这件事，成了广西钦州市浦北县江城街道桥山村脱贫攻坚首要解决的难题。

作为桥山村帮扶单位，市投资促进局积极探索产业扶贫之路，为脱贫攻坚寻机遇、谋发展。该局组织了桥山村扶贫工作队和村干部到钦州市九佰垌农业园区考察学习黄鳝鱼养殖技术。黄鳝鱼肉质鲜嫩、营养丰富，市场一直供不应求，且具有行情稳、效益高、养殖周期短、占地少、人工成本低等特点。这就非常契合桥山村贫困户的需求，村民能够利用自家空闲房屋和改造的猪圈来发展黄鳝鱼养殖。

考察过后，扶贫工作队和村干部都觉得黄鳝鱼养殖这件事大有可为。第一书记苏翔回村后马上开展工作，组织生产队长和贫困户，给大伙介绍黄鳝鱼养殖的情况和前景。此外，还组织了贫困户、党员干部和群众到广西徽淼水产有限公司养殖基地实地参观考察，这让大伙更有了信心。了解到村民担忧养殖技术和销售渠道，扶贫工作队联系了自治区技术推广总站和市水产技术推广站等单位到村里进行养殖技术指导，并跟养殖基地签订了保价收购合同。

为打造“一村一品”，扩大规模形成特色扶贫产业，桥山村村委会把黄鳝鱼养殖作为村集体经济发展项目，利用脱贫奖励资金成立黄鳝鱼养殖示范基地，带动村内11户贫困户在自家养殖黄鳝鱼。为了坚定贫困户的信心，市投资促进局在购买鱼苗和建造养殖鱼池方面对其进行了大力扶持。

“苏书记，明年还养鱼吗？我要自己建鱼池，扩大养殖规模。”贫困户黄建定在卖完鱼后开心地说。养殖基地到桥山村对养殖的黄鳝鱼进行了保价收购，仅仅4个月的时间，参与养殖的贫困户平均增收了2 000余元。

资料来源：根据水产养殖网相关资料整理。

案例二　　　创新生态育苗模式 实现南美白对虾苗种“零”突破

日前，海昌虾蟹生态苗种规模化繁育基地成功繁育出南美白对虾苗2亿尾，实现了宁海县南美白对虾苗种“零”的突破，第一批青蟹苗也成功繁育出4.5万只，梭子蟹苗已育出1 000千克。

据了解，为了弥补渔业苗种不强的短板，强化海水养殖产业的产业链，宁海县综合利用各方招商资源和力量，成功引进海昌虾蟹生态苗种规模化繁育基地入驻三门湾现代渔业园区，从“头”解决养殖隐患。该项目计划投资2 000万元，在蛇蟠涂垦区现有304亩土地上建设育苗车间、生态育苗池、生物饵料培养系统、污水处理循环利用系统，并完善组装集成配套设施，采用生态育苗模式即全程采用生物饵料（单胞藻、轮虫、枝角类等），再进行生物水质调控，既能保持水质良好，又能满足虾蟹幼体生长发育的需求。项目完成后，最大年生产能力为：能培育虾苗20亿尾、青蟹苗种0.2亿只、梭子蟹苗种2 500千克以及贝类苗种等，市场占有率可以达到25%，年利税800万元以上。目前已开展了青蟹、梭子蟹和南美白对虾人工繁育试验并取得初步成效。同时，该项目不仅为行业供应水产良种，还通过引进转化升级海水盐化、定向培藻、对虾蟹生态育苗、生产排水循环利用、污水处理达标排放等国内领先技术，推动宁海县水产养殖业可持续发展，保护海域生态环境，社会效益和生态效益显著。

资料来源：根据水产养殖网相关资料整理。

二、突破创新思维障碍

（一）常见思维障碍

人的大脑思维有一个特点，就是一旦沿着一定方向、按照一定次序思考。久而久之，当人们面对纷繁复杂的客观事物时，就形成了一种惯性，遇到类似的问题或表面看起来相同的问题，就会不由自主地沿着上次思考的方向或次序去解决，这种惯性被称为思维惯性。多次以这种惯性思维来对待客观事物，就形成了固定的思维模式，这些思维模式就叫作思维定式。思维障碍是思维惯性和思维定式的组合，非常不利于创新，阻碍了我们创造性地解决问题。我们要进行创新思维，首先必须突破思维障碍。

案例赏析

“80后”海归拿下湛江生蚝三倍体专利 在深海重塑湛江生蚝价值链

“湛江水产产业高质量发展大会真是及时雨！”手握湛江生蚝三倍体专利的“80后”海归吴思远说，“贯彻大会‘筑梦深蓝’的精神，我们正带着湛江生蚝走向深远海，彻底克服传统生蚝养殖模式的诸多缺陷，重塑湛江生蚝的产业链和价值链。”

目前湛江在全中国最响的一张名片是什么？不是对虾，不是鸡，也不是其他海鲜，而是“湛江生蚝”。大江南北的宵夜烧烤市场上，“湛江生蚝”代表着更贵但更好吃。

湛江生蚝产业有深厚底蕴，当前产业规模40亿元，总流通规模80亿～100亿元。但传统的近海养蚝模式面临着一系列致命的问题，如果不能彻底革新弊病、重塑产业价值链，这张“金名片”将逐渐失色。

吴思远原本从事互联网行业，曾在上市公司负责电商、互动娱乐业务。在看到家乡的水产产业蕴含的巨大机遇后，他毅然投身于水产科研领域，创建广东粤源种质资源有限公司，专注于水产种苗自主创新。

“湛江生蚝产业潜力巨大，如果能打通全产业链形成闭环，我认为能达到数百亿规模。”吴思远说。但他也对湛江传统生蚝养殖业的一些问题非常担忧：（1）自主育苗能力太弱，种质持续退化，蚝苗严重依赖广西和福建；（2）蚝桩破坏近海生态，又无法抵抗台风和赤潮，发展不可持续；（3）高度依赖河海口特定近海环境养殖，产业规模难以扩大；（4）市场流通依赖珠三角和广西集散，没有自主定价权。

吴思远认为，破解湛江生蚝发展难题必须从种苗入手，一一掌控产业链各关键环节，形成闭环。他开始全力攻关“湛江蚝三倍体制备技术”。

1. 自主育苗：摆脱种源依赖

牡蛎又叫蚝。湛江生蚝作为广东本土蚝的代表，肉质明显优于太平洋牡蛎和葡萄牙牡蛎，更加肥嫩多汁，有奶香味。但当地一直未能掌握湛江生蚝三倍体繁育技术。

2019年，吴思远得到“天赐良机”，在加拿大收购了一批贝类育苗技术专利，这让他看到了攻克湛江生蚝三倍体制备技术的希望。回到湛江，他马上联手国内外知名科研机构研发湛江生蚝三倍体技术。

经过在官渡石门大桥、雷州英利良村、徐闻前山镇冯村等海域进行的繁育和养殖试验，2020年，粤源种质的专家团队成功繁育出湛江生蚝三倍体（广东白蚝湛江亚种），由于其生长期短（仅为原来的60%）、肉质肥嫩、适应性强、成活率高，市场价格和整体盈利能力均为普通湛江生蚝的2倍以上！

“这个专利技术将彻底打破湛江生蚝产业对外地蚝苗的依赖！”吴思远说，“美食界俗称‘不带字母R的月份不吃蚝’，也就是5—8月繁殖期的生蚝品质会下滑。但湛江生蚝三倍体全年都保持肥嫩状态，为终端产品标准化打下了基础。”

湛江市政府已将湛江生蚝三倍体放进良种良法推广的篮子，在遂溪等地以专项补贴扶持推广，不久的将来，湛江对广西福建蚝苗的依赖局面将不复存在。

2. 深海养蚝：让产能翻五番

“三倍体技术不但能让湛江生蚝产业实现标准化，还能进一步带领湛江生蚝摆脱对近海的依赖，走向深海，实现产能的大规模扩张，从而做到真正的工业化、规模化生产！”吴思远说。

2021年，东海岛东山镇附近海域，粤源种质资源有限公司与广东海宝网箱科技有限公司联合推广“三倍体牡蛎深海养殖模式”获得成功。海宝公司在刚闭幕的湛江水产产业高质量发展大会上展出了一系列深水网箱，其产品占据全国60%市场份额。利用海宝独家专利的立体式网箱，吴思远团队在15～30米深度养出了肥嫩饱满的三倍体生蚝，并准备在市、区农业农村局的指导下在东山镇海域建立湛江生蚝三倍体养殖示范基地。

这一突破性的技术意味着：湛江生蚝将彻底摆脱对近海河口的依赖，也将彻底打破产能瓶颈。

该项目的核心技术骨干、“扬帆计划”引进的海归专家介绍说：目前湛江生蚝的年产量在40万吨左右，而深海网箱养蚝恰好能和金鲳鱼养殖业形成生态互补，净化养殖水域，可迅速在湛江众多海域推开，湛江生蚝年产能有望达到200万～300万吨级别，真正成为中国南方第一大蚝区。“我们还给深水网箱养蚝配备了一项独家专利，在专用的净化池对生蚝进行净化，最终产出高质量的商品蚝。”

“产能提上去、生态好起来，深水网箱能让湛江生蚝产业脱胎换骨。”农业科技专家曾凤仙告诉记者，“湛江生蚝一旦实现工业化、规模化大生产，就将重新成为中国南方生蚝的核心集散地，并且掌握市场定价权。”

3. 对接海南：打造湛江蚝产业闭环

随着三倍体技术和深海网箱技术的达成，吴思远认为湛江蚝产业腾飞的窗口期已经到来。

“自主育苗让每一颗湛江蚝种源可追溯，三倍体技术让湛江蚝实现全年标准化产出，网箱养蚝让湛江蚝产能大幅提升，专利育肥技术还能在1个月内让瘦蚝肥起来。”吴思远说，这一整套技术将支撑起湛江生蚝的产业闭环，为湛江生蚝在终端市场的品牌化打下坚实的基础。

“水产大会提出以‘工业化理念重塑水产产业链、价值链’，我们对这一战略举双手支持，湛江生蚝是我们践行工业化理念的第一站。”吴思远说，为了进一步强化公司在种质资源方面的硬实力，粤源种质资源有限公司还和三亚的崖州湾科技城开展了深入的业务合作，依托海南自贸区（港）政策优势和区位优势，从全球引进优质种质资源，在湛江扩繁中心实现其本土化转化，并筛选出优势品种，向全省、全国推广。

“我们正在徐闻的广东海南特别合作区筹建‘（湛江-海南）全球动植物种质资源扩繁中心’，打造北部湾最大的种质资源扩繁中心。”吴思远介绍说，中心将通过三亚市崖州湾科技城全球动植物种质资源引进中转基地引进全球种质资源，开展新品种选育、扩繁技术的研究与成果转化，并运用“互联网+”构建种苗交易平台、信息平台和数据中心，创新苗种贸易方式。

通过这一方式，湛江和海南自贸区（港）之间将建立起一条种质资源共享共赢的产业链，为湛江生蚝、对虾、金鲳鱼等水产支柱产业的可持续发展提供源源不断的种质资源支撑。

资料来源：肖胤，张永幸. 80后海归拿下湛江生蚝三倍体专利 在深海重塑湛江生蚝价值链[EB/OL].[2022-04-11]. https://baijiahao.baidu.com/s?id=1717121470649874025&wfr=spider&for=pc.

1. 习惯型思维障碍

习惯型思维障碍是生活中常见的一种思维定式，产生于人们的生活、思考等众多习惯。这种思维障碍是不可避免的，但并不是百分之百有害的。对于一些简单的问题，如日常生活中的小事，按照习惯去思考、去行事，可能节省时间，或者少费脑筋。在创新过程中，习惯型思维障碍却难以避免，而且多数时候是有害的。人的思维不仅有惯性，还有惰性，对于比较复杂的问题也要如法炮制，就会使我们犯错误，或者面对新问题一筹莫展。

案例赏析

南部阳洞口县南水村：用“全域旅游”思路，拓展养殖生产和经营

“嫁人就嫁南水村，好水好鱼吃不尽……”1月10日，冬日的暖阳洒满洞口县高沙镇南水村的千亩鱼塘，该村南水渔业合作社的舒金生一边唱着小曲一边带领工人拖网捕鱼。“这一网收获鲜鱼2 500多千克，已经被武冈、绥宁的客商订购一空

了！”舒金生的脸上洋溢着喜悦。

小寒过后，南水村连片千亩的鱼塘陆续开始清底捕鱼，该村20余户贫困户即将迎来大丰收。

1.打破传统，休闲渔业两不误

高沙镇南水村素有养鱼的传统，全村有规模鱼塘1 000亩以上。近年来，该村立足当前渔业资源和水产品市场需求，充分挖掘水库、鱼塘、水稻田等宜渔资源，大力拓展水产养殖领域，转变渔业养殖生产和经营思路，发展休闲垂钓，带动旅游观光、餐饮住宿等相关产业发展，促进农民脱贫致富。为此，该村成立了南水渔业合作社。

为了将商品渔业做大做强，抢抓“脱贫攻坚”战略机遇，他们通过科技引导、技术培训、项目支撑、示范引领等有效措施，极大地调动了群众发展水产养殖的积极性，水产养殖产业发展呈现出蓬勃发展的良好态势。

为打破传统的养殖习惯，提高渔业的单产值，南水村瞄准特种渔业养殖市场。通过邀请渔业专家培训，该村有20多个渔业养殖户熟练地掌握了特种养殖技术。如今在南水渔业，大口鲶、中华鳖等特色鱼种的养殖规模逐年扩大，每年特种养殖鱼苗繁殖户将种鱼苗销往广西、贵州、湖南怀化、四川绥宁等地，拓展了渔业养殖空间，每年通过特种鱼苗繁殖销售可增加收入100多万元。

2.产业对接，加快贫困户脱贫步伐

“南水渔业合作社现有成员120余户，年产值500余万元。脱贫路上一个都不能少，为了带动20多户贫困农户尽快脱贫，我们推广‘养鱼大户+贫困户’精准扶贫模式。”南水村党支部书记舒安群见证了渔业合作社在脱贫攻坚中的巨大引领作用。

舒安群介绍，合作社成立之初，就鼓励渔业大户主动与贫困户进行产业对接，大力推广“产业+贫困户+入股分红”的发展模式，让贫困户入股参与分红，养殖大户、家庭渔场等在劳务用工方面优先使用贫困户，拓宽贫困户的就业渠道。

如今，南水渔业合作社不仅立足南水，还辐射到了周边的月英、社山、高沙等村。今后，高沙镇将打造万亩渔业产业带，新建千亩垂钓区，并结合渔家乐建设，提质升级高沙古镇生态旅游水平，加快当地脱贫攻坚的步伐。

资料来源：丁鹏志．洞口县南水村：休闲渔业两不误，唱响脱贫致富曲［EB/OL］．［2022-04-11］．https：//hunan.voc.com.cn/article/201801/201801110947185467.html.

2.权威型思维障碍

在长期的学习、工作和生活中，很多人逐渐形成了对权威的尊敬甚至崇拜，这是因为权威或是领导，或是长辈，或是专家，社会舆论也经常对有学问、有经验的人广为宣传，使他们的名望更高。尊重权威在一定条件下是没有什么错的，但一切都按照权威的意见办，不敢怀疑权威的理论或观点，不敢逾越权威半步，就成为创新思维的极大障碍。权威的意见不是在所有时间、所有范围都是正确的，而只有实践才是检验真理的唯一标准。权威人物也可能被自己的知识和经验限制住，自己给自己设置思维上的障碍。不为权威的意见所限制，没有任何框框，从头研究，反而能够取得成功。

案例赏析

没有任何框框，从头研究

广东省茂名市罗非鱼种苗基地的标本室里，两条已经死去5年多的罗非鱼，作为珍贵的标本被永久保留了下来。正是这两条看似普通的鱼改变了一个人的命运，使他从一名默默无闻的小渔工，变成了当地罗非鱼产业的创始人，这个人就是李瑞伟，几年的时间他创造出了亿万财富的神话。

李瑞伟：目前我的产量在我们省里占到了两成，换句话说广东10条罗非鱼有2条是我生产的。

李瑞伟把这份产业做到现在的规模，已经成为同行业之中的佼佼者，大多数人只知道标本室里的两条鱼为他立下了汗马功劳，却很少有人知道，这两条鱼也曾经让他倾家荡产，一度穷困潦倒。

1985年李瑞伟还是茂名市国营淡水养殖场的一名小渔工。可那个时候，正兴起下海潮，李瑞伟自然也不安分了起来，在养殖场边上开了一个加油站，几年的时间，他居然赚到了400多万元。而他的父亲恰好在那时被任命为养殖场的场长，眼看着儿子荒疏本职工作，父亲大为恼火，决定把他派到无锡，去学习罗非鱼的繁育技术。没想到这次无锡之行，改变了李瑞伟的命运。

1996年年初，当李瑞伟带着学成的技术回到茂名，准备大显身手，进行一次罗非鱼养殖的大变革的时候，当地的养殖市场却发生了巨大的变化。

茂名市海洋与渔业局副局长袁海鸥：1996年的时候，在沿海一带，海水养殖是比较兴旺的，因为相对来说，海水产品的价格，要比淡水产品价格高。

茂名有200多万米的海岸线，海水养殖高额的回报让很多养殖户纷纷转产，当人们都一股脑地挤到海边搭建网箱的时候，李瑞伟却悄悄地租用了200亩洼地挖起了鱼塘，选择了罗非鱼种苗的培育。

李瑞伟：养罗非鱼和海水养殖的区别就是海水养殖投入更大，利润虽然高但是风险也大，养罗非鱼投入相对要比海水养殖低，风险小，虽然利润低，但是稳定。

李瑞伟盘算，自己做种苗的培育销售，靠的是数量，而低风险、小投入的罗非鱼更加适合农户养殖，目前推广不开的主要原因自己已经了如指掌。

李瑞伟：主要是雌性两三个月就开始繁殖，繁殖以后，鱼就养不大了。池塘密度越来越大，消耗的饵料也越来越多，所以养殖成本也高，赚不到钱。

除了养殖成本的增加，雌鱼繁殖过快，还会造成三代同塘，收获的时候大大小小的鱼拿到市场上，价格也是天壤之别。

罗非鱼市场经销商梁瑞芳：大的卖5元一条，小的卖2元多一条。天气好的时候，比较正常的时候，一般规格的就可以卖3元一条，收市的时候，差不多2元就卖了。

李瑞伟琢磨如果自己把在无锡学习到的知识利用起来，通过杂交打破自然受精雌雄各占一半的常规，提高雄性的数量，就能调动起农户养殖的积极性。那时研制出来的种苗带给自己的也将是一笔巨大的财富。1996年3月，李瑞伟关闭了加油站，将全部资金投入到了罗非鱼种苗引进当中。

李瑞伟：品种引进的时候，有的品种10多万元，有的上百万元，有些品种100多万元引进，通过研究以后不能用。我引进了很多品种，可是能用的没有几个。

10多个系列100多个品种，能符合杂交要求的却为数不多，几百万元的资金转眼之间就消耗得干干净净，而结果却始终不尽如人意。就在李瑞伟为此沮丧的时候，他打听到中国水产科学研究院淡水渔业中心从美国引进了几条奥利亚罗非鱼，而就是以这种鱼作为父本曾经在美国创造出高达92%的雄性率，这正是李瑞伟梦寐以求的。

李瑞伟：雄性率高的鱼，养出来那个小苗少，养殖的商品鱼上市量会提高一两成，这就是利润了。同样的养殖环境，它的效果就完全不同了。

如果能得到这种鱼，自己的实验将会产生突破性的进展。为此李瑞伟专程跑到了江苏无锡的中国水产科学研究院淡水渔业中心，想和对方洽谈合作，没想到却吃了一个闭门羹。不但人没见到，就连鱼也没看见。接连跑了五六次都是同样的结果，这不禁让他犯起了难。

李瑞伟：我也在琢磨，作为国家的淡水渔业中心，像我们这样小小的场长过去算什么，全国不知道有多少个，每一个来他们都接见，确实也没有时间。

必须想个变通的办法，能够有机会接近这些专家，才能说服他们。1996年年底，中国水产科学研究院淡水渔业中心下属的养殖场里多出了一名工人，这个人就是李瑞伟，他不计报酬，任劳任怨，一干就是一个多月。

中国水产科学研究院淡水渔业中心主任徐跑：他和我们一起拉网、一起抬鱼，甚至帮我们选鱼，其实在这个过程中，他也在潜移默化地接受一些东西，也在学习一些鱼类选择的方法，一个南方渔场的场长能够这样去做，我们很感动。

凭借着真诚和执着，李瑞伟终于打动了淡水渔业中心的主任徐跑，他也有了机会把自己的设想一一道出。

中国水产科学研究院淡水渔业中心主任徐跑：当时他就提出罗非鱼生命周期比较短，在一个鱼塘里面养出来的大大小小的鱼很多，是不是能搞出一种单性罗非鱼来。

此时的淡水渔业中心恰好正在进行全雄性罗非鱼的实验课题，徐跑怎么也没想到一个小小的私营养殖场的场长，会和国家级的淡水中心有一样的研究和想法，徐跑产生了很大的震撼。另外罗非鱼生长的环境水温不能低于23度，适合在地处广东南端的茂名推广养殖。徐跑决定打破长期以来只和科研单位合作的常规，用李瑞伟的养殖基地作为淡水渔业中心在广东的实验场，把一条远渡重洋的奥利亚罗非鱼免费送给了他。这个意想不到的收获让李瑞伟充满喜悦，可他万万没有料到，这条鱼日后会让他负债累累。

得到了梦寐以求的这条鱼，李瑞伟希望也能杂交出90%以上的雄性率，于是他拿出自己所有的种鱼与这条奥利亚罗非鱼一一进行杂交，而每一个品种需要2年的时间进行试验比对，才能得出精确的结论。虽然腾出了所有的池塘，可一次仍旧只能进行10多个品种的实验。而饲料、塘租和工人的工资，李瑞伟面临每年100多万元的支出。此时他已经花光了所有的积蓄，不得不舍下脸面向朋友伸手去借。100多个品种，连续5年的时间，李瑞伟发现自己鱼越养越多而身边的朋友却越来越少。

李瑞伟的朋友陈荣进：作为朋友呢，一年两年赔钱，大家都支持他，但是继续赔钱呢，大家没这个耐心去等了。

李瑞伟：他说我连续支持你两三年了，还支持你，那不是拿钱出去给“水鬼”了，意思就是说，再借给你，你以后就没法还给我了。

研究的时间要比自己想象的漫长了许多，此时的李瑞伟不但再也拿不出科研经费，就连塘租和工人的工资也难以支付了。李瑞伟的种苗场负债累累，工人都渐渐离去，李瑞伟陷入了绝境。

李瑞伟：我把原来的一辆烂车拿出去抵押了，拿钱发工资，唉，讲到这个事内心好像回到当年，别问了太丢人了，以前的事情我不愿意讲了。

此时李瑞伟已经感到无力回天，5年的时间磨灭了他的理想。也让他从一个百万富翁变成了负债累累的穷小子。

李瑞伟：估计就是前功尽弃，我投进去那么多钱，一点都收不回来，这个肯定是白白亏了。

付出了5年的精力，花费了数百万元的资金，李瑞伟却走到了事业的最低谷。究竟该何去何从？李瑞伟面临着他人生中最重要的选择。接下来又发生了什么，让他逆转乾坤，走向了事业的巅峰？

就在李瑞伟感到茫然的时候，从中国水产研究院淡水渔业中心传来了一个让他意想不到消息，就是这个消息让他峰回路转。2002年，美国奥本大学代表团来华访问，并且赠送给淡水渔业中心一条经过几年提纯的尼罗罗非鱼。

中国水产科学研究院淡水渔业中心罗非鱼首席科学家杨弘：理论上奥利亚罗非鱼和尼罗罗非鱼杂交可以得到百分之百的雄性率，但是在生产上有很多限制因素，会影响到杂交的雄性率。但是如果我们经过检测和选育，再加上他们保育的措施到位的话，可以保证他们在生产过程中也可以得到非常高的雄性率。

这正是李瑞伟苦苦追求了5年想要得到的结果。李瑞伟把所有的期望全部压在这条鱼身上，准备放手最后一搏。这一年的6月，李瑞伟从淡水渔业中心引进这条尼罗罗非鱼，与原先引进的奥利亚罗非鱼进行杂交，果然雄性率高达96%。这意味着苦熬了将近7年，自己的鱼苗终于可以上市销售了。

李瑞伟：当时这两条鱼杂交的雄性率已经达到了95%~96%，肯定会给我的企业带来效益，就不用再亏损了，做企业亏了几年，能有钱赚是多高兴的事。

为了增加养殖户的信心，李瑞伟特意找来一直喂养罗非鱼的老养殖户丁海洪，让他参观自己成功喂养出来的重达5斤的大鱼，想从他那里打开突破口。可没想到却适得其反，人家看了以后，不但没买鱼苗，心里还犯起了嘀咕。

广东省高州市石鼓镇丽山村养殖户丁海洪：当时想的是他的鱼苗会不够纯，他的鱼跟我以前养的鱼不一样。

很少见到5斤大的罗非鱼，养殖户都怀疑他家的种苗不纯，不管李瑞伟怎么解释，可就是没人愿意养。好不容易繁育出来的几百万尾鱼苗一天天长大，原有的鱼塘已经难以容纳。迫不得已李瑞伟只能做出一个无奈的选择：赠送。可是怎么送才能有最好的效果呢？

李瑞伟：我们送苗的时候会选择地点，鱼塘多的地方，有影响力的地方，就送苗给他，就是希望他能带动这一片。

不但把鱼苗送到家，李瑞伟还带着技术人员亲自指导养殖。前期的风险都由李瑞伟来承担，这让养殖户安下了心。5个多月后，养殖户开始收获时，80%以上都是1.5斤以上的大鱼，这让他们吃了一个定心丸。

广东省高州市石鼓镇丽山村养殖户丁海洪：以前养的鱼大的少，小的多，现在养的鱼大的多，小的少，就是这样的差别，所以这一季的价格就好了。

更让农户们感到高兴的是，雄鱼数量的增长速度是雌鱼的一倍，雄性率的增加大大缩短了养殖周期，原本要养殖一年的罗非鱼，如今只要五六个月就能上市销售，不但节省了饲料、降低了成本，一年还能多养殖一批。赚到了钱的养殖户成了李瑞伟的活广告，前来买鱼苗的人也排起了长队。

李瑞伟：经常都没地方坐，不管他要1万尾、10万尾，甚至100万尾，都到我这里来，因为他知道从我这里拿的苗才是好苗。

李瑞伟没想到自己的鱼苗销售高潮一下子来得这么迅猛，虽然100多亩鱼塘满负荷生产，可仍然几度断货。为了保证鱼苗的正常供应，李瑞伟把鱼塘扩大到了2 000多亩，年销量也超过了5 000万尾。

资料来源：佚名．“罗非鱼大王”李瑞伟：亿万财富来自两条鱼［EB/OL］．［2022-04-02］．http：//www.shuichan.cc/news_view-24889.html.

3.直线型思维障碍

我们在学习生活中，习惯用直线型思维去解决问题。学习时，虽然也遇到过稍微复杂的数学问题、物理问题，但多数情况下是把类似的例题拿来照搬；对待需要认真分析，全面考虑的社会问题、历史问题或文学艺术方面的课题，经常是死记硬背现成的答案。生活中，人们在解决简单问题时也只需用一就是一、二就是二这样的直线型的思维方式就可以奏效，于是就养成了直线型思维习惯。这种思维习惯让人们不善于从侧面、反面或迂回地去思考问题。如果没有破除直线型思维的训练和实践，即使是比较有经验的人也会陷入思维的误区。

4.自我中心型思维障碍

在日常生活中，我们常常可以看到有些人特别固执，思考问题时以自我为中心，阻碍了创新思维。这些人有的还是很有能力的，做出过一些成绩，但他们从此就觉得自己了不起，不知道天外还有天。我们在取得了一定成绩或学到了一种本领之后，千万不要局限在自己已有知识或成果的范围内，千万不要以为按照自己的思维模式就可以以不变应万变，从此可以无往而不胜了。

5.书本型思维障碍

俗话说“尽信书，不如无书”，“尽信书”就是书本型思维障碍的写照。很多人认为，一个人的书本知识多了，比如上了大学，读了硕士、博士，就必然有很强的创新能力。还有的人认为，书本上写的，就都是正确的，遇到难题先查书，如果自己发现的情况与书本上的不一样那就是自己错了。在这种认识的指导下，书上没有说的不敢做，书上说不能做的更不敢做；读书比自己多的人说的话百分之百全信，一点也不敢怀疑。这种对书本的迷信阻碍了人们去纠正前人的失误，阻碍了探索新的领域。我们把这种由于对书本知识的过分相信而不能突破和创新的思维叫作书本型思维障碍。也就是说，书本知识是重要的，但是，书本知识毕竟是经验的总结，时代发展了，情况变化了，书本知识也可能过时。诺贝尔物理学奖的获得者、美国物理学家温伯格曾经说过一段话很值得我们深思，“不要安于书本上给你的答案，要去尝试下一步，尝试发现有什么与书本上不同的东西”。正确的态度应当是：既要学习书本知识，接受书本知识的理论指导，又要防止书本知识可能包含的缺陷、错误或落后于现实的局限性。在从事创新活动时，要对所应用的书本知识严格地进行检验，而检验的唯一标准是实践。

案例赏析

海南20年对虾养殖老手分享冬造虾成活率五成的经验

“每年每造虾，气候、水质其实都是动态的过程，一成不变的养殖经验最不可靠。”林德奇是昌化地区养虾老师傅，有着20年的养殖经验。但是，在养虾这件事上，林德奇看重的不是经验，而是根据养殖环境，及时做出对应的处理措施。他认为，养虾需要学会变通，活学活用。

昌江镇属于海南养殖情况最好的片区之一，2016年的冬造虾成功率接近五成，相比海南平均水平二成或三成高出一大截。当地虾农的养殖规模普遍在5亩左右，讲究高位池管理精细化，技术管理到位，因此整体养殖水平比较高。

“老讲经验，其实很容易误导人，养殖环境时刻变化，重要的是养殖观念要随时跟上。”林德奇认为，养殖过程中需要全面兼顾，在虾苗、水源、饲料、动保、病害等各环节都要采取适时变动思维，做到“无招胜有招”，不能一味套用以往的养殖经验。

以选苗为例，林德奇认为，目前绝大部分虾农选苗需要靠肉眼去辨别虾苗的质量，或者依靠虾苗的亲虾品牌认定质量，然后通过观察虾苗的活性、体长、颜色、体质肥壮度、肠道饱满度等一些表面特征做出最终选择。这种方式就是套用经验，往往选不好苗，最终出现长不大、易发病，甚至排塘现象。

养殖经验要与时俱进，与环境俱进，虾农不仅要懂得看虾苗，更要了解苗企技术人员的水平，以及熟知苗企技术、硬件设备、产品检测能力等，才能判断在养殖前期能否选择好苗。“好比肝微孢子虫以及夜光虫等携带虾苗，在选苗时期往往处于潜伏期，没有苗企相应设备很难鉴定出来，到最后由养殖户买单。单靠直观的方式选苗其实就是对自己养殖不负责。”林德奇对南方农村报记者如此说道。

养殖施肥调水打组合拳一般在清塘后，进完水之后，林德奇便开始消毒，投苗前3~5天进行肥水。早中造虾时期气候恶劣，一般采取降低投苗密度方式，每亩控制在20万尾；冬造虾环境良好，每亩投苗密度在30万尾左右。在肥水过程中，掌握检测氮磷比、亚硝酸盐指标，并监控肥水丰满度，选用的肥料一般以组合形式出现。

以冬造虾为例，林德奇主要以“有机肥+无机肥+氨基酸类肥料”结合使用，但是每个组分肥料的投入量需要根据池塘状态灵活安排。前期高位池底层消毒干净后，氮、碳基本元素缺乏，肥力不足而且藻种单一，则需要以肥力充足、肥水效果缓和持久的有机肥为主，并以无机肥为辅，增加微量元素；等到投苗过后，水质肥度需要有一定的控制，藻菌相对平衡，万一出现轻微倒藻，则以见效快的液态无机肥为主。

原因其实很简单，施加有机肥容易在底层持续快速分解，耗氧加快，氨氮容易累积过高，造成藻类充足的假象，加上四五月份温度升高，阳光充足，有机肥容易黏附高位池地膜，滋长青苔、蓝藻，增加虾体应激的风险；无机肥则更加安全有效。“通俗一点，就是先把虾塘洗刷干净—肥水—又重新把虾塘搞脏的过程，只是程度根据情况灵活而定。”林德奇进一步解释。

平时日常水体管理中，林德奇认为，保持池塘水体流动性就是保持它的平衡。这是林德奇维持养殖水体的小技巧，除了通过增氧机拨动水面环形流动，促进增氧育藻功能，平时阳光充足时，高位池底排污管同时也要保持微弱细小流水。“这样做可以让水体底部耗氧层与上部富氧层保持微循环，同时促进底层分解作用。”林德奇建议，尤其在投苗初期，日常避免大量排水时导致的底层沉淀物上下翻滚，污染水体，对虾苗造成伤害。

相比海南其他养殖地区，2016年昌化镇整体养殖情况良好，但也出现较多的白便现象，给当地养殖户带来不小的困扰。

林德奇从营养角度有自己的看法：白便都是弧菌浓度过高引起的。它们在饲料、藻类、水体中通过肠道摄入，进入体内。整个肝胰腺健康受损，然后开始萎缩，肠道消化能力变差，对饲料营养物质的吸收受阻，营养物质累积在肠道内，消化不畅顺，形成肠炎，进而形成白便。饲料营养在肠道中既是营养投入又是动保载体，其重要性不言而喻，因此林德奇会有针对性地选择优质饲料。

资料来源：佚名．海南20年对虾养殖老手分享冬造虾成活率五成的经验［EB/OL］．［2022-04-23］．http：//www.shiuv.com/21612.html.

6.从众型思维障碍

从众心理，就是不冒尖、不带头，一切都随大部队的心理状态。在实际生活中，大部分人都可能因从众心理而陷入盲目性，一个问题，明明稍加独立思考就能正确决策，却偏偏跟着大家走错误的路线，这就是从众型思维障碍。一位心理学家曾经做过这样一个实验：让一个人跟着另外4个人走进实验室，地上划着4条长度不等但相差不多的直线a、b、c、d，然后问："直线a与b、c、d中的哪条长度最接近？"前面4个人都回答是c，后面那个人看了一会儿，认为是b（实际上这个答案是对的），刚想回答，心理学家说："再想一想，到底是哪条？"他又想了一会儿，回答说："是c。"心理学家的一句想一想就让这个人改变了答案，这就是典型的从众心理现象。

7.文化禁忌型思维障碍

文化禁忌型思维障碍是由于个人所处的文化环境和生活习惯的不同，长时间养成的对某些本来是客观存在的现象的规避、禁忌，从而影响对问题的客观认识，造成对解决问题的良好时机的丧失。

8.其他类型的思维障碍

还有一些思维障碍也比较常见，在不同的人身上表现的严重程度不同。例如自卑型思维障碍、麻木型思维障碍、偏执型思维障碍等。自卑型思维障碍就是非常的不自信，由于过去的失败等原因受到过别人的轻视，甚至污蔑，产生了自卑心理。自卑心理会让人踟蹰不前，不敢去做没有把握的事情。麻木型思维障碍表现为不敏感，思维不活跃。有这种思维障碍的人注意力集中程度低，难以出现兴奋状态，对关键问题不能够及时捕捉。有偏执型思维障碍的人大多颇为自信，过于固执，明知这条道路走不通，非要往前闯，不能及时转弯，费了很大力气，走了许多弯路还不愿意回头。

（二）突破创新思维障碍的方法

1.打破思维定式的四种方法

"思维定式"属心理学概念，是人们从事某项心理活动的一种心理准备状态，也是人们长期形成的一种习惯思维方向。具体来说就是人们在长期的思维过程中所形成的一种思维条件反射（投影），或者说是一种固定的思维方式。思维是人类本质的特征，是人一切活动的源头，也是创新的源头。有了创新思维才能开始创新活动，有了创新活动才能产生创新成果。要想拥有创新思维，首先就要打破思维定式。

"定式"是由人们先前的活动而造成的一种对活动特殊的心理准备状态。思维定式对于解决常规性问题和例行性工作具有积极意义，它可以使人们在以往经验和模式的基础上驾轻就熟，快速地对问题做出反应。然而，对于创造性地解决问题，思维定式则只能成为一种阻力或障碍，它很容易形成某些主观框架，使人思路阻塞、思域狭窄，难以闪现出创新的灵感，这是思维定式可能导致的消极影响。

在创新过程中，应特别注意思维定式的消极影响，尽量防止或减少已有的思维定式可能产生的束缚作用。怎样才能克服习惯性思维对创新的影响呢？主要方法有如下四种：

（1）排除“以往经验”的束缚

人们在日常的生活、学习和工作中，随着时间的推移会积累很多经验。凭借这些过去的经验，就可以轻松地解决一些问题。凭经验办事已成为人们处理问题时的一个习惯。这个习惯对于从事创造活动的人来说是不利的。因为这个习惯使人的大脑一遇到以往经历过的事情，就会处于一种“有经验可循，不必多思”的僵化状态，使人在问题面前思路闭塞，束手无策，难得其解。

例如利用水的表面张力能浮起一根缝衣针这个实验，如果思路被经验束缚住就很难成功。经验告诉我们做实验时应尽可能地把针轻轻地放在水面上。但是想方设法借助各种工具来操作时，稍不留心，针还是沉下去了。然而，思路若能摆脱经验的束缚，想到先把水冻成冰，把针放在冰上，再让冰慢慢地融化，这样问题就很容易解决了，这个例子说明以往的经验有时会阻碍解决问题的思路。

不仅如此，凭以往的经验办事，有时甚至会导致错误。因为有些经验在某种情况下，实际上成了一种假象，它在我们的心理上形成了一个“盲点”，使我们对事物产生错误判断。例如，由于发现青霉素而获得1945年诺贝尔医学奖的英国细菌学家弗莱明，他之所以成功就是因为在研究事物时能摆脱经验的束缚，把熟悉的事物有意识地看作陌生的，并不轻易忽略它。他在1928年研究各种葡萄球菌变种时，在实验桌上留置了一些培养皿，以备不时检查，由于时时打开盖子，培养液不免被空气中的微生物所污染。一天，他突然发现在培养皿边沿生长了一堆奇特的霉菌，在这堆霉菌的周围，葡萄球菌不仅不能生长，而且离它较远的葡萄球菌也被溶解了。对于这一很容易凭经验被认为是污染引起的一般现象，弗莱明却给以应有的重视，他摆脱了经验的束缚，认为它可能是不同于一般污染的特殊现象，继而深入细致地研究，结果发现了青霉素，为人类做出了伟大贡献。然而，早在弗莱明以前，日本科学家古在由直在实验室里也同样观察到了葡萄球菌被污染的霉菌所吞噬的现象，可是他却凭经验看成是一种普遍熟悉的污染现象，从而放弃了进一步深入研究。这一念之差，使之错失了获得科学界最高奖项诺贝尔奖的机会。这个实验说明了一个道理：经验丰富固然很好，但是动用经验来解决问题必须与时间、条件、地点等具体情况相结合，若不假思索，想当然地凭经验生搬硬套，就势必会犯错误，这样一来经验反而成了解决问题的绊脚石。因此，我们在解决问题时要多利用“以往的经验”，但是，在思考问题时切不可被“以往的经验”束缚住头脑。

（2）不要受学术权威“结论”的束缚

我们在研究工作中，如果发现其中某一个问题已有专家的定论，往往就会终止探讨，而以专家的结论为准。然而，这样做是不严格和不科学的，有时会使整个研究工作步入歧途。因为，专家的有些结论，不一定正确。这时，我们应该针对问题深入研究下去，得出自己的研究结果，然后再跟专家的定论相比较。如果我们的研究结果与专家的定论有出入或者相悖，这时切不可盲目迷信权威，而放弃自己的研究成果。正确的做法应该是严格地、仔细地检查自己的研究过程，看是否有哪个环节或步骤出现了错误。如果没发现错误，重复研究考证仍然与自己的结论相一致时，就决不能被专家的“结论”束缚住，而必须树立勇气，挑战权威。在这方面著名的意大利科学家伽利略就是人们学习的榜样。科学界的“教皇”亚里士多德认为：落体的速度和它的重量成正比。年轻的数学家伽利略却怀疑它的科学性。他经过反复实验，确信亚里士多德弄错了。于是在比萨斜塔的顶上做实验，向亚里士多德的学说提出挑战，结果证明亚里士多德的理论是错的。要成为一个具有创造性能力的人才，就要像伽利略那样敢想、敢干、敢说，思维不受学术权威的“结论”的束缚。对待权威的态度应该是尊重，而不是迷信。

（3）用“搁置法”摆脱习惯性思维的束缚

这主要是对于已经形成习惯性思维的人而言的。一些有经验的科学家，在写完了他们的论文以后，往往把它搁置起来“忘掉它”，过了一段时间以后再来读它，把自己当成一个带有怀疑眼光的挑剔的读者，这样往往就能发现从前没有发现的新问题。据说鲁迅就有这么一种习惯。习惯性思维的形成和影响都是具有时间性的，人们通过实验证明：习惯性思维的痕迹就像记忆的痕迹一样，时间久了也会淡薄和消失。人们往往以为成功在于不倦地思考、在于最后坚持一下。事实上，从思维定式的角度来说，把问题放一放有好处，有利于消除习惯性思维痕迹的影响，有利于得到新的思路、新的方法。

（4）依靠别人帮助摆脱习惯性思维影响

现在的很多活动，越来越趋向于互相合作，一方面是由于知识激增、每个人的知识都有某些方面的不足，合作可互相补充；更重要的一方面是，合作可以互相帮助，克服各自习惯性思维的影响。科学研究扎根于讨论。为什么呢？根源就在于讨论可以打破习惯性思维，了解他人的思路会为自己带来启发和灵感。讨论不仅可以找同行，而且可以找一些聪明的外行，向他们讲述自己的工作及碰到的问题。和一窍不通的外行们进行讨论，看起来好笑，其实不妨试一试。采用琼脂作固体培养基，就是柯赫的同事赫西的妻子建议的。为什么可以和聪明的外行人讨论呢？因为外行人的思维方式和思路跟你肯定是不同的，思路差异越大，越有助于克服习惯性思维，可以帮助你在认为没问题的地方发现问题。如果外行人提出问题和建议，就可以扰乱你的习惯性思维，找到解决问题的新方法，或者看到两个或两个以上的现象或设想之间的新联系。

萧伯纳说过："倘若你有一个苹果，我也有一个苹果，而我们彼此交换这个苹果，那么，你和我仍然是各有一个苹果。但是，倘若你有一种思想，我也有一种思想，而我们彼此交流这种思想，那么，我们每个人将各有两种思想。"把这句话引申下去，由于打破了习惯性思维的影响，我们还会因为对方思想的启发而产生第三种思想，这些新思想对于解决问题，产生新发现是极为有利的，这样的好事，我们何乐而不为呢？

案例赏析

品种没变，环境已大变样！旧的养殖习惯，是否需要与时俱进？

许多过去的对虾养殖大咖，这几年好像有些迷惑：这虾应该怎么养？反而刚刚进入对虾养殖业的养殖户却获得了相对好的成绩。不可否认，许多过去在对虾养殖中获得丰收的养殖户，他们大部分都是勤恳厚道的农民，他们以其吃苦耐劳的精神，再加上南美白对虾养殖刚刚进入国内时，许多水产领域的老专业人员及时、深入地以各种形式进行南美白对虾的科普教育，确实使这个行业蓬勃发展。

在经历了2008年前后的普遍大面积丰收，2010年之后，南美白对虾养殖就进入了多事之秋。尽管从那时起，原来让对虾养殖户闻之色变的白斑综合征、红体相对少出现了，可是偷死、白便、肝萎缩等却开始成为对虾养殖的紧箍咒。养殖过程中的定期施肥、定期消毒、定期泼洒微生物好像并不能起到预期的作用。在养殖模式中，小池养殖也出现了以前没有过的蓝身等症状。

到了今天，尽管养的还是过去那种南美白对虾，但是由于养殖环境不一样、养殖模式不一样，所以遇到的问题和以前不一样了，比如今年华东刚建成的一个室内养殖场，在一个室外养殖专家的指导下培藻，一下子就使池塘水的亚硝酸盐和氨氮含量严重超标了。因此，不要埋怨养殖现在怎么这么不容易，不妨总结一下以前的养殖条件和今天养殖条件的异同，并想一想在鱼虾蟹养殖过程中到底有没有应该纠正的操作习惯。

资料来源：施卫民. 品种没变，环境已大变样！旧的养殖习惯，是否需要与时俱进？[EB/OL].［20122-05-17］. http：//www.shuichan.cc/article_view-63173.html.

创新思维需要打破常规，而思维定式是一种固定的思维模式和思考习惯，常常对形成创新思维产生消极的作用。进行创新思考，必须警惕和摆脱思维定式的束缚。无论是在创新思考的开始，还是在其他某个环节上，当我们的思考陷入了困境时，往往都有必要检查一下是否被某种思维定式捆住了手脚。

2.走出传统观念的束缚

观念是内化于人脑无意识中的观点和认识。人们在思维过程中，反复运用某种观点认识和思考问题，久而久之，这些观点和认识被积淀到大脑深层意识之中而达到了"无意识"状态，形成了一种约束性的一致观念，对人的认识活动起着巨大的制约作用。在人脑思维加工过程中，主体对材料的选择、组织，对问题的认识、评价，很大程度上取决于观念。

传统观念是创新思维的重要障碍，它顽强地维护着其赖以存在的实践和社会基础，反对思维对现存事物的超越。受传统观念的影响，人们会因循守旧、墨守成规，用老眼光、老办法去面对新问题。所以说，传统观念是阻碍创新思维的重要因素，是创新思维的大敌。

创新思维阻力根源于创新主体的心理模式，创新思维受到创新主体知识、经验和个人素质的制约。因此，克服创新思维的阻力既要善于质疑和勇于批判，克服胆怯心理、实现超越，又要加强对创新主体创新思维原理等方面的学习和训练。

对创新主体来说，克服创新思维阻力的主要途径有以下几个方面：

首先，要善于质疑、勇于批判。由于创新主体不知不觉地受到传统观念、固定观念和思维定式等因素的支配，因此要想克服这些因素，就要求创新主体必须有反思传统、善于质疑的精神和敢于批判的勇气，要怀疑批判别人更要怀疑批判自己，只有通过不断怀疑和批判，才能使创新主体冲破固定框架的束缚，在怀疑批判中不断创新。

其次，要克服胆怯心理，不断超越。破除传统习惯，突破权威型思维枷锁，这是需要勇气的。传统的、权威的东西同时也是为多数成员所承认和接受的东西，突破它们就意味着向多数人支持的东西挑战。而这种挑战本身又不能保证次次成功，相反却经常伴随着挫折和失败。因此，这就特别需要创新主体正确对待管理创新过程中的错误和曲折。要努力克服胆怯心理，不断实现思维方式的超越，如果处处怕犯错误，唯恐失败，就会陷于保守，就不敢突破原有的界限，也就谈不上开拓创新。

最后，要努力学习创新思维的原理和方法，应用于自己的创新实践中。多向思维可以帮助创新主体打破思维定式，寻找到更多解决问题的新思路。如果创新主体能够善于运用这样一些方法，就可以自觉地抵制传统观念、固定观念及思维定式等的干扰，实现思维的不断创新。

案例赏析

贯彻“五大发展理念” 传统渔业跨越到农业3.0时代

2014年10月，四川天府新区正式获批升级成为第十一个国家级新区。其辖3市7县（市、区），面积1 578平方千米，将打造成中国内陆开放经济高地、宜业宜商宜居城市、现代高端产业集聚区、统筹城乡一体化发展示范区。

在这个瞄准“国际一流、国内领先、西部第一”的国际化现代新区建设中，核心区70%以上的面积定位于都市现代农业，将建成知识、技术、资本密集型的现代农业发展高地，告别传统农业发展模式，迈入新农村3.0时代。

打开手机App，实时观测水质状况、控制设备增氧投饵……在全国科普惠农兴村先进单位——天府新区丹龙渔业养殖专业合作社，一套智能养鱼步骤也凸显着科技力量：在主养池中放入自动测定溶氧、有害盐类的探头，全电脑、手机操作，自动设定设备开启时间，实现了养殖移动终端全程控制；同时，三级固液分离池、鱼菜共生的生态养殖模式实现了基地零污染、零排放。作为合作社的领头人，李成龙感叹，这样的高科技在10年前是无法想象的。

1997年，在永兴街道党委、政府大力发展水产养殖的号召下，永兴街道丹土村水产养殖大户李成龙和其他4位村民先后发起成立了永兴水产养殖技术协会、永兴渔业养殖专业合作社（现更名为天府新区丹龙渔业养殖专业合作社）。

经过10年的发展，合作社社员已从成立之初的8名发展至426名，养殖农户达2 000多户，养殖面积超过7 000亩。2015年，合作社产值已达到9 000余万元，并不断吸引成都周边城市以及各大外省市合作社乃至以色列、日本、马来西亚、越南、美国、英国等国政府官员和水产专家现场学习和观摩。养殖产业现已成为永兴农业发展的主导产业之一。

2015年合作社获评国家级农民合作社示范社，并成立股份养殖公司，也吸引了国际投资者的目光。目前，日本一家锦鲤科技公司与合作社达成战略合作意向，对方以新技术、新品种入股，优势互补，形成贯通种养、加工和营销的大产业链条。“去年产值8 000多万元，今年预计能破亿元。”李成龙对合作社的发展前景底气十足。

1.以人为本扩大“职业”农民队伍

在李成龙的众多光环中，有一个在他看来颇有“战略意义”：成都市“十佳”农业职业经理人。

职业农民培育是四川省新型农业经营主体培育中的一项重要内容，而李成龙正是成都培养出的2015年“十佳”“优秀”农业职业经理人之一。按照成都市农委的看法，这些农业职业经理人不仅通过职业农民培育，将先进的种养知识运用于田间，实现农业经营年收入逾百万，还通过积极培育他人，带动周边农民致富奔康。“可以说，一个农业职业经理人就可以带动一个面的农民致富、农业发展。”成都市农委一位负责人说。

“职业培训打造新型经营主体，现代种养要以科技为引领，才能更好地增收创收，所以农业职业能力培训至关重要。”作为天府新区丹龙渔业养殖专业合作社理事长，李成龙从2013年开始参加成都市的农业职业经理人培训，在培训中通过对先进农业科技的了解，这个养鱼30余年的资深农民彻底转变了自己原有的传统养殖观念。

“养鱼最费人工。可现在通过智能化管理，一个人通过网络就能对养殖过程进行实时监控。”于是，李成龙引进了物联网、生态循环养殖技术等多项先进养殖技术进行示范试验。到2015年，李成龙的养殖基地达到了7 000余亩，辐射带动了养殖农户2 000余户。由于起到了良好的示范效应，李成龙的养殖基地吸引了各地同行前往参观学习，基地年培育职业农民达11 320人次。

2.从渔业中创造更大附加值

在渔业发展带来增收致富，让丹土村村民享受到实实在在的经济收益的同时，如何依托传统渔业、带动第三产业发展，让更多丹土百姓尽享点“鱼”成金的果实，成为丹土村党委书记余良英一直在思考的问题。

余良英在丹土村工作近20年，对丹土村渔业养殖的发展有着深刻的了解。她说：“新区领导对丹土村发展渔业第三产业寄予期望，提出要增加渔业经济附加值，实现渔业一、三产业良性互动。新区农村工作会议后，村党委、村民委多次进行研究，决定充分发挥丹土村位于科学城南部门户的区位优势，以打造丹土村生态渔村为突破口，开展丹土渔业的‘二次创业’。”

余良英介绍说，丹土村计划依托丹龙渔业养殖专业合作社和锦鲤养殖基地，对丹土村的渔业进行全盘部署，建设打造以餐饮、文化、旅游、观光、休闲、度假、销售、体验为一体的生态渔村。

生态渔村相关企业计划统一采用由丹土村村民委员会、丹龙渔业养殖专业合作社、社会投资主体共同组建的渔业相关产业公司。由丹土村村民委员会负责渔村的点位布局、审批和经营场所租赁，并与辖区内农户签订无公害农作物的购销合同，确保无公害蔬菜的供应，并组织对违规办休闲渔庄进行取缔和打击。由丹龙渔业养殖专业合作社负责向各渔庄提供各类优质食用鱼，并负责每天提供产品的检测报告。社会投资主体负责组织实施，包括具体点位的落实，经营场所的装修，厨师培训、服务人员的培训与管理，并负责对渔庄进行规范的日常管理。

“我们要让成都市民知道丹土不仅仅有锦鲤基地、有养殖鱼塘，更要吸引他们在赏鱼的同时，品尝丹土渔业绿色养殖的美味，体会鱼塘边静心垂钓的乐趣，感受这里绿树掩映、碧水环绕、远离尘嚣、洗尽烦恼的悠然自得。”在余良英看来，未来丹土生态渔村的构想将成为当地一个亮丽的名片。

资料来源：佚名. 贯彻“五大发展理念” 传统渔业跨越到农业3.0时代［EB/OL］.［2022-04-17］. http://www.shuichan.cc/news_view-309856.html.

第五节　创新创业能力的培养

培养学生的创新创业能力，必须做各方面、多角度的综合努力。应树立全新的目标，改革传统的教学模式；营造良好的创业氛围，积极开展创业活动。可从以下几方面培养学生的创新创业能力。

一、转变内在观念

（一）努力转变传统观念

创业意识是指在创业实践活动中对创业者起推动作用的个性意识倾向，它包括创业的需要、动机、兴趣、理想、信念和世界观等要素。创业意识影响态度和行为的方向与力度，具有较强的选择性和能动性，是创业素质的重要组成部分，也是人们从事创业活动的强大内在驱动力。有了创业意识，才可能有敏锐的眼光去捕捉创业的先机。

学生必须改变“创业是找不到工作才去干的不体面的事”这种错误的观念，形成“创业是实现人生价值的重要途径”的意识，主动将自己的知识、专业技能和兴趣特长相结合，将自主创业作为人生的追求，将通过创业为更多的人创造就业机会作为实现人生价值的最大目标。

（二）善于培养创新思维

创新思维是创业成功的翅膀，没有创新的眼光就难以发现创业的机会，没有创新的思路就难以成功创业。世界上本没有路，走的人多了，也便成了路。一个人之所以成功，就是因为他走了一条别人不曾走过的路、一条不寻常的路——创新之路。创新贯穿创业的全过程，无论是创业项目的选择，还是创业融资、团队组建、经营管理、市场开发、持续发展等。

学生应主动培养自身的创新意识，训练创新思维，使自己清楚创新之路没有尽头，过去不等于未来，过去的成功不代表未来一样能够成功，牢记“有志者，事竟成”，在创业的征途上做好艰苦努力、不断创新的思想准备。

（三）塑造健全人格

创业心理品质是指对创业者在创业实践过程中的心理和行为起调节作用的个性心理特征。随着市场经济的进一步发展及高校的扩招，学生身不由已地被推向了创业的浪潮中。学生在面对更多发展机会的同时，压力也增大了，困难和挫折也会接踵而来。然而创业是艰难的，并非一帆风顺，创业能否成功，关键在于自身素质的高低，在于是否具有创业心理品质。

学生的自我控制情绪的能力、自信心、意志力、独立性、适应性、人际交往能力等是创业必备的心理品质，这些品质在创业活动中有着重要的作用。学生应注重自身人格的塑造，增强创业软实力。

（四）发挥自身优势，培养创业精神

哈佛大学商学院对创业精神的定义是：“创业精神就是一个人不以当前有限的资源为基础而追求商机的精神。”因此，创业精神可以简洁地概括为“没有资源创造资源，没有条件创造条件，用有限资源去创造更大资源”。创业精神与创业伦理有着密切联系，没有正确的创业伦理，很难产生顽强的创业精神。

学生要相信“每一个人都有创业的潜能，每一个人都可能成功”的观点，相信“我能行”，坚定信心，培养自身积极的进取态度和旺盛的求知精神。要像狮子一样勇猛，看准一个目标就扑过去，抓到为止，不怕任何干扰和困难；应该有狐狸一样聪明的头脑，行动之前应该有长期的规划和短期的战术配合；耐心作为企业生存最重要的一个品德，是学生创业者必需的，要像骆驼一样饿3天也不怕，绝不打退堂鼓；创业者还必须有一颗兔子一样纯真、赤诚的心，这样才会被更多人接纳，跟你合作。

（五）加强自身对创业风险的认识

第一，项目选择的风险。建议学生尽量结合自己所学专业选择项目，初期要尽力做好市场调研，一般不宜求大求全。第二，资金风险。对大多数创业者来说，创业初期最大的风险就是资金不足。尽管目前国家对创业者有小额贷款等资金支持，但对于大多数创业项目来说，所能获得的小额贷款只是杯水车薪。因此，创业初期要尽可能寻找到较广阔的融资渠道。第三，社会关系风险。学生创业初期大多缺乏人脉，调动各种社会资源比较困难，因此，创业前要尽可能多地参加各种社会实践活动，努力扩大人际交往范围。第四，竞争风险。在市场经济环境中，竞争是残酷的也是必然的，创业初期尤其如此。因此，创业者随时都应考虑如何面对竞争，应尽可能在自己熟悉的领域中寻找创业项目。第五，决策风险。机会稍纵即逝，正确的决策有利于创业成功，但决策失误会使企业遭受灭顶之灾，这就需要加强决策能力的培养。

（六）提高创业意识与建立创业目标相结合

创业意识是学生心理上的一种内在的动力机制，激励着学生进行创业实践活动。创业意识往往支配着学生对创业实践活动的态度和行为，决定着学生是否敢于投身创业实践活动，影响着学生对创业素质培养的认识。

目标是前进的方向，是激励学生创业的基础，它具有导向和激励的功能。一个切实可行、明确具体的目标，可以唤起学生的希望，鼓舞学生的精神，发掘学生的潜力，推动学生为自身创业素质的培养以及实现创业目标而付出巨大的努力。把提高学生创业意识与确立学生创业目标相结合，学生创业素质培养也就有了正确的立足点。

二、加强自身学习，拓宽知识结构

由于就业压力的增大，很多在校学生热衷于在读书期间做兼职，总览今天社会上的各种兼职，可以说都是商家在利用学生的廉价劳动力，并没有进行什么有价值的活动。所以，除了必要的社会实践或者兼职一些确实能提高自己各方面能力的工作外，尽量不要浪费在校的读书时间。因为，足够的知识积累是创业成功的必备前提。学生合理的知识结构对于创业成功具有十分重要的影响。创业知识是由多方面的元素构成的，主要包括创业基础知识、创业专业知识、经营管理知识、政策法规知识、金融财会知识、公关交际知识等内容。

学生首先应主动根据本专业的特点和个性特征，针对自己日后准备从事的职业，有针对性地、有层次地参与各种创业活动和实践锻炼，打好专业知识基础；其次要培养自身的终身学习意识，学好相关知识，拓宽知识面，开阔视野，将自己培养成具有可持续发展潜力的创业型人才。创业将涉及方方面面的知识，如科技、市场营销、企业管理、财务管理、计算机网络、政策法规等，这就要求学生进行较为系统的创业相关知识的学习。创业者的知识素质对创业起着举足轻重的作用。在竞争日益激烈的今天，单凭热情、勇气、经验，或者只有单一专业知识，要想成功创业是很困难的。创业者要进行创造性思维，要做出正确决策，必须掌握广博的知识，具有一专多能的知识结构。学生要掌握足够的知识可以通过课堂学习、课外学习、大学生创业实践等方式，还要加强团队精神的培养。

（一）课堂中的学习

（1）学习与创业密切相关的基础课程，如财务会计、税务、经济法、市场营销、国际贸易理论与实务、国际金融、现代物流管理及电子商务类课程等，结合行业性质灵活选择课程。

（2）学习与创业有关的实务课程，如创业入门、创业技巧、创业计划书写作、创业案例分析、创业资金运转等。

（二）课外的学习

（1）充分利用图书馆获取相关知识。课堂上老师讲授的知识毕竟是有限的，图书馆有非常好的学习资源，也是一个具有海量知识的数据库。它带给我们的不仅有可供未来创业所需的课堂之外的专业知识，如有关世界历史、世界地理、社会生活、文学、艺术等方面的知识，还有扩展创业人格与意志的哲学、美学、心理学、文化学等相关人文知识。

（2）积极参加大学社团活动获取相关创业知识。大学社团开展的相关活动主要有：社团招生与宣传、整合校内外各方资源、策划节目、进行沟通与协调等。同学们应积极自发组织、加入社团，参与到更多的学校活动中，使我们在语言表达能力、公共关系能力、管理时间能力、承受挫折能力、领导决策能力等方面得到锻炼与提高。同时，大学社团活动也是个体学习创业所需的创新精神、独立奋斗精神、团队合作精神、意志力、仪态仪表、口才等不可缺失的预习活动。

（3）善于借助有效的媒体资讯学习创业知识。有关创业的报刊、杂志、网站适合学生学习，如《21世纪人才报》（大学周刊、人才周刊）、《21世纪经济报道》、《中国经营报》、《创业家》、《科技创业》、《高科技创业者》、《世界经理人》、《财富》、《福布斯》、《中国大学生》、“中华创业网”、“青年创业网”、“阿甘创业加盟网”，以及各地创业中心、创新服务中心、大学生科技园、留学生创业园等网站。

三、利用好学校创建的实践基地

（一）参与实践锻炼，提高创业能力

创业能力一般来说包括两个方面：第一，基本知识技能和人际交往沟通的能力；第二，创新能力和自我发展能力。创业能力的训练，是创业教育的关键所在。创业能力是成功创业者应具备的综合能力，这种综合能力包括计划决策、人事管理、市场营销、生产运作、财务管理等传统能力，以及把握商机、创建团队、善于

沟通、高效融资等创业必备能力。

学生应通过社会实践、社团活动以及创业大赛等活动，培养自己创业企业家的素质和建立创业文化的能力，包括独特的领导才能、善于化解各种矛盾、独有的管理风格、能够获取团队成员信任等，提高创业的综合能力。

（二）积极参加直接的创业实践

（1）参加创业竞赛。这个过程要经过组队、选项目、培训、市场调查、完成创业计划书以及答辩等阶段。通过参与这个过程，可以获得宝贵的模拟创业经历，积累更多的创业知识，同时练就创业能力、沟通交流和组织管理能力、分析和研究能力等，并锻炼团队精神和创业精神。因此，各高校应积极利用创业竞赛这个载体，构建培养模式和训练体系，激发学生的创业精神和创业激情，学生自身也要努力培养自己的创业意识，提高创业技能。

（2）组建创业团队。学生创业的“点子”或项目，并不是简单地来自“灵感”，而是来自平时对市场、科技、社会生活的仔细观察和深入了解。这就要求学生多接触社会，多参加各种形式的社会实践。唯有如此，才能了解社会与市场的需求，才能选准创业项目。可以在老师的指导下，由学生自主经营小型项目，直接进入市场，也可以让学生到企业中进行实地锻炼，或鼓励学生自主经营学校的服务项目，以提高学生创业实际应用能力，使学生积累更多的创业经验。

四、努力培养团队精神与协作意识

创业往往不是一个人单枪匹马所能实现或完成的，它需要组建起自己的团队，这一团队中的每个人都应该有某些方面的专长或特长，相互间应在知识、能力、性格、气质、性别、爱好等方面具有互补性。一个精诚团结、各方面能起互补作用的团队，才能实现“1+1>2”的效果，才能保证创业的成功。在这方面，应多鼓励各专业间、各社团间学生的交流，整合多学科资源的优势。

俗话说，成功的创业者只是在合适的时间、合适的地点同合适的人做了合适的事情。但是，健康、信仰（理想）、诚信这三条最基本的素质缺一不可。

第一，健康。身体好的时候，我们往往忽视健康的重要性；而身体垮掉的时候，病痛就会折磨我们的肉体，摧毁我们的意志。此外，人生是一场长跑，当我们没有优势与别人比短跑时，应当改变策略与心态，同别人比长跑以待时借势。

第二，信仰（理想）。成功更青睐实用主义而不是理想主义，很多成功创业者的信仰与理想也是取得一定成绩后为满足更高的心理需求才树立起来的，还有一些成功者的信仰与理想完全是渲染出来的，但是信仰（理想）必须存在于我们的内心之中。

第三，诚信。当人人在谈诚信的时候，恰恰说明了社会诚信的缺失，说明了诚信的重要性。学生应该注意在诚信缺失的环境中讲诚信的成本与隐形成本。

比如，诚信的背后除了长远眼光中的商誉，还有短期商业利益的权衡——要利润最大化还是只取合理利润？又比如，当你的诚信打破行业潜规则时，你做好被全行业摈弃的准备了吗？这时要面对的恐怕还有多方面的压力。

所以，建设诚信社会任重道远，坚守诚信不仅仅是嘴皮子上那么轻轻地一说。我们要实现信仰与诚信的完美结合，走出一条创新型的创业之路。

思考题：

1. 创新创业教育的主要内容有哪些？

2. 思考一下如何培养创新创业能力。

第五章　创新链——自主创业

第一节　创业项目选择

一、选择适合自己的创业项目

一个企业的成功依靠创业者正确的创业意识和关于创业项目的合理构思。如果你要创业，对创业项目要有周密的构思和合理的选择，这样可以规避日后失败的风险，顺利实现创业目标。

大学生创业如何选择自己的创业方向？不妨从以下这些角度思考：

（一）自己熟悉的

熟悉的行业和项目有两层含义：一是自己所学专业领域的项目，这当然是熟悉的了；二是对这个项目或者产品比较熟悉、不陌生。熟悉可以少走弯路，“新、奇、特”项目要打开市场需要一个过程，甚至投资以后还有可能打不开市场。

（二）市场有需求的

通过市场调查看什么项目有市场机会，而且自己有能力利用这个市场机会。对创业者来说，客观存在着的市场机会并不一定会成为你的创业机会。因为市场机会成为创业机会是有条件的，那就是：第一，创业者必须具有利用该机会的资源能力和技术能力；第二，创业者利用该机会能够实现其经营目标。

（三）优势明显的

比如，你拥有某方面的特长，或你拥有的某种专业知识对某部分群体有用，那就从事此项服务或培训。如果你在互联网方面造诣很深，那就做个网站，选定某个行业，收集、发布有用信息，为该行业的中小企业销货。又如，你有亲属在国外，让他们收集新颖实用的塑料用品，把样品邮寄回来，你来找厂家加工，路子通了，买台注塑机就可以干起来了。

（四）兴趣浓厚的

最好选择自己感兴趣的行业和项目，如果能把兴趣与创业目标相结合，那将是非常幸运的，那是快乐创业、快乐人生！例如，你有艺术设计的兴趣，可以搞个专业工作室，从事家庭装潢设计，与装潢公司或工程队合作，为客户量身定做产品。

（五）突出缺陷的

许多人习惯了的产品和服务是有缺陷的，只要你能够发现并改进它，它就是一件新产品。这样，你不仅借助了它长期功能与质量的积累，还借助了它长期培育的消费群体。

（六）起点较低的

例如，大学生可以创办“情感家政”公司，为空巢老人读书读报，排解寂寞；也可以创办“妈妈助理公司”，为双职工家庭提供接送孩子、辅导功课、搭配菜肴等一条龙服务，竞争力远远超过现在市场上的家政公司。这些服务起点低，都不需要太多的资金。

（七）可以借助外部资源的

好风凭借力，创业者可以利用人类文明的成果和社会资源达到低成本顺利起步的目的。比如，创业必需的硬件可以租赁，借巢孵蛋，直接进入产品开发过程，然后直接面对消费者来检验你的产品。再比如委托，把产品的生产交给他人，自己只提供标准，进行检验，不参与同产品制造相关的管理，以减少投资风险和投资成本。

（八）方便加盟的

加盟是与现有资源联合。创业者如果具备某些优势，便可以寻求与自己相关的资源，实现彼此的优势互补。创业者可以用契约来结盟，如你有保健品的新技术和相应的商业概念，可以考虑与现有的知名企业结盟，利用其资源，取得减少投资、降低风险的效果。

（九）“别人没有的”

所谓别人没有的，可以是某种资源与某种特定需要的联系，也可以是某种公认资源的新商业价值。例如，现代人个子高、爱运动，却不容易买到适合的服装，大码运动装就很有商业价值。

二、撰写创业计划书

创业计划书是将有关创业的想法，借助白纸黑字最后落实的载体。如何写创业计划书呢？要根据观看计划书的对象而有所不同。写给投资者看的和拿去银行贷款的创业计划书，其重点要有所不同。写创业计划书要遵循一定的原则和规范。

（一）创业计划书的“6C”原则

1.Concept（概念）。概念就是让别人知道你要卖的是什么。

2.Customers（顾客）。顾客的范围要明确，比如说你认为所有的女人都是顾客，那50岁以上、5岁以下的女性也是你的客户吗？

3.Competitors（竞争者）。创业者需要问自己，你的东西有人卖过吗，是否有替代品，竞争者跟你的关系是直接的还是间接的等。

4.Capabilities（能力）。要卖的东西自己懂不懂？譬如开餐馆，如果厨师不做了找不到人，自己会不会炒菜？如果没有这个能力，至少合伙人要会做，再不然也要有品鉴的能力，否则还是不要进入这个行业。

5.Capital（资本）。资本可能是现金，也可以是有形或无形资产。创业者要清楚资本在哪里、有多少，自有的部分有多少，可以借贷的有多少。

6.Continuation（持续经营）。当事业做得不错时，将来的计划是什么。

（二）创业计划书的主要内容

一般来说，创业计划书有三大部分十个章节。

第一部分是事业主体，就是事业的主要内容。

第二部分是财务数据，如营业额、成本、利润如何，未来还需要多少的资金周转等。

第三部分是补充文件，如有没有专利证明、执照或专业证书，或者是意向书、推荐函。

第一章：事业描述。必须描述所要进入的是什么行业，卖什么产品（或服务），谁是主要客户，所属产业的生命周期是处于萌芽、成长、成熟还是衰退阶段。此外，企业是独资还是采取合伙形式，打算何时开业，营业时间有多长等。

第二章：产品与服务。需要描述你的产品和服务到底是什么，有什么特色；你的产品与竞争者的产品有什么差异，如果并不特别为什么顾客要买。

第三章：市场。首先需要界定目标市场在哪里，是既有的市场、既有的客户，还是在新的市场开发新客户。不同市场、不同客户，有不同的营销方式。在确定了目标市场之后，接下来决定怎样上市、促销、定价等，并且做好预算。

第四章：地点。一般公司对地点的选择可能不会考虑太多，但是如果要开店，店面地点的选择就很重要。

第五章：竞争。下列三种情况下尤其要进行竞争：要创业或进入一个新市场时；当一个新竞争者进入自己在经营的市场时；随时随地做竞争分析，这样最省力。竞争分析可以从五个方面去做：企业真正的五大竞争者都是谁；它们的业务如何；它们的业务与本公司业务相似的程度；从它们那里能学到什么；如何做得比它们好。

第六章：管理。中小企业98%的失败源自管理的缺失，其中45%是因为管理缺乏竞争力，目前还没有明确的解决之道。

第七章：人事。创业者要考虑现在、半年内、未来三年的人事需求，并且具体考虑需要引进哪些专业技能人才，是全职还是兼职，薪水如何支付以及所需的人事成本等。

第八章：财务需求与运用。创业者要考虑融资款项的运用、营运资金的周转等，并预测未来几年的利润表、资产负债表和现金流量表。

第九章：风险。不是说有人竞争就是风险，风险可能是进出口汇兑的风险、餐厅发生火灾的风险等，创业者应当做好风险来临时如何应对的规划。

第十章：成长与发展。下一步要做什么，三年后如何做，这也是创业计划书要提及的。

第二节　创业前的准备工作

随着全民创业热潮在全国的兴起，尤其是“网络英雄”、IT精英们打造的一夜致富的神话，让整个社会最富有激情的群体——学生，也越来越多地加入创业者的行列中。他们当中不乏创业成功的佼佼者，但也有一部分人因为缺乏基本的创业常识与前期准备，导致创业活动遭遇了失败。近年来，越来越多的学生选择自主创业，但成功率却只有3%～5%，根本原因还是缺乏经验和创业前充分的准备。那么，学生创业应该做好哪些准备工作呢？本节将做具体介绍。

一、创业准备的五个方面

“创业艰难百战多”——这句话用在创业者的身上毫不为过。自主创业，并非像一些初涉商海的人所想象的或文学、影视作品中描绘得那样潇洒有趣。实际上，对一个创业者来说，创业的艰辛不是一两句话就能说清的。创业者经常遇到诸如资金、人事、市场等方面的各种困难，在创业过程中可能会有数不清的障碍。只要有一个问题没解决、一个障碍迈不过去，就可能前功尽弃。如果条件不成熟就盲目创业，会导致投入大、产出小；项目不准，可能导致资金被套牢；经营不利，可能会导致血本无归。从无数创业失败的教训来看，创业失败都与创业准备不足有关，不是没有资金、没有方向、没有经验，就是时机和条件尚未成熟。由此看来，对创业者来说，千万不能“打无准备之仗”。

关于创业的相关准备工作，创业者不妨从以下五个方面来考虑：

（一）创业心理准备

一些创业成功者从谋生到创业的历程，都充满了艰辛和坎坷，甚至有时候到了山穷水尽的地步。亚洲巨富李嘉诚从茶楼跑堂和推销员干起，历尽艰辛，在他自立门户创立长江塑胶厂之初，曾遇到客户退货、产品积压、工厂面临倒闭的危险，他硬是凭着顽强的毅力坚持下来，成就了今天的伟业。靠4 000元起家的史玉柱，从巨人汉卡到巨人大厦，从脑白金到黄金搭档，他是一位具有传奇色彩的创业者。他曾在5年时间内，从籍籍无名到跻身中国财富榜前8位。他也是无数企业家引以为戒的失败典型，曾一夜之间负债2.5亿元。而后，史玉柱东山再起，再次创业成为一个保健巨鳄、网游新锐，成为身家数十亿元的大企业家。

事业的跌宕起伏、世间的是非议论，并没有缩短这些成功创业者事业道路的长度，反而成就了他们人生的高度。无数个创业成功者从失败走向成功的经验告诉我们：谋生与创业很艰难，充满各种危机和困难，如果没有坚强的意志、良好的心理素质，只能在困难面前束手无策，接受失败，前功尽弃，从此消沉下去。

案例赏析

巾帼不让须眉：江苏盐城致富女能人“下海”创业谱新篇

徐云是江苏省银宝公司射阳盐场养殖公司女工，近几年，在盐场改革改制的大潮中，通过自主创业，她办起了冷冻厂。徐云凭着一股敢想敢干、永不服输的精神闯出了富裕路，树立了新时代盐场女性的创业形象。

（1）坚定信念，不畏艰辛，勇走创业“第一步”。徐云原在养殖公司工作，每个月只有300多元微薄的工资，丈夫是普通员工，收入也较低，加之孩子逐渐长大，需要一笔不菲的读书费用，日子过得十分艰难。为了维持生计，她常常利用节假日，跟随滩涂上的“娘子军”，风里来，雨里去，刨沙蚕、挖缢蛏、摸小蟹，样样都干，拼命挣钱。

2002年，盐场产业结构调整的步伐不断加快，精明的徐云看到了盐场冷冻行业巨大的发展空间，不禁突发奇想：何不在这个行业里开辟出一块属于自己的天地呢！于是工作之余，她怀揣着致富梦想，专门到外地学习冷冻及冷藏保鲜技术。此外，还与丈夫外出走访，了解市场，仔细分析冷冻行业在盐场的发展前景，经过充分思考和认真的市场调研，夫妇二人心中有了“谱”。2003年11月，徐云主动向单位提出办厂申请，筹集了15万元资金，在盐场海堤堆旁，办起了占地面达1 000平方米、拥有50吨规模的冷冻厂，成为该场下岗办厂第一人。

建厂初期，冷冻厂主要从事泥螺、对虾为主的加工冷藏。夫妇二人每天早出晚归，奔波在收购的路上，常常累得腰酸背痛。冷冻厂加工的第一批冷藏产品来自射阳盐场海水养殖公司一号水库的“东方对虾”，工厂只拿一些微不足道的加工费。不过，在夫妇二人的努力经营下，冷库运行当年，冷冻泥螺就达2 100桶，纯收益达4万多元，他们掘得了创业的“第一桶金”。到了2004年的时候，职工的工作热情空前高涨，随着业务量的不断增多，徐云不再入滩、入塘收购，而是在家里建立了固定的收购点，并购买了一辆轿车，专门上门洽谈水产品收购、加工业务，生意日渐红火。

（2）老实做人，诚信经营，筑牢事业发展根基。随着盐场养殖规模的不断扩大，冷冻行业也不断发展壮大，徐云意识到搞水产品养殖深加工，品牌是市场上的一块“金字招牌”。在收购过程中，她发现“无沙泥螺”很受客户青睐，而且有可观的利润空间，于是便收购3 000斤进行加工、冷冻尝试。然而，在加工过程中，由于缺乏经验、技术，在泥螺吐沙加工环节，池水过深，未掌握好盐度的配比要领，致使泥螺有点变味。当时有人劝她，“谁都有自己的小心思，你以次充好，外地人也不懂，照样卖出好价钱”。但徐云没有被利益所诱惑，凭良心做人，凭诚信待客，她毫不犹豫地将这些泥螺全部倒掉，损失了近2万元。心痛之余，为了吸取教训，她再次向浙江老板讨教，并订阅了冷冻方面的报纸、杂志，不仅学到了市场经营的秘籍，还摸索出了新的经验，很快掌握了冷冻技巧。现在，“无沙泥螺”已成为该厂的知名品牌。

在经营过程中，“嘴勤问、眼勤看、耳勤听、脚勤跑”，这是她摸索出的经营理念。徐云以质量求发展，以管理促效益，热心做好服务工作，直到用户满意，冷冻厂的经营规模不断扩大。在经营过程中，不论生意大小，徐云始终做到不以次充好，不短斤少两。遇到不方便的客户，她会亲自送货上门，厂里还开通了24小时不间断“客户热线”，及时反馈客户的相关信息。由于经营有方，货真价实，冷冻厂的生意越来越好，客户越来越多。但徐云并没有被喜悦冲昏头脑，她向客户、社会公开承诺，该厂销售的冷冻产品“假一罚十”。她坚持把取信于民作为经营准则，赢得了众多回头客；与此同时，冷冻厂与黄沙港、新洋港等水产品市场签订长期合作协议，在市场上设立优质泥螺、对虾直供点。冷冻厂的生意很是红火，一年收益最高峰在7万元以上。创业以来，徐云净赚了40多万元。她的冷冻产品在激烈的市场竞争中站稳了脚跟。

（3）永不满足，开拓创新，不断向着更高目标迈进。经过5年的打拼，徐云的冷冻水产品在市场上有了一定的知名度，家里也有了一定的积蓄，但她的经营思路并没有停止过。为了将生意做大、做强、做活，满足形势发展的需要，适应市场的需求，2006年9月，在冷冻加工泥螺、对虾的基础上，她又干起了收购加工、冷藏经济鱼类的新业务，拓展了更广阔的经营空间。她对加工工艺进行了改进，把鲜对虾加冰送至加工车间分级，取规格较小的对虾简单清洗一遍，去除虾壳和肠腺，用冰水洗净，然后按虾仁大小规格分级，并再清洗一次，放入筛盘内控水10分钟，称重后摆盘，放进-25℃以下的冷冻间冻结，冻结完成后，进行脱盘包装，放在-18℃的库中冷藏，以便年终出售。此外，她还充分利用与黄沙港毗邻的便利优势，收购小型经济鱼类自己进行深加工。冷冻厂每年仅收购泥螺一项支出就达3.5万元，日冷冻能力达7吨，年生产加工能力达50吨；加工冷冻经济鱼类支出达到2.5万元以上，年销售冷冻水产品20吨以上。

辛苦带来了收获，付出总有回报，在致富的过程中，徐云没有忘记盐场的下岗职工，她先后安排5名下岗女工进行对虾加工、冻板、包装。这既为下岗职工提供了就业渠道，也为自己冷冻事业的发展提供了后劲。目前，她经营的冷冻厂加工的主要产品有泥螺、缢蛏、对虾、鱼类等，长期为客户提供各种冷冻水产品货源。为最大限度地满足发展的需要，徐云计划进一步扩大生产规模，引进一条先进生产线，实现加工、分装、消毒分线作业，使产品品质得以进一步提升。

（4）汗水洒满创业路，诚信相伴一路行。多年来，徐云始终恪守“诚信、勤勉、优质、双赢”的服务宗旨。她以真诚的服务、良好的信誉赢得了客户的心；凭着过人的胆识、执着的追求、开拓的勇气，走上了创业之路，用勤劳的双手打开了创业致富之门。

资料来源　胡海宽. 巾帼不让须眉：江苏盐城致富女能人“下海”创业谱新篇［EB/OL］.［2022-04-09］. http：//www.shuichan.cc/news_view-80678.html.

创业者在创业之初，要有以下几种心理准备：

1.胆识。创业之前要有一定的胆识，善于发现新生事物。创业者要紧紧把握新生市场脉搏，即使没有十足的把握，也要敢于去冒险尝试。

2.自信。自信是一个人成就事业的基础。对创业者来说，要坚信“人定胜天”，相信自己能够战胜不利因素，最终获得成功。

3.清醒、睿智的头脑。创业者对自己的创业目标要有一个科学规划，每一步行动都要经过仔细慎重的考虑；要清楚自己的长处与不足，清楚自己能做什么，能做到什么程度。此外，创业者要善于发挥自身的长处，要立足于未来，对未来要有科学的预测和准确的判断。

4.主见。创业者要善于和他人合作，学会接纳他人的不同意见；自己的正确意见要坚持，不为他人的引诱所动。

5.树立远大目标。创业者要善于将人力、物力及心血投入到更远大的目标中去，以求创造奇迹。

6.热情、积极地对待创业。创业者要将浓厚的兴趣和热情投入到创业中去，不能被困难和挫折所吓倒；将恒心和毅力作为精神支撑，更好地发挥自己的能力。

7.有爱心、同情心。创业者要将真诚的爱心投入到创业中，待人以善，让每个人都感受到阳光般的温暖。

8.永不言弃。既然选择了创业，就要有“十年磨一剑”的毅力，不能惧怕眼前的挫折与失败。人生没有永远的失败，也没有战胜不了的困难。一个人只要有信心、勇气和不屈不挠的精神，以积极的态度去迎接挑战，就能渡过创业的难关。

总之，对创业者来说，不论创业做什么，都可能会遇到困难和挫折，可能出现意想不到的问题。为此，一定要有充分的心理准备。既不能被创业过程中取得的种种荣誉冲昏头脑，也不能被创业道路中的艰难险阻吓得萎靡不振。“不管风吹浪打，胜似闲庭信步”，拥有良好的心态，就能迈上成功创业的阶梯。

（二）创业知识准备

“商场如战场”。创业作为一种商业活动，不论做哪一行，都要拥有一定的商业知识和经营之道。没有丰富的商业知识和经营之道，就难以把握商机，甚至开展不了业务。试想不懂食品卫生知识，如何能开餐厅、酒店？不懂交通法规和营运知识，怎么能开好出租车、搞个体运输？不懂商品成本、利润、批发、零售等基本知识，怎么能做好销售业务？不懂税务知识，怎么能办好各种手续，合法经营，依法纳税？不懂历史和旅游知识，怎么能做好导游？所以说，拥有必要的商业知识和专业知识，是自主创业的重要条件。

创业者应具备的基本商业知识，包括注册成立、市场营销、财务会计、生产管理乃至成功上市，或者破产倒闭，涉及方方面面。虽然创业者不一定都是经济学家，但是不具备这些基础的商业知识，创业活动将寸步难行。

1.注册登记知识。其主要包括有关私营及合伙企业、有限公司的法律和法规；

怎样申请开业登记；怎样办理税务登记；银行开户程序和有关结算规定；怎样获得税收减征、免征待遇；国家对偷税、漏税等违法行为有哪些制裁措施；增值税税率及计征方法；市场监督管理部门怎样进行检查；行业管理部门如何进行行业管理和检查，等等。

2.市场营销知识。其包括市场预测与调查知识；消费心理、特点和特征知识；定价知识和策略；产品知识；销售渠道和方式知识；营销管理知识，等等。

3.仓储物流知识。其主要包括批发、零售知识；货物种类、质量和有关计量知识；物流运输知识；货物保管、贮存知识；真假货物识别知识，等等。

4.财务会计知识。其主要包括金融知识；信用及资金筹措知识；资金核算及记账知识；证券、信托及投资知识；财务会计基本知识；外汇知识，等等。

另外，创业者应具备的基本商业知识还包括经济法相关知识、劳动用工及社会保障知识、公关及商业交际基本知识等。这些商业知识可以通过专业培训、就业指导咨询、广播电视媒体讲座、自学或向他人请教等多种方式获得。对创业者而言，可以边创业边学习，做“学习型创业者”，带着问题学，学以致用，逐渐了解和掌握更多的知识。

（三）创业技能准备

机遇只会垂青那些有准备的人。创业准备不仅包括心理上、知识上的准备，更需要掌握一定的创业技能。我国目前的创业活动很多，人们的创业欲望也很强烈，但是创业技能偏低成为制约创业者成功的一大重要因素。学生的创业能力不足，有50%的学生认为自己具备创办企业的技能和经验。这是一种事前主观评价，是对自身创业能力的一种高估。初入市场的创业者，或许并不具备全面的创业技能，但是创业者本人必须要有不断提高自身技能的自觉性和实际行动，这样才能最终创业成功。

1.创新能力。美国苹果公司前首席执行官乔布斯生前曾这样说：“领袖和跟风者的区别就在于创新。”对创业企业来说，创新永远是获取机会的唯一源头，更是企业发展、成长的不竭动力。创新能力可以说是创业者、创业企业应该首先要具备的能力。根据经济学家约瑟夫·熊彼特的定义，创业者是一个愿意并且可以将一个新想法或者创新点付诸行动以达到创新目的的人。虽然没有人能够真正定义创业者的特殊性，但是不可否认的是，创业者的成功就在于离开了自己的安乐窝，勇于做第一个吃螃蟹的人。无论是国内的“开心农场”，还是芬兰人设计出的“愤怒的小鸟”，都充分体现出了强大的创新能力。

2.人际交往能力。事实上，一切创业活动都离不开人际关系的支持。美国有句流行语：“一个人能否成功，不在于你知道什么，而在于你认识谁。”斯坦福研究中心一份调查报告的结论更能证明人际交往对创业成功的重要性：一个人赚的钱，12.5%依赖其掌握的知识，87.5%依赖其人际关系网。这足以说明人际关系的重要作用，特别对新生企业来说，关系网显得更为重要。对大多数创业成功人士来讲，谁都不能否认人际关系在其事业中起到的作用，他们得益于领导、老乡、同学、同事、亲戚、老板的帮助。

3.判断决策能力。创业的过程，是一个不断做决策的过程。做决策，对企业家和各级主管来说，几乎是每一天都必须要面对的。正确的决策会让你变被动为主动，从不利走向有利，从失败走向胜利；反之，则会使事情变得无法收拾，甚至走向失败。好的决策者总是在不断寻找各种可能的方案，不会只做“要”或“不要”的抉择，而是做“1”“2”“3”“4”“5”等有更多备选方案的抉择。而且，在根据理性的逻辑分析与直觉、预感做出决定后，必须立刻执行。

4.信息沟通能力。要成为一个真正成功的企业家，一定要学会把自己的思想梳理得很有逻辑，用很清晰的语言表达出来。因为投资人有一个基本判断，创业者口才可以不好，但反复讲不清楚，说明他对这件事本身就不清楚。只有通过信息传递后每个人都完全理解，问题得到了解决，才是真正的有效沟通。例如，A委托B去买饮料，并告知了品牌、价格、容量，A应该询问B是否完全理解了自己的需求，B可以询问一些额外信息，如哪里能买到、数量、断货的话备选饮料是什么。额外信息是参数、需求，信息越充分，误差就越小。或者在提出请求或寻求援助时，通过清楚的语句，表达出问题是什么、有多重要、多长时间完成，以及可能产生的结果是什么。

5.执行能力。成功地创业，固然需要良好的创意，而卓越的执行能力和应对环境变化的能力更为重要。有人说过，三流的创意加上一流执行力的公司，能够胜过一个一流创意加上三流执行力的公司。在竞争激烈的市场中，创业机会是稍纵即逝的。创业成功的人从产生想法到付诸行动的间隔时间非常短，通常是想到就做。其实他们也不是天才，难道每个决策都对吗？当然不是。只是做了就会有经验，有经验就可以改进，只停留在思考阶段，哪里有经验？不断试错，快速改进，就是实实在在的创业之道。“纸上得来终觉浅，绝知此事要躬行”。作为创业者，必须具有相当强的执行力去完成你的工作。

6.学习能力。美国《财富》杂志指出，“未来最成功的公司，将是那些基于学习型组织的公司。”壳牌石油公司企划总监德格认为：“唯一持久的竞争优势，或许是具备比你的竞争对手学习得更快的能力。”无论你学的是什么专业，拥有什么样的学术背景，只要具备良好的学习能力，随时都有可能脱颖而出。现代社会快速发展，新的思想、概念、工具层出不穷，这就要求创业者必须对决策进行分析和反思，并用开放的态度不断地学习。与此同时，整个团队也要逐渐向开放的学习型组织转变。对学生创业者而言，只有利用大学四年的黄金时间学习一些真正的知识，拓宽知识面，才能使自己在未来的创业活动中更有竞争力。

（四）创业资金准备

有些创业项目不需要资金或仅需要少量资金，但你拥有的资金越多，可选择的余地就越大，成功的可能性也就越大。因此，创业者要有必要的准备资金。

如果没有资金，一切都无从谈起。资金可以通过各种渠道筹划，如自有资金、集资、贷款以及与他人合伙等。启动资金越充分越好，这是因为，企业开始经营后可能会遇到资金周转困难的情况。特别是刚开始经营时，这种可能性更大。而企业初创人员边经营边筹划资金的能力又远不如已经有一定根基的商人。如果准备资金不到位，就有可能因一笔微不足道的资金弄垮你刚刚起步的事业。因此，要充分考虑启动资金的筹措情况，适时、适量、适度地储备并进行统筹安排，力求把风险降到最低程度。

自己的动产或不动产变现是资金主要的也是最可靠的来源。以前人们将钱放在家中，甚至藏于地窖里，唯恐外露；如今人们把钱存入银行，变成存款，以获取利息。而在经营者眼中，单靠利息增值太慢，钱要变成资本，才能迅速增值。而资本只有在运动中才能增值，也就是说，只有投放到生产、流通领域才有可能盈利。资本能变换价值形态，吸引人才，获得技术、信息、原料、设备。如果经过仔细选择寻找到合适的项目，对技术、市场等均有信心，就要果断地将手中的钱投到你经过充分论证并做出选择的项目中去。但有一点应该注意，要留一些备用金，以防不测。俗话说："不能把鸡蛋放在一个篮子里面。"你可以留一部分钱购买国债和储蓄，以备家庭生活和生意上急用。

对学生创业者而言，资金往往成为创业成功与否的关键。一项调查显示，有四成大学生认为"资金是创业的最大困难"。的确，巧妇难为无米之炊，没有资金，再好的创意也难以转化为现实的生产力。因此，资金是学生创业要翻越的一座山，学生要开拓思路，多渠道融资，除了银行贷款、自筹资金、民间借贷等传统途径外，还可充分利用风险投资、天使投资、创业基金等融资渠道。

（五）其他创业硬件准备

创业活动总离不开一定的场地，场地选得好，能使你如鱼得水、生意兴隆。选一个合适的场地，要考虑的因素很多，从自身的经营项目及规模、地理位置、人口因素、外部环境到公众形象、气候条件等，都要仔细斟酌。而且创业项目不同，选择的场地也就不同。

创业者要重点考虑经营项目的特点，经营场所周围人口的消费能力、分布情况，交通条件等，有的宜热闹繁华、有的宜安静典雅、有的要避灰尘、有的要防噪声等。

场地选择还要注意不一定要选择人口稠密区。许多行业在择址时有很强的针对性，如城市中心、车站、机场，这些地方人流量大，综合购买力强，一般宜开设大中型百货商店、娱乐中心等；在靠近居民住宅区的地方，则应以方便群众生活的经营项目为主，如经营副食品、日用杂货、药品、普通服装鞋帽等的中小型商店；在机关团体、学校所在地，则经营图书、文具、体育用品、大众文化娱乐及快餐等比较适宜。

场地选好后要进行布置和门面装潢，其目的有两个：一是要吸引路人的注意和顾客的兴趣，二是便于开展业务。门面如同一个人的外表，要有自己的特色和风格，要和你所开展的业务相关联。在装潢布置时要避免两种倾向：一是为了突出特点、吸引公众注意而盲目追求豪华和怪异，有违大众审美或民族感情，如有的店铺用外国国旗或图案来装饰，有的店铺取名荒诞怪异，引起公众的不解或反感，结果适得其反；二是对装修和布置不重视，认为只要“里子”好、产品好、服务好就行了，“面子”装不装饰无所谓，舍不得花钱和精力去布置，结果门庭冷落，无人问津。

另外，即使选择在家工作的业务，也必须准备诸如电话、传真机、电脑、维修工具和交通工具等基本硬件。创业者可根据自己的经济条件和业务需要逐步添置，这里不再一一赘述。

二、寻找创业市场机会

创业市场机会是指一个公司能够盈利的领域，指的是创业企业本身没有涉及过的领域、没有生产过的产品和没有进入过的市场。尽管这些领域、产品和市场可能已有其他企业涉足，但市场中仍然有获得利润和成功的机会。

市场机会具有客观性、偶然性、不稳定性、差异性、普遍性和地域性等特点，它存在于社会的各个方面，是多种多样的。为了及时发现、识别、抓住和利用市场机会，创业者需要了解市场机会的来源及其评估方法。

案例赏析

四川都江堰小伙回乡创业 成就“西南鳄王”

3月初的都江堰，油菜花早已黄得铺天盖地。徐富荣坐在“鳄鱼山庄”院子里的红梅树下，电话响个不停。他用不标准的普通话回答电话里的咨询：“前期投入要100多万元。”

挂了电话，徐富荣自嘲地说：“看嘛，养的哪是鳄鱼，简直是宝贝，比我都吃得好、住得好！”

徐富荣是都江堰市胥家镇圣寿村的农民，但他更为人熟知的身份是“西南鳄王”。因为外出务工学到了鳄鱼养殖技术，他在家乡办起了集农家乐和养殖场于一体的鳄鱼主题乐园，在西南地区经营和繁育得最为成功，颇有名气，时常接待外地人的咨询。

1.农家乐+养殖基地，返乡创业农民建起“鳄鱼乐园”

3月3日，《成都商报》的记者来到徐富荣位于圣寿村的养殖基地探访。100多平方米的玻璃暖房中，大大小小的鳄鱼趴在水泥地面上一动不动，有人走过，小鳄鱼们“扑通”一声，迅速蹿进水中。

只有几只长约3米的巨鳄，张着大口，连眼珠也不转动一下。徐富荣解释，野生鳄鱼原本生活在热带地区，由于四川气温低，鳄鱼冬眠时几乎不吃不动，因此都江堰基地只养着200多条暹罗鳄，在河南和江苏基地，还寄养着2 400多条鳄鱼，等春暖花开的时候拉回都江堰养殖、销售。

“只有在我这里才看得到，可以吃、可以看、可以抱。”徐富荣说。“鳄鱼乐园”占地40多亩，前院是农家乐，后院是养殖场，连在一起，既能让客人吃到新鲜的鳄鱼肉，也能把“鳄鱼庄园”当成旅游项目，让客人与鳄鱼互动。

冬天，鳄鱼们在暖房里窝着，客人就隔着玻璃看；夏天，鳄鱼爬出来在草地上晒太阳，客人就要退到栏杆外远观；如果要抱一下鳄鱼，必须由厨师挑一只幼小、性情温顺的鳄鱼，封住嘴，再交到客人手上。“小鳄鱼也有20多公斤，比抱个娃娃都重。”徐富荣说。

2.外出务工之路，走遍全国多省市，最终回家创业

徐富荣离家时才18岁，刚刚初中毕业。2000年，徐富荣坐了三天两夜的火车到了广州，见什么都新鲜，尤其是鳄鱼。在四川，他没见过更没吃过，但做厨师后，他要学着宰杀鳄鱼，或清炖或红烧，做成一道大菜。

虽然外面的世界让徐富荣长了见识，回家的信念也几经动摇，但从未被推翻过。他最放不下的，还是家乡的父母。徐富荣是家里的幺儿，父母都上了年纪，还要下地做农活补贴家用。徐富荣外出务工6年，跑遍了广东、江苏、新疆、宁夏等地，却只回了4趟家。

要回，但回去做什么呢？徐富荣不想重复父母埋头种地的生活。他想到了务工期间最贵、最受欢迎的食材——鳄鱼，川菜尽管花样百出，却没有以鳄鱼为食材的。2006年，徐富荣回到了老家都江堰。

创业并非一蹴而就，从坝坝宴承包商起步，到普通的农家乐老板，中间兜兜转转，徐富荣摸索出了不少创业模式。直到2013年，徐富荣才注册公司，将鳄鱼养殖正式引进圣寿村。他拿出多年的积蓄，又四处筹钱，租下了家对面的40多亩地，购入200多条暹罗鳄，办下驯养繁殖证和经营利用证，开始做起鳄鱼生意。用他的话来说，“下了狠心，拼一把”。

3.创业发展之路，3个基地如今有2 000多条鳄鱼

沿海食用鳄鱼通常只有清炖和红烧，徐富荣针对四川口味，研究出20多道鳄鱼菜品……把鳄鱼从头到尾、从里到外吃了个遍。他还把鳄鱼皮发往广州加工，年销售额近500万元，徐富荣也因此成为西南地区鳄鱼养殖最成功的商家，人称“西南鳄王”。

如今，徐富荣3个养殖基地有2 000多条鳄鱼。当“西南鳄王”不是回家的目的，徐富荣始终这样说。2013年父亲去世，他守在床边陪着父亲走完最后一程。现在的“鳄鱼山庄”是夫妻店，他主经营，老婆主管理。天气好时，老母亲也常常走出家门，到院子里来坐坐，帮儿子扫扫地。

村里渐渐有人羡慕起徐富荣的小日子，赚钱不是只能离家在外。过年时，外出打工的老乡们跟他商量，打算一起做生意，有30多个村民都来公司跑销售、做养

殖员或者做服务员。徐富荣也愿意让老乡来帮忙，他计划利用“鳄鱼山庄”旁边的100亩空地建设鳄鱼主题公园，提供游戏项目和歌舞表演，将整个村子打造成“鳄鱼主题村”。

资料来源　钟茜妮．都江堰小伙回乡创业 成就“西南鳄王”［EB/OL］．［2022-04-02］．https：//e.chengdu.cn/html/2017-03/14/content_590097.htm.

（一）创业市场机会的来源

1.变化中寻求机会。随着科技进步、产业结构调整和人们生活方式的改变，很多市场商机孕育而生。对于市场上的各种变化，创业者需要有敏锐的洞察力，发现其中深藏的市场机会。

2.差异中寻求机会。人与人之间的需求常常有很大的差异性，创业者需要关注这种差异性，细分市场，研究不同客户的不同需求，发现新的创业机会，为特定人群提供特定服务。

3.问题中寻求机会。在日常的生活、工作中，我们总是面对很多难题。当我们努力改善现状、提高效率、解决问题以后，实际上也就把握住了一个新的市场机会。

4.交流中寻求机会。机会总是来源于大量的市场信息，创业者可以在与各类人群的交往、交流中，获取更多的信息，获得更多的支持，捕捉到更多的机会。

深度阅读

差异中寻求机会

爱好摄影的徐勇出版了一本名叫《胡同壹佰零壹像》的摄影集，有些对中国民俗感兴趣的外国朋友看到这本影集后，就开始请徐勇带自己去胡同参观，讲解胡同的文化、历史。徐勇立刻就意识到这里有商机。不久，以北京“坐三轮逛胡同”为主题的旅游公司办了起来。当初徐勇将自己的想法告诉朋友和家人的时候，几乎遭到了所有人的一致反对，北京可看的东西太多了，故宫、长城、颐和园……哪一个不比胡同更吸引人，有多少到北京来的人有兴趣去看那些破破烂烂的胡同，北京本地人更不会有兴趣。政府有关部门当时也不看好他的想法。现在，徐勇的“胡同游”却日进斗金，让所有人始料未及。

（二）对创业市场机会的评估

在抓住一个商机进入市场前，创业者需要对该市场机会进行评估和检验，需要判断市场机会要素、自身能力与所能获得的资源是否匹配。对创业市场机会的评估可围绕以下方面进行：

1.市场定位。每一项创业活动都有特定的市场定位。在进行市场机会评估时，需要根据客户群、客户需求、衍生品等来判断该机会可能创造的市场价值。给客户带来的价值越大，创业成功率越高。

2.市场结构。对市场结构进行分析，可以判断企业未来在市场中的地位，以及遭遇竞争对手反击的程度。学生创业初期，创业公司的风险承受力较低，很可能会因为资金周转问题被竞争对手击败。

3.市场规模。成熟的市场往往规模较大，利润空间较小，学生初次创业很难进入这样的市场；而一个正处在成长中的市场机会反而比较多。学生创业时应该对市场规模有预期和考量，选择合适的市场规模和进入时机。

4.市场渗透力。对于一个具有市场潜力的创业机会，进行市场渗透力评估将是非常重要的。成功的创业者往往选择在最佳时机进入市场，也就是市场需求将要大幅增长之际。对市场渗透力的把握需要学生创业者具备一定的胆识和较强的判断、决策能力。

5.市场占有率。市场占有率即企业的生存率。在众多市场领域，领头羊的市场占有率往往在20%以上；如果一家企业的市场占有率低于5%，那么企业的生存就会面临困境。学生创业的低起点，决定了他们要采取不同于大型、成熟企业的管理方式，才能在市场上站住脚。

小练习

1.学生应具备的创业素质有哪些？

2.培养学生创新创业能力的意义是什么？通过何种途径培养？

3.创业素质与能力自测：

“创业”是一个充满成就感、诱惑力的词语，但并非每一个人都适合走创业、当老板的道路。美国HMO（Health Maintenance Organization，健康维护组织）设计出了一份问卷，可使你在做出创业决策前对自己有一个初步的了解。

（1）在急需做出决策的时候，你是否在想：“再让我考虑一下吧！”

（2）你是否为自己的优柔寡断找借口说：“是得好好慎重考虑，怎能轻易下结论呢？”

（3）你是否为避免冒犯某个或某几个有相当实力的客户而有意回避一些关键性问题，甚至表现得曲意逢迎呢？

（4）你已经有了很多写报告用的参考资料，是否仍会要求下属部门继续提供？

（5）你处理往来函件时，是否读完就扔进文件夹中而不采取任何措施？

（6）你是否无论遇到什么样的紧急任务都先处理琐碎的日常事务？

（7）你非得在巨大的压力下才肯承担重任吗？

（8）你是否无力抵御或预防妨碍你完成重要任务的干扰与危机？

（9）你在决定重要的行动计划时常忽视其后果吗？

（10）当你需要做出可能不得人心的决策时，是否找借口逃避而不敢面对？

（11）你是否总是在快下班时才发现有要紧事没办，只好晚上回家加班？

（12）你是否因不愿承担艰巨任务而寻找各种借口？

（13）你是否常来不及躲避或预防困难情形的发生？

（14）你总是拐弯抹角地宣布可能得罪他人的决定吗？

（15）你喜欢让别人替你做自己不愿做的事吗？

A.是	B.多数	C.很少	D.从不
4分	3分	2分	1分

诊断结果：

50～60分：你的个人素质与创业者相差甚远。

40～49分：你不算勤勉，应彻底改掉拖沓、效率低的缺点，否则创业只是一句空话。

30～39分：你大多数情况下充满自信，但有时犹豫不决，不过没关系，有时候犹豫是成熟、稳重和深思熟虑的表现。

15～29分：你是一个高效率的决策者和管理者，更是一个成功的创业者，具有良好的心理素质和坚韧不拔的毅力。

第三节　创办新企业

一、新创企业的设立

（一）企业的设立

企业在设立之前，必须要确定其法律形式。企业的设立，是为使企业取得经营资格，依照法定程序创办企业的一系列法律行为的总称。

1.企业设立须具备的条件

每个国家都依照一定的法规，针对企业设立行为明确了设立原则。企业设立必须具备一定的基本条件，对某些特定企业法律还规定了特别条件。

根据我国的法律，设立企业的基本条件包括：

（1）产品及经营活动为社会所需要。

（2）有自己的名称和经营场所。

（3）有符合法律规定的资本。

（4）建立符合法律规定的组织制度。

（5）有符合法律规定的经营范围。

（6）有符合法律规定的规范的内部管理制度。

不同形式的企业、特定行业的企业的设立，法律还规定了一些特别条件，并在各有关的不同企业立法中作了特殊规定。

2.企业设立的审批程序

审批并非所有企业设立的必经程序。在我国，有些企业主体资格的取得，仍贯彻许可设立原则，即经过申请并经审批后成立，如国有企业、外商投资企业和股份有限公司等。

法律对某些企业的设立程序贯彻准则主义，即这些企业的设立经过登记程序就可以取得主体资格，无须经过审批程序，如独资企业、合伙企业和一般的有限责任公司。

3.企业登记程序

企业登记是企业依照法定程序在企业登记主管部门注册登记，取得法律资格的行为。

企业一经注册登记即告成立。法人企业取得法人资格，非法人企业取得营业资格。企业的营业执照签发之日，作为企业的成立之日。

（二）企业的法律形式

1.企业的种类

企业依照不同的标准，可以划分出不同的类型。通常，我国以所有制形式对企业进行划分，如将企业分为国有企业、集体企业和私有企业。实践中，根据企业生产规模的大小，可将企业划分为大型企业、中型企业和小型企业；根据企业所属的行业，也可以把企业划分为工业企业、商业企业、邮电企业、交通运输企业、地质勘探企业、建筑安装企业等。

根据企业的法律形态对企业进行分类，是当前国际上划分企业类型的最主要标准。我国目前也以此标准建立了新的企业立法体系。该划分方法是以企业投资人的出资方式和责任形式为标准对企业进行分类，从而将企业分为公司企业、合伙企业和个人独资企业。这被称为现代企业法律形态。

2.现代企业法律形态

（1）公司企业：以营利为目的，由一定的投资者共同投资组建，投资人以其投资额为限对公司负责。

公司财产完全独立于投资股东的财产，公司对其全部财产享有财产权，投资者个人无权直接处分公司财产；公司对其财产拥有独立的支配权，以其全部财产对外承担民事责任。投资股东不对公司的债务直接承担责任，仅以其出资额或所持股份为限对公司承担责任。

（2）合伙企业：两人或两人以上以营利为目的，依照合伙协议共同投资、共同经营、共享收益、共负盈亏、共担风险的企业。

合伙企业在法律形态上不具备完全独立的法律地位，不具有法人资格，即企业没有独立于合伙人的法律主体资格；合伙人须对企业债务承担无限连带责任。

（3）个人独资企业：由一个自然人投资，并对企业事务有完全控制支配权的企业。

个人独资企业的投资自然人完全依据自我意志开展经营活动，享有企业的全部收益，并承担企业的全部风险。个人独资企业不具备法人资格，投资人对企业债务承担无限责任，不仅要以其全部的出资额为企业清偿债务，而且要以他的其他个人财产清偿债务。

3.企业变更

企业变更，是指企业成立后，企业的组织形式和登记事项发生变化的情形。企业变更的主要形式有：

（1）企业合并。企业合并是两个或两个以上的企业依照协议，并按法律程序联合成为一个企业的行为。

企业合并的形式有两种：一种是新设合并，是指两个或两个以上企业合并成一个新的企业，参与合并的企业主体资格均已消灭，产生新的企业主体，新设企业接受原企业的全部资产和债务。另一种是吸收合并，也称为兼并，是指一个或几个企业被吸纳于一个存续企业的行为，被兼并企业的债权、债务均归存续企业享有和承担。

（2）企业的分立。企业的分立是指一个企业依照法律程序分解为两个或两个以上企业的行为。企业分立的形式也有两种：一种是新设分立，即一个企业分解为两个或两个以上的企业，原企业主体资格消灭；另一种是派生分立，是指一个企业分离出另一个企业或多个企业，原企业继续存续，保留主体资格。

（3）企业登记事项的变更。企业登记事项发生变化，应向企业登记机关办理登记手续。这些变更事项主要包括企业组织形式、企业名称、法定代表人、注册资本、经营范围的变更以及企业的住所、经营期限、增设或者撤销分支机构等事项的变更。

（三）企业的解散与清算

企业的解散，是指企业因法定事由的出现而归于企业消灭终止其主体资格的法律行为。企业解散的事由可以是多方面的，大体包括：

1.非法人企业的投资者或者法人企业的决策机构决定解散企业。

2.企业章程或者协议规定的企业经营期限届满。

3.因违反法律、行政法规情节严重，被依法责令关闭撤销。

4.法人企业因不能清偿到期债务，破产而解散。

5.企业因合并或者分立而解散。

6.其他原因。

需要说明的是，法人企业在进入解散的阶段，其法人资格并未消灭，属于正在进行清算的公司；非法人企业进入解散的阶段，其经营资格也未消灭。但法律上都限制其继续开展与清算无关的业务。

企业的清算，是企业解散后，依照法定程序，了结企业未了结的业务，清理企业财产，收取债权，清偿债务，处理剩余财产等活动的法律行为。

企业清算须成立清算组，清算组成立后进入清算程序。清算组代表公司执行机构对内执行清算事务，对外代表公司行使职权。

清算结束后，清算组编制清算报告，报送企业决策机构或投资人予以确认，并呈送企业登记机关申请企业注销登记。企业登记机关核准注销登记，企业即告终止。

（四）选择恰当的企业组织形式

通常，大学生创业主要在个体工商户与有限责任公司之间选择。这里要注意个体工商户与有限责任公司的具体区别。

1.注册资本

对于注册资本，对个体工商户没有要求，其以个人全部财产承担经营责任。根据《公司法》的规定，有限责任公司的最低注册资本限额为3万元，其以出资额承担有限责任。

2.税收

个体工商户在税务、工商等方面投入的精力要少得多，其不需要建账，一般是缴纳定额税，每月税费100~200元，且只缴纳一个税种，不需要再缴纳个人所得税。

有限责任公司不需要缴纳工商管理费，税收是根据营业收入来缴纳的，分增值税、所得税。有限责任公司必须建立健全财务会计制度，应当有专门的会计人员建账，每年还要进行审计等。

3.竞争能力

与个体工商户相比，公司往往能树立更好的形象，更能体现大学生创业的规范性和实力。显然，在同等条件下，合作伙伴更愿意和公司进行业务往来。

因此，根据创业愿望和创业准备，创业者要合理审视已有的资金、人员和规模，选择适合的公司进行注册。面向江苏省大学生创业现状的调查结果显示，目前大学生创业时很少选择自己一个人做，大多以公司形式注册。

（五）企业选址

不论大学生创业者具体经营什么，企业选址部是非常重要的环节，有效的选址直接关系到公司的成败。大学生创业者要紧密结合自身实际，选址时应考虑花钱少、面积适中、方便客户等因素，遵循选址原则，选取符合创业项目需要的经营场地。

1.费用相对少的经济原则

企业首先是经济实体，对企业而言，无论何时何地经济利益都是重要的。大学生创业初期，常常对创业计划的实施过于乐观，把有限的资金花费在公司装潢、办公物品的采购等方面，往往会出现公司运转后资金拮据的现象。创业者应把宝贵的资金用在“刀刃”上，合理控制公司创设初期的费用支出。

创业者完成企业的注册后，首先要支付企业用房的押金、房租费、水电费和物业管理费等各种费用。押金、房租费通常是必不可少的，占用资金的比例最高。公司的位置越靠近市中心、越靠近行业集中的区域，需要的支出就越高。大学生创业有时过于激情投入，设想企业运行后就会扩大用房面积，倒不如抢占先机，过早地增加用房面积。而这无疑会使房租支出大大增加，当把相关手续办完后已囊中羞涩。特别是在公司营业后的第一个月，随着人员工资、水电费、材料采购费的列支，大学生创业者面临着资金的极大压力。例如，江苏省某地方高校的一位大四学生，2009年凭借着销售苹果手机的炙手可热的创业计划，选择了当地热闹区域的一处办公用房，不知不觉中可以利用的资金就花完了，他赶紧在经营的第一个月结束前重新选择了租金适中的地址，差一点面临起步后公司就关闭的噩运。

因此，大学生创业之初，要把经济原则放在第一位，尽可能节约，一定要谨慎选址，要摒弃选在闹市区域、面积要大甚至要装潢精致的想法；相反，要充分挖掘资源，如利用国家对大学生创业的扶持政策，在地方政府兴办的创业园注册公司，既可以实现支出少的目标，还可以树立企业形象。

2.服务相对优的市场原则

大学生创业必须遵循市场原则，否则，创业理想难以实现。对大学生而言，提供服务，尤其是相对快捷的优质服务是成功占领市场的重要一步。社会生活节奏的加快，使人们的需求日益多样化，且希望快速地得到满足。对企业而言，在第一时间提供服务是重要的市场先机。如初创销售公司推销某一产品，客户使用过程中出现问题，保证第一时间为客户排忧解难，是这种初创公司成功创业的法宝。大学生的最大优势是精力充沛、思维转换快、肯吃苦、不怕挫折。因此，要发挥优势，对自己的经营业务进行科学分析，真正掌握客户的需求，尽可能靠近目标市场选择公司的经营地址，使客户需求第一时间得以满足。当然，快速地服务，还要保证质量。

因此，大学生创业进行经营选址时，要围绕客户群服务范围选取就近、交通便利的场所，通常一小时内可以到达客户面前为理想目标。这样，可以选取城市与农村的结合部，最好紧靠车站。

3.依据项目属性的需要原则

大学生创办企业的位置选择，不能忽视创业项目本身的属性，即经营什么业务。例如，服务性公司：餐饮、宾馆、快递、中介、教育培训等；生产性企业：机械加工、电子产品、服装用品、化工类产品等；技术研发公司：集成电路设计、家纺用品的设计、建筑装潢设计等；贸易性公司：推销、采购等。大学生创业，应充分考虑创业项目的属性，应该针对项目的不同而选取适宜的地方。如中介公司选址就要在客流量大的车站附近、临近市区的商贸中心，面积8～10平方米，装潢简洁；如果在街道或农村乡镇，也要临街靠车站，甚至和其他中介公司相邻，不要选在高楼内或巷子深处。在中介公司经营了一段时期，公司产生规模效益，团队协作性强，甚至在国际劳务输出、培训方面都有了发展之后，可以合理扩大经营场所，在市中心选址，注重装饰，更好地树立企业形象，走上企业发展的快车道。

通常，企业同时具有多种属性，可能既以贸易为主，又进行研发，这都要视具体情形而定。为此，企业要稳步扩展，理智地选址。确定地址前，要耐心地反复调查、理智权衡；在与房东签约并经过一定的装潢后尽快注册登记。大学生创业要积跬步而行，切忌贪大、贪快、贪全；否则，创业之初会很艰难甚至走向失败。

（六）企业注册登记

学习和利用国家有关大学生创业的优惠政策，享有创业的权益，完成企业注册，申请营业执照，是大学生创业的重要一环，也是美好创业的真正开始。营业之前，大学生必须先办理相关证照申请。证照申请分为两种：一种是申请公司执照，由市场监督管理局核发；另一种是资本较少的，只需办理营利事业登记，由当地县市市场监督管理机关核发。另外，还要向税务机关申请领取统一发票，除非是获准免用统一发票，否则，一律要办理领用。企业注册登记的基本程序如图5-1所示。

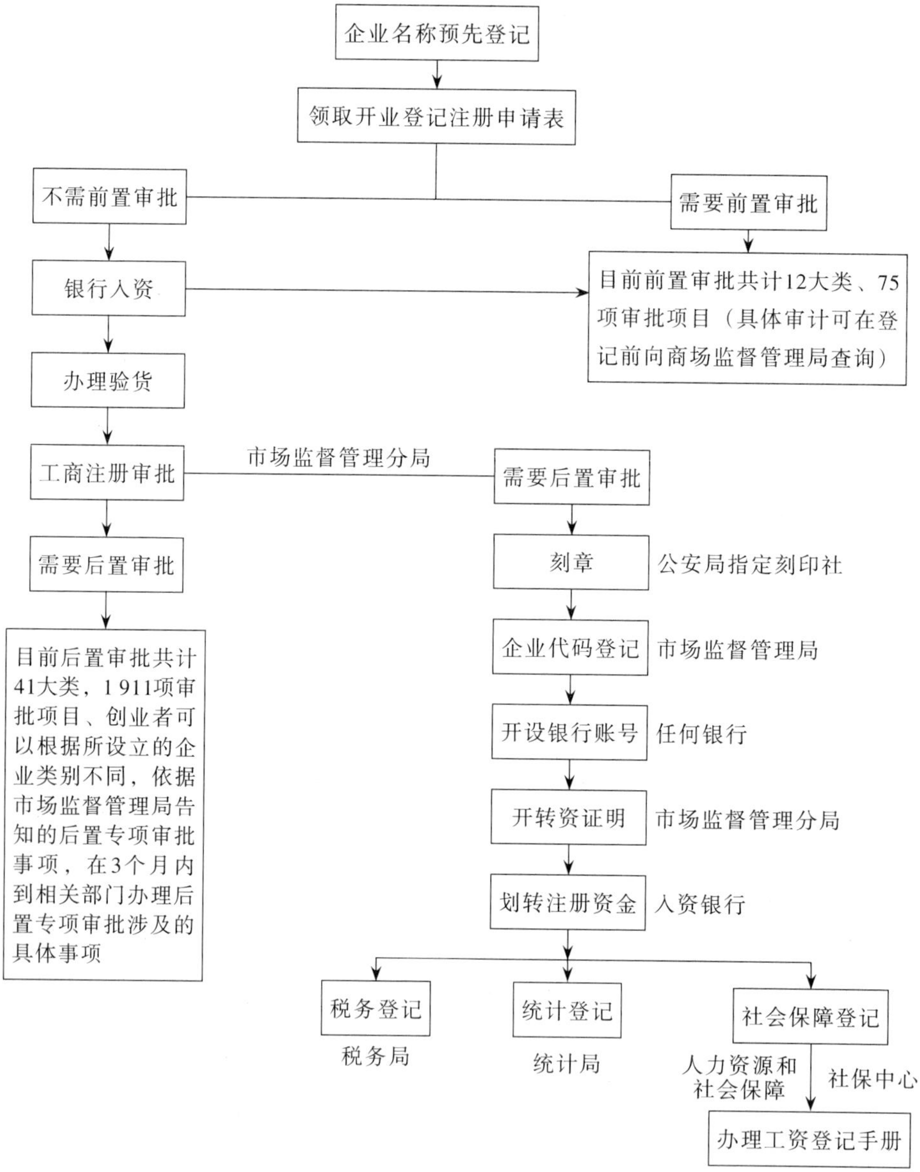

图5-1　企业注册登记的基本程序

1.出具申请人身份证明

独资经营的提供本人身份证明，合伙经营的提交合伙各方的身份证明。下列人员还应提交专项证明：

（1）城镇待业人员提交街道劳动管理部门出具的待业证明。

（2）离退休人员提交离退休证件。

（3）外地人员须提供企业字号、投资者身份证明、企业营业地址、企业经营范围等相关材料。

（4）停薪留职人员和企事业单位富余人员提供本单位同意经营的证明及协议（注：有限责任公司因《公司法》另有规定除外）。

2.提供场地使用证明

（1）自有的经营场所应提交产权证明。

（2）租赁的，应提交产权证明和租赁协议，租赁期必须在一年以上。

3.递交验资证明

验资证明是会计师事务所或审计师事务所出具的资金证明文件。

4.提交专项规定行业的部门审批证件

（1）申请运输业，应出具运输管理部门提交的经营许可证明（包括车牌照、驾驶执照、保险凭证）。

（2）申请饮食业、食品加工和销售及涉及卫生的理发、浴池等服务业，应提交卫生监督机关核发的证明。

（3）申请从事资源开采、建筑设计、施工、交通运输、食品生产、药品生产、印刷、旅店、外贸、计量器具制造等生产经营的私营企业，应当按照国家有关规定提交有关部门的审批证件。

（4）申请旅店业、刻字业、信托寄卖业、印刷业等特种行业，应提交公安部门的同意证明。

（5）申请书刊、台球、游艺等文化娱乐业，应提交文化管理部门同意的证明。

（6）申请民办教育培训，应提交教育部门、民政部门、公安部门、消防部门同意的证明。

5.合伙企业申请登记时，应提交合伙人的书面协议

合伙人的书面协议应载明合伙人的出资形式、出资数额、盈余分配、债务承担以及入伙、退伙、合伙终止等事项。

6.有限责任公司申请登记时，应提交公司章程

公司章程包括下列事项：

（1）公司名称和住所。

（2）公司经营范围。

（3）公司注册资本。

（4）股东的姓名或者名称。

（5）股东的权利和义务。

（6）股东的出资方式和出资额。

（7）股东转让出资的条件。

（8）公司的机构及其产生办法、职权、议事规则。

（9）公司的法定代表人。

（10）公司的解散事由与清算办法。

（11）股东认为需要规定的其他事项。

7.提供技术资格证明

私营企业应提供与经营范围有关的主要专业人员（包括会计、技术人员等）的技术资格证明，法律、法规另有规定的除外。

二、新创企业的市场营销

（一）找准市场目标

目标市场选择的前提和基础是对整体市场进行细分。企业通过对市场进行细分，发现一些潜在需求或未被满足的需求，并结合企业自身的目标和资源，分析竞争情况，找到理想的市场机会，就是目标市场的选择。

1.目标市场

目标市场就是通过市场细分后，企业准备以相应的产品和服务满足其需要的一个或几个子市场。企业在市场细分之后确定的若干“子市场”中，运用企业营销活动之“矢”而瞄准市场方向之“的”的优选过程，就是确定目标市场。

企业通过市场调研掌握了市场需求和消费者的购买心理后，接着是市场细分和目标市场选择。在买方市场的情况下，除了极个别产品外，大多数产品对顾客而言，都有很多种选择。同时，任何企业都不可能用一种产品满足所有市场的需求，而只能满足其中一部分消费者的需要。企业如何把“这部分顾客”筛选出来，确定为自己的主要进攻市场（即目标市场），并充分利用企业的资源，发挥自身的优势，形成企业自身的特色，制定出有针对性的市场营销策略？在撰写创业计划书时，大学生创业者要科学分析计划书中拟进入的目标市场，这不仅直接关系到企业的初创阶段经营是否顺利，甚至将长久地主导企业的发展方向、发展速度。

2.市场细分

找准目标市场后，企业要科学地进行市场细分，初创企业通常在创业计划阶段基本完成市场细分，在商业计划中进一步准确细分。市场细分是20世纪50年代中期美国市场营销学家温德尔·史密斯（Wendell Smith）提出的，其产生与发展经历了以下三个主要阶段：大量营销阶段、产品差异化营销阶段、目标营销阶段。市场细分主要指以消费需求的某些特征或变量为依据，区分具有不同需求的顾客群体。市场细分后所形成的具有相同需求的顾客群体称为细分市场。在同类产品市场上，同一细分市场的顾客需求具有较多的共性，不同细分市场之间的需求具有较大的差异性，企业应明确有多少细分市场及各细分市场的主要特征。市场细分的作用，表现为有利于发现市场机会，有利于掌握目标市场的特点，有利于制定市场营销组合策略，有利于提高企业的竞争力。

大学生创业者要清楚市场细分不是对自己企业的产品进行分类，也不是按企业的性质进行分类，是按照顾客的需要和欲望进行分类。初创企业在进行市场细分时，一般来说，还应把握住下面四个要求：

（1）顾客群体要有明显特征

市场细分应使企业营销人员能够识别有相似需求的顾客群体。这些顾客群体应有企业较容易分析的明显的特征和行为。

（2）细分要可以实现

进行市场细分时，企业要根据自身的实力量力而行。企业划分出来的细分市场，必须是企业有足够的能力去占领的子市场；在这个子市场上，企业能充分发挥自身的资源优势。

（3）企业要有适当的盈利

在进行市场细分时，被企业选中的子市场还必须有一定的规模，即有充足的需求量，能够使企业有利可图，并实现预期利润目标。如果细分市场的规模过大，企业“吃不了，无法消化”，在竞争中会处于劣势；如果规模过小，企业又“吃不饱”，现有资源得不到最佳利用，利润可能都难以确保。因此，细分出的市场规模必须适当，才能使企业获得合理的利润。

（4）市场要有发展潜力

细分市场应有相对的稳定性。某细分市场一旦被企业选定为目标市场，那么它给企业带来的不能仅是眼前利益，还必须能给企业带来较长远的利益。所以，企业在进行市场细分时必须考虑市场未来是否有发展潜力。

3.确定目标市场的程序

（1）确定目标市场的步骤（如图5-2所示）

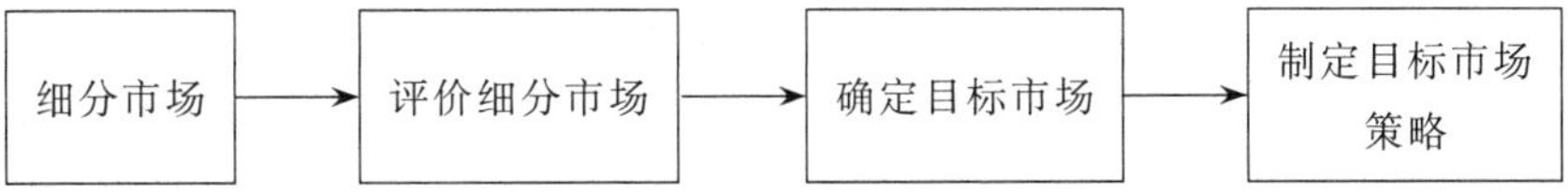

图5-2　确定目标市场的步骤

（2）评价细分市场

企业评价细分市场，主要围绕市场是否具有适合企业的规模、良好的发展前景、吸引力、企业的目标及资源优势等进行。

对于市场的规模特性，初创企业经常会选择一些小的细分市场，根据企业自身的属性、条件，评估市场是否会由于规模过小而不能给企业带来所期望的销售额和利润。此外，初创企业也要评价市场未来有没有发展前景。

初创企业结合自身的经营目标和资源，有时会放弃部分有吸引力的细分市场，因为它们不符合企业的长远目标。当细分市场符合企业的长远目标时，企业还必须考虑自己是否拥有足够的资源，能否保证在细分市场上取得成功。即使具备了必要的能力，企业还需要形成自身的独特优势。只有当企业能够提供具有高价值的产品和服务时，才可以进入这个目标市场。

（3）确定具体的目标市场

企业经过市场细分、评价后，可能会规划出若干可以选择的细分市场。大学生创办新企业时，需要确定目标市场的范围，通常在以下五种目标市场类型中选择其中一种：

①产品/市场集中（单一细分市场）：企业选择一个细分市场作为目标市场，企业只生产一种产品来满足这一市场上的消费者的需求。

这种策略的优点主要是能集中企业的有限资源，通过生产、销售和促销等专业化分工，提高自身的经济效益。其一般适用于实力较弱的大学生创办的小企业。但这种策略存在着较大的潜在风险，如消费者的偏好突然发生变化，或有强大的竞争对手进入这个细分市场，企业很容易遭受损失。

②产品专业化（多个细分市场）：企业选择几个细分市场作为目标市场，企业只生产一种产品来分别满足不同目标市场上的消费者的需求。这种策略可使企业的该种产品建立起很高的声誉，扩大产品的销售；但如果这种产品被全新技术产品所取代，其销量就会大幅下降。

③市场专业化（市场集中）：企业选择一个细分市场作为目标市场，并生产多种产品来满足这一市场上的消费者的需求。企业提供一系列产品专门为这个目标市场服务，容易获得这些消费者的信赖，建立良好的声誉，打开产品的销路。但如果这个消费群体的购买力下降，就会减少产品的购买数量，企业就会遇到销量滑坡的危险。

④有选择专业化（产品集中）：企业选择若干个互不相关的细分市场作为目标市场，并根据每个目标市场上的消费者的需求，向其提供相应的产品。实施这种策略的前提是每个市场都必须是最有前景、最具经济效益的市场。

⑤选择全部细分市场（整体市场）：企业把所有的细分市场都作为目标市场，并生产不同的产品满足不同目标市场上的消费者的需求。大学生创办的企业经过一段时间的积累发展为大型企业时，可以根据企业发展战略目标选用这种策略。

初创企业积极稳妥的做法是选择一个产品进行销售或生产，即在企业成立之初应当从事单一产品生产，把它做起来，逐步做好甚至做精，再结合企业在发展过程中的状态评估目标市场，科学确定新目标市场的范围。

（4）制定目标市场策略

企业决定选择哪些细分市场为目标市场，有三种策略（如图5-3所示）。这三种策略各有其长处和不足，企业应根据具体情况加以选择。一般而言，无差异性市场策略、差异性市场策略一般适用于生产规模大、实力雄厚的大企业，而密集性市场策略适合初创企业。

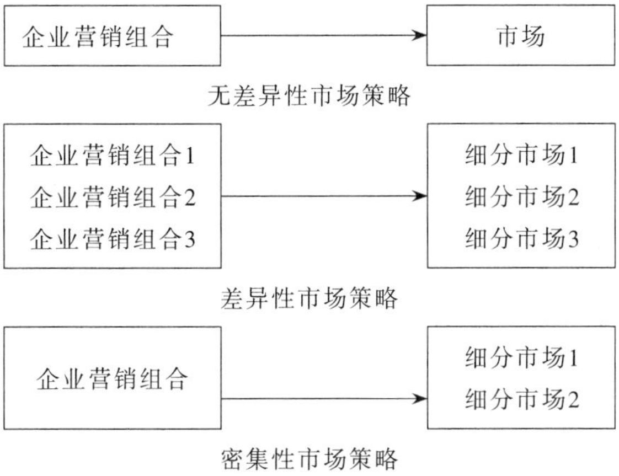

图5-3　三种不同的目标市场策略

密集性市场策略也称集中性市场策略，是指企业集中力量去满足一两个目标市场上的消费者的需要。由于企业的资源有限，因此应集中所有的力量，争取在这一两个市场上获得较高的市场占有率，不断取得竞争优势，逐渐提升自己的实力。这种策略的优点是投资少，见效快。因为企业只面对一两个目标市场，资金的需要较少；同时，由于这一两个市场是企业的“命根子”，企业必然会竭尽全力针对目标市场进行深入的调查研究，及时收集顾客的意见，及时反馈相关信息，及时按消费者的需求和欲望去改进产品，提供最佳服务，从而迅速产生销售效果。但由于企业只有这一两个目标市场，万一市场发生变化，就会导致企业经营失利，使企业难以翻身。风险大，是这种策略的不足。

初创企业在确定采用何种目标市场策略时，一定要考虑企业资源、产品的同质性、产品所处的生命周期阶段、市场的同质性和竞争状况等。

（二）确定赢利模式

所谓赢利模式，其实就是企业赚钱的方法，而且是一种有规律的方法。它能在一段较长的时间内稳定维持，并为企业带来源源不断的利润。

对创业者来说，最重要也是最难的是找到创业项目的赢利模式。如果能够找到适合的赢利模式，意味着创业就成功了一半。

下面简单介绍几种创业赢利模式，供创业者参考。

1.“鲫鱼”模式

鲨鱼是十分危险的海洋生物，许多鱼类都是它的攻击目标，但鲫鱼却能与鲨鱼共游，鲨鱼非但不吃它，相反还为它供食。鲫鱼依附于鲨鱼，鲨鱼到哪儿，它就跟到哪儿。当鲨鱼猎食时，它就跟着吃一些残羹冷炙；同时，由于它还会为鲨鱼驱除身体上的寄生虫，所以鲨鱼不但不反感它，反而十分感激它。因为有鲨鱼的保护，所以鲫鱼的处境十分安全，没有鱼类敢攻击它。这种生存方法，就是创业的“鲫鱼”赢利模式。

“鲫鱼”模式在加工企业集中的长三角、珠三角一带十分流行，在广东东莞、江苏昆山，类似的小企业随处可见，主要进行配套或贴牌生产与代理。实践证明，这是初创小企业走向成功的一条捷径，风险小且成功概率高。这种模式的本质在于，大企业有通畅的产品流通渠道，有广大的客户群体，就像一条庞大凶猛的鲨鱼，而中小企业无论是在资金、技术还是在人才等方面，都存在着诸多先天不足。如果中小企业能找到与大企业的利益结合点，与大企业结成联盟，就可以有效弥补自身的短板，自然也就可以分享大企业的利润大餐。

2. 专业化模式

俗话说：“一招鲜，吃遍天。”与多元化相比，对初创小企业来说，专业化更容易赢利，也更容易成功。

专业化可以成为赢利模式，是因为它精而深，提高了竞争门槛。专业化生产的组织形式比复合式生产要简单得多，管理也相对容易。在市场营销方式上，一旦市场打开，后期几乎不需要有更多的投入。成本降低的另一面，就是利润的大幅度提高。而在通常情况下，专业化生产最后都会形成独占性生产，至多是几个行业寡头同台竞争，行业间比较容易协调，从业者较易形成相互保护的默契，有利于保持较高的行业平均利润。研究表明，普通产品的生产者，其利润率约是15%；而专业化产品的生产者，其边际利润通常可以达到60%。当一个企业进行专业化生产时，其多数成本都用在解决方案的开发和创意阶段，一旦方案可行，就可不断地复制，并依照自己的意愿，确定一个较高的市场价格。专业化生产的另一个方式是，以简单化带动大规模，迅速降低行业平均利润，使小规模生产者根本无利可图。

3. 利润乘数模式

利用已经广为市场认同的形象或概念进行包装生产，可以产生良好的经济效益。这种方式类似于做乘法，所以称为利润乘数模式。该模式成功的关键是对所选择的形象或概念的商业价值进行正确的判断。

美国迪士尼公司是这一模式的缔造者和成功实践者。它将同一形象以不同方式包装起来，米老鼠、米妮、小美人鱼等卡通形象出现在电影、电视、书刊、服装、背包、手表、午餐盒上，以及主题公园和专卖店里。每一种形式都为迪士尼带来了丰厚的利润。

实际上，这种做法在出版界更为盛行，如伴随《水煮三国》的走红而出现的“水煮”系列，随着《把信送给加西亚》而出现的“加西亚”系列，还有随着《谁动了我的奶酪》而出现的“谁动了我的……”系列，卖的都是为人们所熟知的概念，甚至是人们已经习惯认知的几个简单文字。

利润乘数模式的利润来源十分广泛，可以是一个卡通形象，可以是一个伟大的故事，也可以是一个有价值的信息，或者是一种技巧，甚至是其他任何一种资产；而利润化的方式，则是不断地重复叙述它们、使用它们，同时还可以赋予它们种种不同的外部形象。如世界上最昂贵的猫（Hello Kitty）、世界上最著名的狗（Snoopy）、世界上最受欢迎的熊（Winnie Pooh）等卡通形象，都是利润乘数模式最经典的案例。

4.独创产品模式

这里的独创产品是指既有非同一般的生产工艺、配方、原料、核心技术，又能满足长期市场需求的产品。鉴于该模式的独占性原则，掌握它的企业将获得相当高的利润，如祖传秘方、市场进入难度很大的新产品等。

独创产品模式，实际上也是很多创业企业在创业之初可以大力借助的模式。“独创”的魅力所能带来的高额利润早已不是什么秘密。但独创产品模式也面临很多风险：

第一，因为独创即意味着“前无古人”，所以往往需要很高的研发费用和很长的研发时间。

第二，独创，即意味着市场认知度不高，也意味着打开市场、获取市场认同需要花更多的钱。

第三，尽管事前可能做过很细致的调查，但一个独创产品在真正进入市场之前，很难测度市场是否最终会接纳它。常常发生的一种情况是：花了很多钱，花费了很大的力气生产出了产品，结果却不被市场认同。所以说，依靠独创产品打开市场具有很大的风险性。

第四，由于对产品缺乏细致的了解和认知，国家有关部门很难对某一独创产品提供完善的保护，生产者将面临诸多带有恶意的市场竞争，这种竞争经常会使始创者陷入困境。

保护和延长独创产品的生命周期、延长利润产出周期和减低创业风险的办法有：

第一，增强专利意识，积极寻求国家有关部门的保护。

第二，增强保密意识，使竞争者无隙可乘。

第三，加大产品生产难度，提高技术门槛，使后来者难以进入。

第四，使企业和产品更加人性化，增强消费者的忠诚度。

第五，在产能或投入不足的情况下，积极进行授权生产或技术转让，将产品迅速铺满市场，不给后来者以机会。

5.“跟跑”模式

跟跑，即有策略地跟进强者，与“跟风”的盲目性不同。策略跟进需要经营者对自己做出正确评估，在分析清楚自己的优势、劣势之后，对未来走向做出判断。

在马拉松比赛中，经常可以看到运动员会形成“第一方阵”和“第二方阵”。一个有趣的现象是：最后取得冠军的往往是开始位居“第二方阵”的运动员。因为“第二方阵”的运动员在大部分赛程中都处于“跟跑”的位置，这样可以清楚地看见“第一方阵”运动员的一举一动，并根据其变化很好地把握赛程，调整自己的节奏。此外，“第二方阵”的队员承受的心理压力也相对较小，又因为一直处于引弓待发、蓄而不发的状态，积蓄的体能有利于在最后冲刺阶段爆发。所以，“第二方阵”中的运动员获得冠军并非偶然。

从策略上讲，“跟跑”实际上是压缩投入成本的最好方法。从利润角度讲，“跟跑”者向来比跑在前面的要省力，因此利润率也相对要高。在商业活动中，每一个商业行为都有成本的代价，拣取胜利果实等于将成本最小化了，从而也就等于获得了最大化的利润。

6.“拼缝”模式

“拼缝”模式是指同时吸引供应商和消费群两方的关注目光，而为供应商和消费群提供沟通渠道或交易平台的中介服务，从中获取不断升值的利润。

“拼缝”模式只适用于供应商与许多客户发生交易，双方的交易成本都很高的市场领域。“拼缝”实际上就是在不同的供应商与客户之间搭建一个沟通渠道或是交易平台，从而降低买卖双方的交易成本，各方都可以获得较高的回报。

“拼缝”模式对创业企业来说是值得借鉴的模式，因为它有很大的市场空间和强烈的市场需求。绝大多数初创企业在市场开拓方面都存在一定的困难。一些创业者有好的产品却找不到合适的消费者，而一些消费者有消费需求又找不到合适的产品。通过“拼缝”，可以将供需双方联结在一起，让初创企业直接面对他们的客户，做成生意的可能性大大提高。以北京为例，目前北京设立了很多专题性购物街区，如东直门的餐馆一条街簋街、三里屯酒吧一条街、马连道茶叶一条街等，以及各种专业批发市场，如天意小商品批发市场、西直门服装批发街等。实际上，这些专题街区、市场的建立，就等于是为创业者提供了一个“拼缝”场所。

据统计，采用“拼缝”模式，在单位时间内可能做成的生意数量是传统运作模式的2～3倍。由于“拼缝”模式的运用等于集合了供应商与客户二者的力量，因而宣传成本、运作成本都得以大幅度下降，在单位时间内和单位努力程度下所带来的利润通常是传统模式的7～10倍。

7.产品金字塔模式

为了满足不同客户对产品风格、类型、价位等的不同需求，实现客户群和市场拥有量的最大化，一些企业不断推出高、中、低各个档次的产品，从而形成产品金字塔。在塔的底部，是低价位、大批量的产品，靠薄利多销赚取利润；在塔的顶部，是高价位、小批量的产品，靠精益求精获取超额利润。

将产品金字塔模式演绎得最为完美、经典的是美国的马特尔公司。仅购买一个芭比娃娃花不了多少钱，但是如果按照包装上提示的，将芭比娃娃的各种小配饰购买全，就不得不花费比买一个芭比娃娃多出几倍的钱，甚至芭比娃娃的一个小小化妆盒比娃娃本身价格还高。马特尔公司就是著名的芭比娃娃生产商。该公司在推出芭比娃娃后经常会遇到这样一种情况：刚刚推出一个20～30美元的芭比娃娃，模仿者马上制造出15美元的仿制品。为此，马特尔公司研究制订了一个方案，即建立一道产品防火墙。该公司史无前例地推出了一款价格仅10美元的芭比娃娃。这样的价格几乎无利可图。但是这款10美元的芭比娃娃进入市场后，立即吸引了全美国女孩子的目光，让她们纷纷走进马特尔公司设立的各个芭比娃娃专柜。这一招对模仿者显然是致命的，市场上的仿造品很快就消失了。与此同时，马特尔公司也陆续收到了来自全国各地专柜的捷报，那些一开始仅购买10美元芭比娃娃的女孩子们，会继续购买其他辅助性玩具设备以及其他类型的玩具，使马特尔公司从这些辅助设备和玩具中大获其利。

8.战略领先模式

起步领先不代表永远领先，不能确保永远赢利。为应对市场上的激烈竞争，需要适时改变竞争策略，确保从起步时的飞跃领先到战略上的始终领跑，使利润源源不断。

战略领先可以从以下三个方面考虑：

（1）主业领先

创业者在确定企业核心业务时，不妨寻求暂时市场竞争和挑战不大，但有发展前途的领域，抢在他人前面，奠定坚实的发展基础。

（2）技术领先

有领先的核心技术，企业才会有生命力，才有可能抢占新领域并获得高额利润。

（3）人才领先

拥有更多更专业的人才资源，可以使初创小企业一步步壮大。运用人才领先的战略领跑赢利模式，就可以创造一流的产品，铸造一流的品牌，从而创造一流的利润。

（三）确定产品价格

企业进行市场细分，确定目标市场之后，紧接着思考的是目标市场的竞争情况。对初创企业而言，目标市场中往往存在一些捷足先登的竞争者，有些竞争者在市场中已占有一席之地，并树立了独特的形象。新进入市场的大学生创业者如何使自己的产品有效区别于现有竞争者的产品？这就是市场定位的目的。确定产品价格，是市场定位的重要方面。

1.市场定位的概念和作用

市场定位是为使产品在目标消费者心目中相对于竞争产品而言占据清晰、特别和理想的位置而进行的安排。市场定位根据不同的定位对象而不同，一般有企业（公司）定位、品牌定位、产品定位三个层面。产品定位就是将某个具体的产品定位于消费者心目中，让消费者一产生类似需求就会联想起这种产品。产品定位是其他定位的基础，因为企业最终向消费者提供的是产品，没有产品这一载体，品牌定位与企业定位也就难以维持。品牌定位不同于产品定位，当一个知名品牌代表某一特定产品时，产品定位与品牌定位没有太大区别。当一个知名品牌代表多个产品时，产品定位就区别于品牌定位。品牌定位比产品定位的内涵更宽，活动空间更广，应用价值更大。企业定位是企业组织形象的整体或具有代表性的局部在公众心目中的定位，是最高层的定位。进行企业定位之前，必须先定位企业的产品和品牌。相比品牌定位和产品定位，企业定位的内容和范围要广得多。

市场定位能创造差异，有利于塑造企业特有的形象（如图5-4所示）。

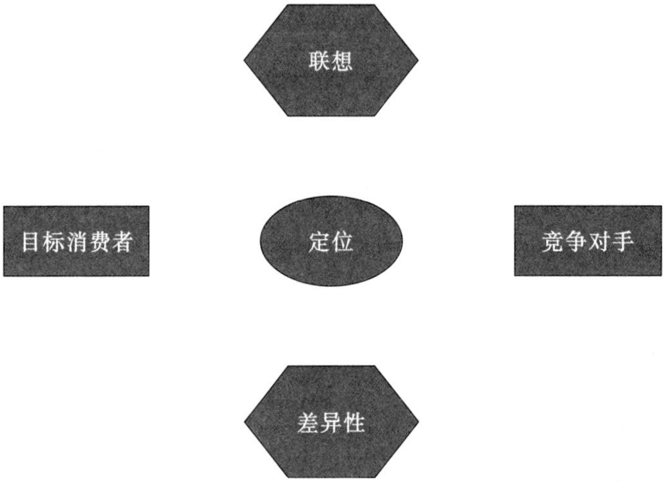

图5-4　市场定位的概念

市场定位能适应并满足细分市场上消费者的特定要求，从而形成企业竞争优势。

2.定位策略

定位策略主要包括产品定位策略、品牌定位策略和企业定位策略三种，其中价格定位隶属于产品定位策略。市场营销中的产品是包含三个层次的整体产品；而产品定位的目的是让有形、无形的产品在顾客心目中留下深刻的印象，因此产品定位必须从产品三个层次的各种特征（如功能、价格、技术、质量、安装、应用、维护、包装、销售渠道、售后服务等）方面入手，使其中的一个或几个特征能与其他同类产品区分开来，且区别越大越好，特色越明显越好，看上去就好像是市场上“唯一”的。归纳起来，产品定位策略有属性定位、价格与质量定位、功能和利益定位。

3.价格制定

价格是产品最明显、最能反映其质量和档次特征的因素。初创企业的产品在一定意义上是一种全新的产品，新产品上市前的价格制定是企业产品定位的重要内容，直接关系到企业形象甚至企业的存亡。新产品上市后的价格管理，是评判一个营销组织新产品营销水平的重要标志，是极其重要的内容。

（1）定价方法

初创企业定价一般采用三种类型，即成本导向定价法、竞争导向定价法和需求导向定价法。

①成本导向定价法：是以产品成本作为定价基础，再加上预期利润来确定价格的，是目前最常用、最基本的定价方法。具体方法有：

A.成本加成定价法，即按照产品单位成本加上一定比例的毛利来确定售价。其公式为：

产品售价=单位成本×（1+成本加成率）

成本加成率，即预期利润占总成本的百分比。

B.变动成本定价法，即只要产品价格高于单位变动成本，产品的边际收入就大于零，销售量增加就能引起总收入增加，该价格就可以接受。

C.盈亏平衡定价法，即以企业总收入与总成本保持平衡为依据来确定价格。

②竞争导向定价法：是以市场上同类竞争产品的价格为定价依据，并根据竞争变化调整价格的定价方法。具体方法有：

A.随行就市定价法，即企业跟随行业中主要竞争者的价格或各企业的平均价格来确定自己产品的价格。

B.限制进入定价法，即企业制定低于利润的价格，以限制其他企业的进入。

C.密封投标定价法。采用此法定价时，是以设想竞争者将定什么价为基础，而不是以自己的成本或需求为基础。企业的目的主要是中标，其要价必须低于其他竞争者，但是定价不能低于成本水平。这种方法主要用于投标交易方式。

③需求导向定价法：是根据市场需求状况和消费者对产品的感觉差异来确定价格的方法。其特点是能灵活有效地运用价格差异，对平均成本相同的同一产品，价格随着市场需求的变化而变化，不与成本因素发生直接关系。需求导向定价法主要包括顾客认知价值定价法、需求差异定价法和逆向定价法。

（2）定价策略

一般情况下，新产品的价格制定主要考虑影响价格制定的因素和定价目标、定价方法。初创企业在定价时，要考虑如下几方面：

第一，利用产品自身的差异化。初创企业新产品价格的制定要结合企业发展愿景和产品定位进行。对于高质高价定位，高价格是高贵质量的一种象征。只要企业或产品属于“高质”类别，且高质量、高水平服务、高档次能使顾客实实在在地感受到，就可以采用这种定位方法。但这种定价策略对初创企业而言存在一定的风险。对于高质低价定位，初创企业通常将其作为一种竞争手段，目的在于渗透市场，提高市场占有率。对初创企业来说，由于产品和企业的知名度低，因此很难进入其他企业已经站稳的销售渠道。为此，企业不得不暂时采取高成本低效益的营销战略，如上门推销，加大广告营销力度，向批发商和零售商让利，或交给任何愿意经销的企业销售。

第二，考虑渠道环节的影响。相对而言，初创企业的销售渠道少，这是影响新产品价格制定的重要因素之一。有什么样的渠道就有什么样的价格几乎成为中国市场上新产品价格的判断标准。即使是同样的产品，在不同的渠道也有不一样的价格。新产品选择什么样的渠道，基本上决定了新产品定价策略上的取向。

第三，重视品牌。这是对新产品定价具有长期性影响的因素，特别是新的耐用消费品，必须要考虑品牌因素。品牌在新产品定价中起着推波助澜的作用。

第四，发挥技术水平在新产品定价中的影响。通常，新企业在从事新产品生产时，需要投入一定的研发技术，这就意味着产品生产技术水平对产品定价具有决定性作用。大学生创办的企业要不断在应用专业技术的新产品上动脑筋，这样企业未来的发展才会快速、迅猛。这是大学生群体创业的优势特征，也是未来企业的希望所在。客观上，新技术的价格优势在技术壁垒消除后，规模效益成为行业特征，价格就会回归。

第五，考虑行业价格水平的影响。任何新产品的价格制定都不可能摆脱企业所处行业的影响，因为行业价格水平会自动为企业的新产品设定价格上限。

第六，研判消费者价值认知对制定新产品价格的影响。随着中国市场的发展越来越成熟，企业可以采用小范围试销的手段不断在目标人群中测试新产品的市场价格，从而为新产品的价格制定提供决策依据。初创企业同样可以选点销售，谨慎地在目标客户中测试其对产品的价格反应，尽可能给企业带来高收益。

第七，采用成本价格核定方法。初创企业不能忽视成本价格核定方法的作用，它能规避大学生创业者因市场经验缺乏而盲目决策所造成的失误。

第八，利用分地区定价策略。初创企业可根据商品特性、所在地区的市场态势、交货条件、费用分摊等不同情况，针对不同地区制定不同的价格。

（四）疏通分销渠道

分销渠道，即分销路径或分销路线，是指商品从生产者转移到消费者手中所经过的路径。初创企业在激烈的市场竞争中使自己的产品在市场上畅通无阻，不是一件容易的事。企业只有建立适合自身需求的分销渠道，产品进入目标市场的路径才会更通畅。

1.建立合适的分销渠道

初创企业应选择经济、合理的分销渠道，把商品送到目标市场中。分销渠道是指某种货物或劳务从生产者向消费者移动时取得其所有权或帮助转移其所有权的所有企业和个人。因此，分销渠道主要包括商人、中间商（因为他们取得所有权）和代理中间商（因为他们帮助转移所有权）。此外，它还包括分别作为分销渠道起点和终点的生产者和消费者，但不包括供应商、辅助商等。企业在何地、何时、由什么组织向消费者提供商品或劳务，取决于渠道的长短、宽窄决策，中间商的选择以及对分销渠道的分析评价和变革等。在理解时，要注意分销渠道和市场营销渠道是两个不同的概念。

2.设计有效的分销渠道

初创企业可以在密集性分销、多种代理、选择性分销、某个区域或某级渠道包销代理、目标客户销售、专营性分销、分公司和专卖店等传统分销形式中，找到适合自己的分销渠道，这关系到初创企业经营的成败。

（1）确定渠道目标

初创企业确定的渠道目标应该强调速度、体现便利、突出选择、重视服务。在相互竞争又相互依存的环境中使自己的产品畅通无阻，提供客户所需要的服务是初创企业重点关注的工作。在此基础上，分析影响渠道目标的相关因素，如产品因素、市场因素、企业自身因素、经济效益因素、中间商因素和宏观环境因素等。

初创企业要有自知之明，即正确评估企业自身的状况。相对于市场，初创企业是弱者；相对于产品，初创企业是强者。初创企业如果没有发展到一定程度，是无法掌控市场的，而市场又在不断地变化，经销商和分销渠道也是企业难以影响的。因此，初创企业应从某个优势点做起，建立适合自身的产品销售渠道。

（2）制订渠道方案

在制订渠道方案时，初创企业要考虑渠道成员的类型、数量、条件等。渠道成员的类型需要根据渠道目标、企业实力和竞争状况等综合分析。通常，企业在选择渠道成员时，首先考虑的是依靠中间商还是使用自己的销售队伍。如果是依靠中间商，又要考虑是依靠经销商还是依靠代理商。在确定渠道成员数量时，通常采用密集分销策略、选择性分销策略和专营性分销策略。渠道成员的条件主要涉及价格政策、销售条件、中间商的许可等。

（3）发展分销新形式

首先，初创企业应结合自身产品进行渠道方案的评估和理智选择。这主要包括对每种方案预计的销售额与成本费用的经济性进行比较，选择可控性较强、能契合不断变化的形势且适应性强的渠道。其次，随着社会化分工越来越细，大学生创业者应不断摸索或感知市场内在规律，科学管理产品分销。最后，合理利用资源，重视利益分配。企业在进行产品分销时，既要充分运用内部资源、外部资源，还要进行利益分配。这里的利益包括企业自身利益、员工利益、各类经销商利益、消费者利益、预期利益和现实利益等。初创企业要建立同发展共分享的利益机制，推动分销渠道的持续繁荣。

（五）整合促销手段

初创企业应在正确地选择自己特定的服务对象后，在中间商和消费者之间建立起稳定有效的信息联系通道，从而实现有效的信息沟通；通过整合促销，想方设法地将产品推向市场，增强自身的竞争优势。整合促销主要是指企业在市场营销中，对广告促销、人员服务推销、营业推广和公共关系等促销手法的综合运用。

1.广告促销

在市场营销中，广告是指企业采用向广播、电视、报纸、网络等付费的方法，借助大众媒体向公众传播产品、劳务等信息。由于各种媒体有不同的特点，企业在选择广告媒体时，必须注重广告的内涵、广告媒体的特点，合理选择适合本企业的营销目标、目标市场等的宣传方式。一般来说，企业要考虑以下因素：

① 广告目标，即企业对信息传播的要求，这是企业首先需要考虑的，如信息传播覆盖率、接触率、重复率，信息的可信度以及产生的效应等。

② 产品的特征。不同性质的产品应采用不同媒体，如专业性很强的产品，可采用杂志宣传。

③ 消费者的特点。要选择最容易对目标消费者产生刺激、最容易诱发其购买欲望的广告媒体。

④ 不同媒体的收费标准。企业应根据自己的实际情况，合理选择适合自身需要的媒体。

2.人员服务推销

人员服务推销，是企业利用推销人员向消费者提供服务等来传递产品的相关信息，影响消费者购买的一种营销活动。人员服务推销的优势是能主动与客户进行有效接触，面对面地交流，服务及时，当场解答消费者提出的问题，取得消费者的信任；而且灵活多样的服务容易产生“不一样”的效果，具有事半功倍的成效，如容易取得第一手资料，并把它及时地反馈给企业。

要取得人员服务推销应有的效果，企业应加强对推销人员服务理念、销售思想和推销技术的培训。通常，应注意以下内容：

① 通过市场调查、查阅资料、广告宣传、他人介绍等方式寻找消费者（包括潜在客户）。

② 在推销前，进一步了解消费者的相关情况，并设计在面对顾客时应采取的推销策略。

③ 利用多种合情合理的方式接近顾客，即直接与顾客接触。

④ 重视推销面谈，抓住顾客心理，在服务沟通中灵活地说服顾客购买企业产品，如将产品特性与顾客的购买欲望联系起来，通过产品、文字、音像、影视、证明等样品或资料去劝导顾客购买产品，通过售后服务追踪消费者的反馈信息，并提供新产品等。

⑤ 审时度势，抓住时机，促使交易达成。

3.营业推广

营业推广，指能够迅速刺激需求、鼓励消费者购买的各种促销活动。目前，采用比较多的营业推广方式有赠送样品或优惠券、附送赠品、有奖销售、现场演示、购买折扣、展销等。

（1）确定营业推广目标

目标市场不同、产品不同，营业推广的目标也不同。通常，初创企业的早期营业推广目标是刺激消费者购买，鼓励现有消费者增加购买量，吸引潜在消费者使用，争取其他品牌的使用者。在初创企业发展阶段，营业推广目标主要针对中间商，即刺激中间商购买、销售本企业产品；同时，刺激推销员推销新产品，开拓新的市场，努力提高销售业绩。

（2）制订营业推广方案

在具体进行产品营业推广前，初创企业首先要制订切实可行的营业推广方案，通常包括推广的规模、推广对象、推广方式、推广时间和推广的费用等因素。

4.公共关系

公共关系是指企业或组织为了适应环境，争取社会公众的了解、信任、支持和合作，树立企业良好的形象和信誉而采取的有计划的行动。企业公共关系的对象主要是顾客、供应商和经销商、政府、社区和媒介等。初创企业开展公共关系活动的方式主要有：通过新闻媒介传播企业相关信息，即通过新闻媒介向社会公众介绍企业、产品、团队，以吸引消费者的注意，如撰写各种新闻稿件、进行产品介绍、人物专访等；举办专题活动，如邀请公众参观企业、举办联谊活动等，主动与政府机构、社会团体、供应商、经销商等外部组织加强联系和沟通，争取它们对企业的理解和支持；建立网站，发布企业的公关信息，介绍、宣传企业；利用异议处理，传播初创企业的良好口碑，即在企业生产、推销过程中针对顾客提出的异议，认真分析异议的类型及其产生的主要原因，有针对性地、实事求是地进行处理，做到时效优先、客户优先。

实践中，整合促销应结合初创企业的发展情况和战略目标而定。如在成长期，创业者可以根据企业所掌控的资源情况，改变企业创立之初采用的销售渠道，着重沟通，引导需求，扩大销售，突出企业特点，树立企业形象，实现稳定的销售。

三、初创企业的管理

（一）战略管理

战略对初创企业的发展具有举足轻重的作用，是初创企业的生命，是其创业取得成功的保障。对一个没有发展战略的初创企业而言，任何环境的变化、任何突发事件都是危机，都可能导致企业“夭折”。初创企业正处于企业的生命初期，“凡事预则立，不预则废”，而“预”强调的就是企业战略的制定。

初创企业战略管理是指初创企业在宏观层面通过分析、预测、规划、控制等管理手段，充分利用本企业的人、财、物等资源，达到生存和适度发展，并最终提高经济效益的目的。企业战略管理是对企业战略的设计、选择、控制和实施，直至实现企业战略总目标的完整过程。战略管理是涉及企业发展全局性、长远性的重大问题，诸如初创企业的经营方向、市场开拓、产品开发、科技发展、机制建立、组织机构改组、重大技术改造、筹资融资等。战略管理的决定权通常由总经理、厂长直接掌握。

1.初创企业战略指导思想

初创企业战略指导思想是指导战略制定和执行的基本思想。它主要包括以下几方面：

（1）市场导向，需求驱动，尽力满足社会需求

在社会主义市场经济体制不断完善的过程中，企业生产经营活动运转的轴心不再是国家计划，企业领导者应该牢牢盯住市场。企业要围绕市场运转，实现自主经营，自负盈亏，千方百计地满足市场需求，提高市场占有率。

（2）依靠质量、服务、成本取胜

要想适应经济结构转型的新要求，增长方式从粗放型向集约型转变，初创企业就要改变粗放式管理，转向精细化管理，努力提高产品的技术含量和附加值，保证和提高产品质量，不断改善服务，努力降低成本。

（3）实现系统整体优化

初创企业也是一个由各方面有机结合而成的复杂系统，要对生产经营的诸要素进行科学组合与优化配置，实现系统整体优化，协调和平衡局部与局部之间、局部与整体之间相互适应的关系，努力使产品占领市场并有较好的经济效益。

（4）敢于竞争，主动提高

初创企业也身处市场竞争的整体系统中，因此必须面对优胜劣汰的激烈竞争。初创企业要主动向所在行业的标杆学习，善于调动和运用自己的各种资源，在竞争中求得生存与发展，较快地渡过初期的艰难发展阶段。

（5）起点适中，注重发展，立足长远

初创企业制定和实施企业战略必须具有长远发展的观点，切忌急功近利、一步到位。大学生创业者应结合自身优势，克服资金少、市场缺乏等困难，适当降低起步时的高标准，控制发展速度，不断丰富产品内涵，加大技术改造和新产品研发力度，加强团队建设，重视企业文化，为企业的未来发展增添后劲。

（6）以人为本，强化人才队伍建设，形成整体合力

大学生创建企业之初，就要重视以人为中心的管理，尊重员工、理解员工和关心员工，并充分依靠员工，调动全体员工的积极性和创造性，不断提升企业精英人才的团队合作能力，以“团结向上、激情超越”的精神去实现企业的战略目标。

2.初创企业战略目标

初创企业战略目标是初创企业在一定的战略期内发展的总水平和总任务。它决定了初创企业在该战略期间总体发展的主要方向，是企业战略的核心。初创企业确定战略目标要注意以下三点：

（1）对象明确

初创企业要有预期服务的对象，有明确的任务和预期达到的目标。

（2）定量和定性相结合

对企业预期达到的目标，既要有定量指标，又要有定性描述的内容。定量指标包括产品产量、净产值、销售收入、利润、性能、生产率、新产品品种，以及技术改造、人才培训、职工福利等。

（3）明确的时间界定

初创企业的各阶段目标要清晰，要在规定期间内实现，且长、中、短期目标要有相互衔接性。

3.初创企业战略重点

初创企业战略重点，是指对企业实现战略目标具有决定性作用的关键方面或关键环节。它通常包含战略优势与战略劣势两方面内容。

（1）战略优势

战略优势是指企业在较长时期内，在关系全局的经营成败方面拥有强大的实力、丰富的资源和优势地位。

战略优势是初创企业在激烈的竞争中取胜的法宝。优势因素主要指企业在吸引顾客、市场竞争等方面具有的超越竞争对手的多种能力，反映在人力、技术、资金、经营能力等方面。优势因素还包括初创企业占据有利的地理位置，所处行业属于新兴产业，拥有特许经营权，享有优惠待遇，良好的形象等。

初创企业应该逐步建立和发展多种战略优势，构成企业自身相对完备的战略优势系统。战略优势系统是企业的各种战略优势互相联系、有机结合的整体。战略优势系统的构成要素就是各种战略优势，如技术优势、产品优势、质量优势、价格优势、营销优势等。初创企业要适时、合理地发挥各种战略优势的作用，保持和增强战略优势，形成良性循环。

（2）战略劣势

战略劣势是指初创企业在关系全局的经营成败方面力量小于对方的态势。在实现战略目标的过程中，对于经营中出现的薄弱环节或因素，初创企业应在资金、人力、物资、技术和管理等方面采取科学的针对性措施，扬长避短，综合平衡，使劣势逐渐转为优势。

4.初创企业战略管理内容

初创企业战略管理内容包括战略制定、战略执行、战略控制等环节。

（1）战略制定的依据

初创企业战略制定，必须在企业内外环境分析的基础上展开。

① 企业外部环境分析。科学分析企业的外部环境是正确制定战略的重要基础。为此，初创企业要及时收集和准确把握企业的各种外部环境信息，并尽可能“穷尽”，如国家经济发展战略，国民经济和社会发展的长远规划和年度计划，产业发展与调整政策，国家科技发展政策，宏观调控政策，本部门、本行业和本地区的经济发展战略，服务对象（顾客）情况，竞争对手的相关信息，供应厂商的状态，协作单位的情况，潜在竞争者的信息等。

② 企业内部环境分析。初创企业要认真分析自身的人员素质、技术素质和管理素质，产、供、销、人、财、物的现状以及在同行业中的地位等，明确自身的优势和存在的薄弱环节。

（2）战略制定的程序

战略制定一般由以下程序组成：①明确战略思想；②分析外部环境和内部条件；③确定战略宗旨；④制定战略目标；⑤形成战略重点；⑥制定战略对策；⑦进行综合平衡；⑧进行方案比较及战略评价。

（3）战略执行

为了有效执行企业制定的战略，一方面，要依靠各个层次的组织机构及员工的共同配合和积极协作；另一方面，要通过企业的综合经营计划、各种专业计划、预算、具体生产作业计划等，具体化地执行相关战略。

（4）战略控制

战略控制是将战略执行过程中实际取得的成果与预期的战略目标进行比较，评价实现的程度，分析原因，及时采取有力的措施纠正偏差，以保证战略目标的实现。实践表明，大力推行目标管理，适时根据市场情况进行战略调整，战略重组企业的资本结构等，是进行战略执行和战略控制的有效途径。

5.初创企业战略管理特点

（1）整体性

初创企业战略管理的整体性包括两个方面的含义：一方面，将企业战略看成一个完整的过程来加以管理；另一方面，将企业视为一个不可分割的整体。初创企业战略管理强调整体优化，而不是仅强调某一个战略单位或某一个职能部门的重要性。初创企业通过制定企业的宗旨、经营目标、战略和决策来协调各个组织部门和员工的行为。

（2）长期性

初创企业战略管理注重的是企业长期、稳定和一定速度的发展。其战略管理的时间跨度一般是3年以上、5～10年之内。

（3）权威性

初创企业战略管理重视的是按照一定程序，对企业重大问题做出判断、决策，并将其付诸实施。战略管理是初创企业有效经营的必要前提，大学生创业之初，要充分重视并发挥战略的整体效用。

（4）环境适应性

初创企业战略管理重视的是企业与其所处的外部环境的关系，目的是使企业能够适应并利用环境的变化。初创企业是社会不可分割的一个开放的组成部分，它的存在和发展在很大程度上受其外部环境因素的制约。

6.初创企业战略对策

初创企业战略对策是指为实现企业战略目标而采取的重大举措。它包括从属于企业战略的企业生产经营活动的各种方针、策略和措施等。初创企业的战略对策要做到针对性和可操作性强，能真正契合企业初期发展的需求。

企业战略管理是企业管理的中心。对初创企业而言，更是万事开头难，企业能否走上健康快速的发展之路，关键在于初创阶段能否制定出正确的企业战略并有效实施。大学生新创企业应坚持“以生存为首要目标，适度快速发展”的战略管理目标，遵循生存重于发展的原则，并以此为基础进行企业的组织机构建设和低成本运营，降低经营风险，使企业在市场竞争中存活下来，完成管理经验、知识、资产、人力资源等的积累，建立企业发展的产业基础。

（二）人力资源管理

人力资源管理作为近20年来出现的一个崭新的和重要的管理学领域，超越了传统人事管理的范畴，内容极为丰富。人力资源管理，就是指运用现代化的科学方法，对与一定物力相结合的人力进行合理的培训、组织和调配，使人力、物力经常保持最佳比例，同时对人的思想、心理和行为进行恰当的诱导、控制和协调，充分发挥人的主观能动性，使人尽其才，事得其人，人事相宜，以实现组织目标。

1.现代人力资源管理与传统的人事管理的区别

由于深受经济竞争环境、技术发展环境和国家法律及政府政策的影响，现代人力资源管理与传统的人事管理存在一定的区别。

（1）对象不同

传统人事管理的特点是以“事”为中心，只见“事”，不见“人”，只见某一方面，而不见人与事的整体性、系统性，强调对“事”的单一方面的静态控制和管理，其管理的形式和目的是“控制人”；而现代人力资源管理以“人”为核心，强调一种心理、意识的调节和开发，管理的根本出发点是“着眼于人”，最终归结于人与事的系统优化，使企业取得最佳的社会和经济效益。

（2）理念不同

传统人事管理把人设为一种成本，将人当作一种“工具”，注重的是投入、使用和控制；而现代人力资源管理把人作为一种“资源”，注重产出和开发。

（3）地位不同

传统人事管理是某一职能部门单独使用的工具，与其他职能部门的关系不大；但现代人力资源管理却与其截然不同，行使人力资源管理职能的人事部门逐渐成为决策部门的重要合作伙伴，从而提高了人事部门在决策中的地位。

2.现代人力资源管理的内容

源于而又超越传统人事管理的现代人力资源管理主要包括以下具体内容和工作任务：

（1）制订人力资源计划

根据组织的发展战略和经营计划，评估组织的人力资源现状及发展趋势，收集和分析人力资源供给与需求方面的信息和资料，预测人力资源供给和需求的发展趋势，制订人力资源招聘、调配、培训、开发及发展计划等。

（2）开展人力资源成本会计工作

人力资源管理部门应与财务等部门合作，建立人力资源会计体系，开展人力资源投入成本与产出效益的核算工作。

（3）岗位分析和工作设计

对组织中的各个工作岗位进行分析，确定每一个工作岗位对员工的具体要求，形成书面的工作岗位职责说明书，作为招聘的依据；同时，这也是对员工工作表现进行评价的标准，进行员工培训、调配、晋升等的依据。

（4）人力资源的招聘与选拔

人力资源的招聘与选拔，应遵循平等就业、双向选择、择优录用等原则。

（5）确定劳资关系

员工一旦被组织聘用，就与组织形成了一种雇用与被雇用、相互依存的劳资关系，为了保护双方的合法权益，有必要就员工的工资、福利、工作条件和工作环境等事宜达成一定的协议，并签订劳动合同。

（6）上岗教育、培训和发展

为了提高广大员工的工作能力和技能，有必要开展富有针对性的岗位技能培训。初创企业应对新招聘人员进行培训，帮助其了解和适应组织，接受组织文化，明确职业道德和组织纪律、劳动安全卫生、社会保障和质量管理知识与要求，以及岗位职责、员工权益和工资福利状况等。此外，还要对管理人员尤其是即将晋升者进行培训和教育，目的是促使他们尽快掌握在更高一级岗位上工作所需的知识、技能、管理技巧和应变能力。

（7）工作绩效考核

对照工作岗位职责说明书和工作任务，对员工的业务能力、工作表现及工作态度等进行评价，并给予量化处理。这种评价可以是自我总结式，也可以是其他形式，或者是综合评价。考核结果是员工晋升、接受奖惩、发放工资、接受培训等的有效依据。其有利于调动员工的积极性和创造性，检查和改进人力资源管理工作。

（8）帮助员工进行职业生涯规划

帮助员工进行职业生涯规划，有利于组织的发展，使员工有归属感，进而激发其工作的积极性和创造性，提高组织效益。人力资源管理部门在帮助员工制定其个人发展规划时，有必要考虑它与组织发展计划的协调性或一致性。

（9）员工工资报酬与福利保障设计

人力资源管理部门要根据员工的资历、职级、岗位及实际表现和工作成绩等，为员工制定相应的、具有吸引力的工资报酬和福利标准。能否制定合理、科学的工资报酬和福利体系，关系到组织中员工队伍的稳定与否。工资报酬应随着员工职务的升降、工作岗位的变换、工作表现的好坏与工作成绩等进行相应的调整，不能只升不降。员工福利是社会和组织保障的一部分，是工资报酬的补充或延续。它主要包括政府规定的退休金、养老保险、医疗保险、失业保险、工伤保险、节假日，并且为了保障员工的工作安全与卫生，企业还要提供必要的安全培训教育、良好的工作条件等。

（10）保管员工档案

随着企业进入发展期，人力资源管理逐渐发挥其重要作用。企业的发展、竞争，本质上是人力资源的竞争。为了能够做到人尽其才，使企业在市场上更具竞争力，企业应当规范人事档案管理办法，加强档案管理的完整性、真实性、及时性和保密性，使员工档案保持完整，防止资料损坏，进而使企业能够高效、有序地利用员工档案资料。

3.初创企业应遵循的人力资源管理规律

企业创立之初，要克服人员少、资金少、市场小等困难，建立相应的部门组织，充分调动“所有的人做所有的事”。实际上，新企业创立时，很少能按正式的人力组织方式运作。典型的情况是，虽然有名义上的分工，但运作起来是哪急、哪紧、哪需要，就都往哪里去，呈现出一种高度“有序”的状态。这个阶段看似混乱，实际上每个人都清楚组织的目标和自己应当如何为组织做出贡献，几乎没有人计较得失，没有人计较越权或越级，相互之间只有角色的划分，没有职位的区别。然而，随着企业进入发展期，人与人之间的关系逐步发生微妙变化，效率低了、怨言多了、团队散了。

如何使初创企业即使将来事业发展了，企业组织依旧规范化、员工归属感依然很强？

第一，初创企业在早期应重视企业文化的打造，通过使成员在集体层面和个人层面上都承担责任，明确大家共同追求的、有意义的远景目标。也就是要使企业员工清楚哪些是个人的责任，哪些是大家共同的责任，培养员工的敬业精神，使员工愿意树立为企业贡献力量的价值观。

第二，初创企业在发展过程中应建立科学的符合企业实际的组织运行制度，用制度规定职责、用岗位规范流程、用绩效倡导平等。初创企业的人力资源管理部门最好在开始时就制定原则性章程，依照企业发展目标设立岗位职责，选择适合的员工匹配岗位，人职适度交叉，重视绩效评价和决策过程中在民主基础上的领导权威，并制定基本的行动准则。

第三，初创企业在管理中应强化员工队伍建设，尤其是核心团队打造。创业成功与否，在很大程度上取决于员工队伍的素质，特别是创业团队的建设，其中创业团队领袖是核心。在创业阶段，创业团队负责人既要重视全员培养，更要注重核心成员的训练。创业团队应选择能胜任关键工作的领导者并明确其职责所在，即必须确立领导核心，树立领导权威。在逐步实现企业目标的过程中，创业团队应保持激情，超越自我，平等分享，共同发展。

大学生创业者常常实行粗放式管理，企业的核心人物一般就是创业团队的负责人或者本人，其能力的大小、责任意识的强弱等直接关系到企业的成败。在创业之初，大学生创业者常常身兼多职，事必躬亲，或直接向顾客推销产品，或亲自与供应商洽谈折扣，或亲自到车间里追踪顾客急需的订单，甚至有可能在库房里卸货、装车，或跑银行贷款，向客户催账，策划新产品营销方案，制订工资计划；有可能被经销商骗过，被顾客当面训斥，等等；有可能高度集权，也有可能与合作伙伴利益共享、风险共担。这才叫创业，要不怎么会从无到有？由于对企业经营全过程的细节了如指掌，生意才越做越精，企业才越来越红火。在企业发展逐步进入良性阶段时，大学生创业者一定要按照现代人力资源管理的要求，在总结的基础上科学地制定企业的规章制度，提升企业发展愿景，重视员工素养，强化管理流程，注重平等绩效，实现人职合一，倡导新技术、新管理。“细节是魔鬼”，初创企业经营不畅，往往就是因为在现代人事管理细节上功夫下得不够。

（三）财务管理

财务管理是有关资金筹集、投放和分配的管理工作，是指以取得最高回报率的方法筹集并管理公司资本。其涉及初创企业成本与收入的管理与控制、企业财务目标即利润的规划与预测、各项资金的有效配置和管理，以及如何在国家税收调控下实现节税和避税，以达到投资人收益最大化的目的。这些基本问题都围绕初创企业的财务管理目标而展开，包括利润最大化、股东权益最大化、每股盈余最大化等。财务管理工作是初创企业经营管理的核心。大学生创业者在创业的过程中，从融资到资金的使用，再到利润的分配，都需要具备良好的财务管理能力。大学生创业者必须熟悉一定的财务知识，千万不能盲目行事。

1.财务管理的内容

（1）筹资活动的管理

在计划经济条件下，企业的资金是上级单位下拨的。而在市场经济条件下，市场为企业提供了许多筹集资金的渠道，企业既可以发行股票、债券，向银行借款，还可以租赁。初创企业到底通过哪几种渠道来筹集资金？每一种渠道筹集的资金各占多大的比重？筹资管理就是对资金来源、所需数额、项目构成及成本的管理。

（2）投资活动的管理

企业筹集的资金有不同的用途，有很多投资渠道，如固定资产就可以投资很多项目，在证券市场上可以购买股票、基金、债券等。投资管理是对资金投向、规模、构成的管理。

（3）经营活动的管理

经营活动的管理是指对投资项目经营中的占用资金的管理。其包括现金管理、存货管理和应收账款管理。例如，初创企业到底需要多少现金，应根据企业自身的业务特点来确定。初创企业应尽量节约资金需要量，将现金余额降到最低程度。

（4）分配活动的管理

分配活动的管理是指对企业盈利后资金分配的管理。它研究的是如何在所有者当中进行分配、分什么股利以及分多少等问题。分配决策同时又是投资决策，因为分配多了留的就少，分配少了留的就多，留下来的资金又构成了下一个循环的资金来源，所以从这个意义上说分配决策也就是筹资决策，或者说分配决策同时又是筹资决策。

2.财务管理的职能

（1）财务决策

财务决策是有关资金筹集和使用的决策。它分为四个阶段：情报活动、设计活动、抉择活动和审查活动。

财务决策是财务管理的核心职能。管理的重心在经营，经营的重心在决策。财务决策正确与否，取决于财务信息情报的收集以及财务决策方案的设计、抉择和审查。

（2）财务计划

财务计划就是财务规划和财务预算。规划和预算在市场经济条件下尤为重要，没有长期的规划和科学合理的预算，很难想象一个企业的管理是有效的。财务规划包括财务预测和量本利分析；财务预算是计划和控制的主要手段。

（3）财务分析

财务分析是以财务报表为基础的分析。初创企业应通过各种会计核算进行定量和定性分析，计算出各种比率，或根据经验对财务状况、获利能力、发展趋势做出判断。

（4）财务控制

财务控制就是通过预算和规划对整个资金运动的过程加以控制。财务计划制订出来后就要执行，执行计划的手段就是财务控制。比如，实际成本与预算成本之间可能存在差异，在分析了这些差异后，可以通过财务控制对财务规划和预算进行调整。

（5）融资

资金融通简称为融资，是指在经济运行过程中，资金供求双方运用各种金融工具调节资金盈余的活动，是所有金融交易活动的总称。

金融市场是资金融通市场。在金融市场上交易的是各种金融工具，如股票、债券、储蓄存单等。资金融通一般分为直接融资和间接融资两种。直接融资是资金供求双方直接进行的资金融通活动，也就是资金需求者直接通过金融市场向社会上有资金盈余的机构和个人筹资；与此相对应，间接融资则是指通过银行所进行的资金融通活动，也就是资金需求者采取向银行等金融中介机构申请贷款的方式筹资。

3.重视初创企业财务管理

（1）初创企业财务管理的新特点

与传统企业相比，初创企业的财务管理伴随着企业的成长而不断地完善。它主要表现为企业实施成长战略以提供支持，财务管理的目标定位为可持续的价值创造。初创企业的财务管理呈现出阶段性特点，并不断完善财务结构。

（2）初创企业财务管理的新问题

首先，初创企业的融资能力差，导致资金短缺。初创企业从成立到快速发展，是对资金需求最强烈的一段时期。一方面，对大部分初创企业而言，从创建之初就存在资金短缺问题，同时还面临着产品研发、市场推广等诸多问题；另一方面，初创企业信用水平低，或者贷款成本高甚至贷不到款，同时还要面对市场风险造成的收入不稳定问题。由此，初创企业对资金的强烈需求与企业实际的融资能力产生差异。其次，初创企业的资产管理松散，财务控制能力差。现金管理随意、以赊销的方式进行促销等，几乎是初创企业的通病。其普遍缺乏科学合理的成本控制体系，产品或服务成本较高。最后，初创企业的财务管理人员少、素质不高。大学生创办企业之初，往往自己决策，自己管理资金。在资金本身有限的情况下，由于过度自信或不愿意受财务的约束等，初创企业的财务计划、决策、控制等功能丧失。又由于大学生创业者在进行投资决策时常常过分自信、绩效又低，企业发展往往步履维艰。

（3）初创企业财务管理的新办法

当前，越来越多的大学生开始了自己的创业征程，越来越多的初创企业开始重视财务管理的科学运用。

第一，在企业创建之初，不仅要在形式上有专业财务人员的岗位，而且要尊重财务人员。初创企业可以根据实际情况，逐步增加财务人员或以咨询形式比较多地听取经验丰富的财务人员评估。

第二，初创企业必须建立科学的现金管理、使用制度，必须保证有一定的现金用于企业的日常运行。大学生创业者要自觉遵守财务规定，不得擅自借用现金；在进行项目决策时要审时度势，千万不可背离企业的战略管理目标，或以投机的心态进行投资，盲目扩大企业的规模。

第三，建立评价企业财务状况的工作机制，实施财务比率分析。大学生创业者应在财务人员的帮助下，认真建立企业的财务管理制度，认真学习财务管理知识，带头执行财务管理规定，经常性研究、分析财务报表，关注国家、行业、同类企业的发展趋势，合理避税，科学融资。同时，综合使用财务比率，如流动比率、杠杆比率、获利能力比率、存货周转期等，使创业者全面把握企业的财务状况，使企业得以科学发展。

思考题：

1.大学生创业者如何选择自己的创业方向？

2.企业设立须具备的条件有哪些？

第六章　创业风险与防范

创业意味着开拓新的领域，未来的路有很多不确定的因素，这就是风险。机会和风险是同一事物的两个方面，没有风险的投资是奢望的。面对风险，有些人选择了退缩，同时也放弃了成功的机会；有些人选择了挑战，也就获得了一定的先机。

第一节　创业风险的概念

风险是指由于环境的不确定性、客体的复杂性、主体能力与实力的有限性而导致某一事项或活动偏离预期目标的可能性。实际上，风险就是一种不确定性，其形式可以分为三种：一是必然风险，即无论如何都不可能避免其发生；二是潜伏风险，这取决于诱发因素，有可能发生，也有可能不发生；三是想象风险，实际不会发生。

风险与不确定性紧密联系，有两种不同角度的理解。一种是强调风险表现为不确定性，也就是说风险产生的结果可能带来损失、获利或是无损失也无获利；而另一种则强调风险表现为损失的不确定性，即说明风险只能表现出损失，没有从风险中获利的可能性。综合分析风险的定义，不难发现风险具有以下特点：

（1）风险是结果的不确定性；

（2）风险是损失发生的可能性，或可能发生的损失；

（3）风险是结果对期望的偏离；

（4）风险是导致损失的变化；

（5）风险是受伤害或损失的危险。

案例赏析

创业经商注意规避风险 武汉打工女落入合同陷阱

打工女接手原老板经营项目，却落入合同陷阱，血本无归。针对承租经营投诉数量不断攀升的情况，武汉市场监管部门日前发布警示：承租经营要注意规避风险。

黄陂农家女顾某进城当酒推，得到老板余磊的赏识。不久，余老板带她到硚口区泰和大厦金沙餐厅，问她是否愿意接手该餐厅鲜榨果汁的经营项目。想到是个创业的好机会，顾某与余磊签订承包经营转让协议，支付转让金5 000元，并约定此协议不可泄露给第三方知晓。

顾某浑然不知被骗，又借了几千元添置设备。3月份和4月份经营良好，金沙餐厅通过余磊都按时和她结了账。5月份，顾某被餐厅告知，不能继续经营，并扣押了当月的销售款。这时，余磊的电话一直无法接通。

原来，餐厅发现余磊与顾某私下签订转让协议。按规定，承租方无权将经营权转租，5 000元转让费也不受法律保护，顾某知道后真是欲哭无泪。

随着全民创业热潮兴起，租店开业日益火爆。然而，据市场监管部门介绍，目前种种出租、转让行为，多是通过亲戚朋友介绍“搭白算数”，风险极大。

市场监管部门提醒：在承租交易中，一要审查出租方相关法律文件，包括：公司注册、经营的各种许可证正本，房产证或租赁合同正本，股东同意转让的声明或委托书，以及财务、货物、设备清单等；二要审查出租方对所要签订合同的标的物是否有处分权。如无直接处分权，是否经授权，并注意授权范围和时效；三是交易过程中所有相关事务要以正式书面文字进行约束。

请结合本案例，分析创业过程中可能存在的风险点。

资料来源：华夏致富网．创业经商注意规避风险 武汉打工女落入合同陷阱［EB/OL］．［2022-04-11］．https：//www.zuizhifu.com/news/30334.

第二节　创业风险的类型

创业风险主要有技术风险、财务风险、管理风险、市场风险和环境风险等。

1.技术风险

技术风险是指初创企业因技术因素导致创业失败的可能性。产品从研究开发到实现其商业化的过程中，任何一个环节的技术障碍，都会使产品创新失败。技术因素包括技术研究开发的不确定性，技术前景、技术寿命的不确定性，技术效果的不确定性。技术研究开发的不确定性是指技术方案是否成功是不确定的，有的企业，投入很多资金，耗时多年，屡战屡败，当创业资金将要耗尽却还没有研发出合格的产品时，企业面临的风险极大；技术前景、技术寿命的不确定性是指如果赖以创业的技术创新不能在技术寿命周期内迅速实现产品商业化，并收回初始投资、取得利润，会造成创业企业的夭折，或者即使实现商业化，但企业技术创新跟不上技术更新换代的速度，也会造成创业企业的夭折；技术效果的不确定性是指一项高技术产品即使能成功地开发和生产，但若达不到创业前所预期的效果，结果也会造成大的损失甚至创业失败。

2.财务风险

财务风险是指企业在各项财务活动过程中，由于各种难以预料或控制因素的影响，财务状况出现不确定性，导致企业蒙受损失的可能性。财务活动是企业生产经营活动的前提条件，是资金筹集、投资、占用、耗费、收回、分配等活动环节的有机统一，各种活动环节中都有可能发生风险。对企业影响较大的财务风险主要有六种。

（1）筹资风险。筹资风险是指因借不到资金而创业失败或借入资金过多使企业丧失偿债能力的可能性。如果筹不到足够的资金，初创企业非常容易夭折。对于以技术创新为主的创业活动，由于资金不能及时供应，科技成果迟迟不能产业化，其技术价值随着时间的推移不断贬值，甚至被后来的竞争对手超越，而使初始投入付诸东流。

企业因融资困难无法涉足一些先期投入大的项目，错失发展机会；企业加速扩张时，往往又遭遇资金瓶颈，影响整个企业协作；而当企业拥有融资渠道时，往往热衷于做项目，铺张无度，资金像一条紧绷的橡皮筋，一旦一个地方断裂，就不易补救，而且往往影响整个企业的发展，这样的案例比比皆是。2001年，号称中国第一家专业鞋业连锁店的温州百信鞋业在未得到银行支持的情况下，5年间在全国发展了100多家连锁百信鞋城，拥有30多亿元资产，但扩张太快导致其资金被连锁店消耗殆尽，资金链断裂，卖掉鞋城仍然难偿百信的巨额债务，创始人也因拖欠货款、涉嫌偷税漏税而被逮捕，百信鞋城随之倒闭。

（2）投资风险。投资风险通常指企业投资预期收益率的不确定性，主要由投资决策失误和投资环境恶化引起。企业必须加强市场调查和可行性研究，确保决策正确，并加强投资管理。

（3）经营风险。经营风险又称营业风险，是指企业在生产经营过程中，受供、产、销各个环节不确定性因素的影响，企业资金运动迟滞，产生企业价值的变动。经营风险主要包括采购风险、生产风险、存货变现风险、应收账款变现风险等。采购风险是指由于原材料市场供应商的变动而产生的供应不足的可能，以及由于信用条件与付款方式的变动而导致实际付款期限与平均付款期限的偏离；生产风险是指由于信息、能源、技术及人员的变动而导致生产工艺流程的变化以及由于库存不足所导致的停工待料或销售迟滞的可能；存货变现风险是指由于产品市场变动而导致产品销售受阻的可能；应收账款变现风险是指由于赊销业务过多导致应收账款管理成本增大的可能，以及由于赊销政策的改变导致实际回收与预期回收的偏离等。

（4）存货管理风险。企业保持一定量的存货对于其进行正常生产来说至关重要，但确定最优库存量是一个比较棘手的问题，存货太多会导致产品积压，占用企业资金，风险较高；存货太少又可能导致原料供应不及时，影响企业的正常生产，严重时可能违约，影响企业的信誉。

（5）流动性风险。流动性风险即现金流风险，是指因现金流不畅，导致企业资产不能确定性地转移，或企业债务和付现责任不能正常履行的可能性。从这个意义上来说，可以把企业的流动性风险从企业的变现力和偿付能力进行分析与评价。企业由于支付能力和偿债能力发生的问题，称为现金不足及现金不能清偿风险；企业由于资产不能确定性地转移为现金而发生的问题称为变现力风险。

（6）外汇风险。外汇风险是指汇率变动对企业盈利能力、净现金流和市场价值的潜在影响及有可能遭受的损失。外汇风险一般是由外币、时间和汇率变动三个因素共同构成的。根据影响的内容，国际企业在经营中所面临的外汇风险主要有交易风险、折算风险和经济风险三种类型。

3.管理风险

管理风险是指管理者在创业过程中，对企业发展实施的管理导致创业失败的可能性。管理风险来自管理者的经营管理能力、组织结构、企业文化等要素。管理风险表现为决策失误、团队管理不善、组织结构不合理、运行机制不规范、制度不健全、用人不当、企业文化缺失等。决策失误是创业最大的风险。创业者在创业活动中要面临各种决策，包括项目决策、技术决策、财务决策、市场营销决策、管理决策等。核心创业者决策水平的高低直接影响初创企业的成败。对创业者而言，绝不可以根据自己的喜怒哀乐或不切合实际的个人偏好进行盲目决策，不进行科学分析，仅凭个人经验或运气的决策方式都可能导致创业失败。

4.市场风险

市场风险是指创业主体从事经济活动，因市场因素导致创业失败的可能性。市场因素有四个：一是市场需求量，产品的市场容量较小或者短期内不能为市场所接受，产品的市场价值就无法实现，投资就无法收回，从而造成创业夭折；二是市场接受时间，一个全新的产品，打开市场需要一定的过程与时间，因而不可避免地出现产品销售不畅、前期投入难以回收等情况，从而给初创企业资金周转带来极大困难；三是市场价格，产品价格超出了市场的承受力，就很难为市场所接受，技术产品的商业化、产业化就无法实现，投资就无法回收，而当某种新产品逐渐被市场所接受和吸纳时，其高额的利润会吸引众多的竞争者，可能造成供大于求的局面，导致价格下跌，影响投资回报；四是市场战略，一项好的高新技术产品，如果没有好的市场战略规划，在价格定位、用户选择、上市时机、市场区域划分等方面出现失误，就会对产品的市场开拓造成困难。

5.环境风险

环境风险是指，外部环境的变化导致初创企业遭受损失或创业失败的可能性。环境风险包括自然环境、经济环境、政治环境、法律环境、社会文化环境等风险。环境的变化会影响创业资源的获取成本，比如，国家相关法律法规、产业政策、财税政策、金融和资本市场的发展、通货膨胀等因素，均会影响初创企业发展，因此需要企业密切关注这方面的风险。

第三节　创业风险的来源

创业环境的不确定性，创业机会与创业企业的复杂性，创业者、创业团队与创业投资者的能力与实力的有限性，是创业风险的根本来源。

1.资金的短缺

在创业过程中，资金的筹措和使用一直伴随着创业活动的始终，资金匮乏是产生创业风险的首要原因。

对于创业者来说，是否有足够的资金创办企业是他们遇到的第一个问题，企业创办起来后，能否有足够的资金支持企业的日常运作也是一个重要的问题。对于初创企业来说，如果几个月内连续入不敷出或者因其他原因导致企业的现金流中断都会给创业者带来极大的威胁。

2.市场的竞争

创业者在创业过程中选择进入的行业或市场的竞争状况也是导致创业风险的重要原因。

如果创业者选择的行业是一个竞争非常激烈的领域，那么在创业初期就有可能受到业内同行的强烈排挤。一些大企业为了能把同行业中的小企业吞并或挤垮，常会采用低价销售的手段。对于大企业自身，由于规模效益或实力雄厚，降价并不会在短时间内造成致命的伤害，但是对新创企业来说，低价则可能意味着彻底的毁灭。因此，考虑好如何应对来自同行的残酷竞争是创业者生存的必要准备。

3.团队的分歧

创业企业大多属于小企业，力量相对薄弱，在诞生或成长过程中最主要的力量来源是创业团队。一个优秀的创业团队能使创业企业迅速地发展，但是风险也蕴含在其中，团队的力量越大，产生的风险也就越大。一旦创业团队的核心成员在某些问题上产生分歧而不能达到统一时，往往极有可能会对企业产生不良的冲击和影响。

4.业务骨干的流失

有些生产或经营性企业需要面向市场，大量的高素质的业务员队伍是这类企业成长的重要因素，如何防止业务员的流失是创业者时刻需要注意的问题。尤其是对于那些依靠某种技术或专利创业的企业，拥有或掌握这一关键技术的业务骨干的流失则更是创业失败的主要风险来源。

5.核心竞争力的缺乏

创业者进行创业的目的不仅是登记注册一个公司，创办一个企业，而是希望这个新企业不断地发展壮大，在激烈的市场竞争中立于行业之首，那么企业缺乏自己的核心竞争力就是最主要的风险。一个依赖别人的产品或市场来打天下的企业是永远不会成长为优秀企业的。

第四节　创业风险的特征

创业风险主要具有如下几个特点：

1.客观存在性

创业风险是客观存在的，任何方法都是无法彻底消除的。在创业过程中，由于事物发展变化过程的特性之一是内外部事物发展的不确定性，所以创业风险也必然是客观存在的。采取正确的态度承认和正视创业风险，并积极对待创业风险是对这一客观事实很好的应对方法。当然，客观性并不否认创业风险的存在也有主观的一面。

2.不确定性

创业的过程往往是将创业者或者创业团队的某一个“突发奇想”或创新技术变为现实中的产品或服务的过程。在这一过程中，创业者和团队面临各种各样的不确定因素，如可能进入新市场面临需求的不确定、遭受到已有市场竞争对手的排斥、团队内部的设计理念出现严重分歧、新技术难以转化为生产力等。此外，在创业初期资金投入很大，而且种种投入均石沉大海没有产出，从而导致的资金不足、人员流失等问题，最终会造成创业的失败。这就说明，影响创业的各种因素是不断变化且难以预知的，这种难以预知就造成了创业风险的不确定性。

3.损益双重性

创业风险对创业收益的影响并不仅仅是负面的。如果能正确认识创业风险并能反过来很好地利用，也会使收益有很大程度的增加，即创业风险存在损失和收益的两方面特性。一方面，风险意味着“损失的可能性”，创业风险和损失构成一对因果关系。一般而言，创业风险的损失表现为两种形态，直接损失主要指财产、账务损失，间接损失则指的是对企业信誉、形象、业务等造成的负面影响。另一方面，创业风险也存在收益性。随着社会的变革和经济的发展，人们的风险意识逐步加强，创业风险可以通过有效管理的方式转化为收益。美国学者威廉和海因斯从预期和实际之间的变动视角出发，将风险视为“一定条件下、一定时期内可能产生结果的变动”，即预期结果和实际结果之间的不一致或者偏离。在创业过程中，创业风险具有不确定性，结果变动也是没有方向性限制的。不同创业者、创业团队对创业风险的态度和策略都可能直接影响创业风险的结果。

4.相关性

创业风险的相关性是指创业者面临的风险与其创业行为及决策是紧密相连的。由于各个企业的实际情况千差万别，同一创业者由于其决策或采取的策略不同，同一风险事件对不同的创业者产生的风险程度也不同，必然会产生不同的风险结果。

5.可变性

当创业的内部与外部条件发生变化时，必然会引起创业风险变化，这就是创业风险的可变性。创业风险的可变性包括创业过程中风险性质的变化、风险后果的变化以及出现新的创业风险这三个方面。

6.可测性与测不准性

创业风险的可测性是指创业风险在一定程度上是可测量的，即可通过定性或定量的方法对其进行估计。人们常说“这世界上唯一不变的就是变化”，这也指出了风险存在的普遍性。风险的这种普遍存在性使企业的风险管理工作具有了一般意义。即便风险事件的发生会给企业带来不同程度的损失，但合理运用风险管理工具可以使企业对可能出现的与其希望结果的较大偏差进行提早预防，以保证企业经营目标的实现，也使创业企业可以沿着正常的轨道健康成长。

创业风险的测不准性是指创业风险的实际结果常常会出现偏离误差范围的状况，它一般是由创业投资的测不准、创业产品周期的测不准与创业产品市场的测不准等造成的。创业企业从无到有的成长过程充满了各种不确定性。可能给企业带来损益的不确定性就是风险，所以创业企业是一个风险集中的组织。创业的过程就是在对各种风险进行有效防范的同时，把不确定性变为确定性的过程。创业企业面临比已经成熟的企业更多、后果更严重的风险。欲对创业风险进行有效的管理，首先需要对创业与经营风险按照多个标准进行分类，以便对其有全面的了解。要对创业企业面临的多种风险进行有效防范，必须在对其识别的基础上进行分类，以便针对不同类型的风险使用不同的防范办法。

第五节　创业风险的识别

一、创业风险识别

风险识别是指在风险出现或出现之前，就予以识别，以有效把握各种风险信号及其产生的原因。风险识别是风险管理的第一步，也是风险管理的基础。只有在正确识别出自身所面临的风险的基础上，人们才能够主动选择适当有效的方法进行处理。

创业风险识别是创业者依据自己企业的经营活动，对创业企业所面临的现实的以及潜在的风险，运用各种方法加以判断、归类并鉴定风险性质的过程。创业者如果不能正确和全面地认识创业过程中所面临的以及可能面临的潜在风险，就不可能及时发现和预防风险，也就难以采取有效的风险处理措施。

二、常见的创业风险

大学生创业者要认真分析自己创业过程中可能会遇到的风险，这些风险中哪些是可以控制的，哪些是不可以控制的，哪些是需要极力避免的，哪些是致命的或不可管理的，一旦这些风险出现，应该如何应对和化解。特别需要注意的是，一定要明白最大的风险是什么，最大的损失可能有多少，自己是否有能力承担并渡过难关。大学生创业的风险主要有以下几个方面：

1.项目选择

大学生创业时如果缺乏前期市场调研和论证，只是凭自己的兴趣和想象来决定投资方向，甚至仅凭一时心血来潮做决定，一定会碰得头破血流。

大学生创业者在创业初期一定要做好市场调研，在了解市场的基础上创业。一般来说，大学生创业者资金实力较弱，选择启动资金不多、人手配备要求不高的项目，从小本经营做起比较适宜。

2.缺乏创业技能

很多大学生创业者眼高手低，当创业计划转变为实际操作时，才发现自己根本不具备解决问题的能力，这样的创业无异于纸上谈兵。一方面，大学生应去企业打工或实习，积累相关的管理和营销经验；另一方面，大学生应积极参加创业培训，积累创业知识，接受专业指导，提高创业成功率。

3.资金风险

资金风险在创业初期会一直伴随在创业者的左右。是否有足够的资金创办企业是创业者遇到的第一个问题。企业创办起来后，就必须考虑是否有足够的资金支持企业的日常运作。对于初创企业来说，如果连续几个月入不敷出或者因为其他原因导致企业的现金流中断，都会给企业带来极大的威胁。相当多的企业会在创办初期因资金紧缺而严重影响业务的拓展，甚至因错失商机而不得不关门。

另外，创业者如果没有广阔的融资渠道，创业计划也只能是一纸空谈。除了银行贷款、自筹资金、民间借贷等传统方式外，创业者还可以充分利用风险投资、创业基金等融资渠道。

4.社会资源贫乏

企业创建、市场开拓、产品推介等工作都需要调动社会资源，大学生在这方面会感到非常吃力。平时应多参加各种社会实践活动，扩大自己人际交往的范围。创业前，可以先到相关行业领域工作一段时间，通过这个平台，为自己日后的创业积累人脉。

5.管理风险

一些大学生创业者虽然技术出类拔萃，但理财、营销、沟通、管理方面的能力普遍不足。要想创业成功，大学生创业者必须技术、经营两手抓，可从合伙创业、家庭创业或从开设虚拟店铺开始，锻炼创业能力，也可以聘用职业经理人负责企业的日常运作。

创业失败者，基本上都是管理方面出了问题，其中包括：决策随意、信息不通、理念不清、患得患失、用人不当、忽视创新、急功近利、盲目跟风、意志薄弱等。特别是大学生知识单一、经验不足、资金实力和心理素质明显不足，更会增加其在管理上的风险。

6.竞争风险

寻找蓝海是创业的良好开端，但并非所有的新创企业都能找到蓝海，更何况，蓝海也只是暂时的，所以，竞争是必然的。如何面对竞争是每个企业随时都要考虑的事，对新创企业更是如此。如果创业者选择的行业是一个竞争非常激烈的领域，那么在创业之初极有可能受到同行的强烈排挤。一些大企业为了把小企业吞并或挤垮，常会采用低价销售的手段。对于大企业来说，由于规模效益或实力雄厚，短时间的降价并不会对它造成致命的伤害，而对初创企业则可能意味着彻底毁灭的危险。因此，考虑好如何应对来自同行的残酷竞争是创业企业生存的必要准备。

7.团队分歧

现代企业越来越重视团队的力量。创业企业在诞生或成长过程中最主要的力量来源一般都是创业团队，一个优秀的创业团队能使创业企业迅速地发展起来。同时，风险也蕴含在其中，团队的力量越大，产生的风险也就越大。创业团队的核心成员在某些问题上产生分歧时，极有可能会对企业造成强烈的冲击。

事实上，做好团队的协作并非易事，特别是与股权、利益相关联时，很多初创时很好的伙伴都会闹得不欢而散。

8.核心竞争力缺乏的风险

对于具有长远发展目标的创业者来说，他们的目标是不断地发展壮大企业，因此，企业是否具有自己的核心竞争力就是主要的风险。一个依赖别人的产品或市场来打天下的企业是永远不会成长为优秀企业的。核心竞争力在创业之初可能不是最重要的问题，但要谋求长远的发展，就是最不可忽视的问题。没有核心竞争力的企业终究会被淘汰出局。

9.人力资源流失风险

一些研发、生产或经营性企业需要面向市场，大量的高素质专业人才或业务队伍是这类企业成长的重要基础。防止专业人才及业务骨干流失是创业者时刻要注意的问题，在那些依靠某种技术或专利创业的企业中，拥有或掌握这一关键技术的业务骨干的流失是创业失败的主要风险。

10.意识上的风险

意识上的风险是创业团队最内在的风险。这种风险来自于无形，却有强大的毁灭力。风险性较大的意识有：投机的心态、侥幸心理、试试看的心态、过分依赖他人、回本的心理等。

提醒：大学生创业过程中所遇到的阻碍并不仅此10点，在企业发展过程中，随时都可能面临灭顶之灾。大学生创业者应保持积极的心态，多学习，多汲取优秀经验，多结合自身既有的特长优势。我们相信，大学生创业者的步伐，会越走越远，越走越稳。

三、创业风险的识别过程

（一）创业风险的识别

创业风险的识别是一项复杂而细致的工作，要按特定的程序进行，要采用适当的方法进行分析和评估。识别风险的过程包括对所有可能的风险的来源和结果进行实事求是的调查、访问，对案例进行研究，对风险进行系统而严格的分类，并评价其严重程度。风险识别的过程包含感知风险和分析风险两个环节。

（1）感知风险。感知风险是指了解客观存在的各种风险，是风险识别的基础。只有通过感知风险，才能在此基础上进一步进行分析，寻找导致风险事故发生的条件因素，为拟订风险处理方案，进行风险管理决策服务。

（2）分析风险。分析风险是指分析引起风险事故的各种因素，它是风险识别的关键。

（二）风险识别的基本途径

创业风险的识别途径，重点从风险的来源上入手，即自然因素和人为因素两大方面。

（1）自然因素。比如说，地震多发区、台风多发区和炎热地区。这与企业的选址和项目有着密切关系。又比如对于许多行业来说，必须密切注意会影响到原材料供应的矿产、能源、农产品以及交通等问题。

（2）人为因素。主要应了解一个国家或者地区的政经制度、法律政策、民情民俗以及企业周边的营运环境等。

（三）识别风险的方法和步骤

一般而言，风险识别的方法包括：信息源调查法、数据对照法、资产损失分析法、环境扫描法、风险树分析法、情景分析法、风险清单法。

有能力的企业也可以自行设计识别的方法，比如专家调查法、流程图分析法、财务报表分析法、SWOT分析法等。识别风险的步骤如下：

（1）信息收集。首先创业者要通过调查、问讯、现场考察等途径获得信息；其次，创业者需要敏锐地观察和科学地分析，对各类数据及现象作出处理。

（2）风险识别。创业者根据信息分析的结果，确定风险或潜在风险的范围。

（3）重点评估。创业者根据量化结果，运用定量分析、定性分析、假设、模拟等方法，进行风险影响评估，预计可能发生的后果，提出方案选择。

（4）拟订计划。提出处理风险的方法和行动方案。

（四）风险识别过程中要注意的问题

（1）信息收集要全面。收集信息可以通过两个途径，一是内部积累或者专人负责；二是借助外部专业机构的力量。后者可获得足够多的信息资料，有助于较全面、较好地识别潜在风险。

（2）因素罗列要全面。根据企业在运营过程中可能遇到的风险，逐步找出一级风险因素，然后再进行细化，延伸到二级风险因素，再延伸到三级风险因素。例如管理风险属于一级风险因素，管理者素质属于二级风险因素。

（3）要进行最终综合分析。既要对风险进行定性分析，也要进行定量分析。

第六节　创业风险的防范

一、项目选择要谨慎

目前，大学生创业的项目选择多集中在高科技领域和智力服务领域，如软件开发、网络服务、家教中介、设计工作室等。大学生决定创业之前，选择好合适的创业项目至关重要。要选择既有市场需求又符合自己的创业项目。具体来讲，大学生创业者既要客观地分析自身的创业条件，又要冷静地分析创业环境。要立足于技术项目，尽量选择技术含量高、自主知识产权明确的项目，并在技术创新的基础上做好产品市场化工作，在选择创业项目过程中切忌盲目跟风。还要切记“做熟不做生”的道理，一定要选择自己最熟悉、最擅长、最有经验、资源最丰富的项目开始创业。

二、资金管理要科学

通常情况下，创业初期创业者的资金往往都比较缺乏或十分有限，很多大学生创业者没有深厚的金融知识功底和足够多的商场经验，创业企业内部也没有财务方面的专业人员，很难对有限资金进行科学的财务预算和管理。创业者只知道创业初期很多地方都要花钱，但不知道该不该花、该怎么花，哪里必须要花，哪里可以节省，很多都是不顾后果地乱花，等发现资金跟不上的时候后悔已经晚了。所以，创业初期对资金的管理要科学，要有可操作性强的财务预算编制和预算管理，要规划好每一个需要花钱的地方，使有限的资金能够用在刀刃上。

三、技能准备要充分

创业者创业技能准备不充分，缺乏从企业视角整合资源、实施管理的能力，将大大影响创业的成功率。要成功创业必须培养创业精神和团队合作精神，提升创业心理素质，提高创业者解决问题的能力、信息收集的能力、环境适应的能力以及研究和完成项目的能力。

创业者要想具备必要的创业知识，学会创业的本领，能够敢于创业和善于创业，最好先接受实践的磨练。创业者要先利用业余时间创立一些投资少、见效快、风险小的实体，增加自身适应社会的能力。创业者通过实践可以增加创业体验，熟悉社会环境，学会社会交往。同时，还能学习科学决策的方法，遇事先做到深思熟虑，该想到的困难要想到，做到心中有数，回避准备不足的缺点，以克服创业的随意性。

四、企业经营要规范

大学生创业企业的规模通常不大。在创立初期，一定要规范经营，诚信经营，守法经营。创办人必须建立完善的制度和章程，并严格按制度和章程行事，建立现代企业制度。即使是在创业的起步阶段，创业者也应从长远考虑，制定企业发展的中长期规划。同时，要认真学习与创业相关的法律内容，避免在风险和利益同时存在的情况下，用赌博心态、投机取巧和冒险行为代替理性的法律思考，从而造成不可弥补的损失。只有懂法、守法，并依据法律保护自己的合法权益，才能确保大学生们创办的企业从小到大、从弱到强，稳健与长久地发展。

创业致富离不开创新，新创企业要加强对新产品的设计、开发，抢占市场竞争的制高点，应对未来挑战。在创业初期，许多创业者都要面临激烈的市场竞争，竞争是不可避免的。竞争的最高境界不是与竞争对手面对面地对抗，也不是与对手拼个你死我活，而是要寻求互惠共存之道，超越竞争对手，为自己开辟一个全新的领域和生存空间。面对强大的竞争对手，懂得妥协和低调，是避免竞争风险、保存实力的最佳策略。

五、注重培养创新思维

创业就是不断扬弃、不断创新的过程，企业不仅要在产品与服务上创新，也要在经营理念和商业模式上创新，一家成功的创业企业离不开与时俱进的创新思维。创新思维的培养方法主要有心理思维创新、跟踪思维创新、替代思维创新、发散思维创新等。

在创业过程中，创业者要一直有危机感，要提醒自己不断地“创新”，去发现市场中存在的变动，“时变、位变、量变、因变、性变”中存在的“空间价值环”就是创业者要投资的项目。找到新的投资项目后要比别人先一步“抢时占位”，把握好机遇，在市场还未饱和的时候先发展起来，要做“与时俱进、与位俱进、与量俱进、与因俱进、与性俱进”，人无我有，人有我先的“创新”企业。等到市场需要量下降的时候，创业者又要有“超前意识”了。

案例赏析

在绍兴市新建北路5号，有家“新天烘焙”蛋糕店，与其他蛋糕店有点不同，这家店不仅宽敞明亮，而且在店铺的一角摆放着一张圆桌、两张凳子，桌上还放着几本杂志，有点休闲吧的味道。

这家与众不同的蛋糕店的主人，是位刚走出大学校门才两年的年轻人——浙江大学城市学院2006届毕业生陶立群。今年25岁的他，毕业后自主创业，现在已拥有5家蛋糕连锁店和一家加工厂，成为绍兴市里小有名气的创业青年，今年被评为绍兴市创业之星。

2006年6月，陶立群从浙江大学城市学院工商管理专业毕业时决定开个蛋糕店。他做出这个决定并不是盲目的。大学期间，他曾经经营过校内的休闲吧、小餐厅，都做得不错。曾做过“元祖蛋糕”代理的他，对蛋糕市场有所了解，觉得能在这一行闯出一片天地。虽然父母极力反对，但陶立群认准了这条路，决意走下去。2006年夏天，他白天顶着烈日逛绍兴市区大大小小的蛋糕店，看门道、想问题，晚上则躲在房间里查资料，了解市场行情。他还跑到杭州、上海等大城市做蛋糕市场的调查，搞可行性分析。

陶立群的调查有不小的收获，绍兴当时只有“亚都”“元祖”两家知名品牌的蛋糕店，其余的都是本地小蛋糕店，中高档品牌蛋糕市场相对空缺，而且当时绍兴还没有一家蛋糕店的糕点是现烤现卖的。陶立群的创业梦想定位在打造本地中高档蛋糕品牌上。

两个多月后，当满满9页纸的《新天烘焙蛋糕店可行性策划书》放在父母面前时，陶立群的父母被感动了，他们拿出积蓄支持儿子创业。2006年年底，第一家

“新天烘焙蛋糕店”在绍兴市新建北路5号正式开张，陶立群做起了小老板。他将店面分成两部分，前半部分是自选式的透明橱窗，便于顾客自行挑选；后半部分则用来加工糕点，现烤现卖。

起早贪黑，对在创业之初的陶立群来说是常事。为节约成本，采购、运货等工作，陶立群都自己一个人做。优质的用料、独特的口味、有人情味的服务，赢得了消费者的喜爱。2007年5月、10月，陶立群先后开出第二、第三家连锁店。今年9月，又有两家新天烘焙店在绍兴市区开张。在鲁迅故里做讲解员的曹圣燕是新天烘焙店的忠实顾客，她说：“新天”不仅布置得有情调，并且糕点的品种多、口味好，所以经常买。

谈及今后的打算时，陶立群说，他下一步要在蛋糕店的团队建设上下功夫，并且要不断改善店里的蛋糕品种以及销售服务，打响“新天”品牌，力争开出更多的连锁蛋糕店。

解析：《新天烘焙蛋糕店可行性策划书》给我们留下了深刻的印象。成功总是留给那些有准备的人，陶立群在正式创业之前，对自己的能力有清醒的认识，对蛋糕行业有详细的调查、分析，这正是他创业初步成功的基础。大学生创业时不能盲目，一定要对即将进入的行业有充分的了解。

传统的观念认为，作为知识层次高、有一定的专业知识的大学生们来说，“创业”理应是在高知识、高科技领域上的。更有不少大学生一提到创业就好高骛远，丝毫没有想到应该往“小而细”的方向去努力。

但显然，这一观念已经落伍。目前，在我国大学生与社会实践脱节现象比较严重而大学生的创业资金又不够的情况下，那种来自“传统行业”的“新创意”式的创业，则是值得肯定和学习的。比如，复旦大学计算机专业本科毕业的顾澄勇，在任何人都会的“卖鸡蛋”上，也卖出了“新创意”，他成功开发出“阿强”鸡蛋的“网上身份查询系统”，满足了大家对鸡蛋“新鲜卫生”的需求，此外，打造鸡蛋品牌，继续推出满足人们对营养最足的“头窝鸡蛋”的需求等，开拓出了一片“创业新天地”。

此外，建收废品网站创业、擦皮鞋开连锁店创业、卖铁板烧创建“大学生铁板烧连锁店”创业等，都让一些大学生尝到了创业成功的快乐。

资料来源：佚名．创业成功的案例分析［EB/OL］．［2022-04-02］．https：//wenku.baidu.com/view/7419ed7ac67da26925c52cc58bd63186bdeb92f5.html.

六、重视保护无形资产

品牌、专利、技术、经营者的智力成果、熟练员工等都是企业的无形资产。有些创业者只关注企业的有形资产，却无视对无形资产的保护，结果常常是自己生了半天火，却热了别人的炕头，使企业遭受重创。无形资产的保护措施主要有：防止商业泄密；加强商标自我保护，防止恶意抢注；及时进行专利申请和版权保护等。

以品牌为例，企业越来越意识到品牌的重要性，千方百计地打造品牌。然而创品牌不易，保品牌更难。

创新意味着新生，从某种意义上讲，品牌的创新实质就是遏制品牌老化，使品牌年轻化。品牌年轻化之路很多，关键在于观念创新。许多品牌通过创新获得了新的生机，例如，德国大众公司收购了捷克的斯柯达公司以后，通过一系列的品牌创新，成功地转变了斯柯达“笑话百出”的东欧汽车品牌形象，使斯柯达成为一个值得信赖的汽车品牌。然而与此同时也应该清醒地认识到，品牌创新是一项风险性非常大的工作，一旦失误，会给企业带来巨大损失。品牌创新失败的案例亦不鲜见，例如，美国德州仪器公司开发家用计算机失败，亏损了6.6亿美元，美国无线电公司开发电视机游戏失败，损失了5.7亿美元。品牌创新的成功，对企业的可持续发展意义重大。品牌核心价值一旦确定就应该保持其连续性和稳定性。除非像万宝路那样迫不得已，一般不应该轻易改变。新核心价值与原核心价值差异越大，则可信度越低，风险也越大。因此，品牌的产品创新及形象更新都应该围绕核心价值这个中心，产品可以更新换代，形象可以不断“变脸”，但不能轻易偏离品牌核心价值的主线。

品牌的产品创新，技术领先是前提。产品品质的提高是以技术进步为基础的，只有以先进的科技水平为保障，才能推动产品结构升级，增加产品的技术含量，新产品才能形成优势，迅速打入市场，降低企业投入期的资金成本，从而减少产品创新的风险。同时，领先的科技水平还能够树立企业行业领导者的形象，能够提升品牌的美誉度，提升品牌的附加价值。

品牌创新虽然一直与风险为伍，但是一个企业要想与时俱进，不被市场淘汰，就应该勇于追求品牌创新。可以肯定地说，品牌创新正是为了降低企业竞争的风险，不创新才是最大的风险。

七、借助强者生存

在创业的过程中，借助强者生存是很有必要的。因为大企业有广大的客户群体，并且产品流通渠道十分通畅，而小企业在资金、技术、人才等方面都显得过于短缺而没有太大的竞争力。如果小企业找到与大行业或大企业的共同利益，主动联盟，将竞争对手转化为依存伙伴，那么它们就可以分享到大企业的利润大餐，并且能够不断地壮大自身。

八、模仿也是为了创新

模仿也是学习的一种。每个企业都知道创新的重要性，然而，一旦创新付出的代价和成本高于创新所创造的价值，就不会给企业带来经济效益的增长。有时，聪明的模仿可以让企业站得更稳、走得更快。模仿可以帮助企业避免很多不必要的风险，许多创业者起初都是通过模仿、跟风，在商品经济的大潮中获取第一桶金。当然，模仿并不意味着完全照搬照抄，仅仅依靠简单的模仿是绝对不会取得成功的。

九、持续创新，永远领先对手

创新可以引领成功，但是一旦创新的步伐落后于别的企业，你的企业就会迅速衰败下来。现实中，某家企业获得了阶段性的成功后，就会招来大批竞争对手的模仿跟进，尤其是实力远大于自己的竞争对手的模仿跟进，会导致企业的失利。创业企业唯有不断创新，才能建立一种独一无二的优势，让竞争对手无法跟进和模仿，从而在激烈的市场竞争中始终立于不败之地。

思考题：

1. 什么是创业风险？创业风险的类型有哪些？
2. 创业风险的防范应该注意哪些问题？

第七章　创业政策与法律规范

大学生创业是一项事业，也是一种法律行为。一旦我们开始创业，哪怕是经营一个很小规模的公司，从企业的注册登记开始到企业的整体经营，都会涉及许多法律方面的问题。作为受过高等教育的大学生而言，更应具有寻找法律资源和运用法律知识的能力。充分了解与创业相关的法律法规以及政府出台的相关政策，其重要性不言而喻。

第一节　企业运营和管理的相关法律法规

“千里之行，始于足下”，创业是一种激情还是一次艰难的白手起家？当大学生迈出创业第一步的时候，我们面临的第一个问题就是如何注册登记公司，企业的设立是创业者都需要经历的第一步，烦琐的设立程序中也涉及各种法律问题，不同法律形态的公司有不同的成立条件，注册登记究竟有哪些程序又要提交哪些材料，后续的工作又有哪些呢？

一、企业注册登记涉及的有关法律法规

（一）谁负责企业的登记

根据《中华人民共和国市场主体登记管理条例》（2022年3月1日国家市场监督管理总局令第52号公布，自公布之日起施行），国家市场监督管理总局主管全国市场主体统一登记管理工作，制定市场主体登记管理的制度措施，推进登记全程电子化，规范登记行为，指导地方登记机关依法有序开展登记管理工作。

县级以上地方市场监督管理部门主管本辖区市场主体登记管理工作，加强对辖区内市场主体登记管理工作的统筹指导和监督管理，提升登记管理水平。

县级市场监督管理部门的派出机构可以依法承担个体工商户等市场主体的登记管理职责。

各级登记机关依法履行登记管理职责，执行全国统一的登记管理政策文件和规范要求，使用统一的登记材料、文书格式，以及省级统一的市场主体登记管理系统，优化登记办理流程，推行网上办理等便捷方式，健全数据安全管理制度，提供规范化、标准化登记管理服务。

（二）企业设立程序

1.企业名称预选核准登记

根据《中华人民共和国市场主体登记管理条例》第八条至第十三条规定，市场主体名称由申请人依法自主申报。申请人应当依法申请登记下列市场主体类型：

（1）有限责任公司、股份有限公司；

（2）全民所有制企业、集体所有制企业、联营企业；

（3）个人独资企业；

（4）普通合伙（含特殊普通合伙）企业、有限合伙企业；

（5）农民专业合作社、农民专业合作社联合社；

（6）个人经营的个体工商户、家庭经营的个体工商户。

分支机构应当按所属市场主体类型注明分公司或者相应的分支机构。

2.办理登记

申请人应当根据市场主体类型依法向其住所（主要经营场所、经营场所）所在地具有登记管辖权的登记机关办理登记。

申请人申请登记市场主体法定代表人、执行事务合伙人（含委派代表），应当符合章程或者协议约定。

合伙协议未约定或者全体合伙人未决定委托执行事务合伙人的，除有限合伙人外，申请人应当将其他合伙人均登记为执行事务合伙人。

申请人应当按照国家市场监督管理总局发布的经营范围规范目录，根据市场主体主要行业或者经营特征自主选择一般经营项目和许可经营项目，申请办理经营范围登记。

申请人申请登记的市场主体注册资本（出资额）应当符合章程或者协议约定。

市场主体注册资本（出资额）以人民币表示。外商投资企业的注册资本（出资额）可以用可自由兑换的货币表示。

依法以境内公司股权或者债权出资的，应当权属清楚、权能完整，依法可以评估、转让，符合公司章程规定。

3.设立登记申请

根据《中华人民共和国公司登记管理条例》第三章登记规范规定，办理市场主体登记、备案事项，申请人可以到登记机关现场提交申请，也可以通过市场主体登记注册系统提出申请。

申请人对申请材料的真实性、合法性、有效性负责。

4.登记申请结果

申请材料齐全、符合法定形式的，登记机关予以确认，并当场登记，出具登记通知书，及时制发营业执照。

不予当场登记的，登记机关应当向申请人出具接收申请材料凭证，并在3个工作日内对申请材料进行审查；情形复杂的，经登记机关负责人批准，可以延长3个工作日，并书面告知申请人。

申请材料不齐全或者不符合法定形式的，登记机关应当将申请材料退还申请人，并一次性告知申请人需要补正的材料。申请人补正后，应当重新提交申请材料。

不属于市场主体登记范畴或者不属于本登记机关登记管辖范围的事项，登记机关应当告知申请人向有关行政机关申请。

市场主体登记申请不符合法律、行政法规或者国务院决定规定，或者可能危害国家安全、社会公共利益的，登记机关不予登记，并出具不予登记通知书。

利害关系人就市场主体申请材料的真实性、合法性、有效性或者其他有关实体权利提起诉讼或者仲裁，对登记机关依法登记造成影响的，申请人应当在诉讼或者仲裁终结后，向登记机关申请办理登记。

市场主体法定代表人依法受到任职资格限制的，在申请办理其他变更登记时，应当依法及时申请办理法定代表人变更登记。

市场主体因通过登记的住所（主要经营场所、经营场所）无法取得联系被列入经营异常名录的，在申请办理其他变更登记时，应当依法及时申请办理住所（主要经营场所、经营场所）变更登记。

公司或者农民专业合作社（联合社）合并、分立的，可以通过国家企业信用信息公示系统公告，公告期45日，应当于公告期届满后申请办理登记。

非公司企业法人合并、分立的，应当经出资人（主管部门）批准，自批准之日起30日内申请办理登记。

市场主体设立分支机构的，应当自决定作出之日起30日内向分支机构所在地登记机关申请办理登记。

（三）企业设立须提交材料

（1）企业申请注册登记需要根据《中华人民共和国市场主体登记管理条例》实施细则提交申请书及相关材料。申请办理设立登记须提交以下材料：

①申请书；

②申请人资格文件、自然人身份证明；

③住所或主要经营场所相关文件；

④公司、非公司企业法人、农民专业合作社（联合社）章程或者合伙企业合伙协议。

⑤法律、行政法规和国务院市场监督管理部门规定提交的其他材料。

申请办理公司设立登记，还应当提交法定代表人、董事、监事和高级管理人员的任职文件和自然人身份证明。

除前款规定的材料外，募集设立股份有限公司还应当提交依法设立的验资机构出具的验资证明；公开发行股票的，还应当提交国务院证券监督管理机构的核准或者注册文件。涉及发起人首次出资属于非货币财产的，还应当提交已办理财产权转移手续的证明文件。

(2) 申请设立非公司企业法人，还应当提交法定代表人的任职文件和自然人身份证明。申请设立合伙企业，还应当提交下列材料：

①法律、行政法规规定设立特殊的普通合伙企业需要提交合伙人的职业资格文件的，提交相应材料。

②全体合伙人决定委托执行事务合伙人的，应当提交全体合伙人的委托书和执行事务合伙人的主体资格文件或者自然人身份证明。执行事务合伙人是法人或者其他组织的，还应当提交其委派代表的委托书和自然人身份证明。

(3) 申请设立农民专业合作社（联合社），还应当提交下列材料：

①全体设立人签名或者盖章的设立大会纪要；

②法定代表人、理事的任职文件和自然人身份证明；

③成员名册和出资清单，以及成员主体资格文件或者自然人身份证明。

(4) 申请办理分支机构设立登记，还应当提交负责人的任职文件和自然人身份证明。

（四）营业执照

营业执照是市场监督管理机关发给工商企业、个体经营者的准许从事某项生产经营活动的凭证。申请人从领取营业执照之日起取得合法经营权，营业执照签发之日就是市场主体成立的日期。

营业执照有正本和副本之分，正本和副本内容一致，具有同等法律效力，区别在于正本规格较大，为悬挂式，仅核发一份，主要用于“必须悬挂”在企业住所，便于接受监督；副本为折叠式，便于携带，用于企业日常经营活动中证明自身合法身份，一般用于外出办理业务。营业执照上记载着企业的基本登记事项，如注册号、企业名称、住所、注册资本、经营范围、法定代表人（负责人）姓名等。

企业必须在住所地或主要经营场所的显著位置悬挂营业执照，这一方面是为了便于市场监督管理机关及其他行政机关的管理，另一方面则是让企业接受消费者和社会公众的监督。在使用营业执照过程中，企业不得涂改、出借、转让、出卖、伪造或擅自复印营业执照；不得擅自变更营业执照上记载的登记事项，如果企业登记事项发生变化的，应当向市场监督管理机关申请变更登记，换发营业执照；如果不慎遗失的，必须登报声明作废，及时向市场监督管理机关申请补发营业执照。

电子营业执照，是指由市场监管部门依据国家有关法律法规、按照统一标准规范核发的载有市场主体登记信息的法律电子证件。电子营业执照与纸质营业执照具有同等法律效力，是市场主体取得主体资格的合法凭证。

（五）企业印章刻制

根据国务院《关于国家行政机关和企业事业单位社会团体印章管理的规定》，

企业公章刻制的具体规定有：

1.公章刻制的条件

（1）单位已依法设立或已批准设立（包括拟成立的企业取得有关部门核发的单位名称预先核准通知书），需刻制公章的。

（2）单位组织机构已组成并确定法定代表人的。

2.申请材料

（1）成立该单位的有关政府批文、证照（复印件各1份，验原件）。

（2）开具刻章证明或申请报告（详细列明需刻印章的名称、数量，附上印章样模）（原件2份）。

（3）刻章登记卡（首次办理由公安机关核发）（原件1份）。

（4）经办人身份证（复印件1份，验原件）。

（5）经营性法人单位还应提供法定代表委托书、法定代表证明书、法定代表身份证（复印件各1份，验原件）。

此外，按企业的分类还有以下材料需要提供：①新成立的企业：法定代表人身份证、“营业执照”、法定代表人亲自签名的法定代表人委托书及刻章申请（复印件各1份，验原件）。②申请刻制企业各类专用章：单位证明、“营业执照”（复印件各1份，验原件）。③个体工商户：经营负责人签名的申请报告，并由经营所在地或居住地的居委会、公安派出所、个体经营者协会加具意见并加盖公章，还需准备经营负责人身份证、“营业执照”（复印件各1份，验原件）。④法定代表人为境外人员的外商独资、合资企业申请刻制印章，由法定代表人委托中方负责人办理，提供法定代表人委托书、中方负责人身份证、法定代表人签名的刻章申请（复印件各1份，验原件）。

3.办理程序

凭有效文件向公安机关治安部门申请，经审核同意后方可刻制印章。

（六）税务登记办理

依法纳税是企业的基本义务，根据《中华人民共和国税收征收管理法》（2015年4月24日修正）第十五条至第十八条的规定，企业，企业在外地设立的分支机构和从事生产、经营的场所，个体工商户和从事生产、经营的事业单位（以下统称从事生产、经营的纳税人）自领取营业执照之日起30日内，持有关证件，向税务机关申报办理税务登记。税务机关应当于收到申报的当日办理登记并发给税务登记证件。市场监督管理机关应当将办理登记注册、核发营业执照的情况，定期向税务机关通报。

从事生产、经营的纳税人，税务登记内容发生变化的，自市场监督管理机关办理变更登记之日起三十日内或者在向市场监督管理机关申请办理注销登记之前，持有关证件向税务机关申报办理变更或者注销税务登记。

银行和其他金融机构应当在从事生产、经营的纳税人的账户中登录税务登记证件号码，并在税务登记证件中登录从事生产、经营的纳税人的账户账号。

税务机关依法查询从事生产、经营的纳税人开立账户的情况时，有关银行和其他金融机构应当予以协助。

纳税人按照国务院税务主管部门的规定使用税务登记证件。税务登记证件不得转借、涂改、损毁、买卖或者伪造。

（七）企业变更登记、歇业、注销登记、撤销登记办理

市场主体变更登记事项，应当自作出变更决议、决定或者法定变更事项发生之日起30日内申请办理变更登记。

市场主体登记事项变更涉及分支机构登记事项变更的，应当自市场主体登记事项变更登记之日起30日内申请办理分支机构变更登记

1.公司变更登记

公司的登记事项包括：名称、住所、法定代表人姓名、注册资本、实收资本、公司类型、经营范围、营业期限、有限责任公司股东或者股份有限公司发起人的姓名或者名称，以及认缴和实缴的出资额、出资时间、出资方式。这些登记事项一旦发生变更，公司均须向原登记机关提出变更申请。未经变更登记，公司不得擅自改变登记事项。

申请办理变更登记，应当提交申请书，并根据市场主体类型及具体变更事项分别提交下列材料：

（1）公司变更事项涉及章程修改的，应当提交修改后的章程或者章程修正案；需要对修改章程作出决议决定的，还应当提交相关决议决定。

（2）合伙企业应当提交全体合伙人或者合伙协议约定的人员签署的变更决定书；变更事项涉及修改合伙协议的，应当提交由全体合伙人签署或者合伙协议约定的人员签署修改或者补充的合伙协议。

（3）农民专业合作社（联合社）应当提交成员大会或者成员代表大会作出的变更决议；变更事项涉及章程修改的应当提交修改后的章程或者章程修正案。

2.歇业

因自然灾害、事故灾难、公共卫生事件、社会安全事件等原因造成经营困难的，市场主体可以自主决定在一定时期内歇业。法律、行政法规另有规定的除外。

市场主体决定歇业，应当在歇业前向登记机关办理备案。登记机关通过国家企业信用信息公示系统向社会公示歇业期限、法律文书送达地址等信息。以法律文书送达地址代替住所（主要经营场所、经营场所）的，应当提交法律文书送达地址确认书。

市场主体延长歇业期限，应当于期限届满前30日内按规定办理。市场主体办理歇业备案后，自主决定开展或者已实际开展经营活动的，应当于30日内在国家企业信用信息公示系统上公示终止歇业。

市场主体恢复营业时，登记、备案事项发生变化的，应当及时办理变更登记或者备案。以法律文书送达地址代替住所（主要经营场所、经营场所）的，应当及时办理住所（主要经营场所、经营场所）变更登记。

市场主体备案的歇业期限届满，或者累计歇业满3年，视为自动恢复经营，决定不再经营的，应当及时办理注销登记。

歇业期间，市场主体以法律文书送达地址代替原登记的住所（主要经营场所、经营场所）的，不改变歇业市场主体的登记管辖。

3.注销登记

市场主体因解散、被宣告破产或者其他法定事由需要终止的，应当依法向登记机关申请注销登记。依法需要清算的，应当自清算结束之日起30日内申请注销登记。依法不需要清算的，应当自决定作出之日起30日内申请注销登记。市场主体申请注销后，不得从事与注销无关的生产经营活动。自登记机关予以注销登记之日起，市场主体终止。

申请办理注销登记，应当提交下列材料：

（1）申请书；

（2）依法作出解散、注销的决议或者决定，或者被行政机关吊销营业执照、责令关闭、撤销的文件；

（3）清算报告、负责清理债权债务的文件或者清理债务完结的证明；

（4）税务部门出具的清税证明。

除前款规定外，人民法院指定清算人、破产管理人进行清算的，应当提交人民法院指定证明；合伙企业分支机构申请注销登记，还应当提交全体合伙人签署的注销分支机构决定书。

个体工商户申请注销登记的，无须提交第二项、第三项材料；因合并、分立而申请市场主体注销登记的，无须提交第三项材料。

4.撤销登记

对涉嫌提交虚假材料或者采取其他欺诈手段隐瞒重要事实取得市场主体登记的行为，登记机关可以根据当事人申请或者依职权主动进行调查。

受虚假登记影响的自然人、法人和其他组织，可以向登记机关提出撤销市场主体登记申请。涉嫌冒用自然人身份的虚假登记，被冒用人应当配合登记机关通过线上或者线下途径核验身份信息。

涉嫌虚假登记市场主体的登记机关发生变更的，由现登记机关负责处理撤销登记，原登记机关应当协助进行调查。

登记机关收到申请后，应当在3个工作日内作出是否受理的决定，并书面通知申请人。

（1）有下列情形之一的，登记机关可以不予受理：

涉嫌冒用自然人身份的虚假登记，被冒用人未能通过身份信息核验的；

涉嫌虚假登记的市场主体已注销的，申请撤销注销登记的除外；

其他依法不予受理的情形。

登记机关受理申请后，应当于3个月内完成调查，并及时作出撤销或者不予撤销市场主体登记的决定。情形复杂的，经登记机关负责人批准，可以延长3个月。

在调查期间，相关市场主体和人员无法联系或者拒不配合的，登记机关可以将涉嫌虚假登记市场主体的登记时间、登记事项，以及登记机关联系方式等信息通过国家企业信用信息公示系统向社会公示，公示期45日。相关市场主体及其利害关系人在公示期内没有提出异议的，登记机关可以撤销市场主体登记。

（2）有下列情形之一的，经当事人或者其他利害关系人申请，登记机关可以中止调查：

有证据证明与涉嫌虚假登记相关的民事权利存在争议的；

涉嫌虚假登记的市场主体正在诉讼或者仲裁程序中的；

登记机关收到有关部门出具的书面意见，证明涉嫌虚假登记的市场主体或者其法定代表人、负责人存在违法案件尚未结案，或者尚未履行相关法定义务的。

（3）有下列情形之一的，登记机关可以不予撤销市场主体登记：

撤销市场主体登记可能对社会公共利益造成重大损害；

撤销市场主体登记后无法恢复到登记前的状态；

法律、行政法规规定的其他情形。

登记机关作出撤销登记决定后，应当通过国家企业信用信息公示系统向社会公示。同一登记包含多个登记事项，其中部分登记事项被认定为虚假，撤销虚假的登记事项不影响市场主体存续的，登记机关可以仅撤销虚假的登记事项。撤销市场主体备案事项的，参照相关规定执行。

（八）市场主体有关法律责任

（1）未经设立登记从事一般经营活动的，由登记机关责令改正，没收违法所得；拒不改正的，处1万元以上10万元以下的罚款；情节严重的，依法责令关闭停业，并处10万元以上50万元以下的罚款。

（2）未经设立登记从事许可经营活动或者未依法取得许可从事经营活动的，由法律、法规或者国务院决定规定的部门予以查处；法律、法规或者国务院决定没有规定或者规定不明确的，由省、自治区、直辖市人民政府确定的部门予以查处。

（3）提交虚假材料或者采取其他欺诈手段隐瞒重要事实取得市场主体登记的，由登记机关依法责令改正，没收违法所得，并处5万元以上20万元以下的罚款；情节严重的，处20万元以上100万元以下的罚款，吊销营业执照。

明知或者应当知道申请人提交虚假材料或者采取其他欺诈手段隐瞒重要事实进

行市场主体登记，仍接受委托代为办理，或者协助其进行虚假登记的，由登记机关没收违法所得，处10万元以下的罚款。

虚假市场主体登记的直接责任人自市场主体登记被撤销之日起3年内不得再次申请市场主体登记。登记机关应当通过国家企业信用信息公示系统予以公示。

（4）市场主体未按规定办理变更登记的，由登记机关责令改正；拒不改正的，处1万元以上10万元以下的罚款；情节严重的，吊销营业执照。

（5）市场主体未按规定办理备案的，由登记机关责令改正；拒不改正的，处5万元以下的罚款。依法应当办理受益所有人信息备案的市场主体，未办理备案的，按照前款规定处理。

（6）市场主体未按照实施细则第四十二条规定公示终止歇业的，由登记机关责令改正；拒不改正的，处3万元以下的罚款。

（7）市场主体未按规定将营业执照置于住所（主要经营场所、经营场所）醒目位置的，由登记机关责令改正；拒不改正的，处3万元以下的罚款。

电子商务经营者未在首页显著位置持续公示营业执照信息或者相关链接标识的，由登记机关依照《中华人民共和国电子商务法》处罚。

市场主体伪造、涂改、出租、出借、转让营业执照的，由登记机关没收违法所得，处10万元以下的罚款；情节严重的，处10万元以上50万元以下的罚款，吊销营业执照。

（8）利用市场主体登记，牟取非法利益，扰乱市场秩序，危害国家安全、社会公共利益的，法律、行政法规有规定的，依照其规定；法律、行政法规没有规定的，由登记机关处10万元以下的罚款。

（9）违反实施细则规定，登记机关确定罚款幅度时，应当综合考虑市场主体的类型、规模、违法情节等因素。

情节轻微并及时改正，没有造成危害后果的，依法不予行政处罚。初次违法且危害后果轻微并及时改正的，可以不予行政处罚。当事人有证据足以证明没有主观过错的，不予行政处罚。

二、企业经营管理涉及的有关法律法规

（一）企业经营权

企业设立后，企业的经营由谁说了算，不同的企业类型情况不同。个人投资的企业由投资人自己决定；合伙企业相对复杂，全体合伙人平等享有对企业的决策权、管理权，按照合伙协议约定的表决方法办理；公司的情况最为复杂，按照，《公司法》的规定，公司必须建立法人治理结构。狭义的法人治理结构主要是指公司内部股东、董事、监事及经理层之间的关系，广义的法人治理结构还包括与利益相关者（如员工、客户、债权人和社会公众等）之间的关系，如图7-1所示。

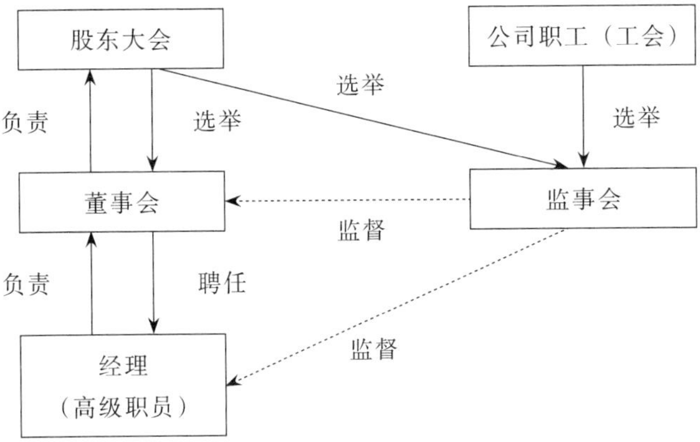

图7-1 公司法人治理结构

1.股东会

股东会是公司的最高权力机关，它由全体股东组成，对公司重大事项进行决策，有权选任和解聘董事，并对公司的经营管理有广泛的决定权。股东会既是一种定期或临时举行的由全体股东出席的会议，又是一种非常设的由全体股东所组成的公司制企业的最高权力机关。它是股东作为企业财产的所有者，对企业行使财产管理权的组织。企业一切重大的人事任免和重大的经营决策一般都得股东会认可和批准方才有效。

2.董事会及经理

董事会由股东会选举的董事组成，负责对公司经营发展重大事项的决策，对股东会负责。经理是由董事会聘任的主持公司日常经营管理工作的高级职员，负责执行董事会的决策，对董事会负责。董事会及经理组成公司的经营决策和业务执行机构，也就是我们常说的高层管理团队，是法人治理结构的核心。一个公司是否能够有效运作，往往取决于其高层管理团队是否团结、高效。

3.监事会

监事会也称公司监察委员会，是由全体监事组成的、对公司业务活动及会计事务等进行监督的机构，是股份公司法定的必备监督机关，是在股东大会领导下与董事会并列设置，对董事会和总经理行政管理系统行使监督的内部组织。

（二）经济纠纷

经济纠纷是指在经济法领域发生的各种法律纠纷。经济法体系庞杂，包括《公司法》《企业法》《反垄断法》《反不正当竞争法》《消费者权益保护法》《产品质量法》《税法》《价格法》等。下面主要介绍由质量及竞争引起的经济纠纷问题。

1.产品（服务）质量

质量是企业竞争力来源的功能性要素。质量既是商品在市场上实现交换的最根本前提，也是企业实现价值的决定性因素。质量就是生命，众多企业将改进产品和服务质量视为重要的战略之一。

根据《中华人民共和国产品质量法》（2018年12月29日第十三届全国人民代表大会常务委员会第七次会议第三次修正）的规定，作为生产者负有以下产品质量责任和义务，否则可能引起纠纷。

生产者应当对其生产的产品质量负责。产品质量应当符合下列要求：

（1）不存在危及人身、财产安全的不合理的危险，有保障人体健康和人身、财产安全的国家标准、行业标准的，应当符合该标准。

（2）具备产品应当具备的使用性能，但是，对产品存在使用性能的瑕疵作出说明的除外。

（3）符合在产品或者其包装上注明采用的产品标准，符合以产品说明、实物样品等方式表明的质量状况。

生产者必须保证产品或其包装上的标志真实，并符合法定要求：

（1）有产品质量检验合格证明。

（2）有中文标明的产品名称、厂名和厂址。

（3）根据产品的特点和使用要求，需要标明产品规格、等级、所含主要成分的名称和含量的，用中文相应予以标明；需要事先让消费者知晓的，应当在外包装上标明，或者预先向消费者提供有关资料。

（4）限期使用的产品，必须在显著位置标明生产日期、安全使用期或失效日期。

（5）使用不当，容易造成产品本身损坏或者可能危及人身、财产安全的产品，应当有警示标志或者中文警示说明。

（6）易碎、易燃、易爆、有毒、有腐蚀性、有放射性等危险物品以及储运中不能倒置和其他有特殊要求的产品，其包装质量必须符合相应要求，依照国家有关规定作出警示标志或者中文警示说明，标明储运注意事项。

生产者不得有以下行为：

（1）不得生产国家明令淘汰的产品。

（2）不得伪造产地或伪造、冒用他人的厂名、厂址。

（3）不得伪造或者冒用质量标志。

（4）不得生产假冒伪劣产品，如在产品中掺杂、掺假，以假充真、以次充好、以不合格产品冒充合格产品等。

2.反不正当竞争根据

《中华人民共和国反不正当竞争法》（2019年4月23日第十三届全国人民代表大会常务委员会第十次会议修正）规定，不正当竞争，是指从事商品经营或者营利性服务的法人、其他经济组织和个人经营者损害其他经营者合法权益，扰乱社会经济秩序的行为。不正当竞争行为主要包括：

（1）仿冒行为，又称为欺骗性交易行为，包括仿冒他人的注册商标，仿冒他人的质量标示、引人误解的虚假宣传行为等。欺骗性交易行为是一种常见的不正当竞争行为，其最基本的特征是在商业活动中夸大事实、隐瞒真相、以假充真、混淆视听，并以此达到削弱竞争对手、牟取非法利益的目的。

（2）侵犯商业秘密的行为。这也是一种常见的不正当竞争行为，因为在现代社会，商业秘密是一个经营者立足市场、参与竞争和谋取利润的极为重要的“资本”，而侵犯他人商业秘密的行为人，则通过不正当的途径或采用不正当的方法窃取、传播或使用他人的商业秘密，损害他人的经济利益或商业信誉，在使他人受损害的同时自己从中获得非法利益，破坏了正常的竞争秩序。

（3）商业贿赂行为。这是一种以贿赂方式进行商业活动的行为，如私下给予对方的采购员某种财产或其他利益，从而达成交易。它破坏了正常的交易秩序和竞争秩序，是商业腐败和政治腐败的一种表现。

（4）不当促销行为。主要有两种表现：一是不当有奖销售行为。它是以给予客户一定的物质或其他利益的奖励为手段，达成交易，一定的物质或其他利益，超过了法律规定的许可范围。二是低价倾销行为。这种行为的反竞争性十分明显，因为这种行为的实施，有一个明显的特征就是低价倾销总是以排挤或挤垮竞争对手为目的。从表面上看，销售者是亏本的，但当他占领市场后，却会变本加厉地搜刮垄断利润。

（5）商业诽谤行为。商业诽谤行为是故意损害、贬低他人的商誉，侵害他人商誉权的行为。这也是一种典型的不正当竞争行为，它通过对他人的商誉的损害，贬低他人，削弱他人的竞争能力，抬高自己，使自己在竞争中处于有利地位。

（6）搭售与附加不合理条件的行为。搭售商品或附加其他不合理条件指经营者利用其经济优势，违背购买者的意愿，在销售一种商品或提供一种服务时，要求购买者以购买另一种商品或接受另一种服务为条件，或者就商品或服务的价格、销售对象、销售地区等附加不合理的条件。

（7）违反法律规定的招投标行为。违反法律规定的招投标行为是指投标者相互串通投标，投标者和招标者相互勾结，排挤竞争对手的不公平竞争的行为。

（8）公用企业及其他依法具有独占地位的经营者所实施的限制竞争行为。公用企业或其他依法具有独占地位的经营者，限定他人购买其指定的经营者的商品，排挤其他经营者的公平竞争行为，即是限制竞争行为。这类行为限制了用户、消费者的自主选择权，将生产同种商品的其他经营者完全排斥在特定的市场之外，妨碍了市场的公平竞争机制，故为《中华人民共和国反不正当竞争法》所禁止。

（9）政府部门的限制竞争行为。政府部门限制竞争行为是指政府及其所属部门滥用行政权力，限定他人购买其指定的经营者的商品，限制其他经营者正当的经营活动，限制外地商品进入本地市场，或者本地商品流向外地市场的行为。

（三）劳动争议

近几年，据劳动部门统计，全国的劳动争议案件数量呈逐年大幅攀升趋势。企业因为裁员、辞退员工、工资社保待遇等引发的劳动纠纷案件越来越多，这对企业依法处理劳动争议的能力提出了更高的要求。

劳动争议是指劳动关系双方当事人因实现劳动权利和履行劳动义务而发生的纠纷，又称劳动纠纷。劳动争议具有如下特征：①劳动争议主体一方为用人单位，另一方必须是劳动者；②劳动争议主体之间必须存在劳动关系；③劳动争议是在劳动关系存续期间发生的；④劳动争议的内容必须是劳动权利义务有关。

三、涉及创办企业和特定行业管理的相关条例与许可证制度

许可制度是指凡对环境有影响的开发建设、排污活动以及各种设施的建立和经营，均须由经营者向主管机关申请，经批准领取许可证后方能进行。这是国家为加强环境管理而采用的一种行政管理制度。种类大致可分为：规划许可证、开发许可证、生产销售许可证和排污许可证等。表7-1为审批部门为县区级以上部门的相关行业。

表7-1　**审批部门为县区级以上部门的相关行业**

行业	审批部门	证件类型
烟草经营	市级烟草专卖局	许可证
废旧金属收购	县级以上公安局	许可证
成品油经营、储存	市级经委、公安局	许可证
酒类经营	县级以上酒类专卖局	批准
金融机构（银行、信用社、信托投资、保险）	中国人民银行总行、分行	许可证
外汇经营	市级外汇管理部门	许可证
加工、销售、回收金银	市级人民银行金融管理部门	许可证
新建印刷厂、包装装潢、印刷品	市级广播电视局、公安局	许可证
电力生产供应	省级电力行政部门	许可证
文物经营	市级文物管理委员会	许可证
广告经营	市级市场监督管理局	许可证
音像制品经营、出版	市级广播电视局	许可证
电视剧制作	市级广播电视局	许可证
出版业务	市级广播电视局	登记证
国画书法	市级文体局	批准
书报刊经营	市级广播电视局	许可证
汽车、摩托车维修	市交委维修管理处	合格证

续表

行业	审批部门	证件类型
旅行社	市文化和旅游局、国家文化和旅游局（一类）	许可证
咖啡馆、酒馆	市级卫生管理部门、公安局、市级酒类专卖局	合格证
液化气供应	市级燃气管理处	许可证
自来水、供水	省级建设行业管理部门	资源审查
报关业务	海关总署	审批
体育项目经营	市级体育行政部门	许可证
会计（审计）师事务所、资产评估机构	省级财政部门	审批
药品生产、批发、零售	市级医药监督管理部门	许可证
安全技术防范设备生产、销售、设计、施工、维修	市级公安局	许可证
水泥生产	市级建设行业管理部门	批准
气枪、仿真枪式电击器	县级以上公安局	许可证
卷烟生产	国家烟草专卖部门	批准
生物、血液制品	市级卫生管理部门	批准
民用爆炸品	县级以上公安局	许可证
三废污染企业	县级以上环保部门	批准
无线电话筒、话机生产	市级无线电管理委员会	批准
废旧有色金属冶炼	省级环保部门	批准
计量器具生产、修理	县级以上技术监督管理部门	许可证
特种刀具	市级公安局	治安管理合格证
工业锅炉生产	市级劳动管理部门	许可证
铸造、锻造、热处理、电镀	省级或市级环保部门	批准
医疗器械生产、经营	市级医药监督管理部门	许可证
化妆品生产	市级卫生管理部门	许可证
食品	县级以上卫生管理部门	许可证
酒厂	市级酒类专卖管理部门	许可证

续表

行业	审批部门	证件类型
烟花、爆竹	县级以上公安局	许可证
交通运输	县级以上交通运输管理部门	许可证
市内客运业务	市级交通运输管理部门	许可证
打包托运业务	市级陆上运输管理部门	许可证
海洋国际运输	交通运输部	批准
建筑施工	市级建筑管理部门	等级证书
工程承包	市级住房和城乡建设委员会	资质等级证书
工程勘探、设计、工程监理	市级住房和城乡建设委员会	等级证书
航空运输销售代理业务	中国民用航空局地区管理局	经营许可证

注：表内部分审批部门名称为之前完成相关课题时所具有的，目前已有变更，请以最新名称为准。

根据国务院令第559号《规划环境影响评价条例》，自2009年10月1日起，国务院有关部门、设区的市级以上地方人民政府及其有关部门，对其组织编制的土地利用的有关规划和区域、流域、海域的建设、开发利用规划以及工业、农业、畜牧业、林业、能源、水利、交通、城市建设、旅游、自然资源开发的有关专项规划，应当进行环境影响评价。

第二节　与创业密切相关的法律问题

在当今法治社会的背景下，创业活动的每一个环节都离不开法律，比如劳动合同、交易合同的订立，如何给员工上保险，如何为企业的财产规避风险，大学生创办企业的主要税种又有哪些，在我们的创业过程中又如何注意避免知识产权纠纷。如果作为一个创业者不懂得法律或者不重视法律，不但可能陷入违法的深渊，而且也无法很好地保护自身权益。本节将介绍与创业相关的一些法律问题。

一、合同

（一）劳动合同

1.书面劳动合同的主要内容

劳动合同的具体内容包括必备条款和约定条款两大类。所谓劳动合同的必备条款是指法律规定必须具备的条款。根据《中华人民共和国劳动合同法》（下称《劳动合同法》）第17条的规定，劳动合同必备条款具体包括：

（1）用人单位的名称、住所和法定代表人或者主要负责人。

（2）劳动者的姓名、住址和居民身份证或者其他有效身份证件号码。

（3）劳动合同期限。

（4）工作内容和工作地点。

（5）工作时间和休息、休假。

（6）劳动报酬。

（7）社会保险。

（8）劳动保护、劳动条件和职业危害防护。

（9）法律、法规规定应当纳入劳动合同的其他事项。

2.与劳动者签订书面劳动合同的注意点

（1）审查劳动者的主体资格。要查验劳动者的年龄、身体条件，学历及资质等。

（2）主动告知义务。如实告知劳动者工作内容、工作条件、工作地点、职业危害、安全生产状况、劳动报酬，以及劳动者要求了解的其他情况。

（3）试用期。《劳动合同法》规定：劳动合同期限3个月以上不满1年的，试用期不得超过1个月；劳动合同期限1年以上不满3年的，试用期不得超过2个月；3年以上固定期限和无固定期限的劳动合同，试用期不得超过6个月。以完成一定工作任务为期限的劳动合同或者劳动合同期限不满3个月的，不得约定试用期。而试用期包含在劳动合同期限内。试用期的工资不得低于本单位同岗位最低工资或者劳动合同约定工资的80%，且不得低于用人单位所在地的最低工资标准。

（4）不能收取押金、扣押身份证。用人单位违反规定，以担保或者其他名义向劳动者收取财物的，由劳动行政部门责令限期退还劳动者本人，并将以每人500元以上2 000元以下的标准处以罚款。

（5）慎用临时工概念。劳务派遣一般在临时性、辅助性或者替代性的工作岗位上实施。劳务派遣单位应当与被派遣劳动者订立两年以上的固定期限劳动合同，按月支付劳动报酬。

（6）不得解聘怀孕女职工。为了保护劳动者的权益，疑似职业病患者在诊断或者医学观察期间的；患病或者非因公负伤，在规定的医疗期内的；女职工在孕期、产期、哺乳期等，用人单位不得解聘劳动者。用人单位单方解除劳动合同，应当事先将理由通知工会。用人单位违反法律、行政法规规定或者劳动合同约定的，工会有权要求用人单位纠正。

（二）交易合同

合同的签订是指缔约人进行意思表示并达成合意的状态。合同的订立是一个非常重要的阶段，因为依法订立合同是合同生效的前提，是履行义务、享有权利、解决纠纷和请求法律保护的依据。合同的订立，一般要经过要约和承诺两个阶段，特殊情况下，法律、行政法规规定应当办理批准、登记等手续生效的，还必须办理相关手续。看似简单明了的合同订立程序，实际上也隐藏着风险。

《中华人民共和国民法典》第490条规定：“当事人采用合同书形式订立合同，自当事人均签字、盖章或按指印时合同成立。”在订立合同时约定合同签字并盖章后合同生效的，则签字并盖章。签字应由法定代表人或授权代理人等有权签字人亲笔签字，所盖印章应为公司具有对外法律效力的公章，合同或者多方合同的签订，应当一起签字或盖章，确认各自及授权。

二、保险

（一）员工社保

依法参加社会保险也是企业的法定义务，新设企业应当在领取营业执照之日起30日内申请办理社会保险登记。社会保险登记也实行属地管理，新设企业可向所在地社会保险经办机构提出申请，企业申请办理社会保险登记时，应当填写社会保险登记表，并提供以下证件和资料的原件及其复印件（一份）：

（1）营业执照（或批准成立文件、其他核准执业证件）。

（2）国家质量技术监督部门颁发的组织机构统一代码证书。

（3）银行基本账户开户许可证。

社保机构受理申请后，将在自受理之日起10个工作日内审核完毕；符合规定的，予以登记，发给社会保险登记证。

（二）企业财产保险

企业财产保险是一切工商、建筑、交通运输、饮食服务行业，以及国家机关、社会团体等，对因火灾及保险单中列明的各种自然灾害和意外事故引起的保险标的直接损失、从属或后果损失和与之相关联的费用损失提供经济补偿的财产保险。

它是以企业的固定资产和流动资产为保险标的，以企业存放在固定地点的财产为对象的保险业务，即保险财产的存放地点相对固定且处于相对静止的状态。企业财产保险具有一般财产保险的性质，许多适用于其他财产保险的原则同样适用于企业财产保险。投保的企业应根据保险合同向保险人支付相应的保险费。保险人对于保险合同中约定的可能发生的事故因其发生给被保险人所造成的损失，予以承担赔偿责任。

三、税收

（一）增值税

增值税是以商品（含应税劳务）在流转过程中产生的增值额作为计税依据而征收的一种流转税。从计税原理上说，增值税是对商品生产、流通、劳务服务中多个环节的新增价值或商品的附加值征收的一种流转税。增值税实行价外税，也就是由消费者负担，有增值才征税，没增值不征税。

增值税是对销售货物或者提供加工、修理修配劳务以及进口货物的单位和个人就其实现的增值额征收的一个税种。增值税已经成为中国最主要的税种之一，增值税的收入占中国全部税收收入的60%以上，是最大的税种。增值税由国家税务部门负责征收，税收收入中50%为中央财政收入，50%为地方财政收入。进口环节的增值税由海关负责征收，税收收入全部为中央财政收入。

2019年3月15日，国务院总理李克强在第十三届全国人大二次会议上表示：4月1日减增值税，5月1日降社保费率。

2021年3月5日，国务院总理李克强在《2021年国务院政府工作报告》中表示：将小规模纳税人增值税起征点从月销售额10万元提高到15万元，小微企业和个体工商户年应纳税所得额不到100万元的部分，在现行优惠政策基础上，再减半征收所得税。

（二）营业税

营业税是对在中国境内提供应税劳务、转让无形资产或销售不动产的单位和个人，就其所取得的营业额征收的一种税。营业税属于流转税制中的一个主要税种。2011年11月17日，财政部、国家税务总局正式公布营业税改征增值税试点方案。

2017年10月30日，国务院常务会议通过《国务院关于废止〈中华人民共和国营业税暂行条例〉和修改〈中华人民共和国增值税暂行条例〉的决定（草案）》，标志着实施60多年的营业税正式退出历史舞台。

（三）企业所得税

企业所得税是国家对企业和其他组织获取的生产经营所得和其他所得开征的一种税。根据《中华人民共和国企业所得税法》（2008年1月1日起施行）的规定，企业和其他取得收入的组织（以下统称企业）为企业所得税的纳税人，应当缴纳企业所得税。企业所得税的税率为25%。非居民企业在中国境内未设立机构、场所的，或者虽设立机构、场所但取得的所得与其所设机构、场所没有实际联系的，就其来源于中国境内的所得缴纳企业所得税，适用20%的税率。

（四）税收筹划

税收筹划是指企业在遵守国家税法、不损害国家利益的前提下，充分利用税收法规所提供的包括减免税在内的一切优惠政策，达到少缴税或递延缴纳税款，从而降低税收成本，实现税收成本最小化的经营管理活动。例如，对于从事兼营业务的企业，对不同业务应分开记账核算，分别纳税，否则将从高适用税率。

四、知识产权保护

知识产权又称为智力成果权，是由英文“Intellectual Property”翻译而来，是指人们对其智力成果所享有的权利。知识产权是一种无形财产权，它与房屋、汽车等有形资产一样，都受到国家法律的保护，都具有价值和使用价值。有些重大专利、驰名商标或作品的价值要远远高于房屋、汽车等有形资产。

知识产权主要包括著作权（版权）、专利权、商标权、地理标记权、未公开信息专有权（商业秘密权）等。知识产权具有无形性、专有性、地域性、时间性、法定性等特征。大部分的知识产权需经法定程序授予，才能得到法律的保护，而且对知识产权的保护有一定的时间限制，超过这个时间，智力成果就会进入到公有领域，成为全社会的财富。

（一）著作权（版权）

著作权是文学、艺术、科学技术作品的原创作者，依法对其作品所享有的一种民事权。版权是法律上规定的某一单位或个人对某项著作享有印刷出版和销售的权利，任何人要复制、翻译、改编或演出等均需要得到版权所有人的许可，否则就是对他人权利的侵害行为。知识产权的实质是把人类的智力成果作为财产来看待。

（二）专利权

专利权是指一项发明创造（包括发明、实用新型或外观设计）向国务院专利行政部门提出专利申请，经依法审查合格后，国务院专利行政部门向专利申请人授予的在规定的时间内对该项发明创造享有的专有权。专利权的取得方式有两种：原始取得和继受取得。原始取得是指专利申请权人通过向专利行政部门申请而获得专利权的方式。继受取得是指以买卖、赠与等方式获得专利权的方式。

（三）商标权

商标权是商标专用权的简称，是指商标主管机关依法授予商标所有人对其注册商标受国家法律保护的专有权。商标注册人依法支配其注册商标并禁止他人侵害的权利，包括商标注册人对其注册商标的排他使用权、收益权、处分权、续展权和禁止他人侵害的权利。商标是用以区别商品和服务不同来源的商业性标志，由文字、图形、字母、数字、三维标志、颜色组合或者上述要素的组合构成。

（四）商业秘密

商业秘密，是指不为公众所知悉，能为权利人带来经济利益，具有实用性并经权利人采取保密措施的技术信息和经营信息。因此商业秘密包括两部分：非专利技术和经营信息。如管理方法、产销策略、客户名单、货源情报等经营信息；生产配方、工艺流程、技术诀窍、设计图纸等技术信息。商业秘密关乎企业的竞争力，对企业的发展至关重要，有的甚至直接影响到企业的生存。

（五）计算机软件著作权

随着IT产业的迅猛发展，计算机软件作为一种重要的智力成果越来越需要保护。根据《中华人民共和国计算机软件保护条例》（2002年1月1日起施行）的规定，计算机软件是指计算机程序及其有关文档，我国对计算机软件给予著作权的保护。软件著作权人享有的权利包括：①发表权，即决定软件是否公之于众的权利；②开发者身份权，即表明开发者身份的权利以及在其软件上署名的权利；③使用权，在不损害社会公共利益的前提下，以复制、展示、发行、修改、翻译、注释等方式使用其软件的权利；④使用许可和获酬权，即许可他人全部或部分使用其软件的权利和由此而获得报酬的权利；⑤转让权，即向他人转让使用权和使用许可权的权利。

第三节　创业政策

大学生创业不能单凭一时的冲动，更要在实际创业之前就做好充分的准备，这种准备包括很多方面：心理上的准备、资金上的准备、选择创业地点的准备等。只有未雨绸缪，才能在创业过程中决胜千里。国家及地方政府制定了一系列的创业政策来促进我们大学生进行创业，这些优惠政策涉及的范围非常广泛，包括税收减免政策、政策性贷款、行政事业类收费减免以及创业培训、创业补贴以及落户政策等相应的优惠政策，为大学生创业开辟了道路。我们要积极了解政策，充分利用政策。

一、政府对中小企业发展和创业的扶持政策

为了改善中小企业经营环境，2002年6月29日第九届全国人大常委会第28次会议通过《中华人民共和国中小企业促进法》。该部法律的出台，将鼓励扶持和促进中小企业发展上升到了法律的高度，并通过立法确立了中小企业在国民经济体系中的法律地位，进一步明确了政府管理部门对促进中小企业发展的职责。

2005年2月，国务院颁布《国务院关于鼓励支持和引导个体私营等非公有制经济发展的若干意见》（“非公经济36条”），这是新中国成立以来第一部全面支持发展非公有制经济的国务院文件。国家出台了《中华人民共和国中小企业促进法》的配套文件《中小企业标准暂行办法》，全国有9个省自治区、直辖市先后出台了《中小企业促进法》实施条例或实施细则，中小企业法律框架体系初步形成。国务院10多个部委和单位出台了“非公经济36条”的配套文件20多个，各省、自治区、直辖市累计出台促进中小企业和非公有制经济发展的法规政策性文件200多个，其中地方性法规30多个，涉及放宽市场准入、加大财税金融支持、提供创业扶持、推进技术创新、大力开拓市场、发展社会服务、维护职工合法权益等多个方面。

2009年9月19日，国务院出台《关于进一步促进中小企业发展的若干意见》（国发〔2009〕36号）。

这些文件和法律规范的出台为中国的中小企业的发展创造了一个基本稳定和适宜的外部环境，在财政和信贷资金支持、就业创业政策扶持、新品开发和技术创新、国际国内市场开拓和社会服务等方面都作出了较为具体和明确的规定和要求。

（一）加大财政和信贷资金对中小企业的支持

中央政府通过制定财政政策和信贷政策为中小企业发展提供以下资金支持：

（1）在中央财政预算中设立中小企业科目，设立中小企业发展基金，通过规范资金使用管理办法、明确资金的使用途径以保证为中小企业提供长期、稳定的财政资金来源。

（2）要求各类金融机构加大对中小企业的信贷支持，进一步改善中小企业融资

环境，拓宽中小企业融资渠道。

（3）建立中小企业信用担保体系。

（二）通过税收减免政策扶持中小企业创业

（1）对于尚处于创业阶段的中小企业，各级政府通过税收政策对其予以扶持。

（2）对于失业人员创立和当年吸纳失业人员达到国家规定比例的各类中小企业，少数民族地区和贫困地区创办的中小企业，安置残疾人员达到国家规定比例的中小企业，在一定期限内减免其所得税，实行税收优惠。

（3）国家有关部门为中小企业的创立，尽可能提供便利条件和相关的信息咨询服务，鼓励中小企业引进国外资金、先进的生产技术和科学的管理方法。

（三）鼓励中小企业技术创新和新产品开发

（1）鼓励中小企业进行新产品开发，通过技术改造改进生产工艺和设备，采用先进的生产技术提高产品质量。

（2）中小企业技术创新项目以及为大企业产品配套的技术改造项目，可享受贷款贴息。

（3）建立生产力促进中心和科技企业孵化基地，为成长中的中小企业提供政策和信息技术咨询等全方位服务。

（4）鼓励中小企业与科研机构、大专院校进行技术合作、开发与交流，促进科技成果产业化。

（四）支持中小企业参与开拓国际市场

（1）引导、推动并规范中小企业通过合并、收购等方式进行资产重组，优化资源配置。

（2）鼓励大企业与小企业建立以市场配置资源为基础的、稳定的原材料供应、生产、销售、技术开发和技术改造等方面的协作关系。

（3）通过发展出口信贷、出口信用保险等方式鼓励中小企业参与国际贸易，支持中小企业到国外投资，开拓国外市场。

（五）优先安排中小企业的服务和产品参与政府采购

《中华人民共和国政府采购法》规定政府采购应当有助于实现国家的经济和社会发展目标，包括保护环境，扶持不发达地区和少数民族地区，促进中小企业发展等。我国中小企业促进法也明确规定，政府采购应当优先安排向中小企业购买商品或服务。

（1）制定了政府采购扶持中小企业发展的具体办法，提高采购中小企业货物、工程和服务的比例。

（2）进一步提高政府采购信息发布透明度，完善政府公共服务外包制度，为中小企业创造更多的参与机会。

（六）集中社会各方力量为中小企业发展提供服务

（1）国家鼓励社会各方面力量，建立健全中小企业服务体系，建立中小企业服务机构，为中小企业提供创业辅导、企业诊断、信息咨询、市场营销、投资融资、贷款担保、产权交易、技术支持、人才引进、人员培训、对外合作、展览展销和法律咨询等服务。

（2）加强对中小企业管理及生产技术等方面人员的培训，提高其自身的营销、管理和技术水平。发挥中小企业行业自律组织的作用，维护中小企业的合法权益，为中小企业开拓市场、提高经营管理能力提供服务。

二、鼓励和支持大学生自主创业的相关政策

近十年来，国家和各级政府鼓励支持大学生自主创业，相继出台了一系列有利于大学生自主创业的政策，这为有志于成就一番事业的大学生提供了一个发挥聪明才智的广阔空间和创业活动的平台。国家及江苏省最新出台的相关政策如下：

（一）税收减免政策

高校毕业生从事个体经营的，自办理个体工商户登记当月起，在3年（36个月）内按每户每年12 000元为限额依次扣减其当年实际应缴纳的增值税、城市维护建设税、教育费附加、地方教育附加和个人所得税。限额标准最高可上浮20%，各省、自治区、直辖市人民政府可根据本地区实际情况在此幅度内确定具体限额标准。

对小型微利企业应纳税所得额不超过100万元的部分，减按12.5%计入应纳税所得额，按20%的税率缴纳企业所得税；对年应纳税所得额超过100万元但不超过300万元的部分，减按50%计入应纳税所得额，按20%的税率缴纳企业所得税。个体工商户应纳税所得不超过100万元部分个人所得税减半征收。

对月销售额15万元以下的小规模纳税人免征增值税。按月纳税的月销售额不超过10万元，以及按季纳税的季度销售额不超过30万元的缴纳义务人免征教育费附加、地方教育附加、水利建设基金。增值税小规模纳税人可以在50%的税额幅度内减征地方“六税两费”（资源税、城市维护建设税、房产税、城镇土地使用税、印花税（不含证券交易印花税）、耕地占用税和教育费附加、地方教育附加）。

（二）政策性贷款支持

毕业后创业的大学生可按规定缴纳“五险一金”。高校毕业生自主创业，可申请最高20万元创业担保贷款，对符合条件的借款人合伙创业或组织起来共同创业的，贷款额度可适当提高；对10万元以下贷款、获得市级以上荣誉称号以及经金融机构评估认定信用良好的大学生创业者，原则上取消反担保。对高校毕业生设立的符合条件的小微企业，最高贷款额度提高至300万元。

为鼓励大学毕业生自主创业，江苏省为创业大学生提供金融支持，落实小额担保贷款政策，对自主创业的高校毕业生，按规定给予不超过10万元的小额担保贷款；合伙经营和组织起来就业的，可适当提高贷款额度；微利项目由财政据实全额贴息，非微利项目给予50%的贴息；开办“网店”的，经认定后可按政策规定享

受小额担保贷款和微利项目贴息补助。拓宽青年创业贷款和大学生村干部贷款覆盖范围。

2018年，江苏省为助力大学生和其他创业者创业，推出“富民创业贷”。“富民创业贷”在原创业担保贷款的基础上，采取扩大创业贷款支持范围、加大贴息力度、提升审批效率等措施，进一步降低江苏省大学生创业成本，激发全社会创业活力。将对大学生创业者发放的贷款最高额度由10万元提至30万~50万元，其中，对雇用3~5人的创业项目，最高额度提至30万元；对雇用6人以上的，最高额度提至50万元。据统计，“富民创业贷”2020年发放金额突破70亿元。

（三）行政事业类收费减免

2003年5月，国务院办公厅在《关于做好2003年普通高等学校毕业生就业工作的通知》（国办发〔2003〕49号）中规定：“鼓励高校毕业生自主创业和灵活就业。凡高校毕业生从事个体经营的，免除国家限制的行业外，自工商部门批准其经营之日起1年内免交登记类和管理类的各项行政事业性收费。”

2007年4月22日国务院办公厅在《关于切实做好2007年普通高等学校毕业生就业工作的通知》（国办发〔2007〕26号）中指出：“对从事个体经营的高校毕业生，除国家限制的行业外，自工商行政管理部门登记注册之日起3年内免交登记类、管理类和证照类的各项行政事业性收费。”免交的收费项目具体包括：

（1）工商行政部门收取的个体工商户注册登记费（包括开业登记、变更登记、补换营业执照及营业执照副本）、个体工商户管理费、集贸市场管理费、经济合同鉴证费、经济合同示范文本工本费。

（2）税务部门收取的税务登记证工本费。

（3）卫生部门收取的行政执法卫生检测费、卫生质量检验费、预防性体检费、卫生许可证工本费。

（4）民政部门收取的民办非企业单位登记费（含证书费）。

（5）劳动保障部门收取的劳动合同鉴证费、职业资格证书工本费。

（6）国务院以及财政部、国家发展和改革委员会批准设立的涉及个体经营的其他登记类、证照类和管理类收费项目。

（7）各省、自治区、直辖市人民政府及其财政、价格主管部门按照管理权限批准设立的涉及个体经营的登记类、证照类和管理类收费项目。

江苏省对毕业2年以内的高校毕业生从事个体经营的，自其在工商行政部门首次注册登记之日起3年内，免收管理类、登记类和证照类等有关行政事业性收费。

（四）其他政策性优惠

1.创业培训

国家规定，政府人事行政部门所属的人才中介服务机构，免费为自主创业毕业生保管人事档案（包括代办社保、职称、档案工资等有关手续）2年；提供免费查询人才、劳动力供求信息，免费发布招聘广告等服务；适当减免参加人才集市或人才劳务交流活动收费；优惠为创办企业的员工提供一次培训、测评服务。

江苏省实施巾帼牵手SYB（Start Your Business）导师行动计划，仅2010年就发动2 000名女企业家与女大学生牵手，新建500个创业实践基地，为1万名女大学生提供免费结对创业培训，帮助女大学生更好在基层创业就业。建立省女经纪人协会，组织女经纪人、女农技人员与返乡妇女牵手结对，下拨220万元以奖代补，带动农村妇女在农业内部实现就业。

2.落户政策

国家规定符合条件的创业大学生可以在创业当地落户。

3.创业补贴

江苏省苏州市出台《苏州市区创业补贴实施办法》（苏劳社就〔2008〕27号），对经创业培训初次创业大学生等10类人群给予一次性创业补贴2 000元。

三、创业政策的把握和利用

从2002年开始，上至中央政府下至各级地方政府都出台了各项创业扶持政策，有意于创业的大学生要积极了解政策，充分利用政策，以近年来财政部、国家税务总局出台的关于支持和促进就业有关税收政策为例，从2011年1月1日起，高校毕业生在校期间创业的，可向所在高校申领“高校毕业生自主创业证”，离校后创业的，可凭毕业证书直接向创业地县以上人社部门申请核发“就业失业登记证”，领取“就业失业登记证”。

（一）就业失业登记证人员登记范围

持就业失业登记证人员是指：

（1）在人力资源和社会保障部门公共就业服务机构登记失业半年以上的人员。

（2）零就业家庭、享受城市居民最低生活保障家庭劳动年龄内的登记失业人员。

（3）毕业年度内的高校毕业生。

（二）税收优惠政策期限

2011年起，国家实施新的支持和促进就业的税收优惠政策，并将享受自主创业税收优惠政策的人员范围扩大到大学生等就业群体。这是继2005年对下岗失业人员再就业税收政策进行调整后，又一次对就业税收政策进行的重大调整。此次税收优惠政策的审批期限为2011年1月1日至2013年12月31日，以纳税人到税务机关办理减免税手续之日起作为优惠政策起始时间。税收优惠政策在2013年12月31日未执行到期的，可继续享受，至3年期满为止。下岗失业人员再就业税收优惠政策在2010年12月31日未执行到期的，可继续享受，至3年期满为止。

再以江苏授信支持大学生村干部创业为例，该工程是江苏省再担保公司开发的一种新型融资产品，专门为大学生村干部创业提供资金保障，具有贷款程序简便、担保门槛低、利率优惠等特点。据了解，自2010年8月该项工程启动以来，江苏省再担保公司联合省农联社、江苏银行、中国银行及多家农村小贷公司，累计向全省

426名大学生村干部提供再担保授信4 302万元，实际发放再担保融资贷款2 692万元，支持了202个大学生村干部创业项目，融资带动就业6 381人。

思考题：

1. 结合你的创业实际，谈谈你对企业的运营和管理规划。

2. 通过你对创业政策的了解，谈谈你的企业可以得到哪些优惠。

第八章　企业内创业

随着经济全球化及市场进程的加快，竞争日趋激烈，企业的生存和发展面临着巨大挑战，企业必须重视企业的定位及发展问题。进一步整合企业内部资源，不断加大企业创新创优力度，充分挖掘企业内部潜力，寻找各种途径维持和提升自身的竞争优势是企业的必然选择。企业内创业是企业或公司维持和提升其竞争优势的有效途径之一，大企业通过不断实施内部创业活动来对自身进行“创造性破坏”，并在这一过程中不断保持企业竞争优势，从而推动企业的持续成长。

第一节　企业内创业概述

企业不断发展壮大并逐步走向成熟，但随着规模的扩大，企业管理层级增多，其固有的管理方式和组织文化也逐步根植于企业内部，一种求稳的趋向有可能逐步成为企业的主导发展趋势，并因此排斥创新和改革。在社会快速发展的今天，企业处于持续的竞争之中，迅速发展的创新型小企业，利用其灵活性与市场环境巨变的时机，迅速成为大企业的竞争对手，威胁着大企业的生存与发展。企业管理者必须寻找各种途径使其组织战略资源得到最为有效的配置，从而维持和提升自身的竞争优势。企业内创业是企业或公司维持和提升其竞争优势的有效途径之一，企业通过不断实施内部创业活动来进一步挖掘企业内部潜力，不断保持企业的竞争优势。

一、企业内创业的含义和特点

（一）企业内创业的含义

企业内创业也叫公司创业或内部创业，是指现有组织为了应对市场环境的变化，提高盈利能力，保持持续的竞争优势，由组织中的个体或团队发起推动的在现有企业内部的创造、更新与创新活动，诸如开发新产品、新服务、新技术、新管理技能、新战略和新的竞争方式等。

企业内创业活动的主体是企业内部具有创业精神的组织或成员，也称为内企业家或公司企业家。内企业家依托企业现有资源优势在现有企业内部发起并实施创业活动，与独立创业相比具有更高的成功概率。近年来，大量的企业越来越关注自身竞争优势的维持和提升，而企业内创业是实现上述目标的有效途径。在实践中，一些成功的企业内创业已经在许多企业中展开，如松下、柯达、华为、3M、宏碁等知名企业。

（二）企业内创业的特点

企业内创业主要包含以下五方面特点：

1.创新是企业内创业的原动力，是所有创业型企业的共性

创新反映了企业支持和发展新创意、新技术，形成新产品、新服务，开发新行业、新市场的倾向。企业内部原有经营业务的惯性和惰性，使得企业在引进新的业务时，需要创造一种新的战略氛围，充分发挥创业精神来支持新的业务发展。当然，对于企业内创业来说，原有的业务是新业务开拓的基础和保障，新业务则是原有业务的延伸和发展。

2.企业内创业是一种利用内部资源创建新业务的创业活动，它具有创业活动的基本特征

企业为了保持现有的竞争优势，实现持续发展，通过内部进行的新的资源组合来拓展企业竞争领域和发掘相应机会，创造新价值的过程。在企业现有的业务已经不能适应竞争形势需要或者领导者已经在一定程度上预测到企业业务即将出现停滞的情况下，企业如果依然抱着旧业务不放，将不再具备很强的发展前景，因此必须采取新的发展战略，发挥企业内部人、财、物及技术等优势，为企业带来新的利润增长点，使企业获得长足的发展。

3.企业内创业和个体创业一样具有很强的风险性

决心实施企业内创业战略的领导人，同样需要具备一定的冒险精神。在20世纪的数次并购浪潮中，无数的大企业由于进入了不熟悉的领域，在耗费了大量的企业资源后，仍然不能在市场上占有一席之地，最后不得不黯然退出。当然，在企业创业领域，为了充分降低所承担的风险，研究人员也开发出了很多的分析工具，用于分析市场风险。企业在选择创业时应当进行全方位战略分析，以降低风险。

4.在企业创业领域，执行内部创业战略的企业往往更为积极、主动地进行竞争行动

企业进入新的领域，势必对这一领域现有的企业造成威胁，如果企业是一个在原有领域具有较大规模和竞争力的企业，那么要进入的新领域内的企业就会有更大的危机感。因此，一旦企业选择进入新领域，往往会造成很激烈的竞争，而且这一竞争通常是由实施内部创业的企业所主动引发的。为了成功进入新领域，企业不能依赖传统的竞争方式，需要根据新的市场机会特征，主动出击、塑造环境、影响趋势，甚至创造需求而掌握主动权。

5.战略更新

企业长期的发展已经使得企业拥有一套非常成型的战略规划、制定、执行、控制的模式。如果企业决心进行创业活动，为了进入新领域、发展新业务，那就需要在很大程度上摆脱原有战略模式的影响，根据内部创业活动的要求，制定新的发展战略，同时根据新的战略要求，企业内部需要进行调整以支持新战略。

二、企业内创业的过程与形式

（一）企业内创业的过程

1.建立创业愿景

确立一个企业内创业战略的第一步是建立企业或公司领导者所希望达到的创业愿景，并形成企业员工对这一愿景的共享。由于企业内创业来源于企业内部人员的创造才能，因此员工们需要知道并理解这一愿景。创业愿景是否具有足够的号召力，是否能够激发企业员工对未来的憧憬并进而为此奋斗，是追求高成效战略的关键因素。企业决策层应对企业内创业的愿景进行概念化并向组织内的员工传达，使内部创业者从事创新活动时有一个可遵循的方向，并能与公司的战略相结合。

2.鼓励创新实践

企业必须从战略关键因素的角度来理解和开展创新与创业。当创业愿景建立以后，鼓励员工创新，挖掘企业内部具有创业潜力的人才并加以支持。一般内部创业者大多具有远见，是行动导向的人，有献身精神，能为追求成功而不计眼前的代价。但创业行为也不能只凭热情，创业者必须要有创意，并能提出具体、可行的创业计划。因此，企业要从政策、资金、人员、培训、时间、空间等方面给予支持与鼓励。

3.组建创业团队

这是企业内创业战略成功与否的关键一步。团队的执行能力和执行效果决定企业内部创业的成败。内部创业者除具有创意以外，还必须是一位好的领导者，能在组织内部吸引所需要的专业人才，共同组成创业团队。在新事业开创过程中，还需要一位具有影响力的高层支持者作为保护人，协助获得所需资源，同时帮助排除创业过程中来自企业内部的阻力。企业对于内部创业团队的创新与创业活动应给予较大的决策与行动自主权和人、财、物等的支持，同时也要提出创造价值与利润的要求，以增强创业团队的责任感。

4.构建支持环境

构建企业内创业的内部支持环境是企业内创业成功实施的保证。从企业内创业的实践来看，内部创业的推动力主要是外部市场环境的压力，来自于市场上的竞争压力使得企业领导人不得不思考企业的战略更新问题。但是，如何使得企业创业能够有效实施，首先需要企业内部组织结构的支持，因为企业创业的实施需要企业上下齐心协力形成一种整合的力量来支持内部创业。组织结构是否能够促进企业全体员工形成共同的愿景，这是组织结构适应企业全新战略发展的首要问题。同时，组织结构还必须能够拥有一定程度上催人奋进的精神力量，如果组织过于松懈，那么员工在实施企业创业战略时，必然缺乏紧张感和紧迫感。这样，企业所设定的目标就可能停滞不前，直至失去市场先机。

企业领导者能否对创业活动提供有力的支持。企业的战略领导者是企业战略规划的主体，他们是战略的制定者、战略实施的领导者和组织者以及战略实施结果的控制者和评价者。在企业创业战略中，优秀的战略领导者不仅是一个能够带领企业取得更高的营业额、更高的客户满意度、更强的员工凝聚力和协同力、更高的员工保留率，从而推动组织绩效提升的领导者，更是一个能够带领企业探索新的市场机会，整合内外部资源，在新领域实现突破的创业者。

企业需要构建有助于具有创新意识的员工发挥潜能的环境。如彼此尊重的、融洽的上下级关系；提倡信息交流的开放性舆论导向；管理层的支持与合作；提供适当地完善内部创业计划的思考时间；内部创业者的自主权；民主的管理风格；有利于发挥激励作用的分配制度等。

5.完成创业活动

这是创业项目的运作阶段，根据创业计划分步实施，同时根据环境条件的变化适时地调整。与独立创业活动不同的是，这一过程始终受到组织的监控。作为企业，要对内部创业给予足够的支持和充分的自主。

如果创业成功，企业会追加投资，其在组织结构中的地位得以确立，某些情况下，创业项目还可能从组织中分立出去，成为一家完全独立的企业，通过进一步发展和运营，实现资本的增值。如果创业项目没有运作成功，可能遭到分解，其资源由企业重新吸收。

（二）企业内创业的表现形式

（1）为了进入新业务领域，企业往往通过筹备一个新的项目小组对新领域进行开拓，项目的资金投入全部由企业承担。为了使得项目小组能够完成新业务的拓展工作，项目小组本身应当有整套现实可行、明确界定的目标，细致周到的执行计划，具体的人员配置以及相应的项目进展控制方案。

按照传统方式，企业大多将新业务按职能专长进行分解，这种方式的不足之处在于新业务的整体性差，参与项目的人员虽然多，但真正具有创业激情而为之奋斗的人少，结果造成新业务的成功系数大大降低，或者错失了创业机会。项目小组则是采用项目的方式，以任务为导向，按照企业战略规划的部署，从技术和理念等方面对企业现有业务进行创新和改进。

以项目小组的形式开展新业务，有几个特点：首先，它要服务于企业的整体战略构想，与现有业务具有比较紧密的相关性；其次，它有一个明确界定的目标，即一个预期的产品或成果；再次，项目的资金投入一般全部由企业承担，而且项目过程中需要与企业各部门协作，并运用各种资源；最后，项目应有具体的时间计划和成本预算。和传统方式比较，项目小组的形式更加有利于调集管理资源，协调各部门的力量，集中开发新业务。

（2）内部创业模式往往是由一些有创业意向的企业员工发起，在企业的支持下承担一些新的业务或工作项目，基于这一新业务或者项目进行创业活动，并与企业分享成果的创业模式。从企业发展的角度来看，为了满足企业创业的需要，企业应当让员工深刻体会企业未来的发展目标，在企业的新业务发展目标之下，鼓励员工进行符合企业战略发展的创新和创业活动，并承诺给予政策和资源上的支持。随着内部创业活动的不断发展，一些新项目的成长性也逐渐显现出来。在此基础上，企业可以从制度层面对新项目予以进一步的支持，甚至有可能把企业的整体资源转移到该项目上来，这样通过鼓励内部创业，可以成功实现企业的业务发展甚至企业转型。

（3）企业采用与其他企业合资的方式进入新领域。具体合资的形式可能是企业直接并购一个新领域的企业，或者采用与其他企业共同合资创立一个新企业的方式。与前面两种形式不同，这一形式下，企业进入新领域的方式是积极吸收企业外部现有的一些资源，而不是依靠企业原有的资源，因此，企业在搭建新业务平台方面节省了很多成本。尽管如此，由于企业要面临建立合资企业之后可能存在的经营管理风险，企业领导人尤其要慎重。而且，由于企业文化的不同，合资企业和企业总部也会存在种种需要调和的地方，这都在很大程度上挑战企业领导人的决策能力和危机管理能力。在跨国经营中，合资是非常重要的一种形式，一些欧美企业在进入中国的时候通常采用与中国的企业进行合资的方式，这样，国外的企业可以利用国内企业现有的生产、营销等渠道，很容易实现国外品牌在国内市场的拓展。

三、企业内创业的作用和意义

（一）企业内创业是组织提升和保持竞争优势的一种有效手段

20世纪90年代以来，中国的改革开放逐步深化，在建立健全社会主义市场经济体制，建立现代企业制度的背景下，大批传统的大型企业开始进入市场，参与国内外的竞争。但很多企业内部管理层级复杂，对市场竞争反应迟缓，同时充足的企业资源滋生了管理者的惰性，管理者不能有效地识别和利用机会，企业的创新与发展遇到了一定的阻碍。

通过企业内创业有助于企业成功开发新产品和寻找新市场，以增强企业的竞争优势，产生良好的企业绩效。我国近年来也涌现了华润、中粮、华为等通过企业创业实现企业高速发展的典范。从管理的实践可以看出，企业创业活动是国家经济发展、企业竞争环境等因素共同作用的产物。在企业战略和企业管理过程中引入企业创业理念，有利于大型企业实现高绩效、高增长，是组织提升和保持竞争优势的一种有效手段。

在美国，面对大型企业“官僚主义”严重、业绩下滑的问题，3M、英特尔公司等一些优秀企业变革企业战略，鼓励内部创新，进行企业创业，保持了自主创新的能力和竞争优势，实现了企业业绩的持续增长。

（二）企业内创业是组织应对复杂、动态和激烈竞争环境的有效策略

随着社会的发展，速度、创新、知识、创造力等成为企业竞争优势的关键来源，也使大企业感受到了从未有过的压力。新兴企业对大企业的威胁越来越明显。

宏观环境与市场变化之快超出了这些普遍带有官僚作风、行动缓慢的大企业所能做出的反应速度。30年前美国最大的100家工业企业，有一半已经被谷歌、微软、思科、苹果这样的新型高科技企业取代了。变化让大企业开始被迫关注这些新兴力量。

企业内创业为大企业提供了持续发展的机会，用于适应日益变动、竞争激烈的外部环境，是保证企业创造和保持竞争优势的重要手段。

（三）企业内创业是留住可能流失的优秀员工和合理安置老员工的有效途径

创业环境正逐步得到改善，自主创业逐渐形成潮流，创业者在经济社会中的地位不断上升，这些变化和发展都在鼓励那些具有创新思想的人脱离大企业，为自己而奋斗。通过企业内创业，企业提供内部创业机会给员工，这样既能通过创业活动推动企业成长，又能满足员工的创业愿望，实现其个人价值。这是对员工最好的激励，也是留住人才的上策。

同时，随着企业多年的发展，必定会留下大量的老员工，特别是一些创业元老。一般地，他们占据着企业的重要位置，不利于企业新鲜血液的补充和创新能力的发展。通过将企业的部分非核心业务交给这些企业元老去经营，不仅可以促进年轻员工的迅速成长，也给老员工找到了很好的归宿，并可以充分发挥他们的余热，稳定企业的新老交接，确保企业发展的顺利转型。

（四）企业内创业是对传统管理理论与实践的丰富和发展

创业精神和创业活动是新时代企业参与竞争的重要优势来源，企业内创业越来越得到大企业的重视。在企业内部创业的不断实践过程中，传统管理方式受到冲击，创业管理方式作为一种新的管理方式被引入到大企业管理中。创业管理具有超前性，创业管理的重心在于识别机会与把握机会。企业内创业的提出使创业理论超越了个体层面的创业行为，可以用来指导大企业的组织变革与创新，从而引起管理模式的变化。传统管理与创业管理正呈现相互融合的趋势，一方面，创业管理仍然沿用了传统管理的部分职能，如计划、领导、控制等，但这些内容的本质开始发生变化，呈现“创业化”等特征；另一方面，传统管理理论也增加了创新、变革等新的职能，发生了根本的变化。内部创业理论对管理理论与实践正产生着深远的影响。

第二节　企业内创业的动力与障碍分析

一、企业内创业的动力分析

企业内创业活动是由内在性动力要素和外在性动力要素共同作用产生的。企业内创业是一种复杂的经济行为，要完善其动力机制，就必须从每一个动力要素抓起。其中内动力是主要动力，外动力是企业内部创业的辅助条件。

（一）内部动力因素

（1）利益驱动下的每一种社会行为，都必然受到某种利益期望的驱使。企业的逐利性决定了企业管理者会想方设法改善企业的经营状况。因而，无论对于哪类企业来说，企业家和企业员工的持续创新意识、创新精神来自于对利益（利润和竞争优势）的追求和利益的实现，是促使其进行企业内创业活动的内在驱动力，是企业内创业的根本动力。

企业作为营利性的经济组织，其存在的根本意义在于通过开展活动为社会提供商品或服务，并通过活动在收回投资的同时获得利润和竞争优势，从而确保其自身的生存和发展。对于绝大多数的企业来说，经济性往往被认为是企业行为的最高且唯一的目的。在短缺经济条件下，企业既可以通过扩大生产规模以提高产量与销量，也可以提高产品售价，或通过降低产品的技术标准以降低生产成本等手段实现经济利益的最大化。但是，在供给大于需求的市场状态下，企业试图通过上述几种途径来达到利益最大化是不可能的，因为有众多竞争对手的存在，数量扩张和价格垄断会受到抵制，而降低产品技术标准则会使企业遭到淘汰，只有提高产品质量、增加产品品种等方式才是取胜的重要因素。因此，在这种情况下，企业获得最大经济利益的唯一途径就是通过产品创新和工艺创新以及与此相适应的管理创新来增加现有产品的市场份额，开拓新产品和新技术市场，提高利润水平。可见，在市场发育健全、市场竞争机制能够正常发挥作用的经济环境下，企业开展内部创业活动追求创新是企业追求利益最大化的内在要求。

（2）企业内创业是由企业经济运行中创业的原动力所决定的。企业创业原动力主要是由以产权为核心的企业内在的利益关系和利益结构所形成的。产权仅从其字面来解释，就是“财产权利”的意思。产权的实质是从界定所有权出发，规定人们相互行为关系的一种规则，即产权不是指人与物之间的关系，而是指由物的存在及关于它们的使用所引起的人们之间相互认可的行为关系，其核心功能是使人的权利与责任相对称。

企业创业的原动力在于追求创新的“纯收益”最大化，但是，并非所有性质的企业都会形成这种动力。在计划经济里，国营单位进行创业只是被动地执行上级下达的任务，并不是为了追求创新收益而主动地进行创业。在经济转型时期，一些国有企业也还没有形成这种创业原动力，或者动力不足。造成此种情况的原因就在于这些企业的产权关系不明，创业的利润不能归创业者所有，企业和企业家利益预期降低甚至为零，因此，很难形成创业的原动力。要使企业形成较强的、持久的创业原动力，必须使创业主体对创业活动有较高的、稳定的利益预期，这就需要有一种有效的企业产权制度，规定创业主体在创业活动中享有的权、责、利。有效而合适的产权制度，通过把企业正收益与负收益规定到个人身上，有效地刺激人们从事各种生产经营活动，是一切动力产生的制度基础，同时，这种产权制度是围绕企业财产的运营而发生的相关主体间的权、责、利关系的制度安排，是其他制度产生和运行的前提和基础。在产权明晰的情况下，在内部扩张的需要和外部竞争的压力同时作用下，企业只有通过包括企业创新在内的一切手段，增强企业的竞争能力，从而保证企业产权利益的实现和扩张。

企业竞争实力增强，经济效益提高，会给企业内每个成员带来利益；相反，企业竞争力下降，效益滑坡，甚至破产倒闭，带给企业成员的将是利益损失和精神上的痛苦。企业创业动力源于企业及企业人对利益的追求，所以，要形成和强化企业创业动力，必须设置一种利益机制，充分考虑和满足各种利益主体的利益要求，调节企业中的各种利益冲突。而这种利益机制是通过建立有效而合理的产权制度，并在此基础上形成企业的管理与组织制度等规范下产生的。

（3）组织结构和企业制度一般认为，企业的组织结构和体制是为了控制风险并使风险最小化，企业政策和计划是为了避免企业运营过程中出现错误。然而，传统的管理模式、组织结构和企业制度不利于企业内创业活动的开展。企业内创业要求打破原有那套僵化、森严的等级关系，使组织层级之间的关系相对非正式、灵活；将原有的控制模式变为指导型监督，构建以任务为中心的服务网络；建立以问题解决为中心、以提升企业竞争优势为目的的企业制度。

（4）企业文化是企业内创业的润滑剂，能够增强企业领导之间、领导与员工之间、员工与员工之间的理解与互信，提高内部创业的支持度，减少摩擦，提高企业内创业的成功率。

企业内创业往往要依据现有企业的管理经验和方式来管理新的事业，许多人都把这看作内部创业的优势，但由于新企业所经营的领域、行业、产品和面对的顾客发生了变化，现有企业的管理机制是否会与行业、企业文化发生冲突，从而阻碍新建企业的文化建设的步伐，是首先需要思考的问题。因此现有企业的管理体制、组织结构、管理制度并不一定能适合新建企业，因而企业文化的内涵和内容要根据新的地域环境、新的行业环境做相应的调整。

（5）知识经济形态的核心是以智能为代表的人力资本、以高技术为代表的技术知识和以科技为中心构造的新生产力系统。随着知识经济的兴起，企业家的管理将逐渐步入知识管理阶段，这种革命性的变革，必然引起企业经营管理思想、管理精神的系列创新。

熊彼特在早期提出创新理论基本思想时即指出：创新的原动力来自于企业对超额利润的追求和企业家精神。企业家精神是企业内创业的方向盘，指引企业的创新发展战略，为企业的自主创新道路指明发展方向。创业企业家是具有冒险的创业精神，能发掘机会，组织资源，研究策略，建立及创立新企业，并且基于利润与成长而经营、管理企业或公司的管理者。创业企业家不但具有企业家精神，同时是不惧风险、勇于挑战、有强烈事业心和成功欲的实践者。

（6）激励和保障机制即运用多种激励和保障手段满足企业内创业者对于资金、人力资源、产业信息等的各种需要，保障内部创业的持续性和稳定性，并与其相互作用、相互制约，使双方实现各自的效用最大化，从而实现创业成果的分享，为内部创业提供动力。

内动力的各因素之间相互作用。利益驱动是企业内创业的根本动力，企业文化影响着企业家精神的形成，企业家精神主导着企业组织结构的构成，企业组织结构为企业制度提供了前提，企业制度指引着企业文化的发展方向。这些内部创业动力要素不断作用，反复循环，为企业内部创业提供了内生动力。

（二）外部动力因素

企业内创业不仅受内部各因素的作用，还受到来自于市场的外部因素的作用。一个机制健全的市场能够对企业创业产生巨大的动力作用。市场对创业产生的动力包括以下几方面：

1.科学技术的推力

科学技术发展永不停息，科学技术的进步为企业内部创业提供了推力，为企业的发展创造了技术基础。其发展所经历的基础研究—应用研究—开发研究是个连续不断的过程，每一环节都具有不断地向生产化、商品化发展的内在动力。即基础研究成果的新原理、新概念要在应用研究中加以实践；应用研究成果要在开发研究中寻找出路；开发研究要在市场中找出路、找发展。这种内在的运动规律使新老技术不断更新交替，推动企业的生产系统、产品和市场不断创新。

2.市场需求的拉力

市场是创业得以实现的最终场所，而市场需求则是创业活动的动力源泉，是创业活动的基本起点。市场需求随着经济和社会发展不断地变化，当变化达到一定程度，形成一定规模时，将直接影响企业产品的销售和收入水平，并为企业提供新的市场机会和创新思路，引导企业以此为导向开展创业活动，从而形成对企业创业活动的拉动和激励。自主创新是企业对市场变化的一种本能回应，当企业意识到一种全新的需求出现，就会设法去满足这种需求，由此派生出企业对自身创新的要求。当一种需求出现并得不到满足时，必然会形成市场空缺，使相应的潜在产品价格上升，这意味着企业能够获得潜在超额利润，如果企业能够通过内部创业占领市场，还可能抢占市场的先机，形成垄断地位，市场需求为内部创业指引了方向。

3.市场竞争的压力

竞争是商品经济的基本范畴，是企业之间的基本经济关系，也是企业面临的基本生存环境。随着经济全球化的发展，市场竞争已经成为经济生活中的常态。为了保证自身不在竞争中被淘汰、被兼并，为了取得竞争优势和发展，企业就必须以各种手段增强自己的竞争实力。如果把市场需求称为企业内创业的原始动力要素，那么市场竞争则是企业内创业的续动力要素。市场需求引发企业为生存和发展而进行内创业，使创新成为可能。市场竞争则促使企业比竞争对手更快更好地进行创业活动。因此，竞争是市场机制激发企业内创业行为的重要动力因素。

率先内部创业的成功，会打破原来的市场竞争格局和企业间的利益分配格局，使相关企业先前的自主创新贬值或完全失去价值、处于不利的竞争地位或面临生存危机。即使没有创新压力的企业，也会“居安思危”，对竞争者保持警惕，以潜在的竞争对手为对象开展自主创新创业活动，以此来保持竞争的主动地位。

4.政府支持力

政府在企业内创业中具有重要支撑作用。政府要完善鼓励自主创新创业的政策体系，实行有利于自主创新的知识产权法律保障机制、财税与金融机制和创新激励机制等政策，以促进自主创新成果不断涌现。政府提供制度保障，营造创新环境，在法制规范、政策制定、舆论营造中发挥服务性作用。

二、企业内创业的障碍分析

企业内创业是一个复杂的过程，会使企业内部的组织行为和结构模式的传统形式发生根本性变化，因此企业内创业的开展会遇到重重障碍。通过研究分析这些影响企业内创业的因素，将有助于推动和促进企业内创业。

（一）传统管理模式的阻碍

以制造业为基础的传统管理方式是通过对包括物、人、资本、知识和信息等在内的全部资源实施计划、组织、领导和控制等，来提高生产效率和组织效率，是以取得最大经济效果为目的，以不同的组织为研究单元，运用经济学、心理学和数学等多种方法来研究组织运行规律的一门综合性学科。传统的管理模式聚焦于商品，是技术导向型的，研发、设计、大批量制造、大市场、大规模操作、自动化和专业化都是重要因素。生产效率发挥主要作用，意味着质量与技术标准和规范化相一致。

由于传统管理方法注重的是程序化和稳定性，而内部创业注重的是革新和风险承担。运用传统管理技术管理企业内创业会产生很大的负面影响，甚至会使企业尽力避免企业内部创业活动。如实施标准过程以避免失误，造成创新方案不能实施和资金浪费；制订长期计划锁定了不可行的企业目标，导致较高的失败成本；规避给基本业务带来风险的行为，致使企业错过了许多发展的机会；不惜一切代价保护基本业务，当基本业务受到威胁时风险事业被砍掉；根据以前的经验评价新采取的步骤或方案，导致做出关于市场和竞争的错误决策；平均报酬、提升相处较好的个人等，使企业缺少激励机制，创业人员纷纷离去。

同时，由于受传统管理思想的禁锢，许多高层管理者认为，在企业内部可以进行创新，但不可能培育和开发出创业思想，也很难实施鼓励自由和无组织活动的政策。创业是一个发现和捕捉机会并由此创造新产品、新服务或实现潜在价值的过程，它可以推动科技创新，推动新发明、新产品的出现，推动市场体系的完善，促进市场竞争主体结构的合理化，对于企业创新能力的提高，对于企业核心竞争力的获得和强化具有十分重要的作用。要成功推进企业内创业，企业高层管理者需要为内部创业者提供思想开发所需要的自由和激励。

因此，传统管理方法往往成为企业内部创业的障碍。同时，一些传统管理方法带来的负面效应足以使企业的员工对创业行为望而却步。优秀的企业管理者应能够敏锐地察觉到企业内阻挠创业和创新精神发扬的弊病，并及时采取各种行动排除管理中可能出现的障碍，支持员工进行企业内部创业，充分发挥他们的创新才能。

（二）组织结构的不适应

企业的组织结构是伴随着企业的战略而建立的，企业发展到一定规模后，组织结构上的官僚性和机械性特征开始显现。具体表现为：

（1）创新精神消退，从高层管理到基层都不同程度地安于现状，墨守成规，思想僵化。

（2）企业组织机构复杂、管理层次增多。当存在很多等级时，企业寻找市场机会的能力，重新分配资源、承担风险和有效实施市场转移的能力都会出现问题。此外，等级制度还会限制由上至下的管理和沟通渠道，造成组织中各个层次无法相互协调，无法让创新和变革活动顺利进行。

（3）企业规章制度繁多，程序复杂，过分依赖已确定的或靠经验确定的方法，审批项目时复杂的审批周期和过于详细的文件要求，造成对市场和产业变化反应迟钝，决策缓慢。

（4）从高级管理层到基层员工之间，多重领导，政出多门，责任不清，严重影响管理效率。

如果创业和创新是企业战略中不可分割的部分，那么不采用与之相应的组织结构将会给企业内创业带来阻碍。在内部创业过程中，创业者的创业行为可能只是源于一个想法，而在这个想法可能成为现实的产品或服务之前，往往需要大量资金的支持，需要相对灵活的时间安排，需要组建一个特殊的创业团队，需要保持整个企业组织结构的扁平化和创业团队的小型化，需要在创业的环境中促进创业团队的相互学习和思想开发，有时还可能会成立一些另类组织。而这些要求在传统的组织结构中是很难达到的。

（三）自主创新人才缺乏

企业内创业虽然能为企业带来巨大的机会，但它也对企业内的员工构成威胁。对企业的员工来说，创业对所有业务活动的可预测性和连续性构成了威胁，为了支持创新与创业活动，员工们需要放弃各种资源，企业需要重新分配各项预算和修改流程，一般员工都有抵制变革的倾向。

无论是何种性质、何种规模、何种行业以及处于何种环境的企业，人才缺乏都是阻碍企业内创业的关键因素。创业是富有创业精神的创业者与机会结合并创造价值的活动。内部创业者是企业内创业的核心，缺乏创业人才的企业，内部创业将难以进行。我国虽然劳动力资源丰富，但具有创业精神的创业者却十分有限，需要花大力气培养。

实践证明，企业是否拥有自主创新人才及内部能否拥有一套有效的人力资源激励机制，是企业内创业能否取得成功的决定性因素。

（四）创业资金投入不足

调查结果显示，不论是什么类型的企业，都把缺乏资金看成是阻碍创业活动顺利开展的众多因素中的首要因素。创业资金充足是企业创新动力充足的前提条件和基本保证，企业在创业过程中时刻需要资金的支持。

企业内创业一般资金需求数量巨大。一项内部创业计划，从创业构思到市场实现，其中包含很多阶段和环节，每一个阶段都需要一定数量的资本投入作保证，否则很难实现预期的目标，而且创业周期、创新投入和收益都很难被准确预测，有着很强的不确定性，但内部创业一旦成功，则能获得丰厚的利润。因此，企业内创业投资具有风险投资的性质，这与商业银行贷款要求的安全性、流动性和收益性存在矛盾和冲突。企业应在增加自身资金积累的同时，拓宽内部创业融资渠道，构建企业自主创新的资本投资市场，形成一个创新创业风险分散、全方位支持企业参与内部创业的机制和局面。

（五）传统企业文化的影响

传统企业文化具有灵活性，能照顾到人的情感因素，但在管理方式上仍带有家长式的管理痕迹，如坚定的企业目标、浓烈的团队意识、正确的激励原则、强烈的社会责任感、无私奉献的拼搏精神、正确的价值观和方法论等。但在内部创业中，创业者需要允许失败、善待失败的宽松进取的文化氛围，需要鼓励创新和创业的企业机制，而这些在传统企业文化背景下是很难产生的。企业内创业需要有其特有的利于内部创新创业的文化氛围。

从企业生命周期的演进和动态成长角度来看，企业文化建设可以分为企业型和创业型两种类型。企业型企业文化就是经常谈的处在成长期、成熟期或衰退期如何进行企业文化重塑的问题，这方面的理论和实务操作相当多。而创业型企业文化即处于初创期的企业文化建设，可分为个体创业型和内部创业型。个体创业型企业文化的构建如同在一张白纸上作画，相对比较容易，而内部创业型企业文化由于它强调在已有组织内部推行创新和冒险，是一种“破坏性的创新活动”，因此，内部创业型企业文化往往会与已有的组织文化产生冲突和矛盾，从而阻碍内部创业活动。

内部创业型企业文化的构建将对内部创业家提出一个严峻的考验，他们将在企业文化建设中遇到许多意想不到的障碍。

（六）内部创业信息支持不足

在以知识为主导的现代经济中，信息起着举足轻重的作用。企业内部创业从战略目标制定、创业计划的分析与评价，到具体环节的规划、预算和控制，再到创业结果的评价，均离不开相关信息的支持。拥有充分信息的企业，可减少内部创业的盲目性，掌握创业产品的市场定位，使创业产品的市场实现程度最大化。我国企业在技术信息、市场信息、政策信息、制度信息等方面反应缓慢，缺乏足够的信息支持。究其原因在于企业缺乏信息收集意识和能力，从而导致企业处于盲目创新状态。这是个需要企业和政府共同努力解决的问题。

此外，对正处于转型期的中国，制度和政策因素对企业发展和创新的影响重大，它同时从资源、制度、市场等不同方面影响企业自主创新和内部创业活动。

三、企业内创业与持续竞争优势

当今时代，科学技术突飞猛进，产品的生命周期越来越短，有效地进行突破性创新已成为保持企业未来长久竞争力的关键。企业发展都面临着一个同样的重大课题，即如何释放创新的巨大潜力，因此必须重视和进行有效的突破性创新，才有可能打造长寿企业，不断积累实力，从而在激烈的市场竞争中占有一席之地。

企业内创业是一种竞争力破坏和重塑的方法，这意味着既有企业需要摒弃长期积累的经验和资源，重新定义市场领域，积极地创造其他企业还没有识别到或正在努力开发的新技术，是对传统思维的挑战。

（一）竞争优势的含义

许多学者关于竞争优势做出了不同的解释。其基本内涵大体是一致的，竞争优势是指企业在特定的市场、特定的阶段、特定的地域，在为消费者提供有价值的产品或服务的过程中所具有的超越主要竞争对手、获得超过行业平均利润的能力或潜能。这种竞争优势是企业在与同行业企业的竞争中所表现出的相对于竞争对手的一种比较优势或绝对优势，拥有这种优势，该企业可以获得高于该行业的平均收益或超额利润。

竞争优势一旦形成，就会处于模仿者和革新者的强烈冲击和破坏之下。竞争对手或者凭借模仿或者凭借创新，对获取竞争优势的企业提出挑战，而这种挑战能力的大小在很大程度上决定了竞争优势消亡的速度。

企业的某种竞争优势本身的发展一般都会经历三个连续的阶段，即产生、延续、衰退。当竞争优势发展时，收益增长；当竞争优势保持时，收益不变；最终竞争优势因为模仿者和革新者的侵蚀而衰退。由上可知，持续竞争优势将以两种状态呈现出来：一是某时点上的竞争优势在长时间内的延续和保持；二是由多数短暂优势连续叠加而成。

企业想要保持连续的竞争优势一般应具备以下三个特征：

（1）在顾客价值方面，对顾客所看重的核心利益能做出关键性的贡献。

（2）在差异化优势方面，能在竞争中表现出自己的独特之处，而这种独特性竞争对手难以模仿或要付出巨大成本。

（3）在延展性方面，能够不断地开发出新产品和新服务以满足顾客需求，具有旺盛、持久的生命力。

（二）竞争优势的来源

竞争优势的根本来源，就在于相对其他企业能够更好地提升顾客价值。其市场表现反映在顾客价值创造上，关键是要准确把握顾客价值的构成。顾客价值是由于供应商以一定的方式参与到顾客的生产经营活动过程中而能够为其顾客带来的利益，即指顾客通过购买商品所得到的收益和顾客花费的代价（购买成本和购后成本）的差额，企业对顾客价值的考察可以从潜在顾客价值、知觉价值、实际实现的顾客价值等层面进行。

企业要了解和把握顾客的认知，关键是顾客对利益和价格的认知，要关注顾客对品种、质量、价格、信誉、速度、创新等这些要素的相对重视程度。要把握顾客的核心价值，特别是那些对顾客来说十分关心而又为其他企业所忽视的价值构成要素，如速递公司的快速、可靠，沃尔沃的安全、舒适，微软的个人软件，麦当劳的快速出餐等。

竞争优势的关键是超越对手与超越自我。超越对手，可以通过学习模仿来进行，但当企业在行业处于领先地位时，容易失去方向，停滞不前；超越自我，必须依靠创新探索来推进，无论企业处于什么位置，都可以不断改进，持续向前。

（三）竞争优势的构建

竞争优势的构建关键是围绕顾客价值的创造展开。主要有两种方式：一是增加顾客认知利益，如售后服务、产品特色等；二是降低顾客认知价格，如支出成本、寻找时间等。顾客价值涉及心理层面的认知因素，在很大程度上受到企业与顾客双向互动沟通的影响。

竞争优势的构建有三种基本战略：

（1）低成本战略，指企业取得全面成本优势。低成本如果不表现为低价格，就无法改变顾客认知，难以获得竞争优势。当顾客需求多变时，没有特色的低成本优势很难实现，更无法持续。在新兴产业，低成本如果不采取低价格，也许会引来众多模仿进入者，在成熟行业中，低成本可为企业带来更大的利润，但价格战可能导致两败俱伤。

（2）差异化战略，指企业取得明显特色优势。在实行差异化战略时，以什么为基础进行差异化，通过何种方式实现差异化是关键。

（3）集聚化战略，指以企业资源能力为基础，以企业经营范围选择为核心，集中力量，攻其一点，取得局部领域优势，主要适用于相对简单明确的竞争环境。

集聚化战略涉及选择经营范围，而低成本和差异化战略以整个市场为经营范围，涉及企业以什么为基础竞争。三种基本战略对于特定时期和行业有其适用性，但对于某些时期和行业有其不适用性。从长期来看，一个企业能够真正、持续拥有竞争优势，实际上就是永远都不会遇到竞争的优势，这种动态优势只有通过不断创新才能实现。

（四）企业内创业与持续竞争优势

企业都希望能够拥有持续竞争优势，但事实上很少有企业能实现这一愿望而长盛不衰。企业为了能够更持久地拥有市场竞争力，必然会制定和发展自己的竞争战略。战略是企业实现经营目标的主要手段，获得和保持竞争优势是企业制定战略的基本动因。企业内创业能有效地促进企业持续竞争优势机制的建立和完善。

（1）自主创新就是通过开发出新产品和新服务，获取超额利润而不是平均利润，在竞争中赢得先机。企业自主创新能力是企业内创业活动的基础，是企业核心竞争力的基石，也是企业持续发展的动力源。没有自主创新，企业发展就会缺乏创业动力，就会失去创业方向。在市场上，任何企业只有能够为市场提供值得购买、愿意消费，并且可以满足人们需要的价值物，才能获得消费者的认同、同行的关注和自身的发展。企业新产品与技术仅仅靠外部的借势、借力是不够的。依靠自身的力量，树立起独立自主的创新传统，是培养一支能征善战和敢闯勇创的员工队伍的必要条件，也是获得持续发展的根本保证。自主创新有利于企业拥有自己的核心技术和自主知识产权。

（2）企业内创业通过战略变革和创新，获取资源以及实现资源的重新组合，使产出建立在更低的成本或更高差异化的基础上。企业内创业抓住其他企业没有注意到的利润机会，并且通过对利润机会的敏感，重新建立某种实现利润的手段与目标的框架，那么由此获取的资源及其新的组合就会是异质的，这种异质性可以为企业创造其他企业难以模仿的竞争优势，实现和保持企业的持续发展。

（3）企业内创业为企业带来快速响应的优势。由于市场环境的快速变化，持续的产品创新和市场创新可以为企业带来快速响应的优势，企业内创业强调在竞争对手之前采取行动，这种领先行动的理念有助于企业对外部环境做出快速反应，同时也意味着企业将竞争引入到新的市场中，如果竞争对手也不得不进入该市场领域，那么企业的先动优势就会成为竞争优势之源。

（4）企业内创业为企业带来成本领先的优势。通过对组织结构的创新和优化，往往能够降低企业的总体成本。通过这种降低成本的行动，企业获得了超过竞争对手的优势，这种优势可以带来企业质和量的全面成长。

（5）企业内创业将增强员工的创造性和学习能力。创业活动往往能将工作过程和工作成果之间的联系体现得更加清晰，无论是引入新技术或新产品，还是调动现有资源和产品去满足一个尚未发现的市场，企业员工都会从工作中得到实现自我价值的满足感。同时，创业活动通常以团队的方式，而非官僚机构的方式展开，团队之间的分工不再像机器工业时代那样细致，每个创业活动的参与者总是承担多种任务和角色，这种工作内容的多样化也提高了员工的工作满意度，提高了效率。企业员工在团队工作过程中遇到更多的是没有既定答案的问题，必须主动积极地探索问题的解决方法，需要团队成员之间的相互合作，这一过程可以激发员工的创造性和团队合作精神，同时也增强了员工的学习能力。这些都能够促进企业的可持续发展，保持企业的持续竞争优势。

第三节　促进企业内创业的途径和方法

一、营造创业氛围

企业要保持长久的竞争力，就必须支持、鼓励和激励企业家的内创业行为。企业内创业的成功很大程度上依赖其组织系统对变革支持和适应的环境氛围。

（一）设立创业制度

为了使企业组织接受创新、自觉创新和追求创新，以及通过创新达到企业创业的目的，企业必须制定特定的创业政策。通过制定适合企业创业的政策、采取合适的管理手段和措施逐步构建有利于企业创业开展的内部环境。在企业成员理解创业的必要性和重要性的基础上制订创业计划，并贯彻执行；通过对企业及产品、服务、市场、销售渠道、技术进行系统的分析，可以明确存在的差距与创新的需要；通过授予创业企业家相应的权利，使他们拥有对其创意、决策、判断的自治权；树立成功的榜样，高层管理人员不仅要向员工介绍成功的经验，而且会对人们的价值观和态度产生影响，如格力电器选拔和扶持优秀员工进行创业，承担集团电器产品包装材料的供应职能，收到明显成效。创维集团通过业务分拆、优惠折让的办法，将国内市场电脑业务的下游销售服务让给有兴趣的骨干员工创业，既保证了原有电脑业务的顺利衔接，又成功地实现了其向海外市场转移的战略计划。

（二）完善组织结构

创新与创业的本质就是开发出不同的产品或服务从而比以前更有效地使用资源。创新和创业需要有机化的组织，它与官僚化的组织是背道而驰的。有机化的组织是具有自由倾向并通过创新成果评估的。

首先，组织结构要能够促进企业全体员工形成共同的愿景。企业内创业需要企业内部上下达成共识来推进内部创业，因此，组织结构要能够充分有效地整合企业全体员工的认知和努力方向，这是组织结构适应企业全新战略发展的首要问题。

其次，组织结构要反映企业发展的趋势。企业内创业的目的十分明确，企业希望通过企业内创业战略创建新的业务，创造新的价值，那么组织结构就要能够反映出企业发展的新趋势，值得全体员工参与到这一趋势中来，因此，这一要求是全体员工能够共同朝着企业内创业的目标前进的保证。

最后，组织结构还必须拥有一定程度上催人奋进的精神力量。企业内创业能否顺利开展，企业内创业中的新技术、新产品、新过程能否有效推进，取决于全体员工是否能有一种积极进取并且保持一种紧张感的精神张力，如果组织过于松懈，那么员工在实施企业内创业战略时，必然缺乏紧张感和紧迫感，这样，企业所设定的目标就可能停滞不前，直至失去市场先机。

（三）营造创业文化

企业文化是历史性地积淀下来的价值观和指导思想、思维模式、行为范式等方面的总和。企业内创业的形成、发展、繁荣过程离不开企业文化的深刻影响。从企业文化与企业创业相结合的角度提出企业创业文化，能够把个体企业家精神和企业战略规划有机结合。企业创业文化不但强调个体意义的企业家精神，注重企业内部个体经营管理者所拥有的创新能力、自治能力、风险意识和进取精神，还强调与企业战略规划的结合，这种战略规划应当充分体现有利于形成并保持企业创业实现的价值观、经营准则、道德规范、处事方式和行为导向。这种文化既要在企业文化方面达到相对成熟的标准，又要具有较高的企业家精神。只有当企业创业文化能够促进企业目标实现，并反映出管理哲学时，企业创业文化才构成成长型企业的资产。

企业创业文化最大的功能在于激发凝结在每一位员工身上的个人创业激情，在实现组织目标的过程中追求个人目标的实现。

创业文化鼓励创新和冒险，更主张宽容地对待错误，把失败视作学习的过程。创业文化有助于创业精神的培养，企业创业文化是推动内部创业在企业内发展必不可少的驱动因素。在企业管理过程中将企业创业文化视作一种资源。由于文化就是共同的价值观、信仰和共同接受的行为准则，因此要有效地开展内部创业，就必须经常检查和修正企业管理观念，建立一种具有新价值观的企业创业文化。

二、组建创业团队

创业团队是企业内创业成功的关键，成员间的优势互补是保持创业团队稳定的关键。在创建一个团队的时候，不仅要考虑成员相互之间的人际关系，更重要的是考虑成员之间能力上和技术上的互补性。一般来说，创业团队主要由目标、人员、团队成员的角色分配及创业计划四大要素组成。

1.在组建企业创业团队时要遵循四个基本原则

（1）目标明确合理原则：目标必须明确且合理，这样才能使团队成员清楚地认识到共同的奋斗方向是什么。

（2）互补原则：只有当团队成员相互间在知识、技能、经验等方面实现互补时，才有可能通过相互协作发挥出更大的协同效应。

（3）精简高效原则：为了减少创业的运作成本，最大比例地分享成果，创业团队成员构成应在保证创业目标能高效运作的前提下尽量精简。

（4）动态开放原则：创业过程是一个充满不确定性的过程。因此，在组建创业团队时，应注意保持团队的动态性和开放性，使真正完美匹配的人员能被吸纳到创业团队中来。

2.组建企业创业团队的过程

（1）明确创业目标：共同的理念和愿景是企业内部创业得以成功开展的前提。创业团队一定要有一致的创业思路，成员个人的目标要与企业的愿景一致，即认同团队要努力的目标和方向。创业目标确定之后，为了推动团队最终实现创业目标，须将总目标加以分解，设定若干可行的、阶段性的子目标。

（2）制订创业计划：在确定了总目标及阶段性子目标之后，就需要制订周密的、切实可行的创业计划。创业计划是在对创业目标进行具体分解的基础上，以团队为整体来考虑的计划，创业计划确定了在不同的创业阶段需要完成的阶段性任务，通过逐步实现这些阶段性目标来实现创业的最终目标。

（3）进行职权划分：创业团队成员间权益的分配是个敏感、困难但又十分重要的问题。为了保证团队成员执行创业计划，顺利开展各项工作，必须预先在团队内部进行职权的划分。创业团队的职权划分就是根据执行创业计划的需要，确定每个团队成员所要担负的具体职责以及相应所享有的权限。通过协议、文件等把最基本的责、权、利界定清楚，使团队成员责任明确，职权清晰，利益相连。团队成员间职权的划分既要避免职权的重叠和交叉，也要避免无人承担造成工作上的疏漏。此外，由于还处于创业过程中，面临的创业环境又是动态复杂的，会不断出现新的问题，团队成员可能不断出现更换，因此创业团队成员的职权也应根据需要不断地进行调整。

（4）制定团队制度：创业团队制度体现了创业团队对成员的控制和激励能力，主要包括团队的各种约束制度和激励制度。一方面，创业团队通过各种约束制度指导其成员避免做出不利于团队发展的行为，实现对成员行为进行有效的约束，保证团队的稳定秩序；另一方面，创业团队要实现高效运作依赖于有效的激励机制，使团队成员清楚地了解到随着创业目标的实现，其自身利益将会得到怎样的改变，从而达到充分调动团队成员的积极性、最大限度发挥团队成员作用的目的。要实现有效的激励首先就必须把成员的收益模式界定清楚，尤其是关于股权、奖惩等与团队成员利益密切相关的事宜。需要注意的是，创业团队的制度应以规范化的书面形式确定下来，以免带来不必要的混乱。

（5）团队调整融合：完美组合的创业团队并非创业一开始就能建立起来的，很多时候是在创业组织创立一定时间以后随着新事业的发展逐步形成的。随着团队的运作，团队组建时在人员匹配、制度设计、职权划分等方面的不合理之处会逐渐暴露出来，这时就需要对团队进行调整、融合。由于问题的暴露需要一定的时间，因此团队调整、融合也应是一个动态持续的过程。在进行团队调整融合的过程中，最为重要的是要保证团队的整体战斗力和有利于创业目标的实现。

同时，要重视运用团队文化的激励作用。团队文化是固化剂，团队凝聚力的培养离不开团队文化的建设。通过营造一种积极向上、相互尊重、相互信任的文化氛围协调企业内外的人际关系，保证团队成员间经常有效的沟通与协调，调动团队成员的积极性、主动性和创造性，培养强化团队精神，提升团队士气，增强团队的凝聚力和竞争力。

三、完善创业机制

为了有效进行企业内创业，企业应推进和完善有利于企业内创业的管理机制，制定相关制度，不断协调企业内创业的各因素、各环节之间的相互关系。

（一）改革传统的管理方式，实施管理创新，为企业内创业提供制度保障

在企业内创业过程中，一些传统的管理思想和管理方式已不能适应企业内创业活动的需要，管理者应实施管理创新，结合企业自身情况，对企业实施某种程度的再造，建立一套有利于内部创业的管理制度。包括建立鼓励内部创业的有利氛围；

通过对企业内各个部门的交叉运作，为企业内创业人员提供能够开展风险事业的自由空间；允许创业人员按照自己的方式工作；采用一些迅速的、非正式的方法为企业内部创业提供所需要的资源；建立一套鼓励冒险、允许错误的体制等。

（二）加强企业内部风险事业开发，提供资金保障，建立企业内创业驱动机制

企业内部风险事业开发的主要目标包括三个方面：确保当前体制、结构和经营不会对创业所需要的灵活性和快速行动造成不可逾越的障碍；为创业项目提供激励机制和工具；在业务领域之间寻求联合，以期在新的联合中发现新的机会。为此，除在组织机构上减少不必要的设置，鼓励跨部门和职权的沟通外，最为关键的是企业要将资金大量投入到创业活动中去，并且建立企业创业驱动机制，设立“内部风险资本”作为企业创业项目的专项资本，鼓励员工在企业内开展创业活动，并可设立特殊的项目预算，也允许创业人员自由决定项目的时间等。

企业决策者不仅要为内部创新创业提供必要的资金、技术、资源等方面的支持，还要培养企业创业人员，启动企业创业培训计划，培训内容包括从个人创造力的开发和创意的形成、市场机会的筛选、经营计划和行动计划的制订及创业管理等方面，旨在提高员工创新和创业能力，引导员工成为企业内部风险事业的开发者，允许和鼓励员工开展讨论和采用头脑风暴法产生新的创意。要积极组建和支持创业团队，让不同领域的专家聚集在一起，通过不同领域的知识碰撞，产生更为有效的创新活动并提高创业活动的成功率。

（三）组建创业团队，实施多重激励，建立企业内创业动力机制

组建创业团队是企业开展创业活动的重要方面。创业团队一般具有自我导向、自我管理和高绩效的特征，是一种小型的以一种半自主方式运作的产生和开发新创意的团体。在创业团队中，个人的能力得到整合，而团队创新能力要大于个人能力之和。为了使创业团队能高效运转，减少冲突，企业管理者必须实施多种激励措施，建立和健全企业内创业的动力机制。创业项目能否获得成功，在很大程度上取决于创业人员的素质、事业心、努力程度。如果团队成员在创业中的权力太小、报酬太低，就会影响他们的积极性和承担风险的意愿，应把创业项目的责、权、利紧密结合起来。当创业人员提出一个创意时，就可以建立一个行动小组来组织开发，技术或产品一旦开发出来，使创业人员有机会经营自己的产品部或事业部，或者得到薪水的提高、职务的晋升等。

（四）制定创业评估办法，建立企业内部创业监控体系和约束机制

要建立企业内创业评估办法。评估内容主要包括：管理层对员工的内部创业活动的支持程度；在创业过程中，团队是否具有足够的自我决定权：激励措施是否有效；企业是否避免了将所有主要的工作都设计成标准化的过程等。在创业评价的基础上建立企业内创业的监控体系和约束机制，要将过程评价与结果评价结合起来。建立创业绩效考评体系，根据其业绩决定奖励和升迁。对于道德风险问题可以通过引入监督机制来解决。

创业的约束机制主要来自于企业内部，即在企业内部建立约束机制。首先要有多重的利益约束机制，要形成创业者利益和企业利益的制约关系，实现利益的均衡。其次要有健全的财务约束机制，企业内创业投资也是一项风险极大的投资活动，高风险的创业投资迫使管理者必须在企业内建立一套科学严密的资金配置、运用和监管的机制。最后要有责权约束机制，创业人员在创业活动中具有较大的灵活性和自主性，但这并不意味着创业人员和创业团队就不受企业制度和责权的约束。现代企业的生产经营需要集中的统一指挥，因此建立责权约束机制的重点在于要在保证企业统一指挥的情况下对创业团队和创业人员保持必要的柔性，形成既有统一指挥，又相互制约的关系。

（五）鼓励创新创业，营造创业文化，为企业内创业提供有利的环境氛围

要成功地推进企业内创业，首先要从战略的高度来确定企业内创业，建立创新愿景并形成企业内员工对这一愿景的共享。企业内创业来源于企业内部人员的创造才能，一项被员工理解并广泛认同的愿景会产生极大的号召力，能够激发起企业员工为未来的目标而奋斗的强烈愿望。

鼓励员工积极开展内部创业活动，特别是要创建有利于企业内创业的创业文化，即有利于技术创新的开放性的生产结构；容忍职工失败并从失败中学习的宽松进取的文化氛围；将创业本身作为目标，将工作视为乐趣的工作观念；有利于内部人才流动和信息传播的工作机制；企业管理者鼓励员工创业的政策导向等。此外，企业最高管理者对企业文化的重视和支持是营造创业文化的关键因素。有利于企业创新创业的创业文化不仅影响创业人员潜能的发挥，而且会对创业项目能否成功产生重大影响。

四、增强创业能力

（一）推进创新创业型企业建设，强化企业的创新创业主体地位

推进创新创业型企业建设，突出主体地位，激发创新创业活力。建立和完善有利于自主创新的内在机制和发展模式，使企业成为自主创新的主体、产学研结合的主体、成果转化的主体、研发投入的主体、政策享受的主体，不断提升核心竞争力。企业主动与科研院所、高等院校加强合作，尽快形成优势互补、风险共担、利益共享、合作共赢的运行机制，使游离于企业外的科研机构直接服务于企业，进一步提高企业的核心竞争力和发展后劲。

（二）完善企业创新创业平台建设，加快新技术和新产品的开发生产

企业应该采取有效措施，充分发挥企业科技人才、创新小组、创业团队的作用，努力搭建各类人才的创新创业平台。同时加强与国内外研发机构和高校合作开发创新项目，有条件的可以建立企业新产品研发中心，使合适的新技术、新产品、新项目等不断出现，并在激烈的市场竞争中尽快开发投产，以抢占市场的先机。

同时创新企业管理机制，形成有利于推进企业内创业的各因素、各环节之间协调运转的制度体系，营造良好的企业创业环境，组建精良高效的创业团队，完善企业创新创业机制等，快速开发新技术、新产品等，不断增强企业的内部创业能力。

（三）加强创新创业团队建设，建立企业创新创业人才培养机制

企业内创业项目的成功开发必须要以坚实的工作团队为基础。这些团队成员的组成应该包括一般管理人员和技术技能型人才，这就需要企业加大这类人才的引进、培养和机制的创新，可以通过招聘大学毕业生、与高校合作培养人才、引进各类专业人才等不断地丰富企业创新创业人才队伍。

加强企业内部创新创业人才培训引导。企业所选拔的创业者一般是在某一方面具有特殊能力的专才，但领导创业经营还需要在一定程度上熟悉企业经营管理。此外，创业初期创业者不可避免地承担着许多具体的工作，处于信息交流、决策制定和执行的中心，各种事务繁杂，工作压力较大，这需要创业者具备良好的组织协调、心理承受等能力。对通过选拔的创业者，企业应运用内外部培训资源对其进行有针对性的知识和能力培训，努力帮助创业者练好“内功”。考虑到创业者个体之间存在素质、知识和能力等方面的差异，培训方案的设计应在紧密结合创业经营内容的前提下突出个性化特征。

对创业者进行系统培训，通过培训使员工真正认识到创新与创业技术的实质，而不仅仅是满足于提出建议或意见。要鼓励员工投身于新创事业中，激发员工身上的某些内企业家特质，培养内企业家的能力。

为了充分激发企业创新创业人才的潜力，提高企业的自主创新创业能力，必须建立有效的具有内驱力的战略人力资源管理体系：建立合理的薪酬管理制度；建立完善的福利和社会保障制度；建立科学合理的内部考核制度；建立岗位责任制和动态竞争机制；做好战略性人才的职业生涯管理等。通过这些措施解除创新创业人才后顾之忧，激励人才为企业发展努力工作，充分发掘创新型智力资源的潜力。

思考题：

1.什么是企业内创业，企业内创业有何特征？

2.促进企业内创业的途径和方法有哪些？

第九章　社会创业

近十多年来，从美国到欧盟国家，从日本到印度，全球都在引爆一股社会创业的热潮。特别是穆罕默德·尤努斯及其创建的孟加拉国乡村银行获得了2006年度诺贝尔和平奖后，社会创业引起了国内外学者的高度重视。社会创业作为一种新型的组织形式被认为是解决社会问题的一种新方法。随着社会创业在国外的蓬勃兴起和中国新发展理念的进一步普及，与可持续发展目标相一致的社会创业在中国具有广阔的发展前景。

第一节　社会创业概述

社会创业（social entrepreneurship，又称公益创业）作为一种新型的组织形式在国内外蓬勃发展。随着传统社会福利国家的发展，公有资助减少，贫富差距扩大，国际社会对社会创业的关注程度也日益增大，学术界开始对社会创业进行广泛的探讨和研究。

一、社会创业的含义和特点

（一）社会创业的含义

界定“社会创业”的概念并不是一件容易的事。到目前为止，学术界对于“社会创业”还没有达成共识，概括起来主要有以下几种观点：

1.从社会创业的运作方式来定义。赖斯（Reis）认为，“社会创业就是把商业机制和市场竞争引入非营利组织，从而让这些组织以更高的效率为社会提供服务”。这包括非营利组织从事一些小规模的营利性商务活动，将其所得再投入到社会服务中去，还包括非营利组织为了更好地利用现有资源采取私营组织的管理模式。华莱士（Wallace）、米切尔（Mitchell）以及波梅兰茨（Pomerantz）也都认为，社会性事业取得成功的关键在于引入创新的商业方法来提供社会服务，更为关键的是，要在坚持社会性事业根本目标的基础上，通过运用营利组织的运作方式来获得尽可能多的盈利。

2.从社会创业的两重性来定义。佩雷多（Peredo）和麦克林（McLean）认为，社会创业者也是创业者，他们必须采用商业化方式进行创业，并且注意创业方式的创新性。而从社会角度看，他们特别强调社会创业在采用商业化方式的同时，必须具有排他性的社会目标，并且要创造社会价值；迪斯（J.Gregory Dees）提出将社会创业和投资的经济回报分开来研究。他认为，社会创业包含两个理念：一是利用变革的新方法解决社会问题并且为全社会创造效益；二是引用商业经营模式创造经济效益，但经营所得不是为个人谋取利益，而是将所得造福社会。因此，他从以下四个维度对社会创业进行定义：①社会创业是一项持续产生社会价值的事业；②通过不断发掘新机会来达到社会目的；③持续的创新和学习过程；④不受当前资源稀缺限制的大胆行动。

3.从社会创业的承担组织的性质来界定。约翰逊（S.Johnson）认为社会创业是一种混合模式，这种模式既包括营利组织的活动，也包括非营利组织的活动以及与政府跨部门的合作。这一概念意味着社会创业有多种承担主体和多种形式，既包括非营利组织实现可持续发展、完成社会使命进行的商业运作，也包括营利企业和非营利组织开展社会福利性质的商务活动，甚至包括营利企业基于提升企业形象、承担社会责任而开展的社会活动。

综上所述，虽然各国学者对社会创业所下的定义不尽相同，但仍然具有以下共同特点：①社会创业必须具有显著的社会目的和使命；②社会创业应该是“解决问题”导向型的，因此社会创业的重点在于创造社会价值：③社会创业的创新性主要通过组织创新来体现。

本书认为社会创业有广义和狭义之分。广义的社会创业是指采用创新的方法解决社会主要问题，采用传统的商业手段创造社会价值而非个人价值。它既包括一些营利组织充分利用资源解决社会问题，也包括非营利组织支持个体去创立自己的小型公司或者企业。而狭义的社会创业主要是指非营利组织应用商业机制和市场竞争机制来营利。

（二）社会创业的特点

1.社会性社会创业的本质是为了创造社会价值，而经济价值只是社会创业的副产品。福勒（Fowler）认为社会创业的首要任务是创造社会价值，当然在创造社会价值的同时可能会产生经济价值，但也可能不产生经济价值。因此，对于社会创业来说，经济价值相对于社会价值仅仅处于从属地位。

2.创新性社会创业应该具有明显的创新性。亨顿（Henton）认为，方式上的创新性从本质上定义了社会创业的概念。社会创业从根本上说是要创造新的价值而不是简单地复制已经存在的组织或活动。因此，需要将以传统方法创造社会价值的活动与那些更关注问题解决过程的创意和创新活动进行严格的区分。通过把传统意义上互不相关的做法进行有机组合，社会创业者能创造新的服务、新的产品和新的方法来解决社会问题。一般的商业企业可能不需要“创新精神”就能取得成功，但是社会创业者一定要进行创新和变革。

3.差异性社会创业具有强烈的社会差异性。由于社会创业本身与不同的社会、文化、政治背景直接相关，而社会、文化和政治背景包括不同的立法结构和框架、慈善事业对于社会的重要意义和社会支持系统的性质等，因此社会创业的方方面面都会因社会差异而大相径庭。社会创业往往最终通过制度变革来达到社会目的，但是各种社会政治的立法结构、方式和框架都不一样，因此从社会创业的过程、方式和影响因素来看，社会创业都因社会、政治和文化背景的不同而有所差别。

二、社会创业兴起的背景

社会创业的出现标志着一个社会朝着公民社会或人民社会方向的重要演变，说明社会再分配和公民在社会改进中的角色方面出现了体制性的变革。

（一）社会再分配的变革

20世纪80年代以来、国外许多国家尤其是发达国家，采取了以市场作为调节资源主要机制的经济政策，其结果是政府对非营利组织的直接资助经费逐年减少。在政府减少对福利事业的公共财政的同时，通过税收优惠政策，鼓励私人捐助非营利组织。此外，用于公益福利事业的资金由政府掌控到放归民间按市场规律运作，为公民提供了参与社会改进的空间。

（二）非营利组织数量的增长以及争取公益资金的竞争

“市场失灵”导致人们对非营利组织提供社会服务的需求有增无减，与此同时，公益资金的丰裕又刺激了依赖公益资金生存的非营利组织数量的增长。相对于同期公益资金增长的幅度而言，众多的非营利组织在争取资金方面面临着激烈的竞争。因此，非营利组织需要借用商界专业化操作和市场运作的技术来提高自身的效率，更好地进行社会创业活动，实现投资的商业价值与社会价值的双重回报。

三、社会创业者的特质与使命

（一）社会创业者的特质

20世纪90年代末，社会创业者（social entrepreneur）一词在欧洲、北美洲、亚洲激起热浪。社会创业者是那些致力于大规模解决社会问题的人。和传统的商业创业者不同的是，社会创业者用商业的眼光看待社会问题，用商业的规则去解决那些问题，他们所得的盈余用于扶助社会弱势群体、促进社会发展和社会企业本身的投资，他们重视社会价值多于追求最大的商业盈利。众多学者对社会创业者作了定义，具有代表性的观点有如下两种：

美国学者迪斯从创业学相关概念和理论出发，在辨析社会创业与商业创业区别的基础上，对社会创业者进行了定义。其概念中结合了萨伊的价值创造观点、熊彼特的革新和变革原动力观点、德鲁克的寻求机会的观点等，认为社会创业者是社会变革的原动力，他们具有创造并维持社会价值的使命，识别并且不断地追求新的机会来践行这种使命，不断地革新、适应和学习，大胆行动，不受现有资源的限制，对服务对象和行为结果高度负责。

马丁（Roger L.Martin）等人认为社会创业者首先要具有创业者的特征，即鼓舞人心的能力、创造性、直接行动、勇气、坚毅。社会创业者发现社会中稳固但不公平的平衡，并提出一个创造社会价值的新方案，打造一种新的稳固的平衡，释放出被压制的潜能，减轻目标群体的痛苦，通过围绕新的平衡模式创造出一个稳定的生态系统，确保目标群体乃至整个社会有一个更好的未来。杨宇、郑垂勇认为，社会创业者的精神蕴含在某些个人和团体中，除具有创造社会价值、创新性、冒险性等特征外，还具有在从事社会事业时非凡地获取稀缺资源的能力。

概括学术界对社会创业者特质的研究，社会创业者特指那些拥有人格魅力的、兼具理想主义者和实干家两种特性的人。因此，首先要拥有创业者的特质，其次具有社会使命，而且社会创业者的个人魅力往往对其组织的发展极为重要，领导人的个人魅力也往往成为其组织发展的一个重要公关战略。

社会创业者首先要具备创业者的特质。所谓创业者，特指“具有冒险和开创精神、以崭新的更好的方式来促进经济进步的个人”。而社会创业者是投身于公益事业又同时具有以下特质的人：

1.善于把握机会。“技术进步、消费者需求的改变和社会风尚的变化都意味着新的机会。”德鲁克指出，“创业者会不停地发现变化、回应变化，并将变化视为机遇而加以利用。”

2.善于整合资源。哈佛商学院教授史蒂文森指出，“创业者不会被他们起步时的现有资源束缚手脚，他们能动员别人的资源来实现自己的目标”。迪斯指出，“社会创业者与行政人员的思路不同，他们不是依照已有的经费行事，而是集中精力开拓事业然后再考虑经费从哪儿来”。他们的思路是“我们需要什么资源？我们从哪儿去得到这些资源?”。

3.具有创新精神。迪斯在论述社会创业者的特点时，特别强调他们“不断在创新、调整和学习”。所谓创新，他概括为“开辟新的领域、建立新的模式、试验新的途径”，但他同时也同意“创业学和创新学”的权威熊彼特的观点，“创新不一定要求一定要发明一个崭新的东西，只要涉及将一个想法应用于一个不同的情况或以新的方式应用，就是创新”。

（二）社会创业者的使命

社会创业者通过企业的形式来改善社会问题，需要将创业者的精神和创造力投入到社会问题的解决上。社会创业者并不排斥利润而是突出社会责任，对社会创业者而言，创造利润只是实现目的的手段，而不是目的本身。这充分体现了社会创业者具有强烈的使命感，同时是一个道德高尚、值得信赖的变革者。

1.使命感。迪斯认为，社会创业者与传统的商业创业者的关键区别就是社会创业者“奉行的使命是创造社会价值（而不是私有利益）并使其延续下去”。对于社会创业者来说，“长期的社会收益”是最根本的追求目标。

2.变革者。很多学者特别强调社会创业者在追求其社会使命时，不是一般的扶贫救困，也不是所谓的只是应用商业模式的组织的经理人，而是要对“社会部门的某些行事方式进行基础性的变革”。

3.道德高尚，值得信赖。社会创业者作为公益事业中的角色，一定是一个道德高尚、值得信赖的人。迪斯指出，"市场规律并不能自动地淘汰低效率和无效果的公益事业"，公益事业的活力在很大程度上取决于社会创业者对他们所服务人群的认知，以保证他们正确地满足人们的需求。

四、社会创业的过程与成功因素

（一）社会创业三阶段过程模型

迪斯、埃默森（Emerson）和伊科诺米（Economy）认为，社会创业可以分为以下三个阶段：

1.过渡阶段，主要是成立创业团队，形成创业组织雏形，而创业团队主要由来自营利组织和非营利组织的个体组成。

2.变革阶段，主要是通过协商和沟通来建立制度，旨在平衡和支持组织的正常运转。

3.稳定阶段，主要是通过实际运作来提升社会事业的内在能力，进而解决社会问题和应对组织的外部挑战。

据此，他们设计了社会创业三阶段过程模型，如图9-1所示。该模型比较系统地归纳了社会创业的一般过程，界定了不同阶段的特征，明确了社会创业者在社会创业不同阶段的角色和任务。

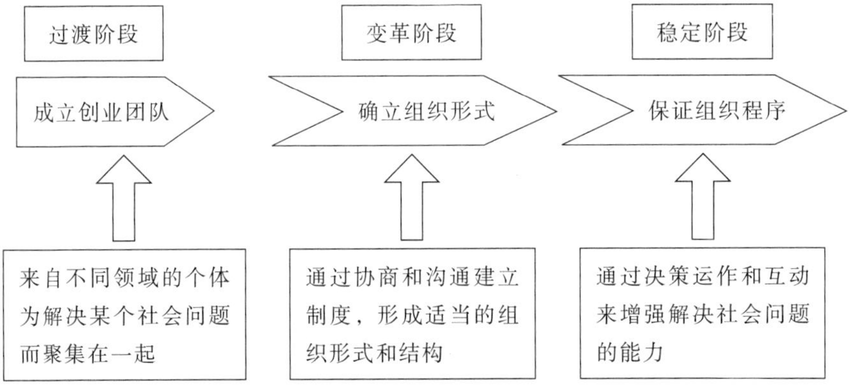

图9-1　社会创业三阶段过程模型

（二）社会创业过程的成功因素

1.沙瑞和勒纳的观点。沙瑞（Sharir）和勒纳（Lerner）在文献研究和实地调研的基础上，开发了一个社会创业过程影响因素模型。该模型认为，新创社会事业一般要经历机会识别、发现、探索与开发等阶段，并要受到以下因素的影响：

（1）个人因素，包括社会创业者的经验和经历、献身精神和创业初期能从家庭和朋友方面获得的支持等。

（2）组织因素，包括组织在创立阶段的资本和员工情况、高层管理人员的绩效水平等。

（3）环境因素，包括公众对社会创业的认知度，政府机构、基金会和其他非营利组织对社会创业的支持力度等。

（4）流程因素，包括社会事业的社会网络稳定性和可拓展性、与其他组织的长期合作关系等。

2.巴伦森和加德纳的观点。他们认为社会经历、社会认同、个人信用、社会网络是社会创业者进行社会创业成功的主要影响因素。

（1）社会经历。许多社会创业者的早期生活经历，可能有助于解释社会创业的形成。巴伦森和加德纳（Barendsen and Gardner，2004）基于小部分的对象和深入访谈进行了定性研究，表明社会创业者居于更高的童年挫折发生率及家长具有高水平的社会或政治接触。

（2）社会认同。社会认同也称为社会身份，可以预测社会创业者各种社会创业的形成和随之而来发生的寻求资源的行动。社会创业者往往具有双重身份：企业家和活动家。巴伦森和加德纳（2004）认为，虽然两种身份可以并存，但社会创业者必须决定哪个先出现。西蒙斯和罗宾逊认为，具有基本活动家身份的人更容易创建非营利组织，而那些具有基本创业活动能力的人更有可能创造营利实体。

（3）个人信用。社会创业者往往具有很高的个人可信度，他们常常利用和开发关键资源，并建立必要的组织网络。社会创业者利用他们过去的职业、人脉及地位，以调动资源。社会创业者采取不同的合法化行动以获取资源。首先，他们的项目注重社会价值、注重集体目的的意识，吸引人们加入他们的创业。其次，社会创业者注重声誉的影响，通过媒体的报道，而不是通过直接的行动进行资金的筹集，这种筹集资金的形式可称为催化行动。

（4）社会网络。社会创业者获取必要的资源以保持项目的服务性和连续性。其资源获取的能力取决于企业家的社会网络，即与其他志愿组织和公共部门组织建立的关系。企业家依赖他拥有的网络资源或者主动创造网络并投入时间和努力构建它。

第二节　社会创业的形式与类型

近十年来，国际上在以非营利组织为主的第三部门中出现了一种新的发展趋势，即社会创业组织正在日益超越民间非营利组织的范畴，在社会中快速发展。管理学大师彼得·德鲁克就曾经预言，社会创业组织有可能成为后资本主义时代发达经济体中真正的“增长部门”。

社会创业组织包含了慈善组织、社区发展组织、志愿组织、基金组织、合作组织、发展信用联盟、校园组织等，内容广泛，形式众多。如果严格按照西方国家的社会创业组织概念来看，中国目前还没有比较成熟的案例。然而，中国的民间组织、事业单位、社会福利企业、合作社、基金会等第三部门一直践行着社会创业的内容。随着社会经济的发展，中国民众对于公共服务的需求越来越大，政府在社会服务领域鼓励民间力量的参与，这就需要一个合格的模式来填补这个市场，社会创业将起到经纪作用。根据中国的实践，我国的社会创业模式大致有非营利组织创业、志愿公益创业、校园性公益创业、公益创投等几种。虽然存在一定的“类社会企业”或“准社会企业”，但是社会创业在中国的发展还处在萌芽状态。

一、非营利组织创业管理

（一）非营利组织定义

非营利组织（non-profit organization，NPO）主要兴起于20世纪70年代，在八九十年代的全球化过程中得到迅猛发展。由于强调的角度与重点不同，对于非营利组织，国际上有不同的称谓，如“第三部门（the third sector）”“独立部门”“慈善组织”“免税组织”“非政府组织（non-government organization，NGO）”“公民社会组织”等。这些不同的概念涵盖的基本上就是介于政府组织和营利组织之间的一切社会组织，但各自有所侧重。对于什么是非营利组织，学术界主要有以下几种定义：

1.法律角度的定义。如美国联邦国内税法对于合乎规定的非营利组织作了以下界定：非营利组织本质上是一种组织，其净盈余的分配，包括给任何监督与经营该组织的人（如组织的成员、董事或理事等）的报酬都受到限制。

2.收入来源角度的定义。如联合国的国民经济核算体系将经济活动的领域划分为五大部门：金融组织、非金融组织、政府、非营利组织和家庭。其中的非营利组织与其他四类组织的区别在于，其大部分收入不是来自以市场价格出售的商品与服务，而是来自其成员缴纳的会费和支持者的捐赠。

3.功能角度的定义。非营利组织是满足公共目的、实现社会公众利益的私人组织。但何为“公众利益”，不同国家、不同国家的不同时期和不同人都会有不一致的理解，这就会造成这一概念的歧义性。

4.结构运作角度的定义。这一定义由美国学者萨拉蒙等人提出，它着眼于组织的基本结构和运作方式，认为凡是符合组织性、民间性、非营利性、自治性和志愿性这五个条件的组织都是非营利组织。

5.组织属性角度的定义。非营利组织是指不以营利为目的、主要开展各种志愿公益性或互益性活动的非政府的社会组织、志愿团体或民间协会。这些组织构成了“非营利部门”。它与政府部门、市场部门共同构成了现代社会的三大支柱。

（二）非营利组织产生与发展的原因

从人类社会发展的客观规律来看，非营利组织的出现是社会发展的必然。具体来说，其产生的原因有以下几点：

1.市场失效。市场是人类物质交换的场所，在市场经济条件下，市场就是以营利为目的的组织和个人的活动领域。所谓市场调节机制，就是市场根据消费者的需求信息和生产者的供给信息，运用价格杠杆手段，调节供给和需求的关系，对资源进行合理优化配置。但是，这只“看不见的手”不是无所不能的，由于垄断非对称信息及其运行规律的局限性，市场存在无法修补的缺陷。对于非公共物品而言，存在市场垄断和价格扭曲；而对于公共物品而言，又存在信息不对称和外部性。这些都导致资源配置无效或低效，从而不能达到资源配置零机会成本的状态。这就是市场失灵。

2.政府失灵。政府失灵是指政府为弥补市场失灵而对经济、社会生活进行干预的过程中，由于政府行为自身的局限性和其他客观因素的制约而产生新的缺陷，进而无法使社会资源配置效率达到最佳的情景。政府失灵产生的原因是社会成员对公共产品需求的差异性，而政府不可能满足全部成员的需求，只能满足大多数成员的需求。这种做法显然使少数一方的社会成员的需求得不到满足，也反映了政府在提供公共产品和服务方面存在失灵的问题。

3.利他主义的发展。真正的利他主义者是那些认为自己有义务为慈善事业和公益事业做贡献的人，他们认为帮助他人是自己不可推卸的职责。管理学大师彼得·德鲁克曾经说过：非营利组织是一种点化人类的媒介，它的共同性在于提供社会变迁，造就脱胎换骨的人类。之所以有些人愿意为非营利组织贡献时间和金钱，是因为他们认为当前的分配制度不公平，他们希望将自己手中“多余”的收入通过非营利组织进行再分配，让低收入的社会成员也享受到社会制度的公平。

4.非物质利益的驱动。企业或个人通过非营利组织可能获取一些无形的利益，如社会知名度、荣誉、品牌效应等。被非营利组织聘请成为名誉理事、顾问等荣誉性职务，能更多地被媒体报道和宣传，在社会中树立正面的形象，起到良好的宣传作用。另外，在某些国家和地区，参加非营利组织的活动还能对提高社会地位和政治影响力起到巨大的推动作用。

（三）非营利组织的特征

根据沃尔夫（Wolf）1990年归纳的结论，非营利组织表现出以下五大特征：①有服务大众的宗旨；②具有不以营利为目的组织结构；③有一套不令任何个人利己营私的管理制度；④本身具有合法免税地位；⑤具有可提供捐赠人免税的合法地位。由此他认为，未经任何一种形式合法注册组建的团体，因不具有本身免税和提供给捐助人可申报抵免所得税收据的地位，便不被视为非营利组织。1993年，联合国、世界银行、经济合作与发展组织等共同编写的《国民经济预算体系（SNA）》中，阐明了非营利组织具有以下特征：向社会提供公益性服务；取之于民，用之于民，不以营利为目的；创造的营运结余不能分红；捐赠者不得享受任何形式的经济回报，非营利组织职员的待遇不得超过处于相似情况、履行相似职责、执行相似任务的其他人的收入；非营利组织通常得到优惠的税收政策支持，包括免交所得税；非营利组织受到社会和政策的严密审视，有相应的财务管理制度和监督制度；财产处置有其特殊性。

近年来比较流行的观点是美国学者莱斯特·萨拉蒙（Lester Salamon）对非营

利组织特征的归纳。他认为，非营利组织的特征可以从以下六个方面来分析：

1.组织性，指的是非营利组织的成立要经过合法的程序，经过注册取得合法地位，有独立的民事行为能力；同时，必须有成文的规章制度、正规的管理体制和组织结构、固定的负责人和工作人员等。

2.民间性，这是区别于政府的根本属性，指非营利组织不是政府的附属机构，而是独立于政府的机构，是不受政府支配的非政府组织。

3.非营利性，这是区别于企业的根本属性。在市场经济条件下，企业的主要经营活动都是以获取利润为目的的，非营利的企业是不存在的。而非营利组织存在的根本宗旨是不以营利为目的，不进行利润的分配或分红，并不得以任何形式将组织的财产转变为私人财产。

4.自治性，指非营利组织是相对独立的自治组织，具有自我管理、自我判断和行为的机制与能力，不受外部团体包括政府和企业的控制。

5.志愿性，指非营利组织成员的参与和资源的集中是自愿和志愿性的，这是非营利组织的一个重要属性。志愿者是志愿精神的直接体现或人格化，表现为人们无偿地参与各种社会公益活动，不求任何回报；社会捐赠是志愿性的物化，表现为人们为了社会公益活动无偿捐出资金和其他物质财富。

6.公益性，即非营利组织的目标是为社会公众利益服务，组织的一切活动都是围绕着这一目标展开的。

（四）非营利组织的活动领域

非营利组织的活动遍及现代社会的各个方面。非营利组织通常是在市场失灵和政府失灵的情况下出现并发挥作用的。从领域分布上看，非营利组织活动较为集中和活跃的主要领域有以下六个：

（1）环境保护。

（2）扶贫开发。

（3）权益保护。

（4）社区服务。

（5）经济中介。

（6）慈善救济。

二、志愿公益项目创业管理

（一）志愿公益含义

1.志愿精神（volunteerism）。志愿精神是一种利他主义和慈善主义的精神，是个人或团体依其自由意志与兴趣，本着协助他人改善社会的宗旨，不求私利与报酬的社会理念。在一些国家，志愿精神被作为国民精神大加赞扬和提倡。志愿精神是人类的天性，我们用马斯洛的需要层次理论来解释，志愿精神的源泉就是人实现自我价值的需要。参与志愿服务，就是在利他主义、慈善主义精神的感召下，人们追求心灵的满足和更完善的人生，从而实现自我价值的一种具体表现。彼得·德鲁克在谈到志愿精神时做了这样的概括：“志愿服务组织产品的本质与特性，主要在于改善人类生活和提升生命品质，使人获得新知，使空虚的人获得充实与自在。其精神是仁爱的、利他的、为公益着想的，其做法应兼具系统性、持续性与前瞻性。”

2.志愿者（volunteer）。志愿者是志愿精神的实践者，是指那些具有志愿精神、能够不计报酬、主动帮助他人、承担社会责任的人。简而言之，志愿者就是对社会提供志愿服务的人。在不同地区，人们对志愿者的称呼有所不同。在我国大部分地区，一般称为志愿者；在我国香港地区，一般称为义工，即提供义务工作的人；在我国台湾地区，一般称为志工，即提供志愿性工作的人。

3.志愿公益创业。

（1）志愿公益创业的含义。志愿精神的存在，为开展社会公益活动及公益创业提供了重要的社会资源。所谓志愿公益创业，是指个人或团体出于自愿意志而非个人义务或法律责任，秉承以知识、体能、劳力、经验、技术、时间等贡献社会的宗旨，以提高公共事务效能及增进社会公益为己任所进行的各项公益性活动。

志愿公益创业是志愿精神的具体体现。志愿公益创业的普及和志愿精神的传扬，不仅可以为社会创业的发展、非营利组织的发展提供重要资源，而且从根本上改善人类活动，推动人类社会的文明与进步。

（2）志愿公益创业的特点。

① 公益性。志愿公益创业或是出于社会利益，或是出于爱心，是基于利他主义的、自发的、不受任何人强迫的，且不以谋取报酬为目的自愿行为，同时，志愿者的所得要远远低于有偿服务的所得。

② 自愿性。志愿公益创业的重要标志就是自愿性而非强制性。尽管有些志愿公益创业可能涉及社会压力、报酬等因素，使得某些人主观上对志愿公益创业的认识有些偏颇，但从本质上来讲，我们仍然强调志愿活动的自愿性，而非强制性。

③ 创新性。志愿公益创业作为社会创业的一种形式，具有创新性。有资料表明，许多志愿者（如西部志愿者、绵竹志愿者等）在服务期满之后，与贫困地区或灾区的乡亲和孩子们建立了深厚的感情，创新性地建立志愿服务组织，从而感召更多的志愿者投身到志愿服务的行列中。西部计划湖北恩施志愿者的公益创业之路记载了118名志愿者的梦想之花，探索出了公益创业的新模式。

（二）志愿者的角色及类型

1.志愿者的角色。凯瑟琳·海德里希提出志愿者自己认定的四种角色：

（1）领导者。海德里希认为志愿者有兴趣从事的领导岗位有业务主管、理事、委员会主席、项目负责人以及募款主管人员。

（2）直接服务。直接服务强调直接接触目标群体，从帮助对方并使其受益中获得成就感。

（3）一般支持。有些人愿意提供既非志愿者领导，也不是直接服务的辅助性工作。他们可能在某些项目中协助进行电话沟通、文书处理、维护楼层与环境清洁等。

（4）赞助会员。赞助会员愿意从外围提供方便性的服务，随机行事，但是并不愿意从事持续的经常服务。

2.志愿者类型。通常情况下，公益创业项目中的志愿者根据工作性质，可以分为三种类型：

（1）管理型志愿者，加入理事会或担任顾问，是公益创业组织领导层的成员，参与组织的决策与治理。

（2）日常型志愿者，参与组织日常工作并担任一定的角色，包括策划、管理、协调等，和组织的其他员工一样能够每天工作。

（3）项目型志愿者，主要参加各种项目或活动，为之提供支持，主要集中在项目或活动开展期间，一旦项目或活动结束，志愿服务也告一段落。

（三）公益创业项目中志愿者的管理

公益创业组织对志愿者进行管理，目的是激励志愿者，促使志愿者高效地投入到组织的工作中，以提高志愿服务工作的质量，并帮助志愿者成长和发展。简单地说，就是使志愿者能够有效地利用各种资源来完成组织的目标和使命。让每个志愿者清晰地了解志愿者组织的目标；让每个志愿者感觉他是重要的，他能够在这个组织中发挥作用；给每个志愿者发挥才干的足够机会，让志愿者在服务的同时不断收获、不断成长、不断发展；营造坦诚、积极、和睦的氛围；始终关怀每一个志愿者，增强志愿者的归属感。公益创业组织在对志愿者进行管理时，必须坚持一些行之有效的管理原则：

1.确定招募前提。在招募志愿者之前，公益创业组织首先要明确招募志愿者的理由，并进行内部环境分析与制度建设。

2.志愿者的定位。在进行工作分析的基础上，制订一个全面的人力资源计划，包括要志愿者来干什么、如何安排志愿者的工作，从而帮助志愿者明确其自身职责和任务。

3.平等承诺。组织内的所有员工，包括领导者、管理者和一般员工，都需要一个承诺：将志愿者视为组织中的一员。为此需要在招募志愿者之前对员工进行志愿精神及基本知识的教育。

4.公开招募、择优录取。公益创业组织需要编制有吸引力的招募计划和广告，以营销的方式公开招募志愿者，发挥宗旨的魅力、组织的魅力、工作的魅力等，吸引有志于志愿服务的优秀人才加入志愿者队伍。

5.教育和训练。志愿者加入组织，要和新员工一样接受必要的教育、训练和指导，要明确志愿者的权利和义务，接受上岗培训，熟悉组织的环境和工作要求。在工作一段时间以后，可能由于任务的改变、新技术的出现等，志愿者还要随时接受在职训练。教育和训练的目的是不断提高志愿者的工作能力，保证其胜任工作，这也是吸引志愿者的一个重要因素，因为他们通过志愿服务获得了自我发展的机会，在工作中身心都会得到满足。

6.指导和协助。在组织中应设有专门的志愿者管理部门或专职的志愿者管理员，一方面负责执行和实施志愿者工作计划，另一方面进行每天例行的志愿者指导和管理工作。

7.及时记录。要重视各项志愿者相关的记录，包括个人档案、工作记录和总结等，将其及时归档整理。

8.鼓励和重用。要通过各种激励措施，使志愿者保持工作热情和积极性，对志愿者的工作热情加以表彰。同时，发展合适的志愿者加入理事会也很重要，要使他们负起领导和管理的职责来。

9.提供必要的经费。尽管志愿者本身的服务是不计报酬的，但是在开展服务过程中所需要的各种必要开支应由组织提供。

10.绩效评估。要针对志愿者的工作表现，以及完成的工作量和服务效果等，进行系统的评估和鉴定，同时要把评估的结果及时通知志愿者本人。通过绩效评估，可改进工作，加强志愿者与组织的联系，促进志愿服务质量的提高。

三、校园公益创业

（一）校园公益创业的兴起

目前，大学生毕业后除了找一份工作就业或者进行商业创业以外，又多了一种新的选择，那就是公益创业。公益创业作为一种新型组织形式，近十年来在欧美发达国家蓬勃发展。公益创业家穆罕默德·尤努斯由于其创建了孟加拉国乡村银行而获得2006年度诺贝尔和平奖，使发展中国家也开始积极关注公益创业。简单地说，公益创业是一种更有创意的创业形式，即个人或团体在社会使命的激发下建立社会企业，向特定受众提供产品或服务，使企业既能获利，又能帮助社会特定群体，达到使社会进步的目的。实践证明，公益创业是解决社会问题的一种行之有效的方式。中国目前正处于社会转型期，迫切需要相关的公益组织共同参与解决社会问题。公益创业的领域十分广阔，在教育、环保、扶贫、助残、养老、社区服务等政府和企业力所不及或效率低下的领域，公益创业都大有可为。

公益创业对大学生来说，意义非同小可。公益创业的理念可以让大学生开阔视野，引导他们将关注点扩大到社会领域和公益领域，使他们愿意用创新的方法解决某些社会问题。公益创业为大学生提供了社会实践的机会，帮助他们实现自我价值，也可以为社会培养公共服务所需要的大量人力资源，进一步推动中国公益事业的健康发展。同时，大学生从事公益创业，也可以大大缓解目前的就业压力。

随着公益创业理念在中国的宣传和推广，越来越多的有识之士、企业和基金会开始进入公益创业领域，为大学生公益创业提供资金支持，推动大学生公益创业事业的发展。如2008年8月零点研究咨询集团启动的“大学生公益创业行动”项目和

2009年10月联想集团启动的“联想青年公益创业计划大赛”，在全国掀起了大学生公益创业热潮。由于大学生普遍缺乏相应的社会经验、资金支持和管理能力，其公益创业面临许多现实困难，因此，政府和全社会都应该关注大学生公益创业，广泛宣传大学生公益创业的成功案例和公益创业理念，营造公益创业的良好社会氛围，推动社会公益环境和管理体制的改善，为大学生提供相关的公益创业信息，帮助他们寻找合适的资金支持，开发适当的公益项目，设计合理的营运模式，提高他们的管理技能和资源整合能力，帮助大学生实现公益创业的梦想，最终实现大学生、社会和服务对象的多方共赢。

（二）中国校园公益创业的现状

党的十九大报告指出，激发和保护企业家精神，鼓励更多社会主体投身创新创业。在转变就业观念、倡导自主创业的过程中，我们不能仅仅将创业限定在开公司、办企业等商业创业模式上，应当看到，广大劳动者特别是大学生在公益创业上也是大有可为的。

公益创业为高校创业教育开辟了一个新天地。目前，高校毕业生就业难已成为社会关注的热点问题。鼓励高校毕业生自主创业，既是社会的需要，也是高校毕业生自身的需要。越来越多的高校毕业生正在转变观念，将就业的目光投向自主创业。但是，受社会和自身条件等因素的制约，高校毕业生创业的成功率并不高。因此，解决高校毕业生就业难、创业难的问题，需要改进目前高校的旧创业教育模式，加强公益创业教育不失为一种好方式。所谓公益创业教育，就是对大学生进行公益创业所需要的意识、精神、知识、能力以及相应实践活动的教育。公益创业教育是公共利益和社会利益导向型的教育，完整的公益创业教育组织体系包括教学、研究和实践体系。

湖南大学在国内高校中较早进行了公益创业教育研究和实践。2004年，湖南大学开始构建“公益助学+就业+创业”的产学研一体化的高校公益创业教育模式，并开展了丰富多彩的公益创业活动，以促进大学生社会责任意识和创业能力的双重提高。

南通大学在探索校园公益创业模式方面独树一帜，颇为新颖。南通大学提倡“以创业促就业，以校园公益创业推进校园创业教育”，从而涌现出一大批校园公益创业新模式。理学院周响同学是一名贫困生，多次接受学院老师的资助。周响同学对理学院的老师充满了感激之情，同时在积极思考如何通过自己的劳动帮助更多需要帮助的同学。2005年6月，许多毕业班的同学将书籍、衣服等物品当作垃圾扔掉，非常可惜，周响同学由此成立了校园资源可回收利用中心。每逢6月临近毕业时，周响同学主动带着贫困生上门收购物品，不仅使得南通大学的校园更加清洁有序，部分物品得到循环利用，而且将回收物品所得收入用来资助理学院更多的贫困生。这一举动得到了全院乃至全校师生的赞赏，从此校园资源可回收利用中心成为理学院公益创业的一种模式，既成就了自己，也帮助了他人，同时使南通大学校园更加低碳环保。化学化工学院黄刚同学在校期间成立了华贤教育咨询培训中心。在南通大学就业指导中心的大力支持下，华贤教育咨询培训中心与南通知名企业进行合作，邀请校内外专家开展公益讲座，给毕业生进行职业生涯规划、面试技能等相关就业指导，帮助更多毕业生认清形势、合理定位、正确选择，实现人生的梦想。地理科学学院石磊同学也在积极探索适合自己本专业的公益创业模式。在多次听到媒体曝光饭店地沟油事件后，石磊同学萌发了变废为宝的想法。于是他与南通大学璞石工作室取得联系，通过校园杂志呼吁全校同学积极投入到校园可循环活动中来，以食堂地沟油为原料内循环转化为肥皂返还给食堂清洗油污。石磊同学还积极尝试与社会企业合作，进一步以社会餐饮业的地沟油为原料转化为肥皂，实现校园–社会资源的可循环利用。南通大学的学生是校园公益创业的践行者，南通大学的璞石工作室是校园公益创业的传播者，南通大学的各级组织是校园公益创业的支持者。校园公益创业这朵“奇葩”在南通大学芬芳吐露。

社会创业在国内外呈现出方兴未艾之势，在我国也引起社会各界的关注和重视。因此，社会创业理应成为我国高校创业教育的一部分。与此同时，校园开展公益创业教育具有重要的现实意义，又是一项复杂而艰巨的系统工程，需要建立并完善校园公益创业教育的支持体系。

（三）校园开展公益创业的现实意义

社会创业是社会创业者发现社会问题，运用商业原则来组织、创设、管理一个企业，从而解决社会问题，创造社会价值。换言之，社会创业是为了满足社会公共需求而进行的创新性的商业活动。全球创业观察项目（GEM）将创业行为分为机会型创业和生存型创业两类。前者是机会驱动型创业，即出于个人抓住现有机会的强烈愿望，选择更好的发展机会；后者是生存驱动型创业，即无其他更好的选择，不得不参与创业活动来解决其所面临的困难。从这个角度看，社会创业在很大程度上可以归为机会驱动型创业，它是创业者在未被解决的社会问题所蕴藏的商业机会驱动下所进行的创业并实现社会价值。随着我国经济和社会的发展，人们对于公共服务的需求日益增加，公共服务需求与供给之间出现了缺口，这就意味着社会创业有较多机会，也需要相对充足的能够进行社会创业的、具有专业知识和企业家精神的人才，以及大量的具有公益理念的志愿者，这就需要高校进行相应的社会创业教育。

在国外，社会创业教育已进入大学课堂。在美国、加拿大和英国至少有30个商学院开设与社会创业相关的课程，一些名校，如斯坦福大学、哈佛大学以及牛津大学等，都设立了相关的研究中心。在高校中开展社会创业教育具有重要的现实意义，主要体现在以下三个方面：

（1）社会创业追求的不仅仅是商业上的成功，更重要的是让大学生传承社会责任感。以前，社会衡量一个年轻人成功与否的标准比较单一，创新能力成为衡量一个人成功与否的关键标志。随着社会的发展，人们的价值观念也日趋多元化。年轻人创业可以选择创办企业，也可以选择创立非营利公益机构。前者能带来直接的财富，后者则为社会提供更多的服务。有公益理想或公益兴趣的大学生在校期间自发组建团队或组织，立足自身的专业、爱好、兴趣、特长，整合各类社会资源，就能够提供具有社会价值的服务或活动。社会创业实践是一种新的创业教育模式，能够利用学生能力范围之内的资源来创造价值，同时培养学生的公益意识、创业意识和实践能力。

（2）社会创业对解决大学生就业具有积极作用。从国外的情况看，公益领域的创业是解决就业的重要途径。在我国，社会服务刚刚起步，当代大学生利用他们的知识、创新精神以及服务社会的理想和热情，对接社会服务，前景十分广阔。民政部的干部认为，从我国目前的社会组织看，公益行业将成为吸纳就业的热门行业。应鼓励大学生进行社会创业，这样不但能普及公益理念，让更多的人参与公益，同时也可切实提供就业岗位，帮助更多的人实现就业。

（3）有助于青年学子在当今中国经济转型中承担更多的社会使命。社会创业的出现说明社会在再分配和公民在社会改进中的角色方面出现了制度性的变革。目前中国正处于经济转型过程中，随着社会的发展，民众对于公共服务的需求非常旺盛，政府也在公共服务领域鼓励民间力量的参与，这就需要一个合适的模式来填补这个市场，而社会创业将起到积极作用，比如解决下岗职工再就业、新农村建设、生态环境保护等社会问题。运用商业运营之道，结合学生专长，大学生社会创业必将在中国经济转型过程中找到自身的角色定位，并贡献力量。

（四）校园公益创业教育的支持体系

我国高校在深入开展创业教育的同时，积极探索校园公益创业新模式，这事关创业教育成效和社会创业人才的培养。相对于传统的高校创业教育而言，校园公益创业教育应从公益创业的实际需要出发，立足于使命感和奉献精神的培养，从校园公益创业精神、高校功能定位、人才培养模式、高校研究体系、组织规范发展、政府政策支持等方面共同推进。

（1）加深主体对创业教育的认知，尤其是对校园公益创业教育的认知，培养蕴含公益心的创业理念。

校园公益创业教育内容设计与学术界对公益创业的研究成果密切相关。由于公益创业是以创业的形式解决社会问题，因而校园公益创业教育的目的是培养当代大学生的社会责任、公益心与创业能力。其中，创业能力的培养以专业知识学习和创业教育的内容为基础，另外增加由于公益创业的特殊性而需要突出的内容，整合校内外资源，为师生开展公益创业教育与实践活动创造机会，搭建平台，鼓励和引导大学生大胆去尝试、去实践、去体验。

（2）解放思想，勇于创新，积极拓展高校功能定位。通过借鉴国内外先进经验，结合高校自身实际，建立高校公益创业教育的具体模式。实践证明，高校公益创业教育是一个系统工程，是产、学、研的高度统一，也是新的人才培养模式，有利于拓展现代高校的功能定位。

（3）构建完善的高校公益创业人才培养模式。加强对大学生公益创业活动的指导，坚持公益创业教育与思想政治教育、专业教育、公益创业实践相结合；注重公益创业教育课程及公益创业教学体系建设，成立专门的公益创业教学团队，推广公益创业教育课程，鼓励现职教师或选派青年教师直接参与公益创业实践。

（4）完善研究体系，建好活动载体，强化科研宣传。高校可以设立公益创业教育项目，成立公益创业研究机构，积极开展公益创业理论研究，形成一批公益创业教育科研成果。同时，高校也可以组织公益创业论坛，定期举办活动，宣讲公益创业理念，促进人们对公益创业教育的认知和理解。

（5）加强组织领导，促进规范发展。校园公益创业的开展需要形成“政府行为、学校主导、社会支持”的局面。强有力的组织领导是搞好公益创业教育的重要保证。为了进一步加强对公益创业教育的领导，高校可以成立“大学生公益创业教育工作领导小组”“大学生公益创业教育专家顾问委员会”“大学生公益创业指导中心”等机构，专门负责大学生公益创业各项工作的组织、协调和指导。

（6）政府提供大力支持，打造宽松的校园公益创业环境。政府应加快经济发展，为大学生创造宽松的公益创业环境。校园公益创业应该是新岗位的开拓者，为社会带来就业的机会，也可以为政府分担社会就业压力。政府应该鼓励社会上的风险投资家对校园公益项目予以重视和扶持，提供资金支持。同时，政府应出台鼓励对校园公益创业项目进行投资的倾斜政策，尤其是一些科技含量高、低碳可循环的公益项目，设立校园公益创业基金，搭建校园公益创业基地，为更多的大学生提供专业指导、法律咨询、市场分析等。

第三节　公益创投

公益创投（venture philanthropy）是近年来国际流行的推动公益事业发展的新形式，它将资本市场的创业风险投资理念引入慈善领域，充分调动企业、基金会等各类社会资源，最大限度地帮助中小型公益组织提升能力。公益创投是创新性地整合政府、企业及社会组织的力量和资源，有效解决社会问题的方式。

一、公益创投的起源

20世纪90年代后，全球范围内政府、企业和非营利组织都面临新的挑战。政府削减预算，却又必须提供更多的公共服务，解决社会问题；企业面临在全球化形势下如何应对和生存并承担社会责任的问题；非营利组织面临资金锐减和运营压力，以及提供更具专业化服务的问题。这些变迁结果与互动，促成了公益创投概念的兴起。

麦卡利（McCully）（2000）认为，美国慈善组织正面临理念转换的时刻，以服务型为主的旧慈善理念，已经逐渐转换为以倡议型为主的新理念。在此种新理念影响下，传统捐赠者的角色也开始改变，新理念下的捐赠者希望慈善捐赠能够发挥类似企业投资的效果，因而促发公益创投理念的兴起。

公益创投或称为慈善创投，具体而言，是指当政府补助不足时，非营利组织采取“类企业”的途径，以争取财源。公益创投与非营利企业的内涵相似，然而两者有较大的差异。就理念而言，非营利企业扮演生产者角色，而公益创投参与者则扮演购买者角色，购买者提供资本及管理技巧给非营利企业，而非营利企业将产品与购买者分享。换言之，在公益创投理念下，社会企业仅扮演生产者角色，而与强调资本投入与知识管理的公益创投所关注的重点不同。

二、公益创投的含义与模式

（一）公益创投的含义

1.公益创投的内涵

公益创投是一种新型的公益资本投入方式，其投入对象一般为初创期和成长期的中小型公益组织及具有公益理想的创业者。除了资金支持外，它还强调提供管理和技术支持。通过与被投资者建立长期的合作伙伴关系，达到促进能力建设和公益模式创新的目的。

2.公益创投的要素

（1）关注社会领域的创新项目，把社会效益最大化作为首要目标。

（2）注重帮助对象的可持续发展能力。

（3）资金投入加管理、技术支持。

3.公益创投的特征

（1）商业性。从商业角度来看，公益创投是企业或风险投资人寻求新商机的“商业创新”。

（2）公益性。从公益立场来看，公益创投有相当部分的资金被用于公益事业，不求回报。

（3）创新性。公益创投将企业家精神用于社会创新，以社会目标为基本导向，以创新为基本手段，通过充分发挥每个公民和社会组织的创新能力，完善社会服务功能，弥补政府和市场的不足。

4.公益创投的优点

（1）能有效节约社会成本。传统的企业、个人或基金会在进行公益捐助时，主要是向受托组织提供资金支持和提出目标任务，但对于这类组织在从事公益事业中的管理水平、工作效率、实施效果则很难评估和把握，因而公益投入在一定程度上存在着浪费、低效、受骗等风险。而公益创投则将慈善公益本身作为一种投资，建立严谨的绩效评估制度，高度重视受捐助社会组织的财务配置、经营效率和长期公益目标的达成。在这种情况下，希望获得公益创投赞助的非营利组织，不得不更加重视其内部制度建设，更加重视其管理绩效的提高和公益目标的达成。从整个社会来看，就可以用少量的“种子资金”引导和培育出更多高效运行的公益组织，产生更大的社会收益，从而有效地节省社会成本。

（2）能有效提高公益组织可持续发展的能力。以往，各类中小型公益组织为了争取自身的发展空间，往往更多关注捐赠者的活动偏好或需求，过分侧重项目方案和活动计划设计，而容易忽视自身管理水平的提高和长期发展规划。公益创投正是针对处于初创期的大多数中小型公益组织在资金、专业技术和经营管理能力等方面的欠缺，在提供财务援助的基础上，为它们量身提供相关的管理与技术支持，包括长期公益目标确定、发展规划，以及公益组织运营中所需要的信息技术、财务、法律、营销、公关等方面的专业知识，从而提升受捐助公益组织可持续发展的能力。

（3）能有效推动企业界与非营利组织之间的长期合作。在成熟的市场经济中，企业越来越重视社会责任，但在专业分工日益细化的今天，企业履行社会责任的方式也主要是支持专业社会公益组织，而非亲力亲为。公益创投可以有效搭建起企业与非营利组织之间协力合作的平台，企业从中得以充分了解公益组织的愿景架构、深度掌握公益组织的绩效衡量，确保企业的每一分公益投入都物有所值。这种透明的公益投入方式既可以坚定企业的社会责任投入信心，而由此推动相关公益活动的积极发展，又会给企业带来更好的社会声誉乃至经济效益，形成企业经济效益和社会效益之间的良性循环。

（二）公益创投的模式

虽然公益创投在国内还是一个比较新的概念，但是已经有了一些比较成功的尝试，主要有以下几种基本模式：

1.公益孵化器模式。国内公益创投尝试大都为类似于恩派（NPI）的公益机构。它是2006年在上海成立的一个民办非企业单位。2007年，NPI在上海浦东新区民政局支持下，率先运作“公益组织孵化器”，选择发展潜力较大、领导人能力较强、项目可行性和创新性较高、预期社会效益可观、与政府目标契合的公益组织进入孵化器，通过提供项目资助和场地设备资助，从财务管理、资金募集、人才培养、管理咨询等方面加强社会组织能力建设，最终使社会组织拥有一个治理结构较为完善、社会使命明确、战略规划清晰、具备持续发展能力的精干高效团队。这在一定程度上推进了社会组织的规范化建设。2009年，NPI在北京进行登记注册，并与市区政府合作建立“公益组织孵化器”，取得良好效果。

2.评估介入模式。2009年，上海市民政局主办“上海社区公益创投大赛”，大赛由NPI承办，具体负责创意策划、项目征集、组织评审、媒体宣传等相关工作。通过电视、报刊、网络等媒体的广泛宣传，这次公益创投大赛取得良好的宣传效果。大赛面向公益社会组织征求有创意且可实施的公益服务项目，每个获得资助的公益组织可获得5万~20万元的创业投资。获得资助的公益组织要经过两次关于项目成效和组织能力建设方面的评估，款项分三期拨付，如评估通不过则不能继续获得资助。这样，上海市民政局作为资助方通过评估方式介入获得资助的公益组织能力建设与发展方向，以此来推进社会组织的培育和发展。

3.合作伙伴模式。2007年，联想集团出资、NPI设计，共同实施“联想公益创投计划”。通过初评和终审，确定全国16家民间公益组织作为资助对象并建立合作伙伴关系，每家获资助金10万~20万元。联想集团不仅提供资金支持，还将企业发展管理经验引入公益组织，联想集团的管理团队作为志愿者帮助公益组织进行战略规划、问题诊断、管理咨询和能力建设。通过合作伙伴的公益创投形式，社会组织不仅得到企业的资金支持，还得到人力资源和管理经验的支持，在志愿者管理、财务公开透明、吸引社会资源、使命目标清晰化、组织信息化等方面都有了长足发展，同时使企业的社会责任得以体现，实现企业与公益组织的合作双赢。

4.重点投入模式。零点公司率先在大学生中开展公益创投，并已投资30多个项目。零点公司的公益创投形式包括：一是货币资本的募集与转投入，使用多渠道募集资金，作为学生NGO初始启动项目资金，帮助其提高募资能力和进入社会，逐步使其具备独立筹资和运作能力；二是人力资本的投入，包括在较为广泛的校园范围进行动员，遴选有公益人格的积极分子并进行专业训练与实践跟进，使其具备更强的组织推动与发展能力；三是社会资本的扩展，包括引入更多的校外NGO和公益专家支持学生NGO创立，让学生NGO得到更广泛的媒体、资金、专业资源支持。与其他公益平台重视对社会NGO投入不同，零点公司公益创投更重视对大学生创业的投入，核心目的是为我国公益事业培养更多更好的后备人才，同时也为参与公益创业的大学生提供接触社会的途径与锻炼提升的机会。南都公益基金会的“新公民计划”也属于这种模式。

三、公益创投经验启迪

公益创投理念是公益领域的观念创新。公益创投是在政府、企业、公益组织三方合作的背景下提出的，它提供了应对全球社会环境变化的思路。政府需要更有效地治理并让渡空间，企业要承担社会责任，公益组织要参与社会管理和公共服务，公益创投是三方合作共赢的多目标、多功能的策略，有助于建立三方建设性的联系，而这种联系是构建充满活力的社会的重要因素。这对政府、企业和公益组织来说，无论从任何角度看都是一种三赢局面。对于政府来说，有利于推进公益事业，分担治理责任；对于企业来说，能达成有实际效果的社会影响，提升企业形象；对于公益组织来说，可以提升绩效，增强吸引资金和人才的能力，使之拥有更加优化的事业发展基础和更加良性的运作结构。

公益创投为公益组织可持续发展提供了一种新的机制。公益创投在选择资助项目上有一个“遴选”的概念，这就引导公益组织充分发掘公益创意，使之契合社会需求，并有较强的操作性和模式的可复制性。同时，公益创投不同于过去企业单纯地向公益事业提供捐赠的传统慈善模式，而是将风险创投的模式引入公益领域，输入企业界在资金和管理方面的各种资源，包括建设公益产业信息平台、制定行业公信力标准以及倡导先进的公益理念等。这种既关注公益项目，更关注公益组织能力建设的模式有助于公益事业可持续发展。

公益创投有助于构建分工有序的公益组织格局。长期以来，公益组织常常把自身的业务范围扩大到无所不包，以便争取到尽可能多的资源，结果造成公益组织面目雷同，没有明晰的定位和专长，往往还会出现恶性竞争，既筹款又进行项目运作，一旦项目运作不理想，又会影响筹款的公信力。公益创投机制的出现，使公益组织分工专业化，一方面培育资助型公益组织专注于募款能力；另一方面强化运作型公益组织的执行能力，从而对公益组织发展起到导向作用，使其把精力花在寻找真正的社会需求上，并力图使自身的服务个性化。如浦东NPI孵化的服务“渐冻人”项目，即是专门针对被世界卫生组织列为世界五大绝症之一的“肌萎缩侧索硬化症”这一罕见病症的服务项目，这种病的发病率很低，只有十万分之六，但在上海这个超千万人口的大城市里，这类患者的数量又是不可忽略的。只有培育出众多专业方向明确的公益服务组织，公益事业的发展才会均衡，才能更好地满足社会多元化、差异化的需求，这无疑是公益事业应有的良性发展格局。

公益创投有助于促进公益事业的公开透明。公益捐赠是一种特殊的财产形成方式，它涉及公益产权。保护公益产权需要公开透明，这是公益事业健康发展的生命力所在。随着公益组织资金规模的增大，公益产权受到不法侵占的危险性会非常大。中外一些公益组织的丑闻曝光，严重影响了公益组织的声誉和公信力。例如，1997年，美国最大的募款组织“联合之路”的总裁就因挪用捐款在欧洲购置豪宅而被曝光。2004年，国家自然科学基金会爆出会计涉嫌贪污1 200万元、挪用公款2亿元的惊天大案。保护公益产权不受侵犯的前提是培养全体公民的公益产权主体意识，重要手段之一就是引导公民自觉参与公益活动，使公益活动真正成为全社会的行为。同时，还应将公益组织置于公开透明的社会监督之下，公众一旦发现某个公益组织违规，就可以及时向管理部门举报，由管理部门进行处罚。公益创投整合多方资源，对资助的组织和项目须经认真遴选，并把项目公之于众，要求被资助的组织和项目有明确的绩效，接受社会监督，使社会问责机制得以实现。

然而，如同任何事物都有其短长，公益创投也并非万能药，如何制定配套措施来避免进入误区是公益创投今后发展的关键所在。

首先，要制定不同的税收政策。对于公益事业来说，其享有的法定免税优惠待遇包括两个方面：一是公益组织本身享有的免税优惠待遇，二是向其捐赠的纳税人享有税收扣除的优惠待遇。但是，对于互益型组织，虽然其本身享有合法的免税地位，但是向其捐赠的纳税人不享有税收扣除优惠。目前我国对此无明确的划分，因而影响社会资源向公益组织的流入。

其次，要警惕公益组织可能出现的“使命漂移”。公益领域市场化是一个世界性的趋势。从目前的公益资金来源构成来看，服务性收费已经成为公益组织资金极其重要的来源。在一些国家，来自会费、收费活动和商业经营的收入超过了所有其他来源的收入，构成了公益组织总收入的最大部分。如在美国、意大利、日本三国公益组织的收入中，服务性收费所占的比例在一半以上。理论上，公益组织的工作应该是紧紧围绕服务对象的需要，但在现实中，能否获得捐助者满意成为一些公益组织最看重的，而服务对象是否真正得到实惠则在其次。一旦公益组织陷入拿钱和花钱的循环，通过不断地拿钱花钱，某些公益组织的身价大涨，社会地位提高，增加了对其他公益组织的竞争力，也给其组织内部成员带来了相应的各种收益，加快了公益组织市场化的趋势。公益创投导入企业运营模式，逐步通过合同的方式支付和分配援助基金，合同化方式已经成为公益组织筹资的发展趋势。然而这种合同文化造成的压力正在使公益组织运行和工作方式变得更加谨慎，更多地考虑服从和优化审计，而不是去冒险、创新、更有效率地服务公众。目前已有有识之士开始担心这种合同文化会瓦解、侵害公益组织自身的价值体系，使它们丧失对其服务对象，如儿童、穷人等弱势群体的责任心。如何保障公益组织在这样的筹资环境中不至于丧失工作对象、失去工作目标，导致公益“使命飘移”，如何保证公益组织在张扬组织个性的同时依旧立足于服务对象，这些都是推行公益创投实践中必须小心面对和处理的问题。

最后，要建立独立的评估体系。为了防止公益组织在运行过程中公益性的偏离，必须有一系列社会监督、问责机制。为了避免这种监督问责机制流于形式，还需要独立的评估机构来帮助公众对公益组织提供的信息进行分析与评价。从目前公益组织的监督和评价机制及其效果来看，离公众的预期还相差很远。而间或发生的公益领域的腐败问题、公益社会效应的降低问题，或多或少都与监督和评价机制的不健全、不科学有关。要加强对当前公益组织的监督，可以从外部监督和内部监督两方面进行，即他律与自律。鉴于中国特有的公益价值理念以及法规结构的差异，采取综合的监督模式更有利于推进我国公益组织的诚信建设，从而增强其公信力，全面提升公益组织的管理水平。仅凭善意不可移动公益之山，必须运用策略这个“推土机”。公益创投为我们提供了一种有效的策略选择，我们有理由相信，随着公益事业的发展，它将日臻完善。

公益创投作为推动公益型社会组织发展的“孵化器”和“助推器”，对于突破当前公益社会组织普遍规模较小、资金匮乏、经营管理专业能力欠缺等瓶颈问题很有助益，对于推进社会组织的培育和发展意义重大，前景广阔。当然，公益创投在我国还是一个新事物，如何加强规范监管和科学运作，防止企业借机避税偷税逃税，保持公益组织的非营利性，确保社会效益最大化，还需要进行更多的探索和实践。

思考题

1.结合你对社会创业的理解，请列举1～2个社会创业案例。

2.通过你对校园公益创业的了解，谈谈你的校园公益创业设想。

第十章 国际创业

彼得·德鲁克早在20世纪80年代就指出："现代经济正从大公司主宰的管理型经济向创业型经济转变。"随着经济全球化的深入发展和创业型经济的兴起，国际创业现象已日趋频繁和普遍，而国际创业型企业也日益成为社会就业和经济增长的重要驱动力量。在此背景下，对一个创业者而言，不仅要了解国内的创业现状，而且要掌握国际创业的发展态势，具备国际创业的视野和素质。

第一节 国际创业概述

随着经济全球化和信息技术的发展，国际商务环境发生了剧烈的变化，有相当数量的企业在建立之初就开始进入国际市场，在国际范围内进行资源的整合和配置，以增强和提升企业的竞争优势。新创企业国际化现象的兴起与发展，不仅推动了国际创业理论的产生，而且催生了国际创业的新型模式，培育了具有国际化视野的企业家精神。

一、国际创业理论及其主要观点

（一）国际创业理论的兴起与发展

1.国际创业理论的雏形期

20世纪70年代，传统的国际商务学者们认为，企业的国际化是一个逐步发展的过程，企业进入国际市场，应以一种渐进的方式和一系列阶段性的变化，逐步提高国际市场份额。传统的国际商务理论的研究主要关注已建立的企业，而创业理论的研究主要关注国内企业的成长，传统的国际商务理论和创业理论并没有在理论上交叉。到了20世纪80年代特别是90年代后期，许多学者开始质疑传统的国际化理论，并对创业企业的国际化表现出极大的兴趣，国际创业理论的雏形开始出现，但是学者们对该现象没有形成统一的理解和认识。1994年，奥维亚特（Oviatt）和麦克杜格尔（McDougall）在*Journal of International Business Studies*上发表了具有开创意义的论文，该文被认为是国际创业领域研究的开端。他们将国际新创企业定义为：在成立之初，通过在多个国家的资源运用及销售来获取竞争优势的一种企业组织。此时，国际商务和创业的研究开始融合，理论上开始交叉。这个时期的文献主要是探索国际创业的驱动因素，主要研究企业家特质、组织能力、创业环境与创业绩效之间的关系，强调国际化的战略选择在企业国际化过程中的作用等。

2.国际创业理论的成形期

国际创业理论成形于21世纪初。在这一时期，国际创业作为一个新兴的学术研究领域开始崭露头角，一批学者把目光投向了这个新兴领域。国际上一些知名学术期刊，如*Academy of Management Journal*，*Strategic Management Journal*，*Entrepreneurship: Theory and Practice*等，都刊载过国际创业的研究成果专辑，并推出专业期刊，如*Journal of International Entrepreneurship*等，进行国际创业的讨论。这一时期的理论主要有以下几个特点：

①学者们利用已有的理论框架扩大国际创业理论的研究视角。从资源理论、学习（知识）理论、网络理论等视角来解释创业企业的国际化过程、战略和机制，拓宽了国际创业领域的研究视野，为该领域的研究注入了鲜活的生命力，但这些研究更多的是引用主流国际商务理论，很少以创业理论作为基础。

②开始整合现有的国际创业理论，并希望形成理论的研究范围与框架，但是还没有建立综合的理论模型。

③研究内容并非仅局限于企业的总体竞争战略和市场战略，而是将相关的财务战略、供应商战略等职能战略纳入国际创业讨论的范畴，深入探讨国际创业竞争战略、职能战略以及它们之间的关系。

④从单一层次国际创业的驱动模式分析向多层次综合分析发展，从创业者特征、企业特征和环境特征等多维度进行国际创业理论的研究。

3.国际创业理论的高速发展期

2005年至今是国际创业理论高速发展时期，越来越多的学者投入该领域的研究中。该时期的研究具有如下特点：

① 国际创业形成比较严谨的定义，研究路径开始侧重于创业理论。

② 建立分析框架的系统化理论模型，为该领域研究的未来发展奠定了基石。

③ 研究方法趋向于多样化，克服原有以定性研究为主研究方法的单一性和局限性。

④ 将动态研究引入国际创业理论中，突破了静态研究的桎梏。

⑤ 随着理论的发展和延伸，学者们开始将研究的视角由以前的国际创业的驱动因素和其对企业绩效的影响拓展到国际创业企业的成长和发展上，创业企业国际化的成功和失败成为研究的重心。

（二）国际创业理论的主要观点

国际创业实质上是跨越国界的新价值创造活动，对于这一新现象，当前的研究主要集中在以下两方面：

① 国际新创企业的成因，即新创企业何以能够在创始阶段就开展国际商务活动。

② 国际企业如何通过创业活动开发和维持竞争优势来获得新的经济收益。

对于以上内容，来自不同学科、不同领域的学者从不同的视角切入，衍生出了多种理论观点，影响较大的有资源观、网络观、知识观和机会观等。

1.资源观

以大型跨国公司为研究对象的传统国际商务理论无法令人信服地解释国际创业现象，而资源观的引入使人们认识到新创企业也拥有独特的资源优势，这些资源优势能够强化并加快企业的国际扩张，其中企业家能力是国际创业重要的基础性资源。Aivarez和Barney（2000）认为企业家能力，如灵敏与灵活的决策能力、创造力、独创性和远见等，在本质上都是不可模仿的独特资源——这些企业家能力成因不明、难以模仿。Westhead等（2001）把影响国际创业的基础性资源分为一般人力资源、应对突发事件的财务资源、企业家的管理能力及企业家资历与知识积累四种。实证研究表明，充足的资金与信息、企业家的较长年纪以及拥有丰富的管理经验和行业特有知识，对取得国际创业的成功产生显著的影响。

2.网络观

网络观认为，国际创业活动嵌入企业家或企业所构建的国际社会网络，国际社会网络在三个方面影响国际创业行为：①识别和把握国际市场机会，例如通过客户关系进入海外市场；②获取国际创业所需的信息和知识，特别是在初期阶段，及时获取决策所需的市场信息能够加快企业国际扩张的速度；③建立信任关系，与海外合作伙伴缔结战略联盟或实施其他形式的合作战略。成功的国际创业活动有赖于各参与方的良性互动，紧密型国际关系网络为国际创业活动提供了有效的支撑。

3.知识观

Autio等（2000）提出了“学习的新颖优势概念”。通过对芬兰电子行业的考察，他们认为，成熟公司固有的惰性影响了它们在新环境中学习的积极性，而新创企业在新环境中的快速学习能力使得它们掌握了创造知识的优势，这种优势促进和支撑了新创企业的国际扩张。于是，从事国际商务活动不再仅仅被看作企业发展到一定阶段的结果，而是形成竞争优势的来源和实现价值创造的条件。海外子公司在跨国公司网络体系中并非被动的知识接受者，而是知识的创造者和贡献者。因此，从组织学习的角度来看，发挥海外子公司的创业精神有利于开发海外市场机会，增强适应当地环境的能力，并提高世界范围内的学习和整合能力。

4.机会观

机会观强调从海外市场机会和企业家个人两者结合的角度去考察国际创业。Dimitratosa等（2005）认为，取得国际创业成功的关键在于敏锐地感知海外市场机会，并快速、有效地采取行动。他们还进一步指出国际创业研究应以“机会”为线索展开，着重探讨以下问题：机会发现，机会评估，机会开发。企业是通过企业家的眼光来审视和解释环境的，企业家正是在观察或审视技术进步、国内外市场动态、公司愿景、战略逻辑、管理过程等环境因素的基础上，来挖掘国际市场的商机和成长所需的资源，敏锐地捕捉机会并提出新颖的创意，从而进行国际创业决策的。国际创业是企业家警觉、先验知识、信念、认知模式、价值取向和创造性思维等要素参与其中的复杂心智过程，因而机会观主张从心理与认知特性的角度来研究国际创业。

二、国际创业的含义和特点

（一）国际创业的含义

在创业研究领域，国际创业属于一个新方向。最早提出国际创业概念的是Morrows。1988年，Morrows在《国际创业：新的成长机遇》一文中最早提出了“国际创业”一词，引起了人们对国外市场上国际新创企业的关注。国际创业的最初定义集中于新创企业的国际活动。随着研究的广泛开展和深入，国际创业的定义也在不断丰富和深化。不同的学者在不同的时期，从不同的角度对国际创业的概念内涵进行了界定，表10-1列举了国际创业定义的发展变化过程。

表10-1 国际创业定义表

时间	学者	定义
1989年	McDougall	从一开始就致力于国际商务活动的新创企业实现国际化成长的方式
1993年	Zahra	国际创业研究关注“企业在进入国际市场时风险承担行为的本质与结构”
1994年	Oviatt和McDougall	把国际创业看成公司层面（包括新创企业和成熟企业）跨越国界的创新行为与创业活动
1994年	Wright和Ricks	以实现组织内价值创造和成长为目标的企业跨国界创新行为
2000年	Zahra和Garvis	国际创业就是不同年限、规模的企业为进入国际市场而从事的创业活动和冒险性活动
2000年	McDougall和Oviatt	国际创业是以实现组织价值创造为目标的跨国界创新、超前行为和冒险行为的整合
2002年	Zahra和George	国际创业是创造性地发现、开拓国外市场机会以追求竞争优势的过程
2005年	Oviatt和McDougall	国际创业是发现、设定、评估和利用跨国界商机以创造未来商品和服务

综上所述，可将国际创业的一般定义表述为：国际创业是指企业在寻求竞争优势的过程中，在本国以外的市场上创造性地发掘和开发创业机会的过程。

（二）国际创业的特点

1.海外市场机会识别与开发是国际创业的契机

蜚声世界的全球创业观察（GEM）把创业分为机会拉动型与贫穷推动型两种。

前者是个人出于抓住现有机会的强烈愿望，敢于承担一定的风险，实现某种目标；后者是出于失业的压力，别无其他的选择，被迫参与创业活动来解决其所面临的困难，成为一种生存战略。从国际新创企业的形成与成长来看，机会拉动型创业属于国际新创企业形成的主要类型。与一般的企业创业有所不同，国际新创企业的创立是由于企业家所发现的存在于国际市场中的商机。所以说，国际新创企业创立或成长的前提是国际市场营利性商机的存在。

2.跳跃式发展是国际创业的重要特征

机会导向特征决定了创业活动必须突出速度，并做到超前行动。国际新创企业从成立之初就从事国际化经营并进行广泛的国际商务活动，国际化进程不同于传统的渐进模式，具有明显的跳跃性特征，具体表现为：①在国际化发展阶段上，并不是按照传统的国际化理论所描述的那样进行，而是摒弃传统的“由近及远，先易后难”模式，越过其中的一个或多个环节，尝试跳跃式扩展；②在区位选择上，也并不是按照传统的路径进行，甚至一开始就以直接投资的形式进入欧美等发达国家市场。

3.创造性地整合资源是国际创业的资源基础

新创企业国际化行为强调在资源不足的情况下把握机会，这并不等同于不重视资源；相反，恰恰是在提醒企业家必须创造性地整合资源。资源流动是经济全球化的重要特征，资源整合可以突破空间、组织和制度等方面的限制，可在更加广阔的范围内开展，这也是国际新创企业兴起和蓬勃发展的重要原因。对于企业家来说，资源的种类很多，自身所具备的知识、教育和工作经历、社会关系网络、专长、组织领导才能、沟通能力、对国际市场需求的洞察能力等都可能成为有助于其国际化成功的重要资源。与成熟的大型企业相比，新创企业不仅面临海外市场的各种不利因素，而且面临企业创业之初的诸多困难和问题。所以，新创企业必须比一般企业更有效地整合经销商、网络和互联网等资源，以降低风险，寻找跨国公司作为全球合作伙伴则是一条非常重要的路径。

4.价值创新与变革是国际创业的战略理念

对于国际化发展初期的新创企业而言，是否具有学习能力，实现模仿创新的后发优势，是成长为跨国公司的关键因素。与发达国家跨国公司相比，国际新创企业属于“新来者”和“后来者”，它具有三个明显特征：第一，它们是快速的跟随者，并具有明确的追赶目标；第二，它们是技术的模仿者，并充分利用各种资源实现新的组合优势；第三，它们有较强的学习、吸收、消化能力，并结合当地的市场条件实现资源的有效配置。新创企业国际化的实质是跨越国界的新价值创造活动。价值创造首先意味着要向顾客提供有价值的产品和服务，通过产品和服务使消费者的需求得到实质性的满足。企业家识别商业机会是为了在未来的创业企业中给股东创造和传递价值。

5.国际创业具有激进性

国际创业的激进性包括横向激进性和纵向激进性。横向激进性是指在地理维度上，企业并没有严格按照由近及远的顺序选择国际目标市场，而是从一开始就选择较远的海外市场。纵向激进性包括三种最基本的情形：①在方式维度上，企业没有严格遵照由易到难的顺序来选择国际市场进入方式，而是跨越了企业国际化阶段模型中的某些重要环节。②在职能维度上，企业并没有严格遵循从单一职能到部分职能再到全部职能的顺序将职能活动向国际市场转移，而是从一开始就将某些或全部职能转移到特定的海外市场。③在业务维度上，企业在东道国所经营业务的发展也没有严格依照从单一业务到相关多元化业务再到非相关多元化业务的顺序进行，而可能在东道国直接经营与母国相关或者非相关的产品和服务。国际新创企业在地域距离、进入方式、职能活动及业务方面的跨度越大，该企业国际化的激进性特征就越显著。

三、国际创业的过程与模型

（一）国际创业过程

国际创业过程可以概括为以下三点：第一，国际创业机会的发现；第二，国际创业机会的利用开发；第三，国际竞争的绩效。

1.国际创业机会的发现

海外市场机会的发现是国际新创企业成长过程中重要的一步。国际市场机会主要来源于不同国家社会经济状况的差异与变化，国际新创企业就是充分利用了这种差异与变化所导致的市场不完全而产生的创业机会。国际创业机会可以分为技术机会、市场机会和政策机会。

（1）技术机会。这是指不同国家技术水平的差异或技术变化带来的创业机会，主要源自新的科技突破和社会的科技进步。技术上的任何变化或多种技术的组合，都可能给创业者带来某种商业机会。①新技术替代旧技术。当某一领域出现了新的科技突破和技术创新，并且它们足以替代某些旧技术时，创业的机会就来了。②实现新功能、创造新产品的新技术的出现。这无疑会给创业者带来新的商机。③新技术带来的新问题。多数技术的出现对人类都有利和弊的两面性，即在给人类带来新的利益的同时，也会给人类带来某些新的问题。这就会迫使人们为了消除新技术的某些弊端，再去开发新的技术并使其商业化，因而会带来新的创业机会。

（2）市场机会。这是指不同国家市场需求的差异和变化中产生的机会。一般来看，主要有以下四类：①市场上出现了与经济发展阶段有关的新需求。在这种情况下，相应地就需要有企业去满足这些新的需求，这同样是创业者可以利用的商业机会。②当地市场供给缺陷产生的新的商业机会。创业者如果能发现这些供给结构性缺陷，同样可以找到可以利用并创业的商业机会。③先进国家（或地区）产业转移带来的市场机会。世界各国、各地区的发展进程是有快有慢的，即便在同一个国家（或地区），不同区域的发展进程也不尽相同。这样，在先进国家或地区与落后国家或地区之间，就有一个发展的“势差”。当这种“势差”大到一定程度，由于国家或地区之间存在“成本差异”，再加上经济发展到一定程度时，环保问题往往会被先进国家或地区率先提到议事日程上，先进国家或地区就会将某些产业向外转移，这就可能为落后国家或地区的创业者提供创业的商业机会。④从中外比较中寻找差距，差距中往往隐含着某种商机。通过与先进国家或地区比较，看看别人已有的哪些东西我们还没有，这“没有的”就是差距，其中即可能发现某种商业机会。

（3）政策机会。这是指不同国家政府政策差异和变化所赋予创业者的商业机会。随着经济的发展、科技的变革，政府必然要不断调整自己的政策，而政府政策的某些变化，就可能给创业者带来新的商业机会。越来越多的高科技新创企业到海外上市，就是利用了不同国家（或地区）融资政策的差异而带来的融资机会。

2.国际创业机会的利用开发

（1）机会发展过程。企业家通过对国际市场动态、技术变革与政策环境的分析，判断该机会是否在广泛意义上属于有利的商业机会；通过对所涉足行业的技术变化趋势的了解和把握，判断不同国家技术差距和变化中的技术机会；通过对不同国家经济发展状况和社会文化环境的了解，判断企业所能获得的潜在市场规模，并分析各国政策、法律的差异与变化对企业市场开发和进入的影响。

（2）机会认知过程。创业机会稍纵即逝，在捕捉创业机会之后，企业家创造性活动的重心逐渐转向占领有利空间，谋求生存发展，并最大限度地实现价值创新。企业家不仅在机会感知与发现的基础上发掘和利用现有资源，而且会超越现实能力与资源的约束，通过外购、合作、企业家网络、虚拟企业、战略联盟等方式获取、开发和配置潜在资源，实现机会创造。

（3）机会评估过程。这是基于企业家认知和价值取向的“过滤”过程，创业机会的衡量标准在于它的新颖性和价值性。机会评估的内容主要是各项财务指标、创业团队的构成等。通过机会评估，企业家决定是否正式组建企业、吸引投资等。事实上，机会认知和机会评估是共同存在的，创业者在对创业机会认知时也有意无意地进行评估活动。机会评估是机会认知的关键环节，发生于机会认知的各个阶段。

3.国际竞争的绩效

国际竞争的绩效是对组织目标达成程度的一种衡量。创业绩效具有多维度结构，可以从三个不同的角度对组织绩效进行分类：单一指标和多重指标、财务指标和非财务指标、主观指标和客观指标。

（1）单一指标和多重指标。单一指标指以单一变量作为组织绩效的指标，如生产力、员工满意度、利润、组织的稳定成长性等。这种单一变量的绩效测量方式较容易进行调查与分析，因此广受欢迎。多重指标的采用者则认为组织并非仅仅追求一种目标，不同的组织应以不同的指标来衡量，所以组织绩效应有多元化的指标才合理。目前大部分学者采用多重指标来评估组织绩效。如Kaplan和Norton从四个方面来考量组织的绩效，即财务（包括投资回报率、经济附加值）、顾客（满意度、保留率、市场和顾客占有率）、企业内部流程（质量、成本、推出新产品）、学习与成长（员工满意度、信息系统可用性）。

（2）财务指标和非财务指标。财务指标是评价组织绩效的最基本的方法，常用的指标有获利率、营业收入增长率、投资回报率、资产报酬率等。随着市场导向研究的进一步发展，越来越多的研究发现，财务指标并不能全面地反映企业的经营状况。因此，一些学者提出，除了财务指标外，一些非财务指标，如相对市场份额、相对品牌识别度、顾客满意度、顾客忠诚度等，在反映企业绩效方面具有更深层次的意义。

（3）客观指标和主观指标。客观指标指的是诸如销售增长百分比或净利润等确切的数据。主观指标是指通过量表，以“非常好”、“非常差”或是“非常低”、“非常高”来衡量与竞争者相比的企业经营业绩。有关市场导向与组织绩效的研究中，主观指标与客观指标往往兼而有之。

（二）国际创业模型

国际创业模型主要分为三大类：一是要素均衡模型；二是要素主导模型；三是国际创业的整合模型。

1.要素均衡模型

（1）Timmons模型。Timmons于1999年在其《新企业的创建》一书中提出了一个创业管理模型。他认为，成功的创业活动必须对机会、企业团队和资源三者进行最适当的匹配，并且还要随着事业的发展而不断进行动态平衡（如图10-1所示）。

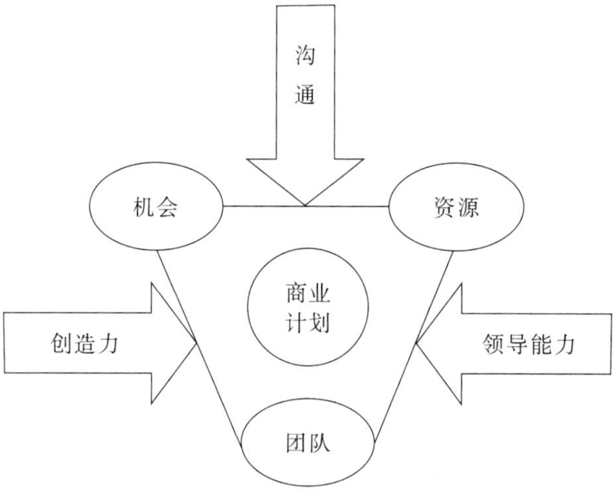

图10-1　Timmons模型

（2）Gartner模型。William B.Gartner于1985年在其《一个描述新企业创建现象的概念框架》一文中提出了一个描述新企业创建过程的概念框架，进而构建了颇具特点的创业模型。他认为，创建新企业就是组建新的组织，也就是按照合理的结构整合相互独立的不同行为要素以获得预期的结果（如图10-2所示）。

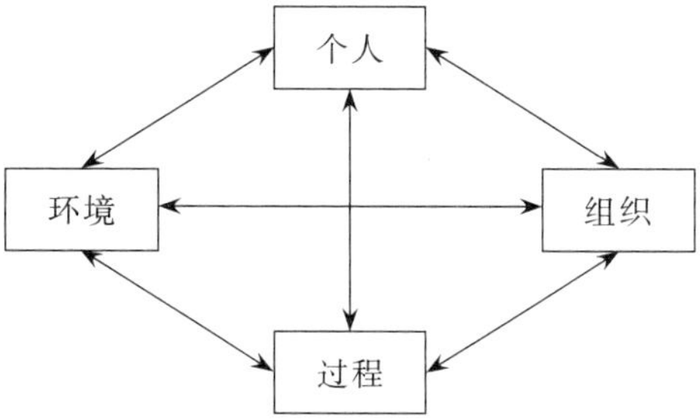

图10-2　Gartner模型

（3）Sahlman模型。Sahlman在其《关于商业计划——创业风险事业的若干思考》一书中提出了一个创业模型。他认为，在创业过程中，为了更好地发掘商业机会和创建新企业，创业者必须把握人和资源、机会、外部环境以及自身的交易行为四个关键要素（如图10-3所示）。

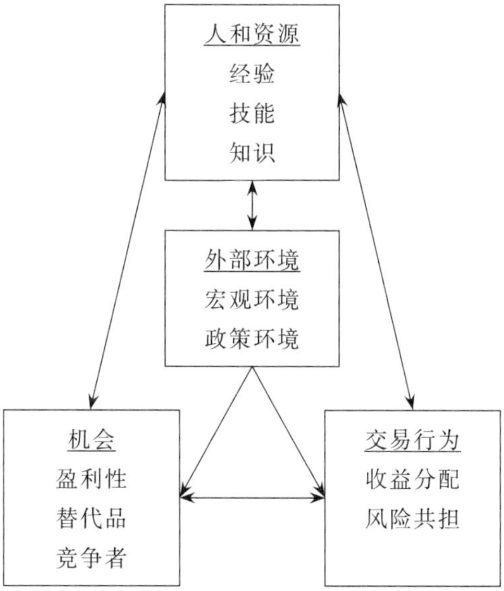

图10-3　Sahlman模型

2.要素主导模型

（1）Wickham模型。Wickham在其论文《战略型创业》中提出了基于学习过程的创业模型。他认为，创业活动需要创业者、机会、组织和资源四种要素，这四种要素相互关联；创业过程是一个不断学习的过程，而创业型组织就是学习型组织，它通过学习来不断改变要素间的关系，实现要素间的动态平衡，最终完成创业（如

图 10-4 所示）。

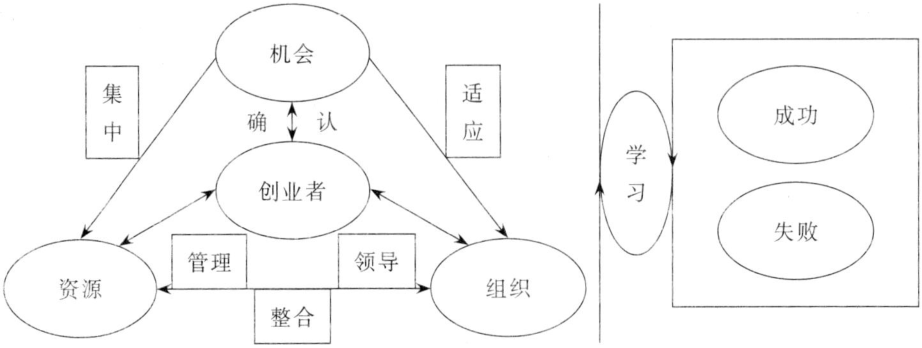

图10-4 Wickham模型

（2）Christian-Julien 模型。2000 年，Chritian 和 Julien 指出，创业管理应该聚焦于创业者与新事业之间的互动，并以此为核心来开展创业活动。在他们构建的创业模型中，创业者与新事业是两个主要的元素（如图 10-5 所示）。

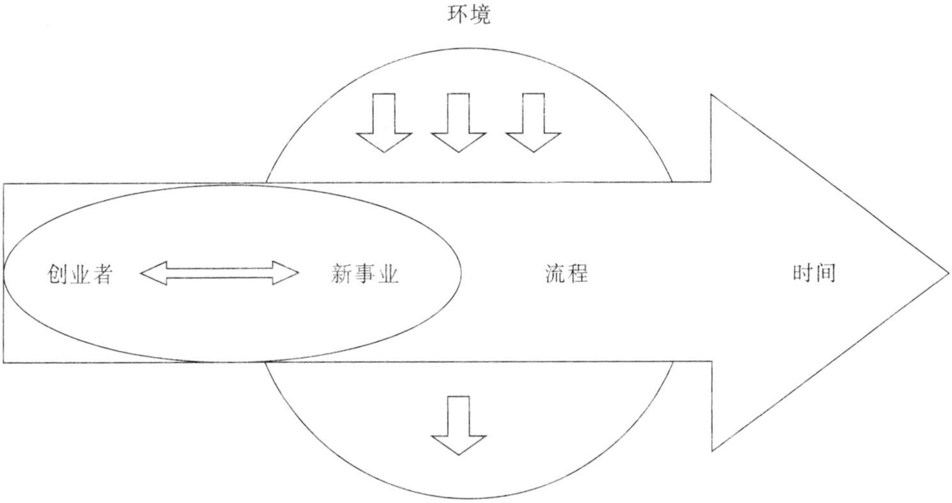

图10-5 Christian-Julien 模型

（3）Li Haiyang 模型。Li Haiyang 认为，新创企业面临的环境和它们所选择的战略之间存在环境决定和环境管理两种机制。前者是指环境决定战略，后者则指企业实施的战略会影响其所处的竞争环境（如图 10-6 所示）。

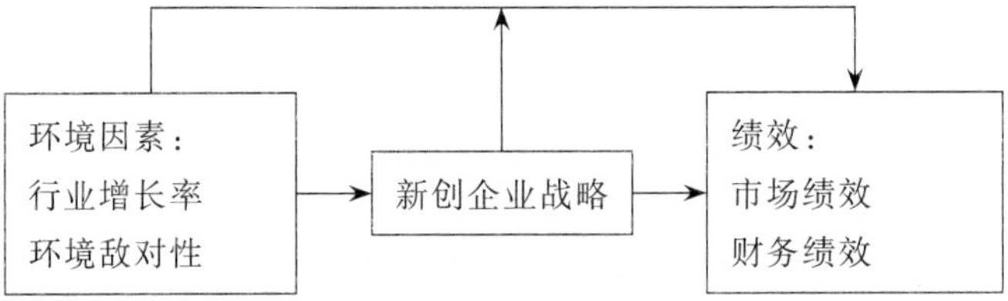

图10-6 Li Haiyang模型

（4）Jain模型。Jain认为，除了战略这一要素之外，新创企业绩效的影响因素还包括风险投资因素和行业结构特征。Jain的创业模型以绩效为中心，考察了影响因素与其他各因素之间的关系（如图10-7所示）。

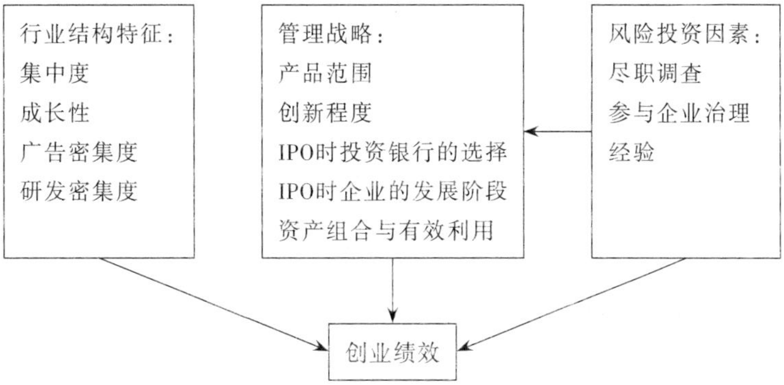

图10-7 Jain模型

（5）Oviatt-McDougall机会功能模型。机会是“经由创造性资源组合传递更高价值来满足市场需求的可能性”。二人尝试将机会引入国际创业模型，通过关注机会被国际化的速度，揭示机会在国际化过程中被开发利用的机制和表现。机会功能模型根据不同因素在国际化过程中的作用差异，对企业内部、外部要素进行了分类（如图10-8所示）。

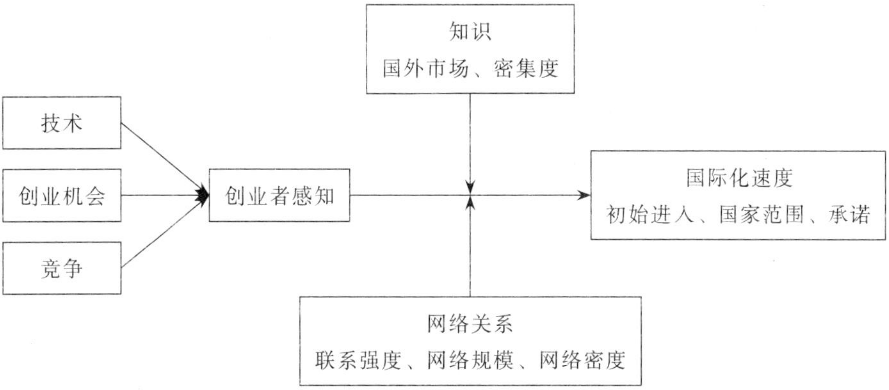

图10-8 Oviatt-McDougall机会功能模型

（6）基于企业家机会认知的国际创业模型。Oviatt和McDougall考察了企业家机会认知的影响因素及其相互作用的内在机理，进一步构建了基于企业家机会认知视角的国际创业模型。这一模型显示，企业是通过企业家的眼光来看待和解释环境的，企业家是在对技术发展、市场竞争态势、公司愿景、战略逻辑、管理过程等方面环境扫描的基础上，挖掘国际市场的商机和成长性资源，敏锐地捕捉创业机会进而提出新颖的创意进行国际创业决策的，这是企业家警觉、先验知识、信念、认知模式、价值取向及创造性思维等认知要素及网络关系等参与其中的复杂过程（如图10-9所示）。

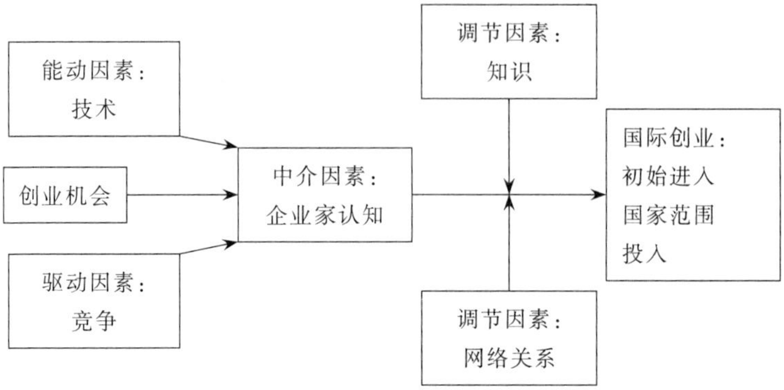

图 10-9　基于企业家机会认知的国际创业模型

3.国际创业的整合模型

Zahra和George（2002）在对现有研究成果回顾的基础上，提出了国际创业的整合模型。这一模型详细考察了影响国际创业的各种因素及其相互关系，构建了国际创业领域联系紧密、内在统一的逻辑体系。在这一模型中，国际创业被视为一个多维建构，包括程度、速度与范围。该模型把影响国际创业的主要因素分为三类：组织因素、环境因素、战略因素。组织因素包括高层管理团队特征、企业资源、企业变量等；环境因素包括竞争力量、成长机会、国家文化、产业盈利性、制度文化和规模经济等；战略因素包括竞争力、差异性/相似性、通用战略、职能战略、进入战略等。最后，该模型列出了企业竞争优势的两个方面，即财务绩效和非财务绩效（如图10-10所示）。

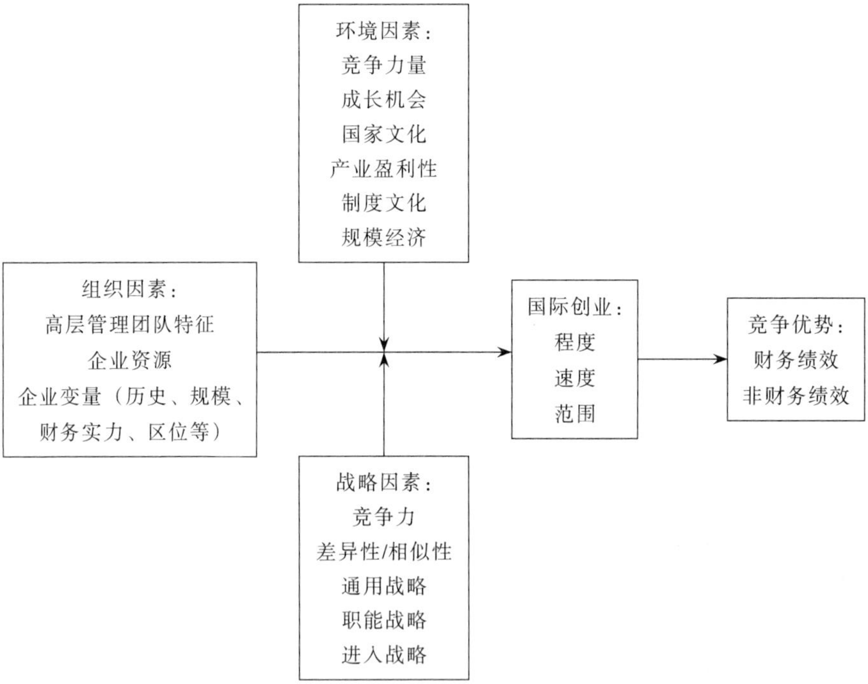

图10-10　国际创业的整合模型

四、国际创业背景下的企业家精神

企业家精神的概念至今没有准确的界定，但国内外学者都对这一概念做过精辟的论述。熊彼特（1934）认为，企业家精神就是用异于他人的方式做事或在未开拓的新领域做别人未曾做过的事。德鲁克（1985）认为，企业家精神就是社会创新精神，是企业家在企业发展过程中的一种革新行为，这种行为有效地将现有资源转化为创造财富的能力。夏莫和克里斯曼（1999）认为，企业家精神是一种革新行为，具体表现为组织的构建或组织内外部的创新行为。柯兹纳（1973）认为，企业家精神能够激发发现、识别、抓住机会的能力，使市场始终处于动态平衡状态。

综上所述，可以将企业家精神界定为：企业家在创业过程中，面对激烈的市场竞争和优胜劣汰的压力所形成的心理状态、价值观念、思维方式和精神素质。企业家精神的核心是创新，并且应具有承担风险和挑战、寻求潜在发展机会、能够利用市场不均衡创造利润的能力。

复旦大学经济学院张军教授将企业家分成管理型企业家和创业型企业家。他认为这两种企业家精神的区别在于：管理型企业家精神是可以学到的，是可以在大学的商学院或管理学院培养出来的；而创业型企业家精神从某种意义上讲是某些人的一种禀赋，它与人的个性特征和特殊的环境条件等有很大的关系，而与人们的专业教育并无必然的因果联系，它是一种稀缺的敢于冒险和创业的精神。管理型企业家精神和创业型企业家精神对一个社会和国家都是十分重要的，前者通过有效的治理使一个企业稳健有序地运营，朝着既定目标前进；后者则通过“创造性破坏”来打破现有的平衡，创造新的需要。

美国创业学家蒂蒙斯通过对进入百森商学院杰出创业者学会的学员们的跟踪研究，总结出企业家的“六大主题”和“五种能力”。六大主题是“可取并可学到的态度和行为”，类似于管理型企业家精神；五种能力是“其他人向往的，但不一定学得到的态度和行为”，类似于创业型企业家精神。国际创业背景下的企业家必须既要具备管理型企业家精神的“六大主题”，又要具有创业型企业家精神的“五种能力”。

（一）管理型企业家精神——“六大主题”

1.责任、承诺和恒心、决心

企业家的社会责任感和决心是极其重要的因素。一家新企业要求创业者们把他们的时间、热情和忠诚统统贡献给企业。同时，一个企业家必须完全承担本企业所有的风险。同样，恒心、决心也是企业家不可或缺的品质。美国一位企业家曾经说过这样一段话：“世界上没有什么可以取代恒心和决心。才华不能，才华横溢却一事无成者并不少见；天才不能，是天才却得不到赏识者屡见不鲜；教育不能，接受过教育却没有饭碗者并不难找。只有恒心加上决心才是无所不能的。”企业家各有各的风格、个性和道德标准，但有一点是共同的，那就是他们从来不会放弃。实际上，责任、承诺和恒心、决心都意味着个人付出代价，做出牺牲。

2.领导力量

成功的创业者是富有耐心的领导者，能够勾勒出组织的愿景，根据长远目标进行管理。他们有一种极强的能力，无须凭正式权力，就能向别人施加影响，并能很好地协调企业内部及与顾客、供应商、债权人、合伙人的关系，与他们友好相处，共同分享财富和成功。

3.搜寻商机

成功的创业者不是为钱而是为商机所困扰。他们的目标是搜寻商机，积累自身的资源和资金，他们对行业、顾客和市场十分熟悉，有危机感。

4.对风险、模糊性和不确定性的容纳度

成功的创业者认识到，风险、模糊性和不确定性是不可避免和必须容忍的，他们学会透过模糊性和不确定性寻找商机、制定战略、规避风险。创业者把资金和声誉都投入在创业上，但他们并非赌徒，而是有计划冒险。他们通过科学的预测、计算来规避风险，并能乐观而清晰地放眼未来，保持信心和勇气。成功的创业者积极应对，常常最大化好的结果，最小化负面影响。

5.创造、自我依赖和适应能力

创业者是一个独立的高度依赖自我的革新者。他们掌控主动权并采取行动，他们喜欢主动解决问题。他们有很强的适应性和恢复力，是优秀的听众和快速的学习者。他们不怕失败，并有能力利用失败的教训创造新的成功。

6.胜出的动机

创业者是自我启动器，他们受到内心强烈愿望的驱动，希望自己与定下的标准竞争，追求并达到富有挑战性的目标。他们对地位和权力的需求很低，他们从创建企业的挑战和兴奋中产生个人动力，他们取得的地位和权力仅是个人成就实现的结果。他们能清醒地认识自己、合作伙伴和竞争对手的优缺点，客观地分析环境因素的影响，对自己有明确的定位，且有信心和勇气，有洞察力和幽默感。

（二）创业型企业家精神——“五种能力”

1.精力、健康和情绪稳定

企业家面临特殊的工作压力和极高的工作要求，这使他们的精力、身体和心理健康变得十分重要。这些精力、健康和情绪状态虽然可以通过运动、注意饮食习惯和稍作休息调整来保持，但每一项都和遗传有很强的相关性。

2.创造力和革新精神

创造力一度被认为是只有通过遗传才可获得的能力，而且大多数人认定它本质上是遗传而来的。但新的研究表明，创造力、革新精神与制度、文化有很大的关系。它们是可以诱发而不能模仿的。

3.才智

没有哪一家成功的或具有高发展潜力的企业，其创始人是不具备才智的，这些才智包括高度灵敏的嗅觉、企业家的直觉及“老鼠般的狡猾”。这种才智犹如艺术家和作家的才情、灵性，十分稀缺和珍贵。

4.激发灵感的能力

远见是一种天生的领导素质，它具有超凡的魅力，大胆而鼓舞人心。所有伟大的领导者都是通过这种能力传递他们的影响力的。成功的企业家通过这种能力激发灵感，激励他的员工为他设下的目标团结奋斗。

5.价值

个人的价值和伦理价值由企业家生活的环境和背景决定，在人生的早期就形成了，这些价值构成了个人不可分割的部分，进而影响他的企业及企业的价值。

第二节　创业者进入国际业务的途径和方法

创业者进入国际业务并在国际上营销产品的方法有很多种。创业者要根据自己和公司的强项和弱点来选择进入方式和海外经营模式。进入或从事国际业务的方式可分为三类：出口、非股权安排和对外直接投资。

一、出口

一般而言，创业者大多通过出口来开展国际业务。出口就是将在一个国家生产的产品装运并销售给另一个国家的消费者。出口一般还可以分为间接出口和直接出口两类。

（一）间接出口

间接出口是指在国内市场上将产品卖给外国的购买者或出口管理公司。对某些日用品和制造品，外国购买者积极地寻找货源并在世界各地的市场上设立采购办事处。创业者如果想把这些产品“出口”到海外市场，可以与这些购买者做生意。在这种情况下，即使产品最终会被装运到国外，但整个交易就好像是在做国内贸易一样。这种出口方式需要创业者掌握的知识和承担的风险最少。间接出口的另一种方式是通过出口管理公司，在大多数商业中心都有这样的公司，这类公司一般都在国外市场上派驻代表。典型的情况是，他们代表了一群国内的非竞争的制造商，而这些制造商没兴趣直接参与出口。出口管理公司处理所有的销售、营销和配送业务，并处理出口过程中的任何技术问题。

采取间接出口的企业可获得如下好处：第一，利用出口商或出口代理商的国外渠道和外销经验，迅速打开国际市场；第二，不必增设外销机构和人员，节省直接渠道费用；第三，减轻资金负担和减少风险。但对企业来说，间接出口也有不利之处：第一，对产品流向和价格控制程度较低，甚至不能控制；第二，难以迅速掌握国际市场信息，从而不利于提高产品在国际市场上的适应性和竞争力；第三，无法获得跨国营销的直接经验；第四，难以建立企业自己在国际市场上的声誉。

（二）直接出口

直接出口即通过独立的国外分销商或公司自己的海外销售机构来出口产品。独立的国外分销商通常为希望快速进入该国市场的公司销售产品。这些独立的分销商直接与国外客户和潜在的客户签订合同，留意在出口文件和财务金融的安排中的所有技术细节，并按已约定好的销售率销售。

采用独立分销商的方式会削弱创业者对海外市场的控制，如果创业者不希望这样的话，可以设立自己的海外销售机构，雇用自己的销售人员，派驻市场代表。在刚开始的阶段，创业者可能会派国内销售人员或雇用当地人员作为国外市场的代表。当销售业务扩大到一定水平时，就会建立自己的仓库。销售达到值得进行投资的更高水平时，就可以在当地建立组装厂，进而最终会演变成在国外建一个制造厂。最后，创业者可以把这家制造厂生产出来的产品出口到其他国家市场上去。

二、非股权安排

非股权安排是指跨国公司未在东道国企业中参与股份，而是通过与东道国签订有关技术管理、销售、工程承包等方面的合约，取得对该东道国企业的某种管理控制权。20世纪90年代以来，许多跨国公司发现，在发达国家，在成熟市场上凭借自己雄厚的资本实力和技术、管理优势，用非股权经营方式，比合资经营方式更有利，因而非股权安排得到普遍采用。非股权安排的投资方式主要包括管理合同、特许经营和交钥匙工程三种。

（一）管理合同

管理合同又称经营合同、经营管理合同、风险合同或工作合同，是指跨国公司与东道国企业签订协议，向东道国企业派出专业管理人员，从事日常管理工作，由此取得一定管理与控制权的投资方式。管理合同大多发生在以下两种情形中：一是向自己不曾拥有股权的东道国企业提供管理服务，借以在一定程度上控制该企业。二是对自己曾拥有股权的东道国企业，在面临征用或国有化政策时，以管理合同的形式，保持对原投资公司的部分控制权。管理合同一般限定在一定时间内，通常为5~10年。跨国公司普遍认为，管理合同的作用不亚于股权经营。据统计，管理合同是跨国公司非股权安排最常见和最有效的方式。

（二）特许经营

特许经营是21世纪主流的商业经营模式，作为一种经营方法，它可以向任何行业领域扩张。根据我国商务部的定义，特许经营是指通过签订合同，特许人将有权授予他人使用的商标、商号、经营模式等经营资源，授予被特许人使用；被特许人按照合同约定，在统一经营体系下从事经营活动，并向特许人支付特许经营费。当企业家无意通过出口或直接投资进入某一特定市场时，这种方式就特别合适。由于风险很低，却能获得巨大的收益，所以特许经营是企业家参与国际商务的一种好方法。

（三）交钥匙工程

交钥匙工程指跨国公司为东道国建造工厂或其他工程项目，一旦设计与建造完成，包括设备安装、调试及初步操作顺利运转后，即将该工厂或项目所有权和管理权的“钥匙”依合同完整地“交”给对方，由对方开始经营。因而，交钥匙工程也可以看成一种特殊形式的管理合同。在这种投资方式中，跨国公司不仅可获取一笔可观的工程承包费用，还可为以后公司产品进入工程项目所在国市场做免费广告。对于发展中国家来说，采取交钥匙工程承包合同的好处是：跨国公司对整个项目负全部责任，有利于东道国吸收外资和引进国外先进的技术。缺点是代价太高，尤其是采取交钥匙工程承包合同的新形式比传统形式所付的费用要高得多，而且跨国公司转移的有可能是即将淘汰的技术或环境污染严重的企业，会给东道国经济发展带来不利影响。

三、对外直接投资

对外直接投资（FDI）是指企业以跨国经营的方式所形成的国家间资本转移。一般认为对外直接投资是一国投资者为取得国外企业经营管理上的有效控制权而输出资本、设备、技术和管理技能等有形或无形资产的经济行为。企业家在外国企业中的股权比例与国家情况、海外经验的多少、所投资产业的性质和东道国政府的政策有关。其主要形式有：

（一）独资经营

独资经营是指母公司拥有子公司95%以上股权的经营方式。独资经营方式的优点有：一是可以保证母公司的绝对控制权与经营决策权，不受当地其他因素的干扰，有利于集中管理和决策；二是有利于技术和经营方针的保密；三是可以获得全部利润。

（二）合资经营

合资经营是国际企业与国外企业共同投资、共同经营、共担风险、共负盈亏的经营方式。它既包括与东道国企业在东道国建立的合资企业，也包括与国外企业合资在第三国建立的合资企业。合资经营又可分为三种形式：①多数股权，指母公司拥有子公司股权的51%~94%；②对等股权，指母公司拥有子公司股权的50%；③少数股权，指母公司拥有子公司股权的10%~49%。

与独资经营比较，合资经营对投资者来说具有明显好处：①可减少或规避政治风险，尤其是被征收的风险；②双重身份的优势，它既纳入投资者所在国“企业”的范围，又享受东道国对该国企业的“国民待遇”；③可利用当地合作伙伴与东道国政府的关系，获得企业所需的政治、经济、社会、文化和经营信息，增强竞争能力；④技术资本化和产品资本化，可以以机器设备、工业产权、专有技术和管理知识作为股本投资，有时也可获得原材料或商品的优先供应进口权，实际上是输出了“产品”；⑤市场限制少，许多合资企业的产品是东道国需要进口的或紧俏的，通过合资经营可在东道国建立一个稳定的销售市场。

（三）合作经营

合作经营是指两国或两国以上的投资者，在一国境内根据东道国有关法律，在签订契约（或合同、协议）的基础上共同投资、共担风险，组建非法人的经济实体，或具有独立法人地位的企业。合营各方的权、责、利均在契约中逐项明确规定。规定的内容一般包括：①投资或合作条件；②收益或产品分配；③风险与亏损的分担；④经营管理方式；⑤合作企业终止时财产的归属；⑥对企业债务责任的规定。

比较合资经营与合作经营，它们的不同点主要表现在以下几个方面：

第一，投资上的不同。合资企业各方共同投资，而且按同一币值计算投资比例，即不论用何种方式投资，都要折算成同一币种的现金。合作企业则可不折算价值，甚至全部资金都由一方提供，另一方以所提供的场地、厂房、设施和技术、商标、商誉等无形资产的使用权作为投资或合作的条件，且可不作价，不需折算为同一币值的现金，各方也可不计股份。

第二，风险承担上的不同。合资企业一般组建股份有限公司或有限责任公司，对外以企业全部财产为限承担责任，对内各方以其出资额为限分担责任和风险。而合作企业则一般按契约的约定承担风险和亏损。如果契约上没有规定，就可能变成出资方单方面承担责任，甚至承担无限责任。

第三，组织管理体制上的不同。合资企业属于股权式合营，必须按投资比例投票选举董事会，采取董事会制的公司治理结构。董事会是企业的决策机构，总经理对董事会负责，而不是对各自的股东负责，股东对企业经营的干预通过董事会，而不得直接干预。而合作企业属于契约式合营，既可以按契约规定成立董事会，实行董事会制，亦可以不组成法人合作企业，以各自法人企业组成联合管理委员会，按照契约规定各自的权、责、利。

第四，收益分配上的不同。合资企业各方一般按投资比例分享利润，分担亏损和风险。而合作企业则可采取灵活多样的分配方式，但要在契约上规定。一般来说，合作企业运营初期，资金投入的一方（一般是外国投资者）分成比例高些，并按“快速折旧法”逐渐降低，而东道国一方分成比例则由低逐渐增加。这种分配相当于对外方投资项目的赎买。合作期满后，外方无偿退出企业，企业的全部剩余资产归东道国合作者所有。

第五，剩余财产处理上的不同。合资企业终止时，企业必须按法律规定程序进行清算，清算后的全部资产清偿全部债务后如有剩余，则剩余财产按各方投资比例进行分配，东道国一方还须以一定的形式买下外方的全部股份权益，并用规定的外汇支付。合作企业解散时，虽然亦按当地的地方性法规进行企业终止清算，但其剩余财产按契约原先的规定处理，一般是无条件归东道国一方所有，不存在剩余财产的分配问题。但如清算后的全部资产不足以清偿全部债务，其不足部分应根据契约规定的比例由合作各方分担亏损。

（四）跨国并购

跨国并购是指跨国公司按照东道国法律法规，通过兼并与收购的方式取得东道国现有企业所有权与控制权的一种FDI投资方式。它是两个或两个以上的公司间，通过合并与收购，使被并购的企业失去法人资格或改变其法人实体行为的一种企业所有权的转移。

合并有两种形式，即吸收合并和新设合并。《中华人民共和国公司法》第172条规定："一个公司吸收其他公司为吸收合并，被吸收的公司解散。两个以上公司合并设立一个新的公司为新设合并，合并各方解散。"第174条规定："公司合并时，合并各方的债权、债务，应当由合并后存续的公司或者新设的公司承继。"收购也有两种形态，即资产收购和股份收购。资产收购即收购方向目标企业购买资产，这里并不直接与出卖方的股东进行交易。在以获得资产的形式进行收购时，可以不继承目标企业的债务。股份收购即收购方以现金、股票或其他有价证券购买另一企业的股票（股份），使之成为自己的子公司，以便获得对该企业的控制权。这种方法可以以两个企业的管理者私下交涉的方式或标购的方式进行。标购即绕过目标公司董事会，以高于市场的报价，直接向股东招标的收购行为。

第三节　国际创业战略与贸易壁垒

创业活动的核心实际上就是创业者有意识地进行战略选择的过程。战略选择方法科学、得当，会对国际创业起到积极的作用，有利于企业创业的成功。另外，随着经济全球化和贸易自由化的推进，我国的国际贸易迅速发展，然而，在国际贸易发展过程中也不可避免地遭遇诸多贸易壁垒。如何选择国际创业战略模式？怎样克服国际贸易壁垒？这些都是本节需要探讨和阐述的主要内容。

一、国际创业投资基金的发展与借鉴

创业投资基金是指由创业投资机构通过募集风险股权资本，投资到非上市的技术创新或高速成长企业，然后逐步促使这些企业成为业绩良好的公司或上市公司，最终变现取得资本收益的基金。创业投资基金是国际金融集团公司目前经常使用的金融工具。在高科技与知识经济时代，这一金融工具发挥着越来越重要的作用。

（一）创业投资基金的特点与组织形态

1.创业投资基金的特点

创业投资基金有如下几方面的特点：一是基金的主要资助对象是一般投资者或银行不愿提供资金的高科技、产品新、成长快的企业；二是创业投资基金以获取股利与资本利得为目的，而不是以控制被投资企业所有权为目的，创业投资者甘愿承担创业投资的风险，以追求较高的投资回报；三是创业投资包含创业投资者的股权

参与，其中包括直接购买股票、认股权证、可转换债券等方式；四是创业投资者并不直接参与产品的研究与开发、生产与销售等经营活动，而是间接地扶持被投资企业的发展，提供必要的财务监督与咨询，使所投资企业能够稳健经营、价值增值；五是创业投资属于长期性投资，流动性较差，一般需要5~10年方能有显著的投资回报。

2.创业投资基金的组织形态

创业投资基金大体可分为公司型与契约型两类。公司型基金的投资者是基金公司的股东，有权对公司的重大决策进行表决，基金各方权益受公司法约束；契约型基金的持有人不能直接参与基金投资决策，各方权益受信托法约束。欧美国家的创业投资基金多数属于公司型；日本、韩国的创业投资基金多属于契约型。

（二）创业投资基金的兴起与发展

1.美国的创业投资基金

美国的创业投资活动最早出现于19世纪末20世纪初。当时美国与欧洲的财团以铁路、钢铁、石油以及玻璃工业为投资对象进行创业投资。之后，这些财团又向航空、计算机等技术密集型产业进行创业投资。美国创业投资走向机构化，则始于1946年美国研究与开发公司的成立。1985年，美国颁布了《小企业投资法案》，建立了小企业投资公司制度，使创业者可以通过小型投资公司获得创业投资资金。20世纪60年代末至70年代初，一些创业投资机构以有限合伙或公司制的形式组建，以规避政府的各种金融管制。此时，有雄厚资本的大公司、大财团已逐渐成为创业投资事业的主体。80年代，创业投资的资金来源出现多元化的趋势，主要有社会大众的游资、家庭、民营企业、财团法人、小型投资公司、政府创业投资基金、养老金、海外投资集团等。根据美国《创业经济学》杂志的统计资料，20世纪90年代以来，美国投资于软件服务业的创业投资额居各行业之首，其次为医疗保健业、电话与通信业等。美国创业投资推动了以高新技术为基础的知识经济的发展。

2.欧洲的创业投资基金

20世纪80年代以来，欧洲成为仅次于北美的世界第二大创业投资基金的发展区域。进入90年代以来，欧洲创业投资基金的发展势头更加迅猛。以英国为例，1984年，英国创业投资基金的海内外投资总额为1.9亿英镑；到1996年达到185.28亿英镑，是1984年的97.52倍。目前，英国创业投资基金的投资额占整个欧洲的40%左右。据1994—1996年的统计，英国创业投资的资金来源主要有人寿基金、银行业、保险公司、企业法人、个人投资者、政府与事业法人及其他。由于欧洲多数国家实行全能银行金融体制，所以商业银行在欧洲本土及跨国的创业投资中往往扮演重要的角色。

3.日本的创业投资基金

日本的创业投资是模仿美国发展起来的。1963年，日本政府效仿美国的《小企业投资法案》，制定了《日本小型企业投资法》，同时在东京、大阪和名古屋成立了3家“财团法人中小企业投资育成会社”。1974年，日本通产省设立了一个半官方的创业投资企业中心，借以促进日本创业投资业的发展。20世纪70年代形成了日本第一次创业投资的热潮；1983—1986年期间，掀起了第二次创业投资热潮；1993年以来，日本兴起了第三次创业投资热潮。除了证券公司、商业银行积极参与创业投资活动之外，人寿与财产保险公司、一般生产企业也都参与创业企业的投资活动。此外，大藏省、通产省、邮政省等政府机构，经济社团，地方公共社团也都参与了创业投资事业。

4.我国境外的创业投资基金

我国境外的创业投资基金是指在境外募集设立，专门投资于中国相关产业的投资基金。这些基金的特点是筹资对象、上市场所及基金管理机构均在境外，只是投资对象是中国的企业。据有关资料记载，1987年中国国际金融集团公司与中国银行在境外首开中国创业投资基金业务的先河，即与境外的一些投资机构合作推出了面向海外投资者的中国创业投资基金。据不完全统计，目前我国在境外与外资合作的创业投资基金大约有20家，筹资规模大约40亿美元，其中50%以上的基金已分别在伦敦、纽约、爱尔兰等证券交易所上市。

（三）我国开展创业投资基金业务的战略选择

1.基金募集方式的选择

创业投资基金的募集方式主要有私募和公募。所谓公募，是指以公开形式向法人和自然人发行基金证券募集基金。所谓私募，是指以非公开形式向法人和自然人发出要约以募集基金。在国外，创业投资基金无论是对法人还是对公众，均倾向于采取私募方式，因为以私募方式设立的基金运作压力小。从有利于产业基金从事长期投资而言，以私募方式为主，并主要募集法人投资者资金，或采取私募股权有限合伙的集资方式比较有利。

2.投资组合的项目选择

在创业投资基金初创阶段，主要的投资组合应定位于已经发育成熟的准上市企业，通过推动所投资企业上市，实现基金的套现和退出战略，并加强基金资产的流动性和收益性。在有了一定积累与投资经验的基础上，应有一定比例的组合，投资于有效益的基础设施与基础建设产业，这种投资具有较稳定的现金流保证。从长期投资的产业方向来看，应借鉴美国硅谷创业投资基金的模式，即应有一定比例资金向高新技术产业、知识经济企业投资，以培育新的经济增长点，促进产业升级与结构优化，并通过高风险实现高收益。

3.基金国际合作对象的选择

我国已有不少境外中外合作创业投资基金的管理经验，但国内中外合作创业投资基金的管理经验还不够。基金合作对象最好选择投资管理经验丰富、信誉较好的外国创业投资基金公司。国外投资机构的投资理念比较成熟，尤其是在技术分析上，能够从全球发展的角度对产业的发展方向进行前瞻性研究，从而避免盲目地步人后尘或重复投资。因此，加强与国外投资机构的合作，发展中外合资创业投资基金或组建中外合资创业投资基金管理公司，有利于积极稳妥地推进资本市场国际化战略。

二、国际创业战略对国际创业的影响

（一）国际创业战略模式

国际创业战略包括成长战略、竞争战略、风险回避战略、合理化战略、所有权战略等。国际创业战略的模式主要有四种：横向、纵向发展模式，混合发展模式，EPRG模式，国际经营导向模式。

1.横向、纵向发展模式

所谓横向发展模式，是指国际企业将其在母国生产和经营的产品平行地扩展或转移到海外。换句话说，就是母公司和分布在世界各地的子公司从事同种产品或同类产品的生产和经营。所谓纵向发展模式，是指母公司与子公司各自生产不同的产品，经营不同的业务，但这些产品和业务彼此之间是紧密联系和相互衔接的，组成一条生产链。对母公司来说，纵向发展可以选择前向发展和后向发展两种方式。所谓前向发展，即从整个生产链来看，向着原材料或者粗加工方向发展，即向上游方向发展。所谓后向发展，即从整个生产链来说，向着下游方向发展，由原来只从事资源开发或初步加工逐步向资源的深加工方向发展，由原来只从事原料性中间产品生产向着最终产品方向发展。

2.混合发展模式

所谓混合发展模式，是指国际企业在保持原有经营业务的同时，向其他部门和行业发展，这些部门和行业与国际企业原来所在的部门、行业没有直接的关系。在这种模式下，母公司与子公司以及子公司之间经营不同的产品，涉足不同的行业，彼此之间没有内在联系。混合发展模式又有两种形式：①以一种或若干行业的业务为主，兼营其他部门和行业的业务，即以一种或若干行业业务为轴心向其他行业、产品扩散；②各部门、行业的业务不分主次，齐头并进。

3.EPRG模式

现代跨国经营中，经营战略的选择必须同时考虑盈利性和合法性两个指标。所谓盈利性，是指因跨国投资项目带来的公司收益的增加、成本的减少或稳定性的增加；所谓合法性，是指跨国投资项目和东道国法规、习俗等的契合程度。依据国际企业经营战略中对盈利性和合法性指标的侧重程度不同，有以下四种经营战略模式：

（1）本国中心主义（ethnocentrism）：由本国提供管理人员、技术，控制权高度集中于国内，经营出发点中盈利性放在第一位。

（2）多中心主义（polycentrism）：经营中合法性放在首位，注意使分公司或子公司适应当地的环境特点，管理分散化。

（3）地区中心主义（regioncentrism）：按地区配置资源，地区内有纵向及横向沟通。管理既集中又分散，兼顾盈利性和合法性。

（4）全球中心主义（geocentism）：全球范围内配置资源，全球范围内沟通协调。管理集中和分散并存。

取以上四种模式的英文首字母，把这个模式称为EPRG模式。

4.国际经营导向模式

（1）国际战略：采用这种战略的企业，目的是在世界范围内通过充分利用母公司的创新能力和开发技术获取更多的利润，依赖于新产品工艺过程，甚至战略由母公司向子公司转移。因此，母公司具有雄厚的创新技术实力是运用这种战略的前提条件。

（2）多国战略：采用这种战略的企业把侧重点放在各东道国的差异上，通过提高对各东道国的经营环境和市场需求的适应能力，扩大在国外市场的占有率和销售收入。多国战略依赖于各东道国子公司自身的适应能力、创新能力和在当地市场的开拓能力。

（3）全球战略：采用这种战略的企业，跨国经营的目标是通过获得全球性经营效率提高在全球市场的占有率，依靠大规模生产降低单位产品成本和提高产品质量，前提是存在全球市场，并能开发和生产出满足全球市场需求的全球性产品。

（4）跨国战略：它是综合了上述三种战略目标的跨国经营战略，核心内容就是确定如何合理配置资源及各种生产、管理和经营能力，同时在适应能力、全球性经营效率和创新能力三个方面建立竞争优势。

（二）国际创业战略模式的选择

国际创业战略模式有很多，选择何种战略模式主要取决于国际创业企业所处的环境以及自身的实力，具体来说要考虑以下五方面因素：

1.企业实力

实力强的国际企业，倾向于选择混合发展模式或纵向发展模式；而实力较弱者则选择横向发展模式。

2.国际企业所处的发展阶段

一般说来，处于初级发展阶段的国际企业多选择横向发展模式；而处于中级发展阶段的国际企业则倾向于选择纵向发展模式以及多中心主义经营模式；处于高级发展阶段的国际企业一般选择混合发展模式，以及地区中心主义或全球中心主义经营模式。

3.企业所在行业或部门的特点

如果企业所在的行业或部门已无大的经营发展空间，且该行业或部门无大的发展前景，则企业应选择混合发展模式或纵向发展模式；反之，则应选择横向发展模式，在相近的业务领域内寻求发展。

4.进入其他行业障碍及有关法律法规限制

当进入障碍太多时，应倾向于选择横向发展模式，但受到本国法律如反垄断法所限制时，应考虑纵向发展模式或者混合发展模式。

5.国际经营环境

当国际经营环境比较宽松、经济景气时，国际企业应选择更富有扩张性的混合发展模式；反之，则应选择自己较熟悉的行业进行横向发展，以等待时机，再图发展。

三、国际贸易壁垒

国际贸易壁垒，是在贸易自由化进程中，某一国家为了保护本国产业而采取的一系列限制贸易的规则措施、技术标准的总称。

（一）国际贸易壁垒的形式

随着经济全球化和贸易自由化的推进，我国的国际贸易迅速发展，同时不可避免地面临诸多国际贸易壁垒。近年来，国际贸易壁垒有了新的发展，出现了各种新形式，其中对我国影响较大的贸易壁垒主要有如下几种：

1.反倾销、反补贴壁垒

反倾销也可以说是反竞争，在国际贸易行为中十分普遍。它主要指对外国商品在本国市场上的倾销所采取的抵制措施。通常做法是对倾销的外国商品除征收一般进口税外，再增收附加税，使其不能廉价出售，此种附加税称为“反倾销税”。在正常的国际贸易中，出口国为了扩大国外市场，增加出口量或倾销多余产品，往往采取将产品出口价格压低至正常价值以下，再抛向国际市场的手段，从而造成对进口国某一产业的威胁、阻碍或实质性损害。这种行为理应受到进口国反倾销、反补贴“双反”措施的惩罚。鉴于此，“双反”壁垒的存在既合理又合法。但近年来，发达国家以维护公平竞争为由，频繁采用“双反”措施进行贸易保护。中国所遭遇的反倾销、反补贴案件也越来越多。

2.技术壁垒

技术壁垒是非关税壁垒的一种，它以技术为支撑条件，即商品进口国在实施贸易进口管制时，通过颁布法律、法令、条例、规定建立技术标准、认证制度、卫生检验检疫制度、检验程序以及包装、规格和标签标准等，提高对进口产品的技术要求，增加进口难度，最终达到保障国家安全、保护消费者利益和保持国际收支平衡的目的。技术法规具有强制性特征，即只有满足技术法规要求的产品方能进口，凡不符合这一标准的产品，不予进口。正是这些强制性标准，造成我国很多企业出口中遭遇严重的技术壁垒阻挡。很多企业的产品质优价廉，但出口时经常被卡住，涉及的领域十分广泛，从初级农产品到高科技产品，种类繁多，数量庞大。原因主要在于发达国家对中国企业设置严格的技术壁垒。这种壁垒不仅使发达国家很多平民很难购买到廉价的商品，更阻碍了中国企业的发展进程。

3.绿色壁垒

绿色壁垒是绿色贸易壁垒的简称，又称环境壁垒。所谓绿色壁垒，就是以保护自然资源、生态环境和人类健康为名，通过制定一系列复杂苛刻的环保制度和标准，对来自其他国家和地区的产品及服务设置障碍，限制进口，以实现保护本国市场为目的的新型非关税壁垒。绿色壁垒的表现形式主要有：绿色关税（如2009年7月美国提出的所谓“碳关税”条款）、绿色标准、环境标志、环保包装、绿色反补贴、绿色卫生检疫制度。当前，许多发达国家利用绿色壁垒，披上环境保护的合法外衣，实则是对本国进行贸易保护。

4.动物福利壁垒

动物福利已成为当下国际贸易中引人注目的议题。动物福利壁垒是指在国际贸易中，一国为达到限制或拒绝别国产品进口、保护本国市场和产业的目的，所制定的一系列维护动物福利或动物保护的措施。近年来，欧美等发达国家普遍认可动物福利，相继制定了一系列动物福利法律法规，作为国外产品进口的一项重要指标。对发展中国家而言，动物福利是继绿色壁垒之后国际贸易的又一新壁垒，它的潜在壁垒作用不容忽视。

5.特保措施

特保措施是特定产品过渡性保障机制和特殊保障措施的简称。它是指世界贸易组织（WTO）成员在特定的过渡期内对特定成员的进口产品采取具有特定性和歧视性的保障措施。比如，根据《中华人民共和国加入世界贸易组织议定书》第16条规定，在中国加入WTO之日起的12年内，如果原产于中国的产品在进口至任何WTO成员，其增长的数量或所依据的条件对生产同类产品或直接竞争产品的国内生产者造成威胁或市场扰乱，该WTO成员可请求与中国进行磋商，包括该成员是否可根据《保障措施协议》采取措施。也就是说，从2001年12月11日至2013年12月11日，所有WTO成员均有权制定针对中国的特保措施法规，发起特保措施调查。因此，特保措施曾是我国国际贸易发展中的一大隐患。

（二）国际贸易壁垒带来的影响

1.市场准入门槛提高

发达国家设置一系列新型的国际贸易壁垒，限制我国产品的进入，从而达到对本国贸易进行保护的目的。这表面上是维护公平竞争、保护环境和人类健康，实则是提高了我国产品市场准入门槛，阻碍我国产品的进入，使我国产品被排斥在国际市场之外。

2.国际市场竞争力被削弱

一直以来，我国部分产品都是依靠价格优势打开国际市场的大门，但发达国家制定的一系列新型国际贸易壁垒会削弱这种价格优势，降低我国的国际市场竞争能力。因为当我国的出口商品达不到进口国的标准而受到准入限制时，为争取市场，获得利润，就要努力寻求跨越贸易壁垒的途径。而这种途径就是按进口国的标准，改进生产，提高产品质量，这需要人力、物力、财力的大量投入，导致出口商品成本与价格上扬，曾经的价格优势不复存在，国际市场竞争力会降低。

3.贸易争端增加

由于发达国家对我国设置了一系列新型国际贸易壁垒，单方面对我国进行贸易限制，阻碍或拒绝我国产品的出口，由此引发了许多贸易摩擦，争端不断，处理起来非常棘手，稍有不慎，就可能走入恶化双边关系的泥沼。这也增加了交易成本，不利于我国国际贸易的正常、健康、稳定发展。

（三）抵御国际贸易壁垒的对策措施

1.发挥政府主导作用

在国际贸易市场上，政府的职能是为企业提供服务，履行多边贸易体制义务，起到连接国际、国内的桥梁作用。①加强国际交流与合作，打破新型贸易壁垒的限制。作为WTO成员之一，我国政府应充分利用在WTO中的话语权，将我国国情和具体问题纳入讨论和谈判范围，提出自己的看法和建议，主动成为多边贸易规则的制定者，并有效利用多边贸易规则来突破各种新型贸易壁垒，为企业发展创设优良的国际环境。此外，为力避我国进出口贸易过分集中在某个国家的情况，政府还应重视区域之间的经济合作，努力推进亚太经合组织等区域经济组织的一体化进程。②加强对企业行为的宏观引导。政府应努力营造公平合理的国内竞争环境，从宏观上有效引导企业行为，确保我国对外贸易稳定健康发展。首先，严禁企业以损害劳动者权益的方式来压低成本进行竞争；其次，调整优化产业结构，淘汰落后产能及工艺，兼并和重组不符合标准的小企业；最后，加强对出口产品的资质审查，合理设置企业出口门槛，以提高出口产品的质量，从根本上突破新型贸易壁垒。

2.发挥行会和商会的桥梁作用

行会和商会是企业与政府之间的桥梁，在应对新型国际贸易壁垒中有着不可替代的作用。①促进政府、企业之间的联系，收集、分析与传播国际市场信息。行会及商会应代表企业及时把困难与问题反映给政府部门，协助政府制定各项相关政策和标准，规范企业秩序，提高企业整体竞争力；充分发挥组织协调功能，组织企业开发新市场，协调出口价格；联合所有被诉企业应诉；当企业受到进口产品冲击时，主动承担起代表本行业上诉的责任；深入了解和分析国外贸易壁垒的新动向，及时发布预警信息，与政府、企业一起构筑行之有效的产业损害预警机制。②培养协调处理贸易纠纷的专业人才。成立行业基金会，招募或培养精通各国反倾销法及熟悉各种反倾销案例的专业化人才，以帮助我国正确应对来自国外的反倾销调查，协调和解决贸易纠纷。

3.提升企业的市场竞争力

企业作为国际贸易中的利益集中点，作为国际贸易壁垒新形式的应对主体，应在行会和商会的引领下，借助政府的扶持和帮助，从以下四个方面着手，努力提高市场竞争力：第一，对自身的出口行为进行规范和优化，从根本上突破新贸易壁垒；第二，积极调整市场及产品结构，开拓新市场，实施市场多元化战略；第三，加强自身对国际贸易相关法律法规的学习，运用法律法规强化自我保护，实现自我发展；第四，加强与国外进口本企业产品的企业的沟通，有效交流，赢得更多支持和理解。

思考题：1.什么叫国际创业？它有哪些特点？如何把握国际创业机会？

2.国际创业的战略模式有哪些？如何进行战略模式的选择？

3.什么叫国际贸易壁垒？试析国际贸易壁垒对我国贸易经济带来的影响及应对策略。

参考文献

[1] 栗宗祥，周学增，段海燕，等. 大学生职业发展与就业指导 [M]. 天津：南开大学出版社，2017.

[2] 史梅，徐俊祥，白冰. 大学生创新与创业指导 [M]. 北京：现代教育出版社，2015.

[3] 徐俊祥. 大学生创业基础知能训练教程 [M]. 北京：现代教育出版社，2014.

[4] 张玉波，楼稚明. 大学生职业规划与就业创业指导 [M]. 上海：上海交通大学出版社，2016.

[5] 李秀华，刘武，赵德奎. 大学生创新与创业 [M]. 长春：吉林大学出版社，2015.

[6] 侯文华. 大学生创新创业教育教程 [M]. 北京：科学出版社，2012.

[7] 李文胜，成波锦. 创业基础 [M]. 西安：西安交通大学出版社，2015.

[8] 刘旭，尹万昀，马骥. 大学生创新创业教育 [M]. 北京：现代教育出版社，2012.

[9] 陈清义. 大学生职业生涯规划与就业指导 [M]. 南京：东南大学出版社，2015.

[10] 王涛，刘泰然. 创业原理与过程 [M]. 北京：北京理工大学出版社，2019.

[11] 谭书敏，张春和. 互联网+大学生创新创业教育概论 [M]. 成都：电子科技大学出版社，2018.

[12] 薛求知，朱吉庆. 国际创业研究述评 [J]. 外国经济与管理，2006 (7)：8-15.

[13] 孟晓斌. 国际创业背景下中小企业组织动态能力及其绩效机制研究 [D]. 杭州：浙江大学，2008.

[14] 李变，花姬康. 创新创业基础 [M]. 北京：北京师范大学出版社，2020

[15] 邓向荣，刘燕玲. 大学生创新创业 [M]. 北京：北京理工大学出版社，2020

图书在版编目（CIP）数据

大学生创新创业链式教育教程 / 张文锋，谷方杰，刘磊主编. —大连：东北财经大学出版社，2022.7
ISBN 978-7-5654-4602-3

Ⅰ. 大… Ⅱ. ①张… ②谷… ③刘… Ⅲ. 大学生-创业-教材 Ⅳ. G647.38

中国版本图书馆CIP数据核字（2022）第128954号

东北财经大学出版社出版
（大连市黑石礁尖山街217号 邮政编码 116025）
网 址：http://www.dufep.cn
读者信箱：dufep@dufe.edu.cn

大连永盛印业有限公司印刷 东北财经大学出版社发行

幅面尺寸：170mm×240mm 字数：446千字 印张：21.75 插页：1
2022年7月第1版 2022年7月第1次印刷

责任编辑：李 彬 王 斌 责任校对：贺 力
封面设计：原 皓 版式设计：原 皓

定价：58.00元

教学支持 售后服务 联系电话：（0411）84710309

如有印装质量问题，请联系营销部：（0411）84710711

DAXUESHENG CHUANGXIN CHUANGYE LIANSHI JIAOYU JIAOCHENG

大学生创新创业链式教育教程

张文锋　谷方杰　刘　磊　主　编
杜　鹏　副主编

东北财经大学出版社　大连
Dongbei University of Finance & Economics Press